Bonn, im Oktober 2010

Für Herrn Peiser – mit herzlichem Dank für die wertvolle Unterstützung während meiner Promotionszeit.

Ihre [illegible]

Bibliografische Information der Deutschen Nationalbibliothek
Die Deutsche Nationalbibliothek verzeichnet diese Publikation in der Deutschen Nationalbibliografie; detaillierte bibliografische Daten sind im Internet über http://dnb.ddb.de abrufbar.

Nathalie Huber:
Kommunikationswissenschaft als Beruf.
Zum Selbstverständnis von Professoren des Faches im deutschsprachigen Raum
Theorie und Geschichte der Kommunikationswissenschaft, Bd. 8
Köln: Halem, 2010

Inaugural-Dissertation zur Erlangung des Doktorgrades der Philosophie an der Ludwig-Maximilians-Universität, vorgelegt 2009.

Die Reihe *Theorie und Geschichte der Kommunikationswissenschaft* wird herausgegeben von Michael Meyen.

ISSN 1865-3367

ISBN 978-3-86962-028-2

http://www.halem-verlag.de
E-Mail: info@halem-verlag.de

SATZ: Herbert von Halem Verlag
DRUCK: FINIDR, S.R.O. (Tschechische Republik)
GESTALTUNG: Claudia Ott Grafischer Entwurf, Düsseldorf

THEORIE UND GESCHICHTE DER KOMMUNIKATIONSWISSENSCHAFT

Nathalie Huber

Kommunikationswissenschaft als Beruf

Zum Selbstverständnis von Professoren des Faches im deutschsprachigen Raum

Herbert von Halem Verlag

Inhalt

1. EINLEITUNG

In den vergangenen rund 40 Jahren hat die Kommunikationswissenschaft[1] einen rasanten institutionellen Ausbau erlebt, der rückblickend als »beachtlicher Aufschwung« (PÜRER 2002: 136) beschrieben werden kann. Als Gründe für diesen Ausbau sind die Öffnung der höheren Bildungswege, die Neugründung von Hochschulen, der Wandel zur Mediengesellschaft und die damit einhergehende Nachfrage an Medienberufen, die deutsche Wiedervereinigung sowie genuin kommunikationswissenschaftliche Leistungen anzuführen (vgl. MEYEN 2007a: 322; MEYEN/LÖBLICH 2006: 68-71). Die fachinterne Nachwuchsproduktion konnte diesem Wachstum nicht beikommen, weshalb Vertreter aus anderen Disziplinen – etwa Germanisten, Psychologen, Ökonomen oder Historiker – und Praktiker in das Fach integriert wurden. Dass eine Besetzung kommunikationswissenschaftlicher Professuren durch fachfremde Wissenschaftler überhaupt möglich war (und ist), hängt wiederum mit der Offenheit des disziplinären Forschungsgegenstandes ›öffentliche Kommunikation‹ zusammen.

Um an dem Studentenstrom, der ›in die Medien will‹, zu partizipieren, haben die Philologien und die Theaterwissenschaft in den 1970er-Jahren ihren Gegenstandsbereich erweitert und die Medienwissen-

1 Wenn in dieser Studie von ›Kommunikationswissenschaft‹ die Rede ist, dann ist damit die sozialwissenschaftlich-empirisch ausgerichtete Perspektive des Faches gemeint (vgl. DGPUK 2001, 2008; WISSENSCHAFTSRAT 2007). ›Kommunikationswissenschaft‹ soll auch benachbarte Bezeichnungen wie ›Kommunikations- und Medienwissenschaft‹, ›Medien- und Kommunikationswissenschaft‹ oder ›Publizistik(wissenschaft)‹ sowie die ›Journalistik(wissenschaft)‹ einbeziehen, sofern diese Studiengänge empirisch-sozialwissenschaftlich ausgerichtet sind.

schaft(en) in ihr Repertoire aufgenommen. Ferner entstanden Journalistik-Studiengänge und der Wettbewerb um Ressourcen und Studierende hat eine Reihe von Subdisziplinen wie die Medienpädagogik, die Medienpsychologie oder die Mediensoziologie produziert (vgl. KUTSCH/PÖTTKER 1997: 13). Diese Gemengelage – die Heterogenität kommunikationswissenschaftlicher Fachvertreter, der geisteswissenschaftliche ›Konkurrent‹, die Journalistik-Studiengänge und die unterschiedlichen Subdisziplinen – führte zu Unklarheiten über die Grenzen und den Gegenstand der Kommunikationswissenschaft, was Studierende, Medienpraktiker und Hochschulpolitiker gleichermaßen irritiert(e). Kommunikationswissenschaftler begannen, in sogenannten ›Selbstverständnisdebatten‹ über den Inhalt und die Ausrichtung ihres Faches zu diskutieren, das Fach wurde gar im Zustand einer »verzögerten Detonation« (RONNEBERGER 1978: 16) gesehen. Im Jahre 1980 zog Joachim Westerbarkey eine »bestürzende Bilanz« zur Lage der Kommunikationswissenschaft und Ende der 1980er-Jahre konstatierte Franz Ronneberger (1988: 87): »So wie die Dinge heute liegen, kann sich jeder Soziologe und Psychologe, jeder Linguist und Historiker, jeder Politologe und Wirtschaftswissenschaftler als Kommunikationswissenschaftler bezeichnen.«

In den letzten Jahren scheint sich die Lage der Kommunikationswissenschaft stabilisiert zu haben. Dem vergleichsweise jungen Universitätsfach wird attestiert, dass es sich zunehmend professionalisiere bzw. auf dem Weg vom Integrations- zum Einheitsfach[2] sei: Das Fach rekrutiert sich zunehmend selbst, der Anteil an nicht promovierten Praktikern unter den Professoren[3] ist heute verschwindend gering und es werden immer mehr habilitierte Wissenschaftler auf kommunikationswissenschaftliche Professuren berufen (vgl. BROSIUS 2003b; MEYEN 2004; DONSBACH et al. 2005). Darüber hinaus hat sich ein Mainstream herausgebildet (vgl. PEISER et al. 2003: 332f.) und die Beiträge in kommunikationswissenschaftlichen Fachzeitschriften kommen immer häufiger von Kommunikationswissenschaftlern selbst (vgl. BROSIUS/HAAS 2009: 176). Doch

2 Nach Hans-Bernd Brosius (1994: 74) ist die heterogene Herkunft kommunikationswissenschaftlicher Akteure Indikator für ein ›Integrationsfach‹. Ein solches ist abzugrenzen von etablierten Universitätsdisziplinen, die sich als ›Einheitsfach‹ verstehen. Für Einheitsfächer ist zum einen die vergleichbare Ausbildung der Fachvertreter kennzeichnend, zum anderen bestehen Lehre und Forschung aus einem konsensuellen Fächerkanon.

3 Im Folgenden ist von Professoren, Hochschullehrern und Fachvertretern die Rede. Diese Begriffe werden synonym verwendet und implizieren jeweils die männlichen und weiblichen Vertreter.

neben diesen Tendenzen gibt es disziplinäre Merkmale, welche die Professionalisierungsthese nur bedingt stützen können: Auch heute ist die Kommunikationswissenschaft sicherlich weit davon entfernt, konturierte Fachgrenzen zu haben. Nach außen stellt sie sich durch unterschiedliche Fachbezeichnungen heterogen dar (vgl. URBAN 2003: 79), gleichnamige Institute sind bisweilen uneinheitlich ausgerichtet (vgl. BROSIUS 2003a: 401), das Lehrangebot unterscheidet sich an einzelnen Standorten zum Teil beträchtlich (vgl. WIRTH 2000) und die Fachvertreter verfügen über recht heterogene theoretische und methodische Zugänge (vgl. PEISER et al. 2003: 332; MEYEN 2004: 204). Was ist also von den Professionalisierungstendenzen zu halten? Gibt es heute ein (mehr oder weniger) homogenes Selbstverständnis des Faches?

Folgt man Wolfram Peiser et al. (2003: 310), dann ist eine sinnvolle Beobachtung der Kommunikationswissenschaft nur dann zu leisten, wenn Informationen über die Angehörigen des Faches vorliegen – zum Beispiel über deren wissenschaftliche Ausrichtung und über deren Meinung zu den wichtigen Themen des Faches. Kurzum: Zur Selbstreflexion eines Faches gehören gesicherte Erkenntnisse über das Fachpersonal (vgl. WIRTH et al. 2005: 342). Hier setzt die vorliegende Untersuchung an, indem sie kommunikationswissenschaftliche Akteure in den Fokus rückt und nach deren Selbstverständnis fragt. Welche Ziele verfolgen die Akteure mit ihrem kommunikationswissenschaftlichen Handeln? Wen bilden sie aus? Herrscht bei den Fachvertretern Konsens über den Fachgegenstand und über die Ausrichtung der Kommunikationswissenschaft vor? An welchen Merkmalen lassen sich Unterschiede und Gemeinsamkeiten festmachen? Welche Ursachen gibt es für die unterschiedlichen und gemeinsamen Sichtweisen und welche Auswirkungen haben sie auf Forschung und Lehre? Wie wirken sich im Besonderen die unterschiedlichen »wissenschaftlich-disziplinären Hintergründe« (BROSIUS 2003a: 401) von Fachvertretern auf deren Vorstellung von Kommunikationswissenschaft aus? Lässt sich aus den Mustern des Berufszugangs eine Tendenz in Richtung einheitlicher, systematischer Ausbildung erkennen, von der auf eine gemeinsame berufliche Identität, gemeinsame Wertvorstellungen und auf ein gemeinsames Selbstverständnis geschlossen werden kann (vgl. MEYEN 2004: 195; DONSBACH 2006: 440)? Diese Fragen sind vor allem in Bezug auf Professoren interessant, weil sie über die notwendigen Ressourcen verfügen, um ihr Selbstverständnis umzusetzen, organisatorische Entscheidungen treffen und tendenziell am längsten an der Universität verweilen (vgl. MEYEN 2007b: 10). Darüber hinaus fungieren Professoren als Gatekeeper für den wissenschaftlichen Nachwuchs, wodurch sie über die Zukunft des Faches entscheiden.

Aus den vorangegangenen Überlegungen ergeben sich zwei übergeordnete forschungsleitende Fragen:

1. Welches Selbstverständnis haben Professoren für Kommunikationswissenschaft?
2. Welche Faktoren beeinflussen das Selbstverständnis von Professoren für Kommunikationswissenschaft?

Die Untersuchung will eine systematische Erforschung und profunde Analyse der Feldstrukturen der Kommunikationswissenschaft leisten und dadurch einen Beitrag zum disziplinären Selbstfindungsprozess liefern. Sie hat sich zum Ziel gesetzt, die Interdependenz von wissenschaftlicher Sozialisation und Produktion, institutionellem Umfeld und herrschendem Selbstverständnis der Kommunikationswissenschaft offenzulegen. Der Zweck einer solchen Analyse liegt in der Selbstreflexion der wissenschaftlichen Praxis. David Urban (2003: 31) zufolge fördert die Energie, die eine Disziplin auf die Selbstreflexion verwendet, das Vermögen, die eigene Arbeit selbstkritisch zu betrachten und auch außerhalb des eigenen Arbeitsbereiches für die Akzeptanz einer disziplinären Eigenständigkeit zu sorgen. Dieser ›Energie-Aufwand‹ ist gerade zum heutigen Zeitpunkt von hoher Relevanz, da sich in der Kommunikationswissenschaft ein Generationenwechsel vollzieht und sich das Fach folglich in einer Umbruchsituation befindet. Aus wissenschaftssoziologischer Perspektive gelten Generationenwechsel als »wichtige Katalysatoren für Veränderungen im Rahmen wissenschaftlicher Disziplinen« (ARENDES/BUCHSTEIN 2004: 28). Generationenwechsel können mit einem Wechsel von Theorie-Konjunkturen zusammenfallen und im Extremfall zu einem Paradigmenwechsel führen (vgl. BURKART/WOLF 2002: 421f.). Vor dem Hintergrund dieser disziplinären Herausforderung erscheint es als wichtig, das aktuell vorherrschende Selbstverständnis von Fachvertretern zu fixieren und zu analysieren. Durch eine solche Analyse können Nachwuchswissenschaftler mit den Funktions- und Reputationsmechanismen des kommunikationswissenschaftlichen Feldes vertraut gemacht werden (Wie muss man welche Frage beantworten, um von den Kollegen anerkannt zu werden?). Gesteigerte Relevanz des Forschungsprojekts ergibt sich überdies aus den aktuellen Hochschulreformen. Durch die universitären Umstrukturierungsmaßnahmen steht das Fach auf dem

Prüfstand; es herrscht eine starke Konkurrenz um Studierende, Ressourcen und öffentliche Aufmerksamkeit. Empirische Forschungsergebnisse über die Kommunikationswissenschaft lassen sich immer auch wissenschaftspolitisch beim Kampf um universitäre Ressourcen einsetzen. Die vorliegende Untersuchung kann außerdem als exemplarische Feldstudie für ein internationales Phänomen der Kommunikationswissenschaft gelesen werden. Nicht nur im deutschsprachigen Raum, sondern auch in anderen Ländern werden der Fachgegenstand, der theoretische Zugang, die Berufsbilder und die Grenzen der Kommunikationswissenschaft diskutiert (vgl. zum Beispiel LITTLEJOHN 1982; GRANDI 1983; MATTELART 1983; ROGERS/CHAFFEE 1983; SCHRAMM 1983; BENIGER 1993; LANG/LANG 1993; ROSENGREN 1993; JONES 2001; MCQUAIL 2003; ROE 2003 sowie VROONS 2005). Der Professionalisierungstrend zeichnet sich allerdings auch auf internationaler Ebene ab: Aus einer Mitgliederbefragung der International Communication Association (ICA) aus dem Jahre 2005 ist bekannt, dass mittlerweile zwei Drittel der Mitglieder Kommunikationswissenschaft studiert haben, bei den jüngeren Mitgliedern liegt dieser Anteil sogar bei drei Vierteln (vgl. DONSBACH 2006: 440). Nicht zuletzt dürfte die Analyse des Selbstverständnisses von Kommunikationswissenschaftlern auch für Vertreter aus anderen jungen, interdisziplinären Fächern von Interesse sein.

In der Kommunikationswissenschaft, deren Vertreter mehrheitlich dem Paradigma des Kritischen Rationalismus folgen (vgl. DGPUK 2001), ist das Nachdenken über die Ausgangsbedingungen von Wissenschaft keine Selbstverständlichkeit. Wissenschaftssoziologische Fragen sind im Fach bisher bestenfalls am Rande behandelt worden. Hier ist vor allem auf Arbeiten zu verweisen, die im Kontext disziplinhistorischer Forschung am Institut für Kommunikations- und Medienwissenschaft der Universität Leipzig unter der Leitung von Arnulf Kutsch und am Institut für Kommunikationswissenschaft und Medienforschung in München bei Michael Meyen entstanden sind (vgl. exemplarisch AVERBECK 1999; AVERBECK/KUTSCH 2002; LÖBLICH 2004; MEYEN/LÖBLICH 2004, 2006, 2007). Diese wissenschaftssoziologisch fundierten Untersuchungen zur Fachgeschichte rekurrieren auf Karl Mannheim, Robert K. Merton, Thomas S. Kuhn, Dirk Kaesler, Wolf Lepenies und Peter Weingart. Die vorliegende Studie knüpft an die theoretischen Implikationen der Leipziger und Münchener Arbeiten an und erweitert diese um die Habitus-Kapital-Theorie nach Pierre Bourdieu. Eine explizite Auseinandersetzung mit

Bourdieu ist in Werken zur kommunikationswissenschaftlichen Disziplingeschichte bis dato nicht zu verzeichnen; Verweise bleiben vage (vgl. MEYEN/LÖBLICH 2006; MEYEN/WENDELIN 2008; WENDELIN/MEYEN 2009).

Für die Untersuchung des Selbstverständnisses von Professoren für Kommunikationswissenschaft werden die Bourdieu'schen Denkwerkzeuge ›Feld‹, ›Kapital‹ und ›Habitus‹ nutzbar gemacht. Die Ermittlung des Selbstverständnisses wird als Teil der Feldanalyse verstanden und es wird davon ausgegangen, dass das Selbstverständnis von Fachvertretern nur in Relation zu den Erfordernissen des kommunikationswissenschaftlichen Feldes zu begreifen ist. Die Untersuchung dient dazu, herauszufinden, wie kommunikationswissenschaftliches Wissen zustande kommt, welche soziale Herkunft, Ausbildung und beruflichen Erfahrungen Professoren für Kommunikationswissenschaft mitbringen, welche beruflichen Praktiken sie anwenden und in welchen Feldstrukturen sie sich bewegen. Es geht darum, die Logik des kommunikationswissenschaftlichen Feldes und die dort wirksamen Mechanismen zu explorieren, nicht, um die Akteure zu be- oder verurteilen, sondern um sie zu *verstehen* (vgl. SCHÄFER 2004: 334). An einigen Stellen greifen die Überlegungen Bourdieus für die vorliegende Fragestellung zu kurz, weshalb sie um Erkenntnisse aus der Wissenschafts- und Berufssoziologie und der Hochschul(sozialisations)-forschung ergänzt werden.

Zur Beantwortung der beiden forschungsleitenden Fragen wurde aus den theoretischen Annahmen ein Kategoriensystem konstruiert, welches das analytische Gerüst der vorliegenden Untersuchung darstellt. Das Kategoriensystem schlägt die Brücke zwischen Theorie und Empirie, es verdichtet das theoretische Vorwissen und übersetzt die theoretischen Begriffe. Außerdem hat es die Auswahl der Quellen angeleitet und zu ihrer systematischen Auswertung beigetragen. Die Untersuchungskategorien wurden mit unterschiedlichen Materialien ›gefüllt‹. Als Quellen dienten Veröffentlichungen wie Monografien, Sammelbände, Aufsätze und (auto)biografisches Material von Fachvertretern sowie Artikel zum Selbstverständnis der Kommunikationswissenschaft. Daneben hat die vorliegende Arbeit mithilfe von Leitfadeninterviews neue Quellen produziert. Für den Einsatz von Leitfadeninterviews haben mehrere Gründe gesprochen: 1) Interviews waren als Quelle immer dann unschlagbar, wenn keine schriftlichen Materialien vorlagen; dies betraf vor allem Informationen zur primären und sekundären Sozialisation der Fachvertreter. Das produzierte biografische Material dürfte künftigen Fachhistorikern die Arbeit erheblich erleichtern. 2) Dank der Mitgliederbefragung der Deutschen Gesellschaft für Publizistik- und Kommunikationswissenschaft (DGPuK) ist die quantitative Verteilung des wissenschaftlichen Selbstverständnisses von Fachvertretern zwar weitgehend bekannt (vgl. PEISER et al. 2003); über die *Ursachen* der unterschiedlichen Sichtweisen und über ihre *Auswirkungen* auf Lehre und Forschung herrscht aber nach wie vor Unklarheit. In den Interviews ging es deshalb (auch) um die Genese des Selbstverständnisses, um die beruflichen Hauptaufgaben, die Alltagsorganisation, den Gegenstand und die Aufgaben der Kommunikationswissenschaft sowie um die Wahrnehmung des Faches an der Universität und in der Medienpraxis. 3) Der Einsatz von Leitfadeninterviews erschien theoriekompatibel. Die Bourdieu'schen Konzepte ›Habitus‹ und ›Kapital‹ reichen mitunter so weit in die Vergangenheit der Untersuchungsperson, dass sie kaum mithilfe eines Fragebogens ermittelt werden können (vgl. MEYEN 2006: 37). Die Interviews mit Fachvertretern liefern außerdem einen Einblick in die Logik, nach der das kommunikationswissenschaftliche Feld im deutschsprachigen Raum zurzeit funktioniert. Die Interviewpartner wurden nach dem Verfahren der theoretischen Sättigung ausgewählt, wobei sich nach insgesamt 26 Interviews ein Sättigungseffekt eingestellt hat. Das Interviewmaterial erlaubte es, *typische Handlungsmuster* herauszuarbeiten, (Sinn-)Zusammenhänge zu explorieren und Interpretationsangebote für die unterschiedlichen Selbstverständnisse zu liefern.

Die vorliegende Studie ist wie folgt gegliedert: In Kapitel 2 wird zunächst die wissenschaftssoziologische Prämisse der Untersuchung fundiert. Dann wird der Fokus auf die Kommunikationswissenschaft gerichtet und eine Erklärungsfolie für die spezifische Selbstverständnisproblematik des Faches aufgespannt. Der überblickhafte und für das grundlegende Verständnis notwendig breite Blickwinkel spitzt sich in den folgenden Abschnitten zu, in denen der empirische und theoretische Forschungsstand zum Selbstverständnis von Kommunikationswissenschaftlern aufgearbeitet wird. Hieraus werden Forschungslücken aufgezeigt, aus denen sich Anforderungen an die eigene Studie ergeben. In Kapitel 3 werden die theoretischen Denkwerkzeuge Bourdieus diskutiert und vor dem Hintergrund der vorliegenden Fragestellung modelliert. Um das Desiderat der intersubjektiven Nachvollziehbarkeit des sozialwissenschaftlichen Forschungsprozesses zu erfüllen, werden in Teil II (Kapitel 4) die Anlage und die Durchführung der empirischen Untersuchung offengelegt. Die Ergebnisse der kategoriengeleiteten Untersuchung werden in den Kapiteln 5 bis 7 präsentiert. Der Ergebnisteil beginnt mit einer Analyse des kommunikationswissenschaftlichen Feldes. Eine solche Analyse ist erforderlich, weil nach der Logik sozialer Felder die Habitūs[4] der Akteure mit den Strukturen des Feldes verbunden sind. Kapitel 6 ist dem Fachverständnis gewidmet, Kapitel 7 dem Berufsverständnis. Mithilfe je einer Typologie werden in diesen beiden Kapiteln Unterschiede und Gemeinsamkeiten zwischen den Fachvertretern herausgearbeitet. Schließlich werden die Befunde zusammengefasst, Zusammenhänge zwischen dem Fach- und Berufsverständnis aufgezeigt, Prognosen für das Fach entwickelt und Forschungsdesiderate aufgestellt (Kapitel 8).

Bevor in Kapitel 1 auf die Kommunikationswissenschaft und ihr Selbstverständnis eingegangen wird, sei auf Folgendes hingewiesen: Die Erforschung von Wissenschaftlern im eigenen wissenschaftlichen Feld wird in der wissenschaftssoziologischen Literatur als heikel betrachtet (vgl. exemplarisch BURKART 2002). Sich als »Zauberlehrling für die Zauberei des eigenen Stammes und dessen Fetische« zu interessieren, anstatt in »fernen Tropen den beruhigenden Reizen einer exotischen Magie nachzugehen«, ist nach Bourdieu (1992a: 36) mit dem Risiko verbunden, »Reize zu entfesseln, die sich gegen den Zauberlehrling selbst richten.« Das eigene Feld gilt unter Sozialwissenschaftlern gemeinhin als Ausnahme-Territorium und bringt eine Reihe epistemischer Besonderheiten mit sich. Das, was von ihnen in anderen Feldern gefordert wird (wissenschaftliche Neugier, Aufdeckung, Darstellung und Dokumentation), ist hier nicht erwünscht (vgl. BREUER et al. 2003: 2). Die Risiken und Gefahren der Feldforschung im eigenen Feld liegen einerseits in der Nähe zum Untersuchungsgegenstand und andererseits in der Aktualität. Je näher man der Gegenwart kommt, desto vorsichtiger werden die Autoren. Dort, wo sich die Soziologie-Soziologie am weitesten vorwagt, bleibt sie in der Vergangenheit; »manches darf erst, wenn es ›historisch‹ geworden ist, untersucht werden« (BURKART 2002: 459). Die Problematik von Feldforschung im eigenen Feld spitzt sich in einem kleinen Fach, »einer family [...], wo Insider einander ausnahmslos kennen«, zu (DRESSEL/LANGREITER 2003: 9). Oder wie es Matthias Karmasin (2005: 8) in Bezug auf die Kom-

4 In der Literatur wird die Pluralform von Habitus uneinheitlich verwendet. In vielen Veröffentlichungen impliziert ›Habitus‹ sowohl die Singular- als auch die Pluralform. Diese Schreibweise irritiert jedoch den Lesefluss, weshalb in der vorliegenden Arbeit die Bezeichnung »Habitūs« für die Pluralform gewählt wird.

munikationswissenschaft beschrieben hat: »Ein kleines Fach hat den Vorteil: Man kennt sich. Es hat aber auch den Nachteil: Man kennt sich. Vielleicht zu gut.« Auch ein Interviewpartner hat auf diese Rahmenbedingung der vorliegenden Studie hingewiesen:

> »Unser Fach und unsere Fachkultur ist von der überschaubaren Größe des Faches geprägt – das ist eine Sache, die ich immer wieder feststelle. Das ruft bei Leuten aus anderen Fächern oft Unglauben und Staunen hervor. Da kennt man eben nicht jeden, der im Feld agiert – sei es als Gutachter oder als Bewerber. Es sorgt immer wieder für Erstaunen, wenn ich aus dem Kopf die Stärken und Schwächen einzelner Kommunikationswissenschaftler kenne. Ich weiß nicht, ob das noch lange so sein wird. Ich weiß nicht, wie sich unser Fach entwickeln wird. Aber das unterscheidet die Kommunikationswissenschaft im Moment noch von anderen Fächern. Ich bin mir nicht sicher, ob das für ein Fach gut oder schlecht ist. Es birgt meines Erachtens die Gefahr, dass sich Dinge sehr leicht verselbstständigen, weil sie keinem neutralen Zugriff von außen unterliegen.«

Wenn das eigene Feld das Untersuchungsfeld ist, erwarten Akteure dieses Feldes einen (besonders) vertrauensvollen Umgang mit dem biografischen Material; denn wer »Gruppengeheimnisse ausplaudert«, wird von seiner Gruppe »nicht sonderlich geliebt« (BOURDIEU 1992a: 36). Nach Ansicht von Martin Kohli (1981: 435) gibt es unter Wissenschaftlern ein Leserinteresse, »das sich mit demjenigen an den ›human interest stories‹ deckt, mit denen die Boulevardpresse täglich die Aufmerksamkeit ihrer Leser hält.« Lepenies (1981: XXVII) hat dieses Phänomen nüchtern als »Everybody enjoys a good story« bezeichnet. Michael Meyen und Maria Löblich (2006: 16f.) haben den Nachrichtenfaktor ›Personalisierung‹ ins Spiel gebracht und auf das ›soziale Vergleichen‹ nach Leon Festinger (1954) verwiesen. Menschen würden sich für andere Menschen interessieren – in erster Linie für diejenigen, die ihnen in irgendeiner Weise ähnlich sind – und das seien nun einmal die Kollegen. Um die Interpretation von individuellen Geschichten zu trennen und die Aufmerksamkeit auf abstrakte, transindividuelle Handlungsmuster und die Strukturen des Feldes zu lenken, werden in der vorliegenden Arbeit die Ergebnisse der empirischen Studie anonymisiert aufbereitet. Die Analyse des kommunikationswissenschaftlichen Feldes ist nicht als ›Enthüllungswerk‹ zu verstehen; oder mit den Worten Bourdieus (1992b: 223): »Würde mein Buch [*Homo academicus*; N.H.] tatsächlich als ein Pamphlet gelesen, müsste ich es verachten und würde unter diesen Umständen vorziehen, es endete auf dem Scheiterhaufen.«

TEIL I: FORSCHUNGSKONTEXT UND THEORETISCHER RAHMEN

2. DIE KOMMUNIKATIONSWISSENSCHAFT UND IHR SELBSTVERSTÄNDNIS

In den 1980er-Jahren hat Ronneberger (1988: 87) die Kommunikationswissenschaft als »Sammelsuriums- oder bestenfalls Dachwissenschaft für ein ziemlich großes Gebäude« beschrieben, »in dem sich die Mieter untereinander nicht kennen.« Um bei der Metapher zu bleiben: In der vorliegenden Studie rücken die Mieter des Gebäudes Kommunikationswissenschaft in den Untersuchungsfokus. Wer sind diese Mieter? Wieso hat Ronneberger davon gesprochen, dass sie sich untereinander nicht kennen? Und in welchem Gebäude oder unter welchem Dach leben sie? Um Antworten auf diese Fragen zu finden, werden in diesem Kapitel die Kommunikationswissenschaft und ihre Akteure vorgestellt. Darüber hinaus finden sich Erläuterungen zur kommunikationswissenschaftlichen Selbstverständnisforschung, die es erlauben, das Forschungsprojekt in den Forschungsstand einzuordnen und Forschungslücken aufzuzeigen. In der vorliegenden Studie wird der Begriff *Selbstverständnis* sowohl auf der Fachebene (*Selbstverständnis der Kommunikationswissenschaft*) als auch auf der Akteursebene (*Selbstverständnis von Professoren für Kommunikationswissenschaft*) verwendet. Die Verwendung des Selbstverständnis-Begriffs auf diesen beiden Ebenen ist wissenschaftssoziologisch begründet, verlangt aber einen besonders behutsamen Umgang. Im nächsten Abschnitt wird zunächst in groben Zügen wissenschaftssoziologisch fundiert, wie das akteursspezifische Selbstverständnis und das disziplinäre Selbstverständnis konzeptionell zusammenhängen.

2.1 Wissenschaftssoziologische Grundlegung und Begriffsklärung

Seit Thomas S. Kuhn ist bekannt, welche Bedeutung die disziplinäre Sozialstruktur für die vorherrschenden Theorien, Begriffe und Methoden einer akademischen Disziplin hat. Mit seinem Werk *The Structure of Scientific Revolutions* (1962) läutete Kuhn die ›kognitive Wende‹ der Wissenschaftssoziologie ein, er öffnete die Tür zur soziologischen Analyse wissenschaftlicher Inhalte und deren Verknüpfung mit der Sozialstruktur eines Faches.[5] Um das Zusammenspiel von kognitiven und sozialen Faktoren zu beschreiben, entwickelte Kuhn (1976: 25) das Konzept von *Paradigmen*, die das Handeln von Wissenschaftlern innerhalb einer Scientific Community in Zeiten der ›normalen Wissenschaft‹ maßgeblich leiten. Unter ein Paradigma fasst Kuhn wissenschaftliche Gesetze, Theorien, Anwendungen und Problemlösungen, die den Erkenntnisprozess strukturieren, Forschungsprobleme bestimmen und deren Lösungen legitimieren (vgl. ebd.). Paradigmen bilden die verlässliche Basis des Umgangs von Fachvertretern und damit das, was man nicht jedes Mal von neuem erwähnen muss (vgl. MEYEN/LÖBLICH 2006: 24). Mitglied einer disziplinären Gemeinschaft zu sein, impliziert dadurch ein »Identitätsgefühl, eine persönliche Verpflichtung zu einer Lebensart und die Übernahme eines kulturellen Rahmens, der einen guten Teil des Lebens bestimmt« (FELT et al. 1995: 59). So wird eine Disziplin zu einer »Lebensform für die in ihr Beheimateten«, die »nicht nur gewußt«, sondern auch »gefühlt« wird (LAITKO 1999: 45). Eine Scientific Community kann folglich als

5 In der Soziologie, die sich mit wissenschaftlichem Wissen beschäftigt, gibt es eine lange Tradition der analytischen Trennung zwischen dem ›Sozialen‹ und dem ›Wissenschaftlichen‹. Während in der frühen Wissenssoziologie nach Karl Mannheim (1929) Formen des ›weichen‹ Wissens und die Naturwissenschaften als sakrosankte Wissensformen von der Annahme der ›Seinsgebundenheit des Wissens‹ ausgespart wurden (›Wahrheit-an-sich-Sphäre‹), enthielt sich die Wissenschaftssoziologie nach Robert K. Merton (1938) jeglicher erkenntnistheoretischer Reflexion und beschränkte sich auf die Bedeutung des institutionellen und sozialen Umfeldes bei der Etablierung von Wissen. Sowohl bei Mannheim als auch bei Merton wurde im Sinne des erkenntnistheoretischen Realismus vorausgesetzt, dass es in der Natur Phänomene gibt, die es zu entdecken und zu analysieren gilt. Kuhn indessen geht davon aus, dass sich soziale Faktoren auch im Wissen der ›harten Wissenschaften‹ (Naturwissenschaften und Mathematik) niederschlagen. Als Folge der kognitiven Wende liegt der neueren Wissenschaftsforschung ein konstruktivistisches Verständnis zugrunde: Nicht mehr die Natur spricht zu den Wissenschaftlern, sondern Wissenschaftler interpretieren unter sehr konkreten und lokalen Bedingungen das, »was sie vermeinen, die ›Natur‹ sagen zu hören« (FELT et al. 1995: 116). Zur kognitiven Wende der Wissenschaftssoziologie vgl. Weingart (2003: 42-45) sowie ausführlich Hoyningen-Huene (1994).

Argumentations- und Handlungszusammenhang eines Paradigmas verstanden werden (vgl. AVERBECK 2008: 261). Dieser zweidimensionierte Paradigmen-Begriff lässt sich nicht unabhängig von der Vermittlung wissenschaftlichen Wissens denken, wodurch die Scientific Community als eine Gruppe von Wissenschaftlern zu betrachten ist, die durch ein Paradigma sozialisiert wurde. Die Sozialisation in ein bestimmtes Paradigma erfolgt aus der Perspektive von Wissenschaftlern mithilfe von Lehrbüchern und Curricula; auf der Disziplinenebene werden Paradigmen durch Institutionalisierung vermittelt, was durch die Gründung von Fachzeitschriften, Lehrstühlen und Fachgesellschaften sowie durch die Einrichtung von Lehrstühlen und Instituten geschieht (vgl. MEYEN/LÖBLICH 2006: 24).

Nach wie vor ist umstritten, ob das Konzept von Paradigmen auf die Geistes- und Sozialwissenschaften übertragbar ist. Skeptiker beziehen sich direkt auf Kuhn, der die Geistes- und Sozialwissenschaften aus seiner Programmatik ausschließt, diesen ein »vorparadigmatisches Stadium« attestiert und sie als »unreife Disziplinen« bezeichnet (vgl. KUHN 1976: 30). Kuhn (1976: 38) zufolge sind konkurrierende Paradigmen prinzipiell unvereinbar. In Phasen der ›normalen Wissenschaft‹ gibt es ein vorherrschendes Paradigma, das für alle Mitglieder einer Scientific Community handlungsleitend wirkt. Kommen Zweifel an dem vorherrschenden Paradigma auf, folgt der ›normalen Phase‹ eine ›Krise‹, die zu einer ›Revolution‹ führt, die wiederum eine Phase der ›normalen Wissenschaft‹ bedingt. Ein Paradigmenwechsel im Kuhn'schen Sinne bringt die vollständige Neu-Organisation einer (Natur-)Wissenschaft mit sich: Früher geltende Theorien verlieren ihre Legitimität, was sich auf die Gültigkeit von Lehrbüchern und Forschungsveröffentlichungen auswirkt (vgl. ebd.: 11). Nach einer wissenschaftlichen Revolution arbeiten Wissenschaftler »in einer anderen Welt« (ebd.: 146). Kuhn geht also von einer chronologischen Abfolge und damit von einer Nachzeitigkeit von (Mono-)Paradigmen aus. Eine solche Nachzeitigkeit ist in den Geistes- und Sozialwissenschaften nicht gegeben, vielmehr herrscht in solchen Disziplinen auch in ›normalen Phasen‹ eine Gleichzeitigkeit von mehreren Paradigmen vor; ein Theorien- und Methodenpluralismus ist für Sozialwissenschaften konstitutiv (vgl. NOWOTNY 1999: 43). Veränderungen innerhalb von sozialwissenschaftlichen Disziplinen sind folglich nicht revolutionär im Sinne Kuhns, weshalb hier (auch) von ›shifts‹, ›swings‹ und ›turns‹ gesprochen wird (für die Kommunikationswissenschaft vgl. KARMASIN 2003; NEVERLA 2003; KARMASIN/WINTER 2003). Zur Beantwortung der Frage, ob es sinnvoll ist, im sozialwissenschaftlichen Kontext von Paradigmen zu sprechen, erscheint ein Blick auf die Unterscheidung zwischen philosophischen und soziologischen Paradigmen hilfreich: Während philosophische Paradigmen abstrakte Komplexe im Sinne von ›Super-Paradigmen‹ beschreiben, fallen unter soziologische Paradigmen gemeinsame theoretische Auffassungen einer Wissenschaftlergemeinschaft (vgl. POSER 2001: 141ff.). Stefanie Averbeck (2008: 261) hat auf die soziale Dimension der Kuhn'schen Paradigmen verwiesen und sie ist der Ansicht, dass diese »zweifelsohne« auf sozialwissenschaftliches Wissen passe (»es muss nicht immer gleich die Relativitätstheorie sein«). Nach dieser Unterscheidung erscheint es prinzipiell angemessen, auch im sozialwissenschaftlichen Kontext von Paradigmen zu sprechen.

Der Paradigmen-Begriff wurde wegen seiner Unschärfe vielfach kritisiert (vgl. exemplarisch MASTERMANN 1965), worauf Kuhn in den 1970er-Jahren den Begriff ›disziplinäre Matrix‹ eingeführt hat: »›Disziplinär‹, weil sie der gemeinsame Besitz der Vertreter einer Fachdisziplin ist, ›Matrix‹, weil sie aus Elementen verschiedener Art besteht, die alle genauer angegeben werden müssen« (KUHN 1976: 392). Dieser Begriff konnte sich allerdings nicht durchsetzen; nach Hans Poser (2001: 151) deckt sich das Konzept der disziplinären Matrix mit dem soziologischen Verständnis von Paradigmen.[6] In Anlehnung an den Wissenschaftstheoretiker Hubert Laitko (1999) wird in dieser Arbeit die Bezeichnung *disziplinäres Selbstverständnis* gegenüber ›Paradigma‹/›Paradigmen‹ bevorzugt. Wie das Kuhn'sche Paradigma gehört das disziplinäre Selbstverständnis zu den Selbstverständlichkeiten

6 Nach Auffassung von Petra Klein (2006: 9) wurde der Paradigmen-Begriff in der deutschsprachigen Wissenschaftsforschung vom Konzept der *Orientierungskomplexe* nach Peter Weingart weitgehend abgelöst. Weingart (1976) hat den Paradigmen-Begriff mit einer handlungstheoretischen Komponente versehen und unter Orientierungskomplexe Methoden, Instrumente sowie Theorien und damit wissenschaftliche Denkmotive analytischer und normativer Provenienz gefasst, die sich gegenseitig strukturieren. Orientierungskomplexe können paradigmatische Qualität im Sinne Kuhns erreichen. Wie Paradigmen weisen Orientierungskomplexe einen normativen Charakter auf und unterliegen dem Widerruf durch neue Erkenntnis und rationalen Diskurs (vgl. ebd.: 41). Averbeck und Kutsch (2005: 10) bringen die Weingart'schen Orientierungskomplexe in die Nähe von disziplinären *Formalobjekten* nach Hans Wagner. Wagner (1989: 71-78) fasst unter das Formalobjekt die Erkenntnisperspektive und die damit verbundenen Problemstellungen einer Disziplin. Das Formalobjekt ist zu unterscheiden vom Materialobjekt, dem dinglich-materialen Bezug, und damit dem konkreten Untersuchungsgegenstand einer Disziplin. Wagner folgend lässt sich die Spannung zwischen Material- und Formalobjekt als ›Relevanz‹ beschreiben, die der Forscher einem Materialobjekt zuschreibt. Die Unterscheidung zwischen Formal- und Materialobjekt hat ihre Wurzeln in der Linguistik. Vgl. hierzu de Saussure (1968 [1916]).

des wissenschaftlichen Alltags, »die gemeinhin nicht hinterfragt werden und deren stillschweigende Hinnahme die Herausbildung stabilisierender Routinen befördert« (LAITKO 1999: 21). Nach innen wirkt es »identitätsstiftend«, nach außen »legitimatorisch« (ebd.: 23). Das disziplinäre Selbstverständnis enthält auch eine normative Komponente – gefragt wird, wie sich das Fach zu verstehen hat, mit welchen Gegenständen, Theorien und Methoden es sich beschäftigen und welche Leistungen es für die Gesellschaft erbringen soll. Antworten auf diese Fragen liefern die Fachvertreter. Das Selbstverständnis eines Faches und das Selbstverständnis eines Akteurs auf der Fachebene stehen also in einem Wechselverhältnis: Das *Selbstverständnis eines Faches* meint das *Fremdverstehen durch seine Fachvertreter.* Die Verwendung des Selbstverständnis-Begriffes hat gegenüber den oben genannten Bezeichnungen den Vorteil, dass schon rein begrifflich das *Verständnis, das ein Fachvertreter von sich selbst und seinem Fach hat,* offenkundig wird. Dadurch wird die soziale Dimension des Paradigmenbegriffs stärker betont; der Argumentationszusammenhang zwischen der Ausrichtung des Faches und der epistemologischen Ausrichtung der Fachvertreter kommt deutlicher zur Geltung. Während es sich beim Paradigma mehr um latente, implizite Orientierungen handelt, deren Annahmen nur in Krisen-Zeiten hinterfragt werden, zielt das Selbstverständnis eines Faches stärker auf die Beschreibung des Faches durch seine Fachvertreter ab. Ein solches Verständnis erscheint gerade im Kontext der Kommunikationswissenschaft zielführend, da das Selbstverständnis der Kommunikationswissenschaft keineswegs selbstverständlich ist; es wird permanent hinterfragt und in rationalen Diskursen ausgehandelt. Irene Neverla (2003: 59) hat der Kommunikationswissenschaft eine »geradezu lustvolle Neigung zur Selbstreflexion« attestiert – die kommunikationswissenschaftliche Scientific Community schöpfe inmitten ihrer »atemlosen Dynamik doch immer wieder Luft, um sich, sehr menschlich und sympathisch eigentlich« die Frage zu stellen: »Was tun wir, was ist unser wissenschaftlicher Gegenstand, in welche Fachtradition sehen wir uns eingebunden, wohin gehen wir?« Wie später mit Bourdieu zu zeigen sein wird, haben nicht alle Fachvertreter die gleiche Definitionsmacht über die Ausrichtung des Faches.

Das Konzept des disziplinären Selbstverständnisses weist Ähnlichkeiten mit den Konzepten *disziplinäre Identität* und *Fachverständnis* auf. Da nach Jürgen Osterloh (2002: 36) die Begriffe »disziplinäre Identität« und »disziplinäres Selbstverständnis« synonym verwendet werden können, wird der Identitäts-Begriff wegen seiner mannigfachen Bedeutungen in der vorliegenden Arbeit konsequent ausgespart.[7] Für die Wahl der Bezeichnung ›Selbstverständnis‹ gegenüber ›Fachverständnis‹ haben zwei Gründe gesprochen: Zum einen ist der Begriff ›Selbstverständnis‹ auf der Fachebene fest etabliert (vgl. zum Beispiel die ›Selbstverständnisdebatten‹, den ›Selbstverständnisausschuss‹ oder die ›Selbstverständnispapiere‹ der DGPuK), weshalb die vorliegende Studie schon rein begrifflich an die Diskussion zum Selbstverständnis der Kommunikationswissenschaft anknüpfen möchte. Zum anderen wird das Selbstverständnis von Professoren in dieser Arbeit analytisch getrennt und als zweidimensionales Konstrukt behandelt; neben das Fachverständnis tritt das Berufsverständnis. Das Fachverständnis umfasst die wissenschaftliche Perspektive und die Forschungsgegenstände des Akteurs. Es beinhaltet eine normative Komponente, es geht um die ›richtige‹ wissenschaftliche Ausrichtung, die ›richtigen‹ Fachgegenstände der Kommunikationswissenschaft und um die Ziele des Faches aus der Perspektive der kommunikationswissenschaftlichen Akteure. Unter das Berufsverständnis fällt die (selbst definierte) berufliche Leistung des Akteurs. An späterer Stelle wird darauf vertiefend eingegangen.

TABELLE 1
Teilkonstrukte des Selbstverständnisses nach Geltungsbereich und Bezugsebene

Geltung / Bezug	Akteur	Fach
Ausrichtung	Fachperspektive und Forschungsgegenstand	Inhalt und Gegenstand des Fachs
Aufgabe	Berufliche Leistung des Akteurs	Leistung für die Gesellschaft

= Fachverständnis = Berufsverständnis

Den vorangegangenen Ausführungen folgend lässt sich das Selbstverständnis nach Geltungsbereich (Akteur/Fach) und Bezugsebene (Ausrich-

7 Zur problematischen Verwendung des Identitäts-Begriffs im Kontext akademischer Disziplinen vgl. Hengartner (2001: 39f.).

tung/Aufgabe) analytisch zerlegen. Tabelle 1 illustriert die Teilkonstrukte des Selbstverständnisses.

Festzuhalten ist: Die vorliegende Studie ist angelehnt an Kuhns Prämisse, dass einzelne Wissenschaftler einen Einfluss auf Wissenschaft haben. Es wird davon ausgegangen, dass sich die Kommunikationswissenschaft durch das Handeln ihrer Fachvertreter konstituiert. Diese konzeptionelle Zusammengehörigkeit wird durch die Verwendung des Selbstverständnis-Begriffes sowohl auf der Fach- als auch auf der Akteursebene markiert.

2.2 Entwicklung und Status quo der Kommunikationswissenschaft

Um die Vorstellung der Kommunikationswissenschaft und ihrer Akteure zielführend zu gestalten, wird das Fach anhand der Kategorie *Professionalisierung* beschrieben. Dieses Vorgehen erlaubt es, den Zusammenhang zwischen dem disziplinären und dem akteursspezifischen Selbstverständnis zu beleuchten. Zunächst ist eine fachgeschichtliche Skizze unentbehrlich, denn nur mithilfe der Fachgeschichte wird verständlich, an welche Traditionen die amtierenden Professoren des Faches anknüpfen und von welchen Problemsichten und Arbeitsweisen ihrer Vorgänger sie sich abgrenzen (vgl. KUTSCH 1984: VII). Es folgt eine Darstellung von aktuellen Professionalisierungstendenzen des Faches.

2.2.1 *Fachgeschichtlicher Abriss*[8]

Nach Ulrich Saxer (1995: 47) lässt sich die wissenschaftliche Beschäftigung mit öffentlicher Kommunikation als *Professionalisierungsgeschich-*

8 Es ist hier nicht der Ort, um detailliert auf die Geschichte der Kommunikationswissenschaft einzugehen. Averbeck und Kutsch (2005: 7) haben den Forschungsstand zur Fachgeschichte als »inzwischen recht umfassend« beschrieben. Zur Entwicklung des Faches vgl. vom Bruch (1980); Bohrmann (1986); Kutsch/Pöttker (1997); Averbeck (1999); Averbeck/Kutsch (2002); Meyen/Löblich (2006: 33-71), Wilke (2006), Meyen (2007a, 2007b) sowie Löblich (2009). Die Historiografie des Faches war seit Ende der 1970er-Jahre zunächst als Institutionen- und Personengeschichte angelegt. Vgl. hierzu die Auswahlbibliografie von Averbeck/Kutsch (2002: 64-66); vgl. seitdem Bohrmann (2002a, 2002b); Meyen/Löblich (2004); Averbeck/Kutsch (2005); Koenen (2005); Schade (2005) sowie Wilke (2005). Daneben existieren Zugänge über das ›Milieu‹, vgl. zum Beispiel Averbeck (1999), sowie über die ›Generation‹. Zum Zugang über das Generationen-Konzept vgl. Kutsch (1984); Lacasa (2007, 2009) und Meyen (2007a, 2007b).

te schreiben: Sogenannte ›Outsider‹ im Sinne von »Experten aus dem nichtakademischen Bereich« wurden von »Gastarbeitern« abgelöst und schließlich bildeten sich »Dauermitglieder einer auf Medienkommunikation und Mediengesellschaft konzentrierten scientific community« heraus. Gerade im Vergleich mit anderen jungen Fächern ist die Professionalisierung der Kommunikationswissenschaft[9] allerdings recht langsam verlaufen. Elisabeth Noelle-Neumann (1975: 743) wunderte sich Mitte der 1970er-Jahre, was die Kommunikationswissenschaft doch für ein »seltsames Universitätsfach« sei – ein Fach, in dem ein Großteil der Lehrveranstaltungen von Vertretern anderer Fächer abgehalten werde. Für die langsame Professionalisierung der Kommunikationswissenschaft gibt es vielfältige Ursachen, die sich mit Meyen und Löblich (2006: 42) in drei Komplexe bündeln lassen: 1) Legitimationsdilemma des Faches, 2) Unterbrechung durch den Nationalsozialismus sowie 3) Offenheit des Gegenstands. Auf diese Gründe wird im Folgenden näher eingegangen, weil sie die Erklärungsfolie für die Selbstverständnisproblematik des Faches aufspannen.

Seit ihrer Institutionalisierung zu Beginn des 20. Jahrhunderts ist die Kommunikationswissenschaft[10] einem ›Legitimationsdilemma‹ ausgesetzt: Zum einen wird sie mit Erwartungen der Medienpraktiker und der Studierenden konfrontiert, die Ausbildungskompetenz für Kommunikationsberufe fordern. Zum anderen ist das Fach den Ansprüchen der Universität ausgesetzt, die einzelne Disziplinen nach ihrer wissenschaftlichen Leistung beurteilt und für die Praxisbezug kein Erfolgsindikator ist (vgl. MEYEN/LÖBLICH 2006: 36f.). Da der Anstoß für die Institutionalisierung der Kommunikationswissenschaft von Verlegern und Journalisten kam, fehlte ihr jeglicher »theoretischer Unterbau« (ebd.) und normative Erwartungen gesellschaftlicher Interessensgruppen haben für das Fach eine zentrale Rolle gespielt (vgl. hierzu BROSIUS 2003a, b; MEYEN/WENDELIN 2008). An der Universität war die Existenzberechtigung der Kommunikationswissenschaft von Anfang an umstritten (vgl. VOM BRUCH 1980; BOHRMANN 1986); lange Zeit saß das Fach am »Katzentisch der Universi-

9 In den nachfolgenden Ausführungen wird stets von ›Kommunikationswissenschaft‹ die Rede sein, auch wenn das Fach in seiner Historie mehrere Namensänderungen durchlaufen hat (vgl. hierzu MEYEN/LÖBLICH 2006: 33-37).

10 Das erste kommunikationswissenschaftliche Institut wurde in Leipzig durch Karl Bücher gegründet (1916), kurze Zeit später folgten die Institutsgründungen in Münster (1919), München (1924) und Berlin (1925).

tät« (MEYEN/LÖBLICH 2006: 55). Vor diesem Hintergrund sind die vielfachen Namensänderungen – von Zeitungs*kunde* in Zeitungs*wissenschaft*, später in Publizistik- und Kommunikations*wissenschaft* – auch als Ausdruck des Wunsches nach wissenschaftlicher Anerkennung zu verstehen (vgl. ebd.: 37).

Nach dem Zweiten Weltkrieg stand die Kommunikationswissenschaft vor dem Aus, die meisten Institute wurden abgewickelt und es gab kaum »unbelasteten Nachwuchs« (MEYEN/LÖBLICH 2006: 64). Im Jahre 1960 empfahl der Wissenschaftsrat, dieses ›Sondergebiet‹ lediglich an den Universitäten Berlin und München zu pflegen (vgl. KUTSCH/PÖTTKER 1997: 7). Bis Anfang der 1970er-Jahre sammelte sich an den Fachinstituten ein kleiner, überschaubarer Kreis von Fachvertretern (vgl. KUTSCH/PÖTTKER 1997; MEYEN/LÖBLICH 2004; WILKE 2005). Die disziplinären Strukturen waren so schwach ausgebildet, dass der »Exitus des Faches« (BOHRMANN 2002a: 32) drohte. Sowohl auf der wissenschaftsexternen als auch auf der wissenschaftsinternen Ebene stand das Fach unter starkem Legitimationsdruck. In den 1980er-Jahren beklagte Saxer (1980: 539), dass »die Steuerungskapazität innerwissenschaftlicher Normen [...] immer noch unterentwickelt« sei. Er sprach von einer »starke[n] Beeinflussbarkeit [...] durch politische Konstellationen« (ebd.: 525). Hans-Dieter Kübler (1989: 8) konstatierte »Willfährigkeiten gegenüber außerwissenschaftlichen, auftragsbezogenen Ansinnen kommerzieller und politischer Machtzentren«.

Seit den 1970er-Jahren hat sich das Fach in Deutschland institutionell stark ausgebaut: Verfügte das Fach 1970 über sieben Professorenstellen, waren es 1990 bereits 54 Stellen und 2002 gab es 85 Professuren für Kommunikationswissenschaft (vgl. MEYEN 2004: 199).[11] Im Vergleich zu Deutschland hat sich die Kommunikationswissenschaft in der Schweiz und in Österreich ähnlich, wenngleich leicht verzögert entwickelt.[12] Der rasante Ausbau des Faches lässt sich als Reaktion auf den enormen Bedeutungsgewinn medial vermittelter öffentlicher Kommunikation und aus dem daraus resultierenden Bedarf an Kommunikationsberufen interpre-

11 Sozialwissenschaftliche Nachbardisziplinen haben eine ähnliche Entwicklung durchlaufen: Die Soziologie wuchs von etwas mehr als 30 Professuren Mitte der 1960er-Jahre auf knapp 300 Ende der 1980er-Jahre an (vgl. BURKART/WOLF 2002; HILLMERT 2003); im gleichen Zeitraum kam die Politikwissenschaft von 81 auf 313 Professuren (vgl. ARENDES/BUCHSTEIN 2004).

12 Zur Fachentwicklung in der Schweiz vgl. Jarren (2000); Maier-Rabler (2000); Süss (2000) sowie die Beiträge in Schade (2005). Zur Entwicklung des Faches in Österreich vgl. Fabris (1983); Duchkowitsch/Hausjell (1993); Monschein/Randl (1996) und Langenbucher (2007).

tieren. Um an dem hohen Studierendenaufkommen der Kommunikationswissenschaft zu partizipieren, gingen die Philologien und die Theaterwissenschaft in den 1970er-Jahren dazu über, ihren Gegenstandsbereich um die Medien zu erweitern und sie haben die Medienwissenschaft(en) in ihr Repertoire aufgenommen.[13] Darüber hinaus entstanden in den 1970er-Jahren Journalistik-Studiengänge, deren dezidiertes Ziel die Journalisten-Ausbildung ist.[14] In den 1990er-Jahren kam es durch die deutsche Wiedervereinigung beim Um- und Ausbau ostdeutscher Hochschulen zu einer Reihe von Neugründungen kommunikationswissenschaftlicher Institute (an den Standorten Leipzig, Dresden, Erfurt, Ilmenau, Jena und Greifswald; vgl. hierzu RUHRMANN et al. 2000). Alles in allem hat sich die Kommunikationswissenschaft zu einem der nachfragestärksten Studienfächer entwickelt; nach Angabe des Wissenschaftsrates (2007: 7) hat sich die Studierendenzahl des Faches in den letzten zehn Jahren verdoppelt. Die Fachinstitute in Deutschland regulieren über einen institutseigenen Numerus Clausus die enorme Bewerberanzahl auf Studienplätze. So gab es beispielsweise in München im Jahre 2008 rund 1900 Bewerbungen auf 120 Plätze im Bachelor-Studiengang.

Was haben diese Fachentwicklungen nun mit dem Selbstverständnis von Kommunikationswissenschaft(lern) zu tun? Beachtlich viel, da aufgrund des rasanten Ausbaus der Kommunikationswissenschaft Praktiker und Vertreter aus anderen Disziplinen in das Fach integriert wurden (und werden). Mit dem Wissenschaftssoziologen Michael Mulkay (1972: 36) ist davon auszugehen, dass durch die Aufnahme von Fachfremden verschiedene wissenschaftliche Auffassungen, Interessen und Erkenntnisperspektiven, Theorien und Methoden in ein Fach ›migrieren‹; Mulkay nennt dieses Phänomen ›cross-fertilisation‹ (ebd.). Ferner kann angenommen werden, dass wissenschaftlich unterschiedlich sozialisierte Fachvertreter verschiedene Vorstellungen von Kommunikationswissenschaft haben, was zu einer ›Task Uncertainity‹ (WHITLEY 1982) des Faches führt. Im Gegensatz zu Disziplinen mit einem ›Cognitive Consensus‹ herrscht kein Konsens bezüglich der relevanten Theorien, methodischer Herangehensweisen und der Problemlösungsansätze vor. Die disziplinäre Heteroge-

13 Zur Entwicklung und zum Selbstverständnis der Medienwissenschaft vgl. Gesellschaft für Medienwissenschaft (2008); vgl. hierzu auch die Stellungnahme des Wissenschaftsrates (2007).

14 Zur Institutionalisierung von Journalistik-Studiengängen vgl. exemplarisch Blöbaum (2000) und Meyen/Wendelin (2008).

nität der Fachvertreter und das Vorhandensein verwandter Studiengänge führten zu sogenannten ›Selbstverständnisdebatten‹ innerhalb der Kommunikationswissenschaft.[15] In diesen Debatten werden die Gegenstandserweiterung des Faches (Themen, Arten der Kommunikation und Medientypen), der Mangel an integrativem Vorgehen, der Erinnerungsverlust und die fehlende gesellschaftliche Bedeutung des Faches sowie die mangelnde Transparenz empirischer Forschungsarbeiten thematisiert (vgl. HOHLFELD/NEUBERGER 1998: 317). Hans-Dieter Kübler (1989: 7) hat von einer »chronischen Selbstbespiegelung« der Kommunikationswissenschaft gesprochen, dem Fach wurden »in Fieberschüben wiederkehrende Selbstverständnisdiskussionen« (SEMRAD 2004: 79) attestiert und es war von »quälende[n] Debatten über das Selbstverständnis« die Rede (MEYEN/LÖBLICH 2007: 14). Dass die Frage nach dem Selbstverständnis die deutschsprachige Kommunikationswissenschaft in hohem Maße beschäftigt, belegen Inhaltsanalysen von Fachzeitschriften: Für den Untersuchungszeitraum zwischen 1966 und 1995 ermittelten Ralf Hohlfeld und Christoph Neuberger (1998) einen Anteil von Artikeln zum Selbstverständnis des Faches von 9,9 Prozent in der *Publizistik* und von 3,7 Prozent in *Rundfunk & Fernsehen*.[16] Zwischen den Jahren 2003 und 2007 lag der Anteil solcher Artikel in der *Publizistik* bei 9,8 Prozent und in der *Medien & Kommunikationswissenschaft* (ehemals *Rundfunk & Fernsehen*) bei 1,9 Prozent. Die Diskussion um das disziplinäre Selbstverständnis ist also nie zur Ruhe gekommen. Im Zuge der Digitalisierung, der globalen Ökonomie und der Mediengesellschaft erhält die Frage nach dem Gegenstandsbereich der Kommunikationswissenschaft (Massen-, Gruppen- und Individualkommunikation) eine ganz besondere Brisanz und Kommunikationswissenschaftler diskutieren seit einigen Jahren wieder vermehrt über die Konturen und die ›Entgrenzung‹ (SAXER 1980) ihres Faches.

Aktuelle Selbstverständnis-Artikel attestieren der Kommunikationswissenschaft, dass sie sich zunehmend professionalisiert. Was darunter

15 Die Selbstverständnisdebatten werden in den beiden führenden deutschsprachigen Fachzeitschriften *Publizistik* und *Medien & Kommunikationswissenschaft* (ehemals *Rundfunk & Fernsehen*) sowie *Aviso*, dem DGPuK-Informationsdienst, ausgetragen. Eine Übersicht über *Publizistik*-Artikel zum Selbstverständnis der Kommunikationswissenschaft findet sich bei Ruhrmann et al. (2000: 284).

16 Zu vergleichbaren Ergebnissen kommen auch Maria Löblich und Senta Pfaff-Rüdiger (2009) in ihrer Inhaltsanalyse der Fachzeitschrift *Publizistik*: Zwischen den Jahren 1956 (Gründungsjahr der *Publizistik*) und 1969 lag der Anteil von Artikeln zum Fach selbst bei zehn Prozent, im Zeitraum zwischen 1970 und 1980 lag er bei 23 Prozent.

zu verstehen ist und in welchem Zusammenhang die Professionalisierung mit dem Selbstverständnis von Kommunikationswissenschaftlern steht, wird im nächsten Abschnitt geklärt.

2.2.2 *Vom Legitimations- zum Professionalisierungsdilemma?*

Im Folgenden werden die Professionalisierungstendenzen der Kommunikationswissenschaft anhand von sechs Indikatoren herausgearbeitet: 1) die zunehmende Selbstrekrutierung des Faches, 2) die steigende Anzahl von Habilitationen, 3) die Homogenisierung der Autorenschaft von Fachzeitschriften, 4) die Herausbildung eines Mainstreams, 5) das Wachstum und die Verwissenschaftlichung der Fachgesellschaft sowie 6) die fachpolitischen Maßnahmen zur Standardisierung der Kommunikationswissenschaft.

Zunehmende Selbstrekrutierung des Faches

Die Professionalisierungstendenzen der Kommunikationswissenschaft zeichnen sich vielleicht am Deutlichsten bei der akademischen Sozialisation von Professoren des Faches ab. Im Unterschied zu anderen Disziplinen sind zwar nach wie vor relativ wenige Professoren in der Kommunikationswissenschaft selbst ausgebildet worden. Dieser Umstand lässt sich auf die Expansionsphasen des Faches und die damit verbundenen Rekrutierungsprobleme zurückführen – beispielsweise hat das Fach in den 1990er-Jahren durch den Ausbau in den neuen Bundesländern stark expandiert, weshalb Vertreter aus anderen Disziplinen in die Kommunikationswissenschaft integriert werden mussten (vgl. hierzu Abschnitt 2.2.1). Überdies mangelt es der Kommunikationswissenschaft an wissenschaftlichem Nachwuchs, sodass (nach wie vor) Fachfremde auf kommunikationswissenschaftliche Professuren berufen werden.[17] Im Zeitverlauf zeigt sich allerdings, dass mittlerweile viele Professoren im Fach selbst

17 Die Rekrutierung des wissenschaftlichen Nachwuchses innerhalb der Kommunikationswissenschaft erweist sich durch die Sogkraft des Medienmarktes, der Absolventen »attraktive Arbeits- und Karrieremöglichkeiten mit angesehenen Positionen, Verantwortung und entsprechende[n] Gehälter[n]« bietet, als schwierig (WISSENSCHAFTSRAT 2007: 95). Die Karrierechancen an der Hochschule scheinen für Absolventen des Faches zunächst wenig vielversprechend zu sein: Eine unbefristete Position wird erst relativ spät erreicht und Nachwuchswissenschaftlern bleibt durch die hohe Lehrbelastung nur wenig Zeit für die Forschung.

TABELLE 2

Zusammensetzung der Professorenschaft nach Hauptstudienfach (2002)

	1950	1970	1990	2002
Kommunikationswissenschaft		4	20	27
Wirtschaftswissenschaft			9	9
Philologien	1		10	16
Jura		1	5	3
Geschichte	2	1	4	2
Soziologie		1	2	8
Psychologie			2	6
Politikwissenschaft			1	7
Andere			1	7
Summe	3	7	54	85

Quelle: Meyen (2004: 199)

Meyen hat sich bei seiner Erhebung auf den ›Kern des Fachs‹ bezogen. Nach seiner Definition gehören dazu Institutionen, die bis zum Jahr 2002 im Impressum der Fachzeitschrift *Publizistik* aufgeführt wurden sowie die auf der DGPuK-Website aufgelisteten sozialwissenschaftlich ausgerichteten Fachinstitute. Fachhochschulen und künstlerisch-ästhetische Studiengänge hat Meyen nicht berücksichtigt.

ausgebildet wurden, dass der Anteil an nicht promovierten Praktikern heute verschwindend gering ist und dass nur etwa jeder dritte Professor über (langjährige) Berufserfahrung im Medienbereich verfügt (vgl. MEYEN 2004: 199).[18] Die heutige Professorenschaft unterscheidet sich dadurch erheblich von der aus den 1960er-Jahren. Damals galt eine langjährige journalistische Berufserfahrung als »fast notwendige Voraussetzung« für die Berufung auf eine kommunikationswissenschaftliche Professur (MEYEN/LÖBLICH 2006: 37f.). Professoren für Journalistik nehmen in dieser Hinsicht eine Sonderposition ein, denn auch heute verfügen die meisten von ihnen über (langjährige) Berufserfahrung im Medienbereich.

18 Vergleicht man die Sozialstruktur der Kommunikationswissenschaft mit der Sozialstruktur der Soziologie, wird deutlich, dass die Selbstrekrutierung der Professorenschaft ihre Zeit braucht: Professoren für Soziologie, die vor 1930 geborenen wurden, haben nur zu 63 Prozent Soziologie studiert. Bis Mitte der 1980er-Jahre hatte sich der Anteil von studierten Soziologen bereits auf über 90 Prozent erhöht (vgl. LANDMEIER 1987: 319).

Tabelle 2 bietet einen Überblick über das Hauptstudienfach von Professoren für Kommunikationswissenschaft in Deutschland für das Jahr 2002.

Der Tabelle ist zu entnehmen, dass Professoren für Kommunikationswissenschaft immer häufiger aus einer anderen Sozialwissenschaft (Psychologie, Soziologie oder Politikwissenschaft) kommen und dass der Anteil an Juristen, Ökonomen und Historikern kontinuierlich gesunken ist. Meyen (2004: 201) hat in diesem Zusammenhang von einer Tendenz in Richtung »Versozialwissenschaftlichung« der Kommunikationswissenschaft gesprochen.

Steigende Anzahl kommunikationswissenschaftlicher Habilitationen

Die Anzahl kommunikationswissenschaftlicher Habilitationen ist in den letzten 40 Jahren sprunghaft angestiegen: Gab es zwischen 1966 und 1985 insgesamt 22 erfolgreiche Habilitations-Verfahren, waren es zwischen 1986 und 2005 insgesamt 44, 13 dieser Verfahren fanden in den Jahren 2004 und 2005 statt (vgl. MEYEN 2007b: 30). Der Anteil von habilitierten Professoren liegt heute bei knapp 60 Prozent (vgl. MEYEN 2004: 199). Der Umstand, dass relativ häufig auch Bewerber ohne Habilitation auf eine Professur für Kommunikationswissenschaft berufen werden, kann durch die Nachwuchsprobleme des Faches begründet werden (vgl. WISSENSCHAFTSRAT 2007: 32). Die Spanne zwischen Habilitation und Erstberufung ist für Kommunikationswissenschaftler in der Regel – gerade im Vergleich zu anderen Disziplinen – relativ kurz.[19]

Homogenisierung der Autorenschaft von Fachzeitschriften

Fachzeitschriften gelten bekanntlich als Spiegel wissenschaftlicher Entwicklungen (vgl. RIFFE/FREITAG 1997); ein Blick auf die Zusammensetzung der Autorenschaft von führenden Fachzeitschriften erlaubt Rückschlüsse auf den Professionalisierungsgrad einer Disziplin. Während eine heterogene Autorenschaft für Interdisziplinarität und eher schwache institutionelle Grenzen spricht, kommt in der Homogenität von Autoren Professionalisierung und Abschottung zum Ausdruck (vgl.

19 Zur Situation in der Soziologie vgl. Hillmert (2003), für die Geschichtswissenschaft vgl. Lincke/Paletschek (2001), für die Politikwissenschaft vgl. Arendes/Buchstein (2004) sowie Plümper/Schimmelfennig (2007).

DONSBACH et al. 2005: 60). Um der Frage nachzugehen, ob es sich bei der Kommunikationswissenschaft um ein Integrationsfach (heterogene disziplinäre Herkunft der Fachvertreter) handelt oder um ein Einheitsfach (homogene Ausbildung der Fachvertreter), wurden in den vergangenen Jahren mehrere Inhaltsanalysen der Fachzeitschriften *Publizistik* und *Medien & Kommunikationswissenschaft* durchgeführt (vgl. BROSIUS 1994, 1998; DONSBACH et al. 2005; BROSIUS/HAAS 2009). Diese Inhaltsanalysen decken mittlerweile den Zeitraum von 1983 bis 2007 ab und zeigen eine eindeutige Tendenz innerhalb der letzten 25 Jahre auf: Die Artikel der beiden führenden Fachzeitschriften stammen immer häufiger von Kommunikationswissenschaftlern selbst; Fachfremde rücken in den Hintergrund und Medienpraktiker machen nur noch einen geringen Anteil unter den Autoren aus. Die Mehrheit der Autoren bilden Hochschulangehörige, wovon zwei Drittel aus Instituten stammen, die Kommunikationswissenschaft im Hauptfach anbieten (vgl. BROSIUS/HAAS 2009: 177). Der größte Anteil des Outputs stammt mittlerweile vom kommunikationswissenschaftlichen Nachwuchs (Doktoranden und Habilitanden des Faches). Das Fach produziert seinen Nachwuchs also zunehmend selbst, wodurch sich eine »mittelfristige Homogenisierungstendenz« abzeichnet (DONSBACH et al. 2005: 63).

Herausbildung eines Mainstreams

In der Kommunikationswissenschaft hat sich offenbar ein Mainstream herausgebildet – ein Umstand, den Peiser et al. (2003: 332f.) als funktionales Merkmal des disziplinären Professionalisierungsprozesses betrachten. Der kommunikationswissenschaftliche Mainstream lässt sich an drei Indikatoren festmachen: Erstens ist aus der DGPuK-Mitgliederbefragung bekannt, dass sich 92,6 Prozent der Mitglieder der empirisch-sozialwissenschaftlichen Forschungsperspektive zuordnen (vgl. ebd.: 326). Zweitens liegt dem Großteil von Artikeln der führenden Fachzeitschriften die quantitativ-empirische Forschungsperspektive zugrunde; Donsbach et al. (2005: 69) sprechen hier vom »dominanten Paradigma«. Ferner haben neun von zehn Fachzeitschriftenartikeln die öffentliche, durch Massenmedien vermittelte Kommunikation zum Inhalt (vgl. ebd.). Drittes Indiz für die Herausbildung eines Mainstreams ist die Kanonbildung in Lehrbüchern; Inhaltsanalysen von Lehrbüchern haben einen »empirisch-sozialwissenschaftlichen Nukleus« ausgemacht (HARNISCHMACHER 2004: 95;

vgl. auch KOLB 2007; WENDELIN 2009). Das empirisch-sozialwissenschaftliche Verständnis existiert nicht seit jeher; bis in die 1960er-Jahre überwogen im Fach die geisteswissenschaftliche Perspektive, historische und philologische Methoden und ein normatives Wissenschaftsverständnis (vgl. AVERBECK 1999; LÖBLICH 2009).

Wachstum und Verwissenschaftlichung der Fachgesellschaft

Auch das stetige Wachstum der kommunikationswissenschaftlichen Fachgesellschaft DGPuK und deren Verwissenschaftlichung sind als Indikator für die Professionalisierung der Kommunikationswissenschaft anzuführen. Peiser et al. (2003: 333) haben herausgestellt, dass die DGPuK in der Struktur wie auch in der Wahrnehmung durch ihre Mitglieder als »Spiegel der Entwicklungen des Faches« zu betrachten ist. Die DGPuK wurde 1963 gegründet und sie verzeichnete im Jahr 2009 knapp 800 Mitglieder.[20] Durch die DGPuK-Mitgliederbefragung ist bekannt, dass die Mehrheit der Mitglieder für eine rein wissenschaftlich orientierte Fachgesellschaft plädiert (vgl. PEISER et al. 2003: 327). Praktiker finden eher eine Heimat in der DGPuK, »wenn sie sich primär als Wissenschaftler verstehen – und das scheinen viele von ihnen auch zu tun« (ebd.: 326).

Fachpolitische Maßnahmen zur Standardisierung der Kommunikationswissenschaft

Als fachpolitische Maßnahme zur Professionalisierung der Kommunikationswissenschaft ist die Einrichtung von sogenannten ›Selbstverständnisausschüssen‹ der DGPuK zu verstehen, aus deren Arbeit zwei *Selbstverständnispapiere* hervorgegangen sind (vgl. DGPUK 2001, 2008).[21] Mithilfe

20 Eine detaillierte Übersicht über den Anstieg der DGPuK-Mitgliedschaften seit Gründung der Fachgesellschaft liefert Urban (2003: 95).

21 Das erste Selbstverständnispapier wurde vom Selbstverständnisausschuss der DGPuK unter der Leitung von Anna Maria Theis-Berglmair und Günter Bentele in Zusammenarbeit mit dem damaligen DGPuK-Vorstand, bestehend aus Hans-Bernd Brosius, Romy Fröhlich und Helmut Scherer, erarbeitet und im Jahre 2001 veröffentlicht. Nur wenige Jahre später, auf der DGPuK-Jahrestagung 2006 in Dresden, wurde erneut ein Selbstverständnisausschuss gebildet, dessen Leitung der damalige stellvertretende DGPuK-Vorsitzende Gerhard Vowe gemeinsam mit Andreas Hepp und Christoph Klimmt übernahm. Im Selbstverständnisausschuss haben 20 Professoren mit unterschiedlichen theoretischen und methodischen Ausrichtungen über das Selbstverständnis der Kommunikationswissenschaft diskutiert. Auf der DGPuK-Jahrestagung 2007 in Bamberg unterrichtete Vowe interessierte Vereinsmitglieder

dieser Selbstverständnispapiere sollen Standardisierungsprozesse des Faches eingeleitet und die Fachausrichtung fixiert werden, sie sollen das Selbstverständnis nach innen und nach außen festigen. In den Selbstverständnispapieren präsentiert die Fachgesellschaft die Kommunikationswissenschaft sozusagen in einem (von den Vertretern des Selbstverständnisausschusses ausgehandelten) ›Idealzustand‹. Als fachpolitische Maßnahme ist ferner die Broschüre *Empirische Methodenlehre in der Kommunikationswissenschaft* zu nennen (vgl. DGPUK 2004). Im Namen der Fachgesellschaft schlagen Patrick Rössler et al. einen Ausbildungskanon zur empirischen Methodenlehre vor. Ein solcher Standardisierungsprozess wird als wichtig erachtet, weil sich das »Selbstverständnis einer Wissenschaft und einer scientific community [...] wesentlich über ihre Methoden [konstituiert]« (ebd.: 5). Bei solchen Standardisierungsmaßnahmen werden also nicht ›das Fach‹ oder ›die DGPuK‹ aktiv, sondern immer nur bestimmte Teile davon. Aus wissenschaftssoziologischer Perspektive ist interessant, dass das Engagement in der Fachgesellschaft sowohl Professoren als auch Nachwuchswissenschaftlern die Möglichkeit bietet, an der Definitionsmacht über die Kommunikationswissenschaft zu partizipieren. An späterer Stelle wird mit Bourdieu zu zeigen sein, dass sowohl orthodoxe als auch häretische Fachvertreter um die Definitionsmacht im kommunikationswissenschaftlichen Feld kämpfen.

Für die Untersuchung zum Selbstverständnis von Professoren für Kommunikationswissenschaft sind die Professionalisierungstendenzen des Faches aus mindestens drei Gründen von zentraler Bedeutung:

Erstens: Das Vorhandensein eines Mainstreams bringt als Kernproblem mit sich, dass die »tatsächlichen oder vermeintlichen Minderheiten [...] sich weniger aufgehoben fühlen – im Fach wie in der Fachgesellschaft« (PEISER et al. 2003: 332f.). Konkretisiert man diese Annahme, dann werden in Zukunft wohl ökonomische, juristische und historische Perspektiven an den disziplinären Rand der Kommunikationswissenschaft gedrängt (vgl. MEYEN 2004: 201). Wie gehen Professoren, die für eine solche Perspektive stehen, mit dieser fachinternen Dynamik um?

in einem Panel über den Stand der Dinge des Selbstverständnisausschusses und präsentierte in diesem Rahmen das sogenannte ›Blöbaum-Papier‹, das als vorläufiges aktualisiertes Selbstverständnispapier zu verstehen war (vgl. DGPUK 2007). Das überarbeitete Selbstverständnispapier wurde schließlich auf der DGPuK-Jahrestagung 2008 in Lugano verabschiedet (vgl. DGPUK 2008).

Zweitens: Studierende wählen das Studienfach Kommunikationswissenschaft nach wie vor mehrheitlich als »Schlüssel für eine attraktive Position im Journalismus, in der Öffentlichkeitsarbeit oder in der Werbung« (vgl. MEYEN 2004: 200). Sie erwarten vom Fach in erster Linie eine zukunftsorientierte, marktbezogene, direkt verwertbare Berufsausbildung. Professoren des Faches können ihren Studierenden allerdings nur noch bedingt bei der praktischen Berufsvorbereitung helfen – bestenfalls durch das Erlernen sozialwissenschaftlicher Methodenkenntnisse und durch Medienkompetenz (vgl. ebd.: 200). Hier lässt sich fragen, welchen Stellenwert Professoren für Kommunikationswissenschaft der praktischen Berufsvorbereitung zuschreiben. Welches Ausbildungsziel verfolgen sie durch ihre berufliche Tätigkeit? Spielt es eine Rolle, ob ein Professor über Berufserfahrung in der Medienpraxis verfügt oder rein akademisch sozialisiert wurde?

Drittens: Eine professionalisierte Disziplin beschäftigt sich zunehmend mit der Bearbeitung von Problemen, die sie sich selbst schafft. Je mehr sich ein Fach professionalisiert und ausdifferenziert, desto abstrakter werden die Gegenstände der Forschung, desto spezialisierter wird die Wissenschaftssprache, desto größer wird die Kluft zwischen der Wissenschaft und ihrer sozialen Umwelt und desto intensiver werden die Vermittlungs- bzw. Übersetzungsanstrengungen (vgl. WEINGART 2003: 114). Für die Kommunikationswissenschaft bringt dies sowohl Chancen als auch Gefahren mit sich (vgl. MEYEN 2004: 200): die Chancen, sich über wissenschaftliche Leistungen die Existenz als akademische Disziplin zu sichern und dadurch zu mehr Reputation an der Universität zu gelangen. Und die Gefahren, sich von den Ansprüchen der Studierenden, aber auch von Auftraggebern aus Politik und Wirtschaft zu entfernen und sich dadurch eine wesentliche Existenzgrundlage zu entziehen. Was also passiert mit der Kommunikationswissenschaft, wenn sie von Studenten »nicht mehr (nur) als Schlüssel zu einem attraktiven Beruf im Medienbereich gesehen wird, sondern (auch) als eine ›normale‹ Sozialwissenschaft« (MEYEN/LÖBLICH 2006: 38)? Entwickelt sich aus dem Legitimationsdilemma der Kommunikationswissenschaft möglicherweise ein ›Professionalisierungsdilemma‹?

Professoren für Kommunikationswissenschaft agieren folglich in einem Spannungsfeld, das sich aus den normativen Erwartungen an ihr Fach ergibt. Die Erwartungen, die von Kollegen (sowohl von Fachkollegen als auch von Professorenkollegen aus anderen Disziplinen), Medienunternehmern, Journalisten, Politikern und Studierenden an Fachvertreter herangetragen werden, tangieren die drei Tätigkeitsbereiche des Professorenberufs. Tabelle 3 trägt die Erwartungen, mit denen Professoren für Kommunikationswissenschaft in Forschung, Lehre und Verwaltung konfrontiert werden, zusammen.

TABELLE 3

Normative Erwartungen an Professoren für Kommunikationswissenschaft

Erwartung der	an Forschung	an Lehre	an Verwaltung
Praxis	Auftragsforschung, Handlungsempfehlungen	berufsbezogene Ausbildung, Reflexionswissen	praktische Elemente
Kollegen/ Universität	grundlegende wissenschaftliche Beiträge	neue Formen der Wissensvermittlung	fachpolitisch orientiert
Studenten	zukunftsorientiert, marktbezogen, direkt verwertbar	berufsbezogene Ausbildung, Berufschancen	effiziente Regelungen für Studium
Hochschulpolitik	nutzbringend, international wettbewerbsfähig	Durchsatz innerhalb der Regelstudienzeit	effizient, rechtssicher

Quelle: in Anlehnung an Hornke (1997: 118)

Vor dem Hintergrund der vorliegenden Fragestellung ist von Interesse, wie Professoren für Kommunikationswissenschaft mit diesen Erwartungen umgehen.

2.3 Das Selbstverständnis von Kommunikationswissenschaftlern im Spiegel der Forschung

Im Folgenden werden die einschlägigen kommunikationswissenschaftlichen Studien daraufhin beleuchtet, was über das Selbstverständnis von Kommunikationswissenschaftlern bekannt ist. Diese Studien erheben keinen Anspruch auf Vollständigkeit. Vielmehr handelt es sich um eine gezielte Auswahl von relevanten Studien für die vorliegende Fragestellung. Aus der Beschäftigung mit dem Forschungsstand werden schließlich Forschungslücken identifiziert, die durch das eigene Forschungsvorhaben geschlossen werden sollen.

2.3.1 *Empirische Befunde*

Während in den USA routinemäßig Informationen über die Kommunikationswissenschaft und ihre Fachvertreter erhoben werden, gibt es im deutschsprachigen Raum nur vereinzelt empirische Meta-Studien zur Kommunikationswissenschaft. Peiser und Kollegen (2003: 310, Anm. 1) haben beklagt, dass Kommunikationswissenschaftler bislang kaum Gegenstand empirischer Erhebungen geworden sind. Diese Missstandsbekundung lässt sich einige Jahre später zumindest teilweise entkräften, auch wenn die Anzahl empirischer Studien nach wie vor überschaubar ist. Um erste Hinweise über das Selbstverständnis von Kommunikationswissenschaftlern zu erhalten, wird auf die Dozentenbefragung von Romy Fröhlich und Christina Holtz-Bacha (1993a) sowie auf ausgewählte Befunde zum kommunikationswissenschaftlichen Nachwuchs eingegangen (vgl. PROMMER et al. 2006; vgl. außerdem MÖGERLE et al. 2005; WIRTH et al. 2005; MATTHES et al. 2006 und WIRTH et al. 2008). Darüber hinaus werden zentrale Befunde der DGPuK-Mitgliederbefragung (vgl. PEISER et al. 2003) vorgestellt.

Anfang der 1990er-Jahre wollten Fröhlich und Holtz-Bacha dem Missstand entgegentreten, »daß man den Lehrenden in einem Fach, das für öffentlichkeitswirksame Berufe ausbildet, nicht längst mehr Aufmerksamkeit geschenkt hat« (FRÖHLICH/HOLTZ-BACHA 1993a: 31).[22] Durch eine Befragung von rund 150 Wissenschaftlern haben Fröhlich und Holtz-Bacha Daten zur Situation und Sozialisation von Dozenten (Professoren, wissenschaftliche Mitarbeiter sowie wissenschaftliche Hilfskräfte) für Kommunikations-, Publizistikwissenschaft und Journalistik in Deutsch-

22 Bereits 1980 hat Friedhelm Kröll einen Beitrag zur disziplinären Standortbestimmung beigesteuert, indem er insgesamt 13 Leiter von kommunikationswissenschaftlichen Instituten und publizistischen Studiengängen der Kommunikationswissenschaft im deutschsprachigen Raum zur Disziplinentwicklung qua Leitfadeninterviews befragte. Allerdings hat Kröll (1980: 492) – wie er selbst schreibt – »keine colorful interpretations« getätigt; seine Studie ist nur bedingt brauchbar. Auf die Journalistik beschränkt blieb die Studie von Gregor Timmer (1987). Timmer hat durch eine Vollerhebung unter Journalistik-Dozenten die Einstellungen und Merkmale von Lehrenden und deren Auswirkung auf die Ausbildungsrealität untersucht.

land generiert. Vor dem Hintergrund der vorliegenden Fragestellung sind vor allem ihre Ergebnisse zu den »spezifischen Rollenvorstellungen in Bezug auf Lehre und Forschung« und zu der Berufszufriedenheit von Kommunikationswissenschaftlern aufschlussreich: Obwohl die Tätigkeit an der Hochschule nicht bewusst angestrebt wurde und häufig anders aussieht als erwartet, würden die meisten Befragten (58 %) heute wieder denselben Beruf wählen, nur sieben Prozent würden sich für einen anderen Beruf entscheiden (vgl. ebd.: 38). Als Vorteile des Berufs werden die freie Themenwahl, die freie Zeiteinteilung und der Umgang mit Studierenden genannt (jeweils um ca. 80 %); die Möglichkeit zur Forschung ist für 64 Prozent der Befragten wichtig und beinahe jeder Zweite schätzt die berufliche Autonomie, doch trotz der Selbstbestimmung und der flexiblen Zeiteinteilung lässt die Tätigkeit an der Hochschule offenbar nicht »viel Zeit für Familie und Freunde« – mit der Zustimmung von lediglich einem Prozent ist dieses Item das Schlusslicht unter den genannten Vorteilen. Als Nachteile der beruflichen Tätigkeiten werden die knappen Stellenpläne, der Verwaltungsaufwand, die hohen Studierendenzahlen und die wenige Zeit für Forschungsaktivitäten aufgeführt. Knapp ein Drittel der Befragten empfindet es als Nachteil, dass die Arbeit eigentlich nie aufhört (vgl. ebd.: 40). Fröhlich und Holtz-Bacha haben auch die Aufteilung der Arbeitszeit von Dozenten für Kommunikationswissenschaft ermittelt: Die meiste Arbeitszeit wird für die Unterrichtsvorbereitung aufgewendet (31 %), 18 Prozent für die Forschung und Projektarbeit, 16 Prozent für die Verwaltung, 13 Prozent für die Studienberatung, 11 Prozent für Arbeitsgespräche, neun Prozent für das Publizieren und zwei Prozent für sonstige Aktivitäten (vgl. ebd.: 41).

Vergleichbare Befunde gehen aus der quantitativen Studie zum kommunikationswissenschaftlichen Nachwuchs von Elizabeth Prommer et al. (2006) hervor. Auch für Nachwuchswissenschaftler sind die freie Zeiteinteilung und die Arbeitsinhalte ein positives Merkmal von Wissenschaft als Beruf. Den Großteil ihrer Arbeitszeit wenden Nachwuchswissenschaftler für Lehrtätigkeiten auf, wobei Frauen signifikant mehr Zeit in die Lehre investieren als ihre männlichen Kollegen. Dem Engagement für die Lehre folgen Forschungstätigkeiten und die Akquise von Forschungsmitteln, die Arbeit an der Promotion und Verwaltungstätigkeiten; die Restzeit wird in Publikationstätigkeiten und Besprechungen mit Kollegen investiert. Die empirischen Studien von Fröhlich und Holtz-Bacha sowie Prommer et al. bieten erste wertvolle Hinweise zu den beruflichen Aufgaben, zur Aufgabenverteilung und zur Alltagsorganisation von Kommunikationswissenschaftlern – kurzum: zum Berufsverständnis. Das Fachverständnis von Kommunikationswissenschaftlern bleibt in diesen Erhebungen allerdings unberücksichtigt.

Anhaltspunkte zu den Forschungsperspektiven und Forschungsgegenständen sowie zur methodischen und theoretischen Ausrichtung von Kommunikationswissenschaftlern liefert die DGPuK-Mitgliederbefragung (vgl. PEISER et al. 2003). Als eine Art gemeinsamer Nenner unter den Fachvertretern wurde die sozialwissenschaftlich-empirische Ausrichtung des Faches ausgemacht: 92,6 Prozent der Befragten haben ihren eigenen wissenschaftlichen Standpunkt als sozialwissenschaftlich eingeordnet. Bemerkenswerterweise vertritt knapp die Hälfte der Befragten (47,3 %) auch die geisteswissenschaftliche Perspektive (vgl. ebd.: 326). Die Befragten zeichnen dadurch das Bild eines »sowohl als auch« (ebd.: 333).[23] Peiser et al. (ebd.: 327) haben 71 Prozent der Befragten das »primäre berufliche Selbstbild« eines Generalisten im Bereich Kommunikations-/Medienwissenschaft zugeschrieben und herausgestrichen, dass sich nur acht Prozent als Spezialisten für einen bestimmten Bereich sehen würden. Interessant erscheint zudem, dass es nur etwa die Hälfte der Befragten wichtig findet, eine einheitliche Fachbezeichnung zu haben (vgl. ebd.: 333). Das wissenschaftliche Selbstverständnis von Kommunikationswissenschaftlern wurde anhand der Itembatterie 1) geisteswissenschaftlich, 2) sozialwissenschaftlich, 3) qualitativ-empirisch, 4) quantitativ-empirisch, 5) theoretisch und 6) praxisbezogen ermittelt. Durch eine Clusteranalyse konnten Fachvertreter nach ihren wissenschaftlichen Standpunkten gruppiert werden: Cluster 1 (knapp 29 % der Befragten) gab für alle sechs wissenschaftlichen Ausrichtungen überdurchschnittlich hohe Werte an. Cluster 2 (23 %) beinhaltet vor allem quantitativ-empirisch, sozialwissenschaftlich ausgerichtete Wissenschaftler mit überdurchschnittlich ausgeprägter theoretischer Orientierung, die hauptsächlich im Hochschulbereich tätig und jünger als der Durchschnitt sind. DGPuK-Mitglieder, die dem Cluster 3 zugeordnet wurden (17 % der Befragten) weisen ähnliche Strukturmerkmale wie die des zweiten Clusters auf, arbeiten jedoch

23 Donsbach et al. (2005: 48) haben diesbezüglich angemerkt, dass die Heterogenität des wissenschaftlichen Zugangs unter Kommunikationswissenschaftlern wohl nicht nur inter-, sondern auch intraindividuell vorhanden sei. Brosius und Haas (2009: 171) sprechen davon, dass Kommunikationswissenschaftler die Integrationswissenschaft »als Teil ihrer individuellen Entwicklung in sich [tragen].«

geistes- und sozialwissenschaftlich; der empirische Zugang ist qualitativ und sie sind noch stärker als Cluster 2 theoretisch ausgerichtet und weniger praxisorientiert. Cluster 4 (ebenfalls 17 %) ist ähnlich ausgerichtet wie Cluster 2, mit dem Unterschied, dass der Praxisbezug stärker und der Theoriebezug schwächer ist. Die Befragten sind überwiegend außerhalb des Hochschulbereichs tätig und engagieren sich unterdurchschnittlich wenig in der DGPuK. Cluster 5 (knapp 14 %) ist geisteswissenschaftlich und empirisch-qualitativ ausgerichtet, wobei der Praxisbezug dominiert. Nicht zuletzt liefert die DGPuK-Mitgliederbefragung den Hinweis darauf, dass Frauen tendenziell häufiger qualitativ-empirisch ausgerichtet sind als Männer (vgl. ebd.: 326).

Empirische Meta-Studien über die Kommunikationswissenschaft können auch zur Quellenproduktion für die (Re-)Konstruktion der kommunikationswissenschaftlichen Fachgeschichte genutzt werden. Da es im Fach »keine rechte Tradition der autobiografischen Rechenschaft« gibt (KUTSCH/PÖTTKER 1997: 17) und nur wenige Autobiografien[24] von Professoren des Faches vorliegen, dienen biographische Studien der Fachhistoriografie (vgl. AVERBECK/KUTSCH 2002, 2005; BOHRMANN/KUTSCH 1975, 1981; SÖSEMANN 1998, 2001; STÖBER 2002). Das Interesse an biografischen Studien lässt sich wiederum durch die Fachentwicklung erklären: Die Zeitungs- und Publizistikwissenschaft war bis in die 1970er-Jahre hinein nur mit einer Professur an einigen Universitäten vertreten (vgl. Abschnitt 2.2.1) und Kutsch/Pöttker (1997: 10) haben darauf hingewiesen, dass gerade in einer relativ kleinen und jungen Disziplin einzelnen Wissenschaftlerpersönlichkeiten eine relativ große Bedeutung zukommt. In den letzten zehn Jahren wurden vermehrt emeritierte Fachvertreter zu ihrem Weg in die Kommunikationswissenschaft, zu ihren kommunikationswissenschaftlichen Tätigkeiten und zur Situation des Faches befragt. Diesen Studien ist ein gemeinsames Verständnis von Fachgeschichtsschreibung gemein. Sie rücken Akteure der Kommunikationswissenschaft in den Untersuchungsfokus und suchen Antworten auf die beiden Fragen: Welche sozialen Faktoren prägen wissenschaftliche Erkenntnis? Wie prägen soziale Faktoren wissenschaftliche Erkenntnis? Kutsch und Pöttker (1997) haben im ersten Sonderheft der *Publizistik* ›Nestoren‹ der Kommunikationswissenschaft zu Wort kommen lassen, wodurch sie Einblicke in

24 Autobiografien liegen vor von Karl Bücher (1919); Karl d'Ester (1951); Alphons Silbermann (1989); Harry Pross (1993); Peter Glotz (2005) und Elisabeth Noelle-Neumann (2006).

die Situation des Faches seit den 1960er-Jahren liefern.[25] Löblich (2004) untersuchte das Menschenbild von Otto B. Roegele und hat dafür mehrere Interviews mit Roegele geführt. Gemeinsam mit Meyen hat sie zum 80. Jubiläum des Münchener Fachinstituts ehemalige und dort amtierende Professoren interviewt (vgl. MEYEN/LÖBLICH 2004).[26] Nur wenige Jahre später führten die beiden Autoren insgesamt 19 Interviews mit emeritierten Professoren für Kommunikationswissenschaft im deutschsprachigen Raum (sogenannte ›Jungtürken‹; vgl. MEYEN/LÖBLICH 2007).[27] Meyen und Löblich haben in ihrer Studie einen unmittelbaren Zusammenhang zwischen dem Selbstverständnis von Professoren und deren Geburtskohorte nachgezeichnet.[28] Die ›Jungtürken‹ verkörpern den wissenschaftlichen Nachwuchs, der von den ›Nestoren‹ des Faches (vgl. hierzu KUTSCH/PÖTTKER 1997) sozialisiert wurde und in der Regel in den 1970er-Jahren auf kommunikationswissenschaftliche Professuren gelangt ist. Meyen und Löblich beschreiben die ›Jungtürken‹ als Fachvertreter, die das Formalobjekt der heutigen Kommunikationswissenschaft erheblich geformt und den institutionellen Ausbau des Faches wesentlich vorangetrieben haben.

Darüber hinaus entstehen seit einigen Semestern am Lehrbereich Meyen, Institut für Kommunikationswissenschaft und Medienforschung in München, Abschlussarbeiten zur Rekonstruktion der Fachgeschichte. Für diese Arbeiten wurden Interviews mit den Fachvertretern selbst und/oder mit ihren akademischen Weggefährten und Familienangehörigen geführt. Exemplarisch sei an dieser Stelle auf Studien zu Manfred Rühl (SCHEU 2005), Erhard Schreiber (WENDELIN 2008), Gerhard Maletzke (STOMMEL 2006), Peter Glotz (MANG 2007) und Horst Holzer (WIEDEMANN 2007; SCHEU/WIEDEMANN 2009) verwiesen. Diese Studien liefern zum Teil aufschlussreiche Anhaltspunkte zum ›Fach- und Selbstverständnis‹

25 In diesem *Publizistik*-Sonderheft liegen Texte vor von Franz Ronneberger, Elisabeth Noelle-Neumann, Otto B. Roegele, Gerhard Maletzke, Harry Pross, Joachim Pötschke, Alexander von Hoffmann, Hertha Sturm, Helmut Kreuzer und Kurt Koszyk.

26 Interviewt wurden Heinz Starkulla, Kurt Koszyk, Hans Wagner, Wolfgang R. Langenbucher, Peter Glotz, Otto B. Roegele, Petra Dorsch-Jungsberger, Claudia Mast, Karl Friedrich Reimers, Romy Fröhlich, Heinz-Werner Stuiber, Heinz Pürer, Ursula E. Koch sowie Hans-Bernd Brosius.

27 Als ›Jungtürken‹ bezeichnen Meyen und Löblich (2007) Professoren, die zwischen 1929 und 1940 geboren wurden und die an einem kommunikationswissenschaftlichen Institut gelehrt haben.

28 Auch aus anderen Studien der Disziplingeschichte ist bekannt, dass sich Professoren für Kommunikationswissenschaft Wissenschaftlergenerationen zuordnen lassen (vgl. KUTSCH 1984; LACASA 2007, 2009).

(MANG 2007) bzw. vom ›Rollenselbstverständnis‹ (WIEDEMANN 2007) von einzelnen Kommunikationswissenschaftlern. Das Selbstverständnis (wie auch immer definiert, hier herrscht Begriffsunklarheit) wird anhand von Untersuchungskategorien wie dem ›Wissenschaftsverständnis‹, dem ›Forschungsgegenstand‹, den ›Aufgaben des Faches‹, ›Methodologie‹ und dem ›Erkenntnisinteresse‹ ermittelt.

Es kann nicht Sinn und Zweck sein, hier die einzelnen Selbstverständnisformen der (emeritierten) Fachvertreter zu referieren – ein guter Überblick findet sich bei Löblich (2009). Für die vorliegende Fragestellung ist vielmehr von Interesse, dass in diesen Arbeiten das Selbstverständnis von Fachvertretern anhand von Kategorien[29] wie dem Geschlecht, der sozialen Herkunft, der akademischen Sozialisation und der Situation der Kommunikationswissenschaft beschrieben und erklärt wird. So wurde zum Beispiel in der Studie zum Menschenbild von Otto B. Roegele dargelegt, dass dessen Wissenschaftsverständnis stark vom Katholizismus geprägt wurde (vgl. LÖBLICH 2004). Thomas Wiedemann (2007) hat nachgezeichnet, dass das politische und gesellschaftliche Engagement von Horst Holzer maßgeblich dessen Fachverständnis konstituiert und letztlich zu dessen Scheitern im kommunikationswissenschaftlichen Feld geführt hat. Aus der Studie zur Professoren-Generation der ›Jungtürken‹ ist zudem bekannt, dass diese Fachvertreter zunächst Journalisten werden wollten und dass sie über Umwege Professoren für Kommunikationswissenschaft geworden sind (vgl. MEYEN/LÖBLICH 2007). Ferner liefert diese Studie Hinweise darauf, dass die (schlechte) Reputation der Kommunikationswissenschaft nicht ohne Auswirkungen auf das Selbstverständnis der Fachvertreter geblieben sein dürfte (vgl. MEYEN 2007b: 27). Im Interview mit Meyen und Löblich sagte der Emeritus Manfred Rühl, dass er von seinen Mitspielern aus der Basketballmannschaft zu Vorlesungen der Kommunikationswissenschaft begleitet und anschließend gefragt wurde, was er denn eigentlich dort treibe: »Auch einem Anfänger wurde früh klar, dass dieses Fach keine akzeptable scientific community hatte und keine wissenschaftsfähigen Theoriebestände« (MEYEN 2007a: 318). Hans Bohrmann erzählte, dass Fritz Eberhard »zwar als Person akzeptiert« worden sei, »aber nicht als Fachvertreter« (ebd.: 319). Darüber hinaus haben die befragten Fachvertreter davon berichtet, dass die Kommunikationswissenschaft auch bei den Praktikern nicht hoch im Kurs stand.

29 Zum kategoriengeleiteten Vorgehen vgl. Abschnitt 4.1.

Neben den empirischen Ergebnissen liefern disziplinhistorische Studien, die im Kontext von Kutsch und Meyen an den Fachinstituten in Leipzig und München entstanden sind, wertvolle theoretische Implikationen zum Selbstverständnis von Kommunikationswissenschaftlern, auf die im nächsten Abschnitt eingegangen wird.

2.3.2 *Theoretische Implikationen*

Wissenschaftssoziologisch fundierte Studien zur kommunikationswissenschaftlichen Fachgeschichtsschreibung basieren auf den Überlegungen von Karl Mannheim, Robert K. Merton, Thomas S. Kuhn, Dirk Kaesler, Wolf Lepenies und Peter Weingart (vgl. zum Beispiel AVERBECK 1999; AVERBECK/KUTSCH 2002; LÖBLICH 2004; MEYEN/LÖBLICH 2004, 2006, 2007). Um die Frage zu klären, *was* sozial am kommunikationswissenschaftlichen Wissen ist, rekurrieren kommunikationswissenschaftliche Fachhistoriker (explizit oder implizit) auf das Interessen- und Diskursmodell nach Bettina Heintz (1993: 537-541):

Das *Interessenmodell* siedelt das Soziale am wissenschaftlichen Wissen an wissenschaftsexternen Faktoren wie politischen, religiösen, wirtschaftlichen Interessen und biografischen Einflüssen von Forschern an. Diese Faktoren beeinflussen sowohl die Theoriewahl als auch die Forschungsobjekte von Wissenschaftlern. Nicht geklärt ist allerdings, über welche sozialen Mechanismen sich soziale Interessen in wissenschaftliches Wissen umsetzen.

Im Unterschied zum Interessenmodell verortet das *Diskursmodell* das Soziale am Wissenschaftlichen an wissenschaftsinternen Faktoren. Die zentrale These lautet, dass wissenschaftliches Wissen kontingent ist und dass experimentelle Daten mehrdeutig und damit Aushandlungssache sind. Da in innerwissenschaftlichen Auseinandersetzungen Deutungen von Forschungsproblemen entwickelt, bestritten, verteidigt und stabilisiert werden, wird das Aushandeln zum Schlüsselbegriff des Diskursmodells.

Averbeck (2008: 254) hat eine Unterteilung von fachgeschichtlichen Werken der Kommunikationswissenschaft anhand des Interessen- und Diskursmodells vorgenommen. Während Averbeck selbst in ihren Studien das Diskursmodell anwendet und mit Weingart den wissenschaftssoziologischen Aspekt dem ideengeschichtlichen nachordnet (vgl. exemplarisch AVERBECK 1999), liegt den Studien von Meyen und Löblich (2004, 2006, 2007) eher das Interessenmodell zugrunde. Dieser unterschiedliche Zugang zur Fachgeschichtsschreibung schlägt sich im Quellenmaterial nieder. Meyen und Löblich analysieren in ihren Untersuchungen biografische Zeugnisse, soziale Merkmale und Kontexte wie Generationenmerkmale und -erfahrungen, Herkunfts- und akademisches Arrivierungsmilieu, Schulenbildung/-zugehörigkeit, wissenschaftliche Erkenntnisinteressen und Ausbildungsgänge. Averbeck hingegen zieht Quellen heran, die argumentative Auseinandersetzungen offenbaren.

Nach Averbeck (2008: 254) ist die Dichotomie von Interessen- und Diskursmodell insofern fruchtbar, als das eine das andere nicht ausschließe – Wissenschaft sei sowohl diskurs- als auch interessengeleitet. Die Herausforderung wissenschaftssoziologischer Untersuchungen besteht folglich darin, die Brücke zwischen der epistemischen und sozialen Dimension von Wissen zu schlagen. In der Kommunikationswissenschaft haben sich für diesen Brückenschlag die Überlegungen von Lepenies und Kaesler als fruchtbar erwiesen. Lepenies (1981) hat die Trias der »kognitiven, sozialen und historischen Identität« einer wissenschaftlichen Disziplin eingeführt. Unter der kognitiven Identität versteht er »soziologische Orientierungen, Paradigmen, Problemstellungen und Forschungswerkzeuge« (ebd.: I). Die soziale Identität einer Disziplin ergibt sich aus der Organisation und Institutionalisierung und sichert das Überleben im Kampf um die akademische Reputation. Die aktuelle kognitive Identität eines Faches ist nur aus seiner Historie zu verstehen (historische Identität). Nach Lepenies stützen und verstärken die soziale und die kognitive Identität einer Disziplin einander, wobei wissenschaftliche Fächer ihre Identität nicht nur dadurch gewinnen und bewahren, dass sie sich auf bestimmte Traditionen berufen, sondern auch dadurch, dass sie sich von bestimmten Traditionsbeständen distanzieren (vgl. ebd.; in Bezug auf die Kommunikationswissenschaft vgl. LÖBLICH 2004; KLEIN 2006). Ähnlich hat Kaesler (1984) in seiner Habilitationsschrift zur Entwicklung der deutschen Soziologie argumentiert. Allerdings spricht Kaesler nicht wie Lepenies von der kognitiven und sozialen Identität, sondern von der ›Ideen- und Sozialgestalt‹ einer Disziplin. Unter der disziplinären Sozialgestalt versteht Kaesler die soziale Organisation einer Wissenschaft, worunter die Interaktion (Lehrer-Schüler-Beziehungen, Zusammenarbeit, Konkurrenz, Beziehungen innerhalb und außerhalb der Wissenschaften) und die Kommunikation (zum Beispiel Zitationen,

Ko-Autorenschaft oder Korrespondenzen) zu fassen sind. Die Sozialgestalt erinnert an das, was bei Kuhn unter ›scientific community‹ und bei Lepenies unter ›soziale Identität‹ firmiert. Eine dritte Analysedimension (›Milieu‹) dient Kaesler dazu, die Einseitigkeiten einer reinen Ideengeschichte ebenso zu vermeiden wie die einer reinen Institutionalisierungsgeschichte (ebd.: 29). Durch die Milieu-Dimension, die Ausdruck der gegenseitigen Beeinflussung von Ideen- und Sozialgestalt ist, postuliert Kaesler einen Zusammenhang zwischen der Persönlichkeitsentwicklung einer Person und deren wissenschaftlicher Karriere und Werk. Kaesler hat die These aufgestellt, dass es einen Zusammenhang zwischen dem Milieu und den Forschungsthemen gibt, denen sich ein Soziologe zuwendet. Dem Selbstverständnis eines Wissenschaftlers und den Einflussfaktoren auf das Selbstverständnis bereitet Kaesler also schon einmal den theoretischen Boden.

Es gibt eine Reihe von kommunikationswissenschaftlichen Studien, die mit der Kaesler'schen Programmatik arbeiten (vgl. AVERBECK/KUTSCH 2002; LÖBLICH 2004; MEYEN/LÖBLICH 2006; MEYEN 2007b; WENDELIN 2008; SCHEU/WIEDEMANN 2009). Für die vorliegende Fragestellung erscheint vor allem das an Kaesler angelehnte Kategoriensystem beachtenswert, das Averbeck und Kutsch (2002: 59) in ihren *Thesen zur Geschichte der Zeitungs- und Publizistikwissenschaft 1900-1960* präsentieren. Im Gegensatz zu Kaesler wird bei Averbeck und Kutsch die Ideen- mit der Sozialgestalt nicht durch das ›Milieu‹, sondern durch den ›Akteur‹ verknüpft. Tabelle 4 gibt einen Überblick über die von Averbeck und Kutsch verwendeten Untersuchungskategorien.

Für eine Studie zum Selbstverständnis von Professoren ist dieses Kategoriensystem aufschlussreich, weil es den Akteur als »Scharnier« (AVERBECK/KUTSCH 2002: 57) zwischen Ideen- und Sozialgestalt einbaut und auch externe Einflüsse auf den Akteur berücksichtigt. Mit Averbeck und Kutsch ist davon auszugehen, dass sich das Selbstverständnis von Kommunikationswissenschaftlern auf die Produktion und die Vermittlung kommunikationswissenschaftlicher Inhalte auswirkt. Es lässt sich fragen, wie der einzelne Fachvertreter den Forschungsgegenstand und den gesellschaftlichen Problemlösungsbedarf wahrnimmt, welche Erwartungen und welche Ziele er hat, welche Strategien er verfolgt und wo er herkommt. Zudem liefern die Kategorien ›Wissenschaftlertyp‹ und ›Motivation‹ mit ihren Ausprägungen ›Forscher, Lehrer, Organisator‹ bzw. ›Normen/Werte, Erkenntnis-/Gegenstandsperspektive, Erwartungen/Ziele

TABELLE 4
Kategorien der Fachgeschichtsschreibung nach Averbeck und Kutsch

Umwelt Staat/Gesellschaft/Medien	
Wissenschaft/Universität	
Zeitungswissenschaft	
Ideengestalt	Sozialgestalt
Orientierungskomplexe	Akteure
Denkmotive	- Generation: Entwicklungsstadien des Faches
Formal- und Materialobjekt	- Wissenschaftlertyp (Forscher, Lehrer, Organisator)
Selbstreflexion	- Status (Professor, Mitarbeiter, Student)
	- Motivation (Normen/Werte, Erkenntnis- und Gegenstands perspektive, Erwartungen, Ziele, Strategien)
	Milieus, Institute
	Publikationen, Tagungen, Lehre

Quelle: Averbeck/Kutsch (2002: 59)

und Strategien‹ erste Hinweise darauf, was unter das Selbstverständnis von Wissenschaftlern zu fassen ist.

Averbeck und Kutsch haben in ihren Überlegungen offengelassen, wie ›Umwelt‹, ›Wissenschaft/Universität‹ und ›Zeitungswissenschaft‹ mit der Ideen- und Sozialgestalt zusammenhängen und welche Rolle dem Akteur dabei zuzuschreiben ist. Außerdem klären sie nicht, über welche Mechanismen sich soziale Interessen in kommunikationswissenschaftliches Wissen umsetzen lassen. Das Kategoriensystem wurde zwar von Meyen und Löblich (2006: 32) weiterentwickelt, allerdings auf die Werkanalyse von Texten ausgerichtet. Der Zusammenhang zwischen der Ideen- und Sozialgestalt der Kommunikationswissenschaft und dem Selbstverständnis eines Kommunikationswissenschaftlers bleibt auch bei ihnen vage. Hier knüpft die vorliegende Studie an.

2.4 Konsequenzen für das eigene Projekt

Die Aufarbeitung des Forschungsstands zum Selbstverständnis der Kommunikationswissenschaft und ihrer Akteure ergibt konkrete Forschungslücken, aus denen sich theoretische und methodische Anforderungen an das eigene Projekt ableiten lassen.

Die Herausforderung wissenschaftssoziologischer Untersuchungen im Kontext der Kommunikationswissenschaft besteht darin, einen analytischen Rahmen zu spannen, der nicht dazu zwingt, zwischen der epistemischen Dimension von Wissenschaft (Denkweisen, methodische Standards, Problemlösungsstrategien) und der sozialen Dimension (Strukturen innerhalb der Scientific Community) Gegensätze aufzubauen. Die Fachhistoriker Averbeck und Kutsch (2002) haben diese Herausforderung durch die ›Verschränkung von Ideen- und Sozialgestalt‹ zu lösen versucht und den Akteur als ›Scharnier‹ eingebaut. Sie liefern Hinweise darauf, dass das Selbstverständnis eines Professors nicht losgelöst von seiner Fachgemeinschaft, von Disziplin-Konstellationen und Fachtraditionen, vom Mediensystem und von gesellschaftlichen Einflüssen zu betrachten ist. Mit Kuhn, Lepenies, Kaesler, Weingart, Averbeck und Kutsch kann das Selbstverständnis von Kommunikationswissenschaftlern allerdings höchstens teilweise theoretisch untermauert werden. Die Scharnier-Metapher von Averbeck und Kutsch bleibt vage. Zusammenhänge zwischen dem akteursspezifischen Selbstverständnis und dem disziplinären Selbstverständnis können mit diesem theoretischen Rüstzeug nicht in befriedigendem Maße erklärt werden. Bourdieus wissenschaftssoziologische Überlegungen versprechen für die Ermittlung des Selbstverständnisses von Professoren die geeignete Forschungsperspektive zu sein, weil sie die Dichotomie von kognitiver und sozialer Ebene durch eine *praxeologische Erkenntnisperspektive* auflösen. Die Ideen- und Sozialgeschichte, wie sie die Historiker schreiben, hat Bourdieu (1998b: 85f.) als »Zwangsalternativen« betrachtet. Ihm geht es gerade nicht darum, den Dualismus zu überwinden – denn dies würde ja voraussetzen, dass es einen solchen gibt. Anstelle des althergebrachten Dualismus und des Denkens in Substanzen setzt er einen *Relationalismus*. Die Strukturen des wissenschaftlichen Feldes und das Handeln wissenschaftlicher Akteure sind bei Bourdieu nicht voneinander zu trennen; Wissenschaft ist bei ihm sowohl interessen- als auch diskursgeleitet. Die von Bourdieu entwickelten Denkwerkzeuge Feld, Kapital und Habitus sollen dazu dienen, die Logik der kommunikationswissenschaftlichen Praxis tatsächlich zu *verstehen* und das Selbstverständnis von Professoren für Kommunikationswissenschaft analytisch auszuleuchten.

Die Bezeichnung ›Selbstverständnis von Professoren‹ wurde in den vorangegangenen Überlegungen wiederholt und mit einer gewissen Selbstverständlichkeit verwendet. Die Alltagstauglichkeit des Selbstverständnis-Begriffs täuscht allerdings darüber hinweg, dass weitgehend unklar ist, was er konkret bedeutet. Wenn in der vorliegenden Studie das Selbstverständnis von Professoren untersucht werden soll, muss also zunächst einmal Begriffsklarheit geschaffen werden. Die Aufarbeitung des Forschungsstands hat gezeigt, dass es eine ganze Reihe von ähnlichen Bezeichnungen gibt. Es war die Rede von den »spezifischen Rollenvorstellungen in bezug auf Lehre und Forschung« (FRÖHLICH/HOLTZ-BACHA 1993a: 34), vom »wissenschaftlichen Selbstverständnis« (PEISER et al. 2003: 325), vom »beruflichen Selbstbild« (ebd.), von der »Auffassung vom Hochschullehrerberuf« (MEYEN 2004: 204), vom »Wissenschaftlertyp«, der »Motivation« (AVERBECK/KUTSCH 2002: 59), vom »Fach- und Selbstverständnis« (MANG 2007) und vom »Rollenselbstverständnis« (WIEDEMANN 2007). Auch in Studien aus anderen akademischen Disziplinen wird das Selbstverständnis von Wissenschaftlern bisweilen zwar im Titel verwendet (vgl. zum Beispiel BIMMER 1973; WETTERER 1985; VOM BRUCH 1994; ENGLER 2000), doch theoretisch nicht fundiert und definiert. Auffallend ist zudem, dass in (kommunikations-)wissenschaftlichen Studien unter das Selbstverständnis *entweder* das Fachverständnis *oder* das Berufsverständnis fällt. Eine Studie, in der das Selbstverständnis systematisch als Fach- *und* Berufsverständnis von Wissenschaftlern zusammengedacht wird, existiert bisher nicht. Die vorliegende Studie will diese Forschungslücke schließen. Um das *Selbstverständnis von Professoren* facettenreich und mit einer analytischen Tiefenschärfe behandeln zu können, wird es in einem ersten Schritt *theoretisch fundiert* und in einem zweiten Schritt *definiert*.

Dank der Befragung von Dozenten der Kommunikationswissenschaft aus den 1990er-Jahren (vgl. FRÖHLICH/HOLTZ-BACHA 1993a), der DGPuK-Mitgliederbefragung (vgl. PEISER et al. 2003) und der Studie zur Situation des kommunikationswissenschaftlichen Nachwuchses (vgl. PROMMER et al. 2006) liegen erste dienliche Daten zum beruflichen und wissenschaftlichen Selbstverständnis von Kommunikationswissenschaftlern vor. Die *Ursachen* für die unterschiedlichen Berufsauffassungen und die divergierenden Fachkonzeptionen, Forschungsschwerpunkte und Forschungsinteressen sowie die *Auswirkungen* auf Forschung und Lehre bleiben bei diesen quantitativen Studien allerdings im Dunklen. Um dem Fragenkomplex möglichst offen zu begegnen, bietet sich ein *qualitatives Verfahren* an. Leitfadeninterviews erscheinen hier als besonders geeignet, weil dadurch Erfahrungen der (primären und sekundären) Sozialisation, die Wahrnehmung der Ideen- und Sozialgestalt der Kommunikationswissenschaft, die Reputation des Faches an der Universität, in der Gesellschaft und im Mediensystem sowie der Umgang mit Arbeitsbedingungen aus Sicht der Fachvertreter gut nachgezeichnet werden können.

Hohlfeld und Neuberger (1998: 314) haben beklagt, dass kommunikationswissenschaftlichen Dozierenden- und Institutsbefragungen »ein eher pragmatisches Vorgehen zu eigen [ist]« und »eine Verbindung zur Fachdiskussion allenfalls lose [besteht].« Da sich die Reflexion über die Kommunikationswissenschaft zumeist aus aktuellen Problemen und »forschungspraktischen Erwägungen« ergibt, kann man wie Georg Ruhrmann et al. (2000: 295) der Meinung sein, dass es sich dabei in der Regel um eine Art »Ad-hoc-Selbstreflexion« handelt. Selbige Autoren sind der Ansicht, dass die Selbstreflexion des Faches zwar »immer wieder« von einzelnen Fachvertretern vorgenommen wird, aber »zu keinem Zeitpunkt ein wirklich zentrales und kontinuierlich durch entsprechende Studien durchgehaltenes bzw. systematisch betriebenes Anliegen« war (ebd.). Um diesem Missstand entgegenzutreten, wird eine *Verknüpfung zwischen den Ergebnissen der empirischen Studie und der Fachdiskussion* angestrebt. Hierbei gilt es eine Anbindung an die bevorstehenden Veränderungen der Kommunikationswissenschaft durch den Generationenwechsel und die damit verbundenen Anforderungen an das Fach zu schaffen.

3. WISSENSCHAFT ALS SOZIALE PRAXIS NACH PIERRE BOURDIEU

Nach einleitenden Bemerkungen zur Person Pierre Bourdieu und zur Rezeption von Bourdieu im deutschsprachigen Raum werden in diesem Kapitel die zentralen theoretischen Konzepte des französischen Soziologen vorgestellt. Die Beschäftigung mit diesen Konzepten mündet in die These, die Ermittlung des Selbstverständnisses als Teil der Bourdieu'schen Feldanalyse zu denken. Es wird davon ausgegangen, dass das Selbstverständnis von Professoren nur vor dem Hintergrund ihrer sozialen Laufbahn und ihrer (wahrgenommenen) Position im wissenschaftlichen Feld zu verstehen ist.

3.1 Einleitende Bemerkungen

Die Anwendung des Bourdieu'schen Theoriegebäudes ist nicht unproblematisch. Bourdieu gilt als einer der umstrittensten Soziologen des letzten Jahrhunderts, was sich in den wenig schmeichelhaften Bezeichnungen ›Bour-DIEU‹, ›bourdivin‹ oder ›la gauche bourdieusienne‹ widerspiegelt – eine Schreib- bzw. Sprechweise, die in der Regel nicht bewundernd (›gottähnlicher Gelehrter‹), sondern bestenfalls spöttisch gemeint war. Bourdieu hat seine Reputation als Wissenschaftler dazu genutzt, sich öffentlichkeitswirksam in politische Belange einzumischen und intellektuell Stellung zu beziehen.[30] Nach Hans-Peter Müller (2004) verkörperte

30 Vgl. hierzu zum Beispiel die Abschrift von zwei Vorträgen *über* das Fernsehen, die der französische Soziologe *im* Fernsehen gehalten hat und die im Deutschen unter dem Titel *Über das Fernsehen* (BOURDIEU 1998c) erschienen sind.

Bourdieu die französische Soziologie in der zweiten Hälfte des 20. Jahrhunderts (»la sociologie, c'est moi«).

Die Soziologie Bourdieus war von Anfang an eine Soziologie der Aufklärung, der Gesellschafts- und Wissenschaftskritik und der französische Soziologe hat mit seiner wissenschaftlichen Arbeit stets gesellschaftspolitische Absichten verfolgt. Charakteristisch für Bourdieu sind sein normatives Wissenschaftsverständnis und sein Ziel, die Gesellschaft verändern zu wollen. Sein Theoriegebäude ist im Kontext des Marxismus der 1960er-Jahre zu verorten und nur vor dem Hintergrund der stark geschichteten französischen Gesellschaft jener Zeit zu verstehen.[31] Doch trotz dieses politischen Impetus hat Bourdieu der Prophetie vom Katheder widerstanden; er war kein »Wissenschaftsguru, der einen dritten Weg aufzeigt oder dem nach Orientierung heischenden Publikum auf andere Weise klarmacht, wo's langgeht« (KRAIS/GEBAUER 2002: 15). Dies ist zumindest die Meinung von Bourdieu-Anhängern, Bourdieu-Kritiker mögen das freilich etwas anders sehen.

Im deutschsprachigen Raum wurde Bourdieu lange Zeit vornehmlich als Philosoph und politischer Medien-Intellektueller wahrgenommen und dann unvermittelt in den Stand eines Klassikers der Soziologie geadelt (vgl. BOHN/HAHN 2000).[32] Für die zögerliche Rezeption Bourdieus im deutschsprachigen Raum sind mehrere Gründe anzuführen: Bourdieu wusste zwar, dass seine Schriften ›französisch‹ wirken, und er hat einige Energie darauf verwendet, die Allgemeingültigkeit seiner Thesen zu unterstreichen (vgl. hierzu zum Beispiel das Vorwort in *Die Feinen Unterschiede*; BOURDIEU 1987a). Nichts desto trotz ist die französische Sprache als Rezeptionsbarriere zu betrachten (vgl. FUCHS-HEINRITZ/KÖNIG 2005: 322). Hinzu kommt, dass die Bourdieu'schen Schriften zum Teil recht unübersichtlich gegliedert sind, wodurch sie nur bedingt den Erwartungen an sozialwissenschaftliche Untersuchungen entsprechen (vgl. ebd.: 318). Möglicherweise hat auch eine gewisse Überheblichkeit Bourdieus dazu beigetragen, Rezipienten zu verprel-

31 Es ist hier nicht der Ort, um einen umfassenden Einblick in das Leben und Werk Bourdieus zu geben (vgl. hierzu zum Beispiel BOURDIEU 2002; KRAIS/GEBAUER 2002: 8-17). In den folgenden Abschnitten werden an geeigneter Stelle immer wieder Verweise auf die Biografie Bourdieus einfließen. Ein solches Vorgehen erscheint als sinnvoll, denn wie Schwingel (2003: 25f.) treffend hervorhebt: »Sich den biographisch-intellektuellen Entstehungskontext und den sozialen Produktionszusammenhang des Werks von Pierre Bourdieu zu vergegenwärtigen heißt auch, bourdieusches Denken auf Bourdieus eigene Theorie anzuwenden.«

32 Zu den einzelnen Rezeptionsphasen des Bourdieu'schen Œuvres vgl. Rehbein (2006: 239f.).

len. Der französische Soziologe warf seinen Lesern vor, dass sie seine Arbeiten nicht verstünden – und zwar nicht, weil sie dazu intellektuell nicht in der Lage seien, sondern weil sie es nicht verstehen *wollten* (vgl. ebd.: 319).

Auch in die deutschsprachige Kommunikationswissenschaft hat das Theoriegebäude Bourdieus erst seit wenigen Jahren Einzug gehalten. Das Konzept des ›praktischen Sinns‹ wurde von Ralph Weiß (2001) für die Fernsehnutzung modelliert und Meyen (2006, 2007c) hat die Habitus-Kapital-Theorie auf die Mediennutzung angewandt und Medienwissen als kulturelles Kapital und Distinktionsmerkmal beschrieben. Mittlerweile wurden die Konzepte Bourdieus auch in der Journalismusforschung nutzbar gemacht (vgl. RAABE 2005; HANITZSCH 2007; SCHÄFER 2007; MEYEN/RIESMEYER 2009) und seit einigen Semestern entstehen am Institut für Kommunikationswissenschaft und Medienforschung in München (Lehrbereich von Michael Meyen) Abschlussarbeiten zum journalistischen Selbstverständnis, in denen Bourdieu den theoretischen Rahmen liefert.

Im Folgenden wird ein Vorschlag unterbreitet, wie das Selbstverständnis von Professoren mithilfe der Bourdieu'schen Konzepte analysiert werden kann. Bourdieus (aus der Empirie gewonnene) Konzepte sind als Denkwerkzeuge bzw. »Forschungsprogramme [zu verstehen], die nicht zur ›theoretischen Diskussion‹ anregen sollen, sondern zur praktischen Umsetzung, über die sie dann widerlegt oder verallgemeinert werden können« (BOURDIEU 1996b: 262). Im Interview mit seinem Schüler Loïc Wacquant hat Bourdieu gesagt, dass er nicht viel von »professoralen Definitionen« halte und dass es besser sei, wenn Begriffe »polymorph, flexibel und in der Anwendung anpassungsfähig« seien »statt bestimmt, messgenau und in der Anwendung rigide« (BOURDIEU/WACQUANT 1996: 125; vgl. hierzu kritisch LAMONT/LAREAU 1988: 155-158). Nach Auffassung von Hildegard Schaeper (1997: 27) hat jeder Bourdieu-Interpret die Aufgabe, die »Puzzlestücke« der Theorie zusammenzutragen und sie in eine kohärente Ordnung zu bringen. Nichts anderes unternimmt die vorliegende Studie: Sie versucht die Puzzlestücke zu den Konzepten Feld, Kapital und Habitus in eine für die Fragestellung sinnvolle Struktur zusammenzufügen. Dabei wird auch auf Leerstellen – oder wenn man so will: fehlende Puzzleteile – hingewiesen, die mithilfe von Erkenntnissen aus der Wissenschafts- und Berufssoziologie sowie aus der Hochschul(sozialisations)forschung gefüllt werden.

3.2 Feld, Kapital und Habitus als zentrale Denkwerkzeuge

In diesem Abschnitt werden zunächst die Grundbegriffe und die zentralen Erkenntnisziele Bourdieus auf einer allgemeinen Ebene eingeführt. In Abschnitt 3.3 erfolgt dann die Anwendung der Konzepte Feld, Kapital und Habitus auf die Wissenschaft als soziales Feld.

3.2.1 *Soziale Felder als Kräftefelder*

Nach Bourdieu setzt sich die soziale Welt aus unterschiedlichen *Feldern* – wie dem politischen, dem wirtschaftlichen oder dem wissenschaftlichen Feld – zusammen.[33] Ein soziales Feld ist als »relativ autonomer Mikrokosmos« (BOURDIEU 1998a: 18) mit einer jeweils spezifischen Funktionslogik zu verstehen. Innerhalb von Feldern gibt es Subfelder, weshalb das kommunikationswissenschaftliche Feld zunächst einmal als Teil des wissenschaftlichen Feldes zu betrachten ist. Da feldexterne Faktoren, wie politische oder ökonomische Zwänge, Einflüsse auf die Feldstrukturen ausüben und die Funktionslogik modifizieren können, ist ein Feld umso autonomer, je freier es von externen Einflüssen ist. Eines der sichtbarsten Zeichen der Autonomie eines Feldes ist folglich seine Fähigkeit, äußere Zwänge oder Anforderungen zu *brechen* und in die eigene Feldlogik umzusetzen (vgl. ebd.; Herv. im Original). Das heißt also: Je autonomer ein Feld ist, desto größer ist seine Brechungsstärke gegenüber externen Faktoren. Auf den ersten Blick mag das Konzept sozialer Felder dem Konzept sozialer Systeme nach Niklas Luhmann ähneln (vgl. LUHMANN 1990). Sowohl Systeme als auch Felder sind als unabhängige soziale Universen mit einer jeweils eigenen Logik konzipiert. Bourdieu hat sich allerdings explizit von der Systemtheorie Luhmanns abgegrenzt. Felder sind bei Bourdieu nicht als funktional, kohärent und selbstregulierend wie die Luhmann'schen Systeme zu denken, sondern als Kräftefelder mit feldimmanenten Machtstrukturen (vgl. BOURDIEU/WACQUANT 1996: 134; vgl. auch NASSEHI/NOLLMANN 2004). Dabei widmet sich Bourdieu weniger Repressalien, wie sie mit staatlicher Gewaltausübung in Zusammenhang

33 Bourdieu ist wohl der bekannteste, aber nicht der erste und einzige Wissenschaftler, der mit dem Feld-Begriff gearbeitet hat. Allen voran ist hier der Psychologe Kurt Lewin zu nennen.

gebracht werden, sondern er verfolgt ein Konzept von *symbolischer Gewalt* (vgl. BOURDIEU/WACQUANT 1996: 175-211; vgl. ausführlich BOURDIEU/PASSERON 1973). Die symbolische Gewalt ist eine subtile Form von Gewalt, sie ist ein »mit dem Weichzeichner geschönter Modus der Herrschaftsausübung« (KRAIS/GEBAUER 2002: 52).

Folgt man Bourdieu, dann geht es den Handelnden (›Akteuren‹) in einem Feld immer um die (Re-)Produktion von Machtverhältnissen und sozialer Ungleichheit. Bourdieu (1998b: 22) setzt bei einem Menschen an, der handelt, um sich von anderen abzuheben; bei einem Menschen, der seinen Handlungsspielraum in einem sozialen Feld vergrößern oder zumindest aufrechterhalten will und danach strebt, einen Platz möglichst in der Nähe des Machtpols einzunehmen. Die Feldposition eines Akteurs konstituiert sich durch dessen *Kapital*-Besitz. Kapital ist bei Bourdieu als soziologische Konstruktion zu denken – es bedeutet nicht nur »akkumulierte Arbeit«, sondern wird als »soziale Energie« bzw. als Handlungsressource verstanden (BOURDIEU 1983: 183). Die (soziologische) Ökonomie spiegelt sich in allen gesellschaftlichen Lebensbereichen wider – auch in solchen, die vollkommen selbstlos erscheinen wie die Religion oder die Wissenschaft. Um nachvollziehen zu können, welche Tätigkeiten sich im wissenschaftlichen Feld auszahlen, werden zunächst die vier allgemeinen Kapitalformen *ökonomisches, kulturelles, soziales* und *symbolisches Kapital* vorgestellt (vgl. BOURDIEU 1983).

Das *ökonomische Kapital* ist die Kapitalform, die sich mit dem Alltagsverständnis von Kapital deckt und entsprechende Assoziationen hervorruft. Es bezeichnet materiellen Reichtum und Güter, die »unmittelbar und direkt in Geld konvertierbar« sind (BOURDIEU 1983: 185). Das *kulturelle Kapital* manifestiert sich in drei unterschiedlichen Formen: inkorporiert, institutionalisiert und objektiviert. Unter das *inkorporierte kulturelle Kapital* fallen kulturelle Praktiken (Kultiviertheit) und Fähigkeiten, die in der beruflichen Laufbahn erworben wurden (Bildung). Im Unterschied zum ökonomischen Kapital liegt das kulturelle Kapital akteursintern, also personengebunden, vor. Als Währung für die Bildung gilt die persönliche Zeit eines Akteurs. Das *institutionalisierte Kulturkapital* meint die in Form von Zertifikaten, Zeugnissen und Diplomen anerkannten Investitionen in Bildung. Solche Titel werden als legitim erklärt, weil sie institutionellen Maßstäben (in Form von Prüfungen) genügt haben. Auch Preise und Auszeichnungen sind unter die institutionalisierte Form des kulturellen Kapitals zu fassen. Kulturelles Kapital tritt darüber hinaus in *objektiviertem Zustand* auf (Bücher, Bilder, Instrumente oder Maschinen); es kann ererbt oder durch ökonomisches Kapitel erworben werden. Seine Wirkung erzielt das objektivierte kulturelle Kapital allerdings nur im Zusammenspiel mit der inkorporierten Form des kulturellen Kapitals (Fähigkeiten und Wissen). So verwandelt zum Beispiel erst das Wissen um den zielführenden Einsatz eines technischen Gerätes letzteres in kulturelles Kapital. Als dritte Kapitalform ist das *soziale Kapital* zu nennen, worunter die Zugehörigkeit zu einer Gruppe fällt. Es resultiert aus der Ausnutzung eines Beziehungsnetzes von losen oder institutionalisierten Beziehungen. Das *symbolische Kapital* ist streng genommen nicht als weitere Kapitalform einzureihen, sondern bezeichnet die Anerkennung des ökonomischen, sozialen oder kulturellen Kapitals durch andere Akteure (vgl. BOURDIEU 1998b: 108). Somit ist das symbolische Kapital ein Kredit an legitimer gesellschaftlicher Wertschätzung, der sich in Form von Renommee/Prestige und symbolischer Macht äußert. Für diese Transformationsleistung spielt nicht nur eine Rolle, *dass* ein Akteur Wertschätzung erfährt, sondern auch von *wem*.

Alle Kapitalformen sind – in unterschiedlichem Maße – in einen jeweils anderen Aggregatszustand transformierbar. So kann zum Beispiel ökonomisches Kapital beim Erwerb von Bildungstiteln eingesetzt werden und soziales Kapital bei der Wohnungs- oder Stellensuche (vgl. ENGLER 1993: 42). Auch wenn sich Bourdieu in seiner Kapital-Theorie dezidiert gegen eine Reduktion gesellschaftlicher Sachverhalte auf ihren materiell-wirtschaftlichen Aspekt ausspricht und immer wieder betont, dass alle Kapitalien dazu genutzt werden können, die Position eines Akteurs in der sozialen Hierarchie zu verbessern, so geht er doch von einer tendenziellen Dominanz des ökonomischen Feldes aus (vgl. KRAIS 1983: 211; SCHWINGEL 2003: 86). Die Kapitalformen besitzen allerdings je nach Feld ihren spezifischen Wert; sie können in einem Feld als Trumpf ausgespielt werden, in einem anderen Feld hingegen wertlos sein. Wenn ein Akteur im Feld A eine dominante Position innehat, heißt das noch lange nicht, dass er im Feld B vergleichbar positioniert ist. Eine Kapitalform ist also immer das, »was in einem bestimmten Feld zugleich als Waffe und als umkämpftes Objekt wirksam ist, das, was es seinem Besitzer erlaubt, Macht oder Einfluss auszuüben« (BOURDIEU/WACQUANT 1996: 128).

Bourdieu hat soziale Felder als Spiele beschrieben und dadurch veranschaulicht, dass sich Felder über das praktische Handeln der Akteure konstituieren. Die Voraussetzung für das Engagement von Akteuren

(Spielern) in einem Spielfeld besteht darin, dass sie die feldspezifischen Spielregeln anerkennen. Diese Anerkennung bezeichnet Bourdieu als *illusio*.[34] Die *illusio* ist der Einsatz der Akteure, die Investition in das Spiel, und gleichzeitig der Glaube[35] daran, dass sich dieser Einsatz lohnt (vgl. BOURDIEU 1999: 360). Durch das »heimliche Einverständnis« der am Spiel Beteiligten wird kein Vertrag benötigt, in dem die Spieler unterschreiben, dass es das Spiel wert ist, gespielt zu werden (ebd.). Jedes Feld erzeugt über seine *illusio* eine feldtypische, praxisleitende *libido*, wobei jedes Feld genau die *libido* befriedigt, die es hervorruft (vgl. HARTARD 2008: 48). Zu einem Feld gehört folglich, wer sich für die feldspezifischen Einsätze und Gegenstände interessiert. Bourdieu zufolge arbeiten die Spieler in einem Feld stets daran, einen Teil der aktuellen oder potenziellen Teilnehmer aus dem Feld auszuschließen. Dies geschieht zum Beispiel qua Erhöhung der »Eintrittsgelder« oder qua Durchsetzung einer bestimmten Definition für die Feld-Zugehörigkeit (vgl. BOURDIEU/WACQUANT 1996: 139). Die *illusio* lässt sich somit auch als »Feldeffekt« (REHBEIN 2006: 108) im Sinne einer Konstitutionsbedingung sozialer Felder verstehen.

Bourdieu hat durch die Spiel-Metapher (auch) versucht zu illustrieren, dass Akteure als Spieler in einem Feld agieren, ohne permanent

34 Bei der *illusio* handelt es sich um einen spezifischen Fachbegriff Bourdieus, weshalb dieser im Folgenden konsequent kursiv geschrieben wird. Das Gleiche gilt für die Begriffe *doxa, modus operandi* und *opus operatum, libido* und *amor fati*. Da das *Illusio*-Konzept in der Literatur uneinheitlich verwendet wird, erscheint an dieser Stelle eine Begriffsanalyse von *illusio* angebracht. Erstens: *Illusio* ist nicht etwa die Abkürzung von ›Illusion‹, sondern *illusio* leitet sich ab von der lateinischen Bezeichnung für Spiel: »ludus« (vgl. BOURDIEU/WACQUANT 1996: 128). Zweitens: Bourdieu spricht auch von der *croyance*, die konzeptionelle Ähnlichkeiten zur *illusio* aufweist. Bohn und Hahn (2000: 261) haben herausgearbeitet, dass die *illusio* die Sicht des Beobachters beschreibt (»Beobachterkategorie«), *croyance* hingegen die Sicht der Beteiligten (»leibgebundener automatenhafte Glauben derer [...], die im Feld engagiert sind«). Da es in dieser Arbeit um die Analyse – und damit um das Fremdverstehen – des Selbstverständnisses von Professoren geht, erscheint es als angemessen, hier den Ausdruck *illusio* zu verwenden. Drittens: Bourdieu differenziert nicht immer präzise zwischen den Termini *illusio* und *doxa*, wobei *doxa* die »Unterwerfung unter die Alltagswelt, die nicht in Frage gestellt wird« bezeichnet (BOURDIEU 1993a: 367). Viertens: Die *illusio* ist vom »Interesse« zu unterscheiden. Engler (2001: 151, Anm. 144) hat darauf hingewiesen, dass der Interessensbegriff in der Regel im Sinne von geplantem und beabsichtigtem Handeln verwendet werde. Die *illusio* stehe allerdings gerade für jenes spezifische (auch unbewusste) Interesse an sozialen Feldern, das notwendig ist, um in einem Feld zu agieren.

35 Die Bezugnahme auf das Glaubenssystem ist auf Bourdieus intensive Beschäftigung mit Max Weber zurückzuführen. Allerdings führt Bourdieu im Unterschied zu Weber die »innere Einstellung« nicht auf die Bindung an religiöse Dogmen zurück, sondern entdeckt ihren Zusammenhang mit dem Ganzen der Existenzbedingungen, unter denen die Subjekte leben und die sich in den Wahrnehmungs- und Handlungsschemata der Akteure niederschlagen (vgl. KRAIS/GEBAUER 2002: 22). Zur religiösen Dimension der *illusio* vgl. Beaufaÿs (2003: 55f.).

ihre eigene Position zu reflektieren und über die Sinnhaftigkeit ihrer Handlungen nachzudenken. Schlüssel zu diesem als selbstverständlich erscheinenden Handeln ist das Habitus-Konzept.

3.2.2 *Der Habitus als Produkt und Produzent sozialer Praxis*

Feld und *Habitus*[36] stehen in einem unauflöslichen Komplementärverhältnis zueinander, sie stellen »zwei Seiten der Medaille des Sozialen« (SCHWINGEL 2003: 76) dar. Nach Bourdieu (1976: 189-202) wird der Habitus durch die Aneignung äußerer Sozialstrukturen geprägt, was er Einverleibung (*incorporation*) nennt. Die Aneignung des Habitus ist als Prozess zu verstehen, wodurch der Habitus zu einer »chronologisch geordnete[n] Serie von Strukturen« (BOURDIEU 1976: 188f.) respektive zu einem »Produkt der Geschichte« (BOURDIEU 1987b: 101) wird. Jeder Akteur ist qua Geburt in soziale Zusammenhänge und Interaktionen eingebunden, mit denen er sich sinnhaft auseinandersetzt (vgl. KRAIS/GEBAUER 2002: 61). Der Habitus wird durch grundlegende Dispositionen wie das Geschlecht, geistige und körperliche Anlagen sowie kohortenspezifische Erfahrungen geformt; ferner durch das Elternhaus, die persönlichen Familienverhältnisse, durch wirtschaftliche und politische Randbedingungen sowie durch den herrschenden Zeitgeist (vgl. GASS/MEISTER 1996: 9). Frühe Erfahrungen wirken insofern präformierend, als das ursprünglich Erworbene das später Angeeignete bedingt, indem es Kategorien zur Wahrnehmung und Bewertung aller späteren Erfahrungen

36 Bourdieu prägte zwar den Habitus-Begriff, der Begriff als solcher kann allerdings auf eine breite philosophische und soziologische Verwendung in der Tradition von Georg Wilhelm Friedrich Hegel, Edmund Husserl, Max Weber, Émile Durkheim, Marcel Mauss und Norbert Elias zurückblicken (vgl. hierzu KRAIS/GEBAUER 2002: 5; SCHWINGEL 2003: 60). Boike Rehbein (2006: 88) verortet den Habitus-Begriff bei Aristoteles, der den Habitus in seiner Kategorienschrift einführte. Der Aristotelische Begriff ›hexis‹ wurde durch ›Habitus‹ ins Lateinische übersetzt und gelangte durch die arabischen Aristoteliker zu Thomas von Aquin und der scholastischen Philosophie, mit der sich der Kunsthistoriker Erwin Panofsky beschäftigte. Panofsky verwendete die Bezeichnung ›Habitus‹ im Nachwort seines Werks *Gothic Architecture and Scholasticism*, das 1967 in der französischen Version erschien. Er zeigte zum einen auf, dass die gotische Architektur und das scholastische Denken in Verbindung zueinander standen. Zum anderen hat er herausgearbeitet, dass die Baumeister und ihre Gelehrten das gleiche Denken hatten und dass deren Werke aus einem gleichen Habitus stammen (vgl. KRAIS 2004: 100). Bourdieu hat das Habitus-Konzept Panofskys systematisiert und weiterentwickelt. Den Aristotelischen Begriff ›hexis‹ hat Bourdieu für die körperliche Dimension des Habitus verwendet.

ausbildet (vgl. BOURDIEU/WACQUANT 1996: 168). Auch dem Geschlecht schreibt Bourdieu (1997b: 122) eine »fundamentale Dimension des Habitus« zu: Es sei »wie in der Musik die Kreuze oder die Schlüssel«, weil es »alle mit den fundamentalen sozialen Faktoren zusammenhängenden sozialen Eigenschaften modifiziert.« Der Habitus ist somit als »sozialisierte Subjektivität« zu verstehen (BOURDIEU/WACQUANT 1996: 159).[37] Sozialisation im Sinne Bourdieus meint dabei auch die Aneignung eines spezifischen Distinktionsvermögens. Mehr noch: Im Habitus ist die Tendenz verankert, sich vor Krisen und Infragestellungen zu schützen (sogenannter *Hysteresis-Effekt*; vgl. BOURDIEU 1976: 168).

Als »Speicher sozialer Erfahrungen« wird der Körper zu einem Bestandteil des Habitus (KRAIS/GEBAUER 2002: 75), wodurch der Habitus nach außen sichtbar wird (*hexis*). Der Habitus leitet den Geschmack an und er lässt sich durch die Lebensführung der Akteure rekonstruieren – etwa durch die Lage und Einrichtung der Wohnung, durch Autos, Kleidung, Hobbys oder Reisen (vgl. ebd.: 37). Der Habitus stellt dadurch eine »Theorie des Erzeugungsmodus der Praxisformen« (BOURDIEU 1976: 164) dar. Als ein System dauerhafter und übertragbarer Dispositionen ist er »strukturierte Struktur, die wie geschaffen ist, als strukturierende Struktur zu fungieren, d.h. als Erzeugungs- und Ordnungsgrundlage für Praktiken und Vorstellungen« (BOURDIEU 1987b: 98). Die Struktur prägt sonach einen bestimmten Habitus und der Habitus bringt wiederum sozial strukturierte Praxisformen und Handlungen hervor; die Praxis wiederum (re)generiert die objektiven Strukturen. Die Praxis ist der »Ort der Dialektik von *opus operatum* und *modus operandi*, von objektivierten und einverleibten Ergebnissen der historischen Praxis, von Strukturen und Habitusformen [...]« (ebd.).

Nach den vorangegangenen Ausführungen lässt sich das Habitus-Konzept mit dem ›Milieu‹ nach Kaesler in Verbindung bringen (vgl. hierzu Abschnitt 2.3.2 der vorliegenden Arbeit). In seiner Untersuchung ging Kaesler davon aus, dass die Generierung bestimmter Denkstile von Ursprungs-Milieus, den Milieus der sekundären Sozialisation sowie den

37 Orthodoxe Anhänger Bourdieus reagieren auf Versuche, die Habitus-Theorie um eine Sozialisationstheorie zu *erweitern*, geradezu allergisch. Beispielsweise behandelt der Pädagoge Eckart Liebau (1987: 177) das Habitus-Konzept als implizite Sozialisationstheorie und ist der Auffassung, dass sich Bourdieus Arbeiten unter sozialisationstheoretischen Gesichtspunkten erweitern und verstehen lassen. Liebaus Ansatz ist allerdings ablehnend rezipiert worden; allem voran wurde sein Versuch kritisiert, den Habitus in eine normative Theorie einzubetten (vgl. FRANK 1990: 39; vgl. ähnlich auch ENGLER 1993: 30f.).

Milieus der eigenen akademischen Karriere beeinflusst wird. Nach Kaesler können Individuen aus verschiedenen oder gleichartigen Ursprungs-Milieus, in denen sie sich eine »personale Identität« angeeignet haben, durch die Institutionen sekundärer Sozialisation eine teilweise neue »akademische Identität« erwerben, »die ihrerseits zu einer eventuell nochmals veränderten ›soziologischen Identität‹« führt (vgl. KAESLER 1984: 30). Bourdieu hat allerdings immer wieder darauf hingewiesen – und das ist ein Grund dafür, weshalb sein theoretisches Konzept gegenüber dem Kaesler'schen bevorzugt wird –, dass man in ein Feld nicht mit einem Habitus eintritt, der »stillschweigend oder ausdrücklich gefordert« wird. Vielmehr müsse der Habitus ein »praktisch kompatibel oder hinreichend nah verwandter und vor allem flexibler und in einen konformen Habitus konvertierbarer« sein (BOURDIEU 1997a: 126). Diejenigen, die fernab eines Feldes sozialisiert wurden, laufen Gefahr, »immer verspätet, fehl am Platz zu sein« (BOURDIEU 1998a: 25). Wenn hingegen der Habitus genau zu dem Feld passt, in dem ein Akteur agiert, dann »bewegt er sich wie ein Fisch im Wasser und die Welt erscheint ihm selbstverständlich« (BOURDIEU/WACQUANT 1996: 161). Passen die persönlichen Erfahrungen eines Akteurs und ein soziales Feld nicht zusammen, kann das eine Last darstellen, die den Feldeintritt erschwert oder gar verunmöglicht (vgl. GASS/MEISTER 1996: 12). In einem solchen Fall verlassen die Akteure ein Feld von sich aus (Selbstselektion) oder sie werden durch – mal mehr, mal weniger subtiles – Platzanweisen aus dem Feld gedrängt (soziale Selektion). So wird der Habitus zu einer Vermittlungsinstanz der Prozesse von Selbstselektion und sozialer Selektion (vgl. LEEMANN 2002: 30). Am Beispiel des Hochschulbereichs haben Bourdieu und Passeron (1971) dargelegt, wie die Selbstselektion und die soziale Selektion dazu führen, dass sich Akteure aus unteren sozialen Schichten aus der höheren Bildungslaufbahn zurückziehen und damit zur Reproduktion der herrschenden Machtverhältnisse beitragen. Sie erklären diese Selektionsprozesse mit der eingeschränkten Ausstattung von ökonomischem, kulturellem und sozialem Kapital, dessen Verfügbarkeit für den Weg in die Wissenschaft ausschlaggebend sei. Das (vererbte) Kulturkapital sei wichtig, um sich wie selbstverständlich im wissenschaftlichen Feld zu bewegen. Die materiellen Herkunftsressourcen sind für den Weg in die Wissenschaft vor allem deshalb von großer Bedeutung, weil dieser Weg – gerade im Vergleich zu einer berufspraktischen Laufbahn – äußerst ungewiss und sehr kostenintensiv ist. Wer qua Familienzugehörigkeit über ökonomisches Kapital verfügt, kann sich eher erwerbsfreie Zeiträume und den verzögerten Eintritt in das Arbeitsleben leisten, um den Doktortitel zu erwerben (vgl. LEEMANN 2002: 37).

Das Beispiel ›soziale Herkunft‹ verdeutlicht: Die Erzeugungsbedingungen von Habitūs sind in vieler Hinsicht zwar einmalig, aber *nicht zwingend singulär* – sie sind »transindividuell« (BOURDIEU 1997a: 201). In den Konzepten des klassen- bzw. gruppenspezifischen Habitus respektive der sozialen Laufbahn (*trajectoire*) kommen diese Überlegungen zum Tragen.[38] Das heißt nun allerdings *nicht*, dass die Lebensläufe von Akteuren einer sozialen Klasse alle *gleich* verlaufen: Vielmehr ist der typische Lebenslauf gerade deshalb typisch, weil es abweichende Laufbahnen – nach oben wie nach unten – gibt (vgl. BOURDIEU 1987a: 189-191; BOURDIEU/PASSERON 1971: 40).[39] Diese Überlegung ist für vorliegende Fragestellung insofern von zentraler Bedeutung, als es zwar darum gehen wird, Sozialisationsprozesse von Professoren für Kommunikationswissenschaft nachzuzeichnen. Die Analysemuster sollen aber über den Einzelfall hinausgehen; es wird um die Exploration von *typischen Handlungsmustern* gehen, die auf eine Gruppe von Professoren zutreffen. Eine solche Sichtweise soll es ermöglichen, die Heterogenität von Professoren für Kommunikationswissenschaft zu analysieren, ohne dabei eine substanzialistische Sichtweise einzunehmen.

Das habituelle Dispositionssystem hält Akteuren Schemata zur Orientierung in der sozialen Welt bereit, wobei zwischen drei Formen differenziert werden kann (vgl. SCHWINGEL 2003: 62): 1) *Wahrnehmungs- und Bewertungsschemata* strukturieren die alltägliche Wahrnehmung der sozialen Welt und erlauben dem Akteur, die Welt im sensuellen Sinne zu erfassen

38 Zum Konzept der Klasse bei Bourdieu vgl. Krais (1983, 2001) sowie die Beiträge in Eder (1989).

39 Bourdieu selbst hat eine klassische Aufsteigerbiografie durchlaufen. In seinem *Soziologischen Selbstversuch* (2002) beschreibt Bourdieu, wie er als Sohn eines Postbeamten und einer aus einfachen Verhältnissen stammenden Mutter zu einem der bekanntesten Soziologen Frankreichs im 20. Jahrhundert aufgestiegen ist und schließlich Inhaber des renommierten Lehrstuhls für Soziologie am Collège de France wurde. Die Lehrstuhlübernahme an dieser Elite-Institution war im Grunde nicht mit seinem Selbstverständnis vereinbar. Bourdieu hatte es sogar mehrere Male abgelehnt, überhaupt als Bewerber aufgestellt zu werden. Das Selbstbild des akademischen Außenseiters bekräftigte der französische Soziologe schließlich bei seiner Antrittsvorlesung am Collège de France (*Leçon sur la Leçon*) und damit im Augenblick höchster akademischer Anerkennung (vgl. BOURDIEU 1982). Durch seine Außenseiterposition und seinen »gespaltenen Habitus« unterschied sich Bourdieu radikal von Jean-Paul Sartre, der sich als »gehätscheltes Wunderkind einer bürgerlichen Familie« im intellektuellen Aufsteigermilieu der Elitegymnasien und Vorbereitungsklassen (Khâgnes) für den Eintritt in die Grandes Écoles wie »ein Fisch im Wasser« bewegte (PETER 2005: 73).

und über Zu- und Abneigung zu entschlüsseln. 2) Unter die *Denkschemata* fallen Alltagstheorien und Klassifikationsmuster, mit deren Hilfe die Akteure die soziale Welt interpretieren und kognitiv ordnen. 3) *Handlungsschemata* strukturieren (individuelle und kollektive) Praktiken der Akteure und bringen sie gleichsam hervor. In der Praxis greifen diese drei Schemata kombinatorisch ineinander und vereinen sich zu einem systematisch angelegten Erzeugungsprinzip sozialer Praxisformen; sie sind als Matrix des Denkens, Wahrnehmens und Handelns zu verstehen. Die Wahrnehmungs-, Denk- und Handlungsschemata des Habitus fungieren als Grundlage für den ›praktischen Sinn‹ (vgl. BOURDIEU 1987b). Ähnlich wie die vom subjektiven Sinn angeleiteten Handlungen bei Alfred Schütz (1971) sind die vom praktischen Sinn generierten Handlungen nicht immer bewusst gesteuert. Der praktische Sinn hilft den Akteuren, sich innerhalb eines sozialen Feldes zurechtzufinden, ohne permanent die Feldstrukturen und die eigene Position zu reflektieren; Markus Schwingel (2003: 63) spricht treffend vom »Orientierungssinn«.

Bei der Beschreibung des Habitus hat sich Bourdieu (1976: 154ff.) auf die generative Grammatik des Linguisten Noam Chomsky gestützt und den Habitus als »generative Grammatik« von Handlungsmustern entworfen. Obwohl es nur eine relativ geringe Anzahl an Regeln gibt, können nahezu unendlich viele Äußerungen erzeugt werden. Wie das Sprechen erfolgt das Handeln der Akteure für gewöhnlich nicht bewusst regelgeleitet, sondern ergibt sich aus den situativen Begebenheiten der Praxis. Die vom Habitus angeleitete Praxis legt also Grenzen und Möglichkeiten von Praktiken fest, determiniert dabei aber *nicht* die Handlung als solche.[40] Jeder Handlung wohnt ein »strategischer Spielraum« inne, der von Akteuren »virtuos ausgenutzt« wird (MÜLLER 2004: 175). Ein Akteur bewegt sich in der sozialen Welt folglich nicht aus innerer Freiheit (Existenzialismus), nicht als selbstständiger Kalkulator der eigenen Lebensführung (Rational-choice-Ansatz), nicht durch mehr oder weniger folgsamen Vollzug von Regeln und Normen (Strukturalismus/Struktur-Funktionalismus); sondern als vergesellschaftetes Individuum, das mit präformierten Denk- und Handlungsdispositionen ausgestattet ist, die

40 In dieser Hinsicht wird Bourdieu häufig missverstanden; vgl. zum Beispiel die Vorwürfe des »overstructuralized concept of man« (MÜLLER 1986: 182) oder der »oversocialized conception of individual actors and an unwilling circular determinism« (NASH 1990: 444). Zur kritischen Rezeption Bourdieus vgl. ferner Giroux (1982); Hradil (1989); Jenkins (1989); Miller (1989); Rosengren (1995) sowie Bastin (2003).

es zur sozialen Praxis befähigen (vgl. FUCHS-HEINRITZ/KÖNIG 2005: 114). Da ein Akteur im Laufe des Tages in verschiedenen sozialen Feldern agiert und in diesen Feldern jeweils ein anderer Aspekt des Habitus betont wird, lassen sich in dem vom Habitus angeleiteten Handeln zwar durchaus (situationsspezifische) Verhaltensunterschiede ausmachen. Im Gegensatz zur rollentheoretischen Annahme, dass ein Akteur als Träger mehrerer Rollen fungiert, hat ein Akteur allerdings immer nur *einen* Habitus.[41] In diesem Zusammenhang kann auf die *déformation profesionelle* verwiesen werden, die immer dann droht, wenn berufliche Handlungsschemata im privaten Bereich angewendet werden.

Nach Bourdieu (1989b: 403) lässt sich ein Habitus am besten in Differenz zu anderen Habitūs beschreiben. In Bezug auf die Hochschulsozialisation hat Andrea Frank (1990: 16) diese Überlegung präzisiert und postuliert: »Wenn nur eine Disziplin [...] Gegenstand der Untersuchung ist, wird zwar die Differenz zu anderen Disziplinen und Habitusformen unterstellt, sie geht dabei aber unreflektiert, undeutlich und undefiniert in die Beschreibung ein.« Folgerichtig hat Frank in ihrer Studie zwei Disziplinen – Biologie und Psychologie – untersucht und fachspezifische Habitūs herausgearbeitet. Wenn man darum weiß, dass Kommunikationswissenschaftler über »unterschiedlich disziplinäre Hintergründe« (BROSIUS 2003a: 401) verfügen und zudem davon ausgeht, dass für die Herausbildung eines Fachverständnisses als »entscheidende Bedingung« das jeweilige (Haupt-)Fach fungiert (HUBER et al. 1983: 155), dann erscheint ein dezidierter Vergleich mit anderen Disziplinen im Rahmen dieser Studie als nicht notwendig. Vielmehr kann davon ausgegangen werden, dass *innerhalb* der Kommunikationswissenschaft unterschiedliche Habitusformen vorzufinden sind.

41 Sowohl in der Habitus- als auch in der Rollentheorie geht es um das vergesellschaftete Individuum, doch stehen diese beiden Theorien für unterschiedliche soziologische Paradigmen. Im Unterschied zum Rollen-Konzept geht das Habitus-Konzept nicht von einer Entgegensetzung von Individuum und Gesellschaft aus; bei Bourdieu *wird* ein Akteur nicht Mitglied der Gesellschaft, sondern er *ist* es von Anfang an. Nach Talcott Parsons (1951: 38f.) hingegen bezieht sich eine Rolle nicht auf das tatsächliche Handeln der Akteure, sondern immer nur auf die *Erwartungen*, die Akteure an das Handeln von anderen haben. Parsons hat betont, dass einzelne Rollen oder Rollenbündel nicht als Eigenschaften des Akteurs zu betrachten sind, sondern als Einheiten eines je spezifischen sozialen Systems, zu dessen Aufrechterhaltung sie dienen (vgl. ebd.: 25). Akteure spielen folglich immer viele soziale Rollen, die jeweils in spezifischen Situationen abgerufen werden, während andere Rollen in dieser Situation irrelevant sind. Ein anderes zentrales Unterscheidungskriterium zwischen Habitus und Rolle ist der Umstand, dass der Habitus auch eine körperliche Dimension (›hexis‹) besitzt.

Es ist festzuhalten: In den Habitus schreiben sich grundlegende Dispositionen und frühe Erfahrungen ein. Allerdings ist der Habitus nicht als etwas Fixes zu verstehen, sondern er wird durch die soziale Laufbahn eines Akteurs stetig modifiziert. Durch die Anwendung des Habitus-Konzeptes geht es folglich nicht um vor- bzw. außerberufliche oder berufliche Sozialisation von Individuen, sondern um berufliche und außerberufliche Prozesse der Habitusprägung (vgl. RAABE 2005: 185). Der Habitus hält dem Akteur Handlungs-, Denk- und Wahrnehmungsschemata bereit und legt dessen Geschmack fest – dadurch bestimmt er, wie ein Akteur handelt, in welchen sozialen Feldern er sich wie ›ein Fisch im Wasser‹ fühlt und in welchen er sich (auch körperlich) unwohl fühlt. Der im Habitus verankerte praktische Sinn ermöglicht einem Akteur, dass er sich in sozialen Feldern bewegt, ohne permanent seine eigene Position zu reflektieren und sein Handeln in Rechnung zu stellen. Das Habitus-Konzept kann somit als Schlüssel zur Arbeit von Professoren und ihrer Verortung im wissenschaftlichen Feld betrachtet werden (vgl. in Bezug auf den Journalismus MEYEN/RIESMEYER 2009: 34).

3.3 Das wissenschaftliche Feld

Das wissenschaftliche Feld im Sinne Bourdieus erinnert an die ›scientific community‹ bei Kuhn bzw. an das, was bei Kaesler unter ›Sozialgestalt‹ und bei Lepenies unter ›soziale Identität‹ einer Disziplin fällt. Das Konzept des wissenschaftlichen Feldes hat gegenüber den genannten Konstrukten allerdings den Vorteil, dass es Hinweise zu *Handlungsverläufen und Funktionsmechanismen von Wissenschaft* liefert. Dieser Abschnitt hat sich zum Ziel gesetzt, das wissenschaftliche Feld im sozialen Raum zu verorten und die allgemeinen Spielregeln des wissenschaftlichen Feldes sowie die Spezifika des Professorenberufs näher zu betrachten. Ein solches Vorgehen erscheint als sinnvoll, weil sich hieraus wertvolle Hinweise zum Selbstverständnis von Professoren ableiten lassen.

3.3.1 *Verortung des wissenschaftlichen Feldes im sozialen Raum*

Um Felder und deren Akteure miteinander in Beziehung zu setzen, hat Bourdieu auf Grundlage von empirischen Studien die heuristische Konstruktion des sozialen Raumes entworfen. Der soziale Raum dient der Darstellung von relationalen Kräfteverhältnissen; er fungiert als Analyseraster für soziale Strukturen und individuelle Positionen. In den sozialen Raum lassen sich soziale Felder anhand ihres Autonomiegrads einordnen und soziale Klassen topografisch nach ihren Berufen positionieren (vgl. BOURDIEU 1987a). Der für empirische Zwecke auf zwei Dimensionen vereinfachte soziale Raum wird vertikal durch den globalen Umfang an Kapital konstruiert, über das einzelne Gruppen verfügen, und horizontal über die unterschiedliche Ausstattung einzelner Kapitalarten.[42] Der soziale Raum ist hierarchisch geordnet: Die Vertikale gibt das höchste bis geringste Kapitalvolumen an, die horizontale Dimension zeigt von der dominierten Kapitalart (kulturelles Kapital) zur dominanten Kapitalart (ökonomisches Kapital).

Bourdieu hat dem wissenschaftlichen Feld eine Sonderposition im sozialen Raum zugeschrieben, da es einigermaßen unabhängig von äußeren Zwängen ist. Das wissenschaftliche Feld ist als Teil des kulturellen Feldes zu denken, das in das ›Feld der Macht‹[43] eingebettet ist. Das Machtfeld ist wiederum als Meta-Feld zu verstehen, welches verschiedene Fraktionen der herrschenden Klasse im sozialen Raum vereint (vgl. BOURDIEU 1999: 342). Akteure im Feld der Macht verfügen über jenes Kapital, das dazu erforderlich ist, dominierende Positionen in den unterschiedlichen Feldern (insbesondere im ökonomischen und dem kulturellen Feld) zu besetzen; sie entscheiden über den Wert von Kapitalformen in anderen sozialen Feldern. Die unterschiedlichen Feldeliten im Machtfeld zerfallen je nach Besitzstand ihres ökonomischen und kulturellen Kapitals in herrschende (Übergewicht an ökonomischem Kapital) und beherrschte (Übergewicht an kulturellem Kapital) Herrscher. Die soziale Position von Universitätsprofessoren beruht in erster Linie auf dem Besitz von Kulturkapital, wodurch sie – wie Künstler und Intellektuelle – auf der Seite des nicht dominanten Pols des Machtfelds anzusiedeln und als beherrschte Fraktion der herrschenden Klasse zu betrachten sind.[44] Leitende Angestellte und

42 Eigentlich hat Bourdieu (1987a) die soziale Welt mehrdimensional anhand von drei aufeinanderbezogenen Räumen konstruiert: der Raum der Lebenslagen (Struktur), der Raum der Lebensstile (Praxis) und der Raum des Habitus.

43 Für die Übersetzung von *champs du pouvoir* werden in dieser Arbeit die Begriffe ›Feld der Macht‹ und ›Machtfeld‹ synonym verwendet.

44 Durch diese Positionierung der geistigen Elite wandte sich Bourdieu dezidiert gegen die Vorstellung des ›freischwebenden Intellektuellen‹ nach Karl Mannheim (vgl. MANNHEIM 1931).

Führungskräfte aus der Privatwirtschaft hingegen sind am dominanten Pol des Machtfelds zu positionieren (vgl. BOURDIEU 1992a: 82).

Da das symbolische Kapital als wahrgenommene und legitim anerkannte Form der übrigen Kapitalsorten im Wesentlichen den Zugang zur Macht eröffnet, wird der Institution Universität eine relativ hohe Position im Machtfeld zuerkannt (vgl. BRAUN 2001: 245). Die Universität ist allerdings kein herrschaftsfreier Raum, sie thront nicht über anderen sozialen Feldern wie der Wirtschaft oder der Politik, sondern sie muss ihre privilegierte Position im sozialen Raum permanent verteidigen. Das Machtfeld, das vorrangig an politischen und wirtschaftlichen Logiken ausgerichtet ist, wird zu einer »ständige[n] Reibungsfläche« und dies vor allem deshalb, weil das wissenschaftliche Feld im Vergleich zum ökonomischen und politischen Feld »weniger schlagkräftig« ist (HARTARD 2008: 47). Aufgrund der vom Staat vorgenommenen Konzentration einer Reihe von materiellen und symbolischen Ressourcen ist dieser in der Lage, das Funktionieren von sozialen Feldern zu regulieren, indem er entweder finanziell (im ökonomischen Feld durch staatliche Investitionshilfen, im kulturellen Feld durch Zuschüsse zu bestimmten Bildungsformen) oder juristisch interveniert (vgl. BOURDIEU 1998b: 50). Hier stößt man auf ein Paradoxon des wissenschaftlichen Feldes: Die (relative) Autonomie verdankt die Universität der Tatsache, vom Staat unterhalten zu werden (vgl. FRANCK 2005: 122).

Vor dem Hintergrund der aktuellen Hochschulreformen erhält die Frage nach der Autonomie des wissenschaftlichen Feldes und dem Selbstverständnis von Professoren eine ganz besondere Relevanz.[45] Der 1999 gestartete Bologna-Prozess hat das Ziel gesetzt, durch die Einführung eines gestuften Studiensystems (Bachelor- und Masterstudiengänge) bis zum Jahr 2010 einen europäischen Hochschulraum zu schaffen. Er zielt auf die Internationalisierung von Hochschulen und die länderübergreifende Vergleichbarkeit von Studienleistungen ab. Universitäre Spitzenforschung wird in Deutschland im Rahmen der sogenannten ›Exzellenzinitiativen‹ des Bundes und der Länder gefördert. Ziel ist das Errichten von »Leuchttürme[n] der Wissenschaft« in Deutschland, die »international ausstrahlen« (BUNDESMINISTERIUM FÜR BILDUNG UND FORSCHUNG 2009). Die internationale Leistungsfähigkeit von Professoren wird also

45 Im Rahmen dieser Arbeit können die aktuellen hochschulpolitischen Entwicklungen nur gestreift werden. Einen umfassenden Einblick in diese Thematik liefern zum Beispiel die Beiträge in Stölting/Schimank (2001) und Enders/Kaulisch (2005).

groß geschrieben. Überdies kommt es zu einer Ökonomisierung von Universitäten. Der Wissenschaftshistoriker Pietro Morandi (2005: 37) hat von einer Transformation der Universität vom »Tempel der Wissenschaft« zum »Unternehmen der Wissensproduktion« gesprochen. Mit Jürgen Enders und Marc Kaulisch (2005: 211f.) lassen sich die gegenwärtigen Entwicklungen der Hochschullandschaft in drei Komplexe bündeln:

- Wissenschaftler an Hochschulen sehen sich mit einer *verstärkten Konkurrenz durch andere gesellschaftliche Teilbereiche* konfrontiert, was sich auf die Verteilung finanzieller Ressourcen auswirkt. Zwar ist die Nachfrage nach Ausbildungskapazitäten und wissenschaftlichem Erkenntnisgewinn stetig angestiegen, doch war an diese Nachfrage nicht die Zunahme von materieller und personeller Unterstützung der Hochschulen gekoppelt.
- In Deutschland und anderen europäischen Ländern kommt es zu einer Verschiebung der Governance-Philosophie in Richtung des *New Public Management*. Lange Zeit herrschte in Deutschland ein etatistisches Paradigma vor, wonach der Staat durch rechtliche, finanzielle und organisatorische Steuerung den Hochschulen ein zielgerichtetes und zweckmäßiges Handeln erlaubte. Der Professorenschaft wurde eine dominante Rolle in der Selbstverwaltung von Hochschulen zugestanden und Professoren besaßen eine hohe Autonomie in Forschung und Lehre. Anstelle dieses Konzeptes tritt nun eine Kombination aus Marktkräften und gestärkten Hochschulleitungen.
- Es ist zu einer *Revision des akademisch-disziplinären Wissenschaftsmodells* gekommen. Diese Revision wird insbesondere durch den Schwenk der paradigmatischen Aufmerksamkeit von der Physik zur Biotechnologie deutlich. In der wissenschafts- und hochschulpolitischen Debatte genießen diejenigen Forschungsfelder Konjunktur, die den disziplinären Lock-in der Wissenschaftsentwicklung aufbrechen und bei denen die gesellschaftliche Relevanz und Anwendbarkeit groß geschrieben wird.

Das heißt: Die Alma Mater ist (schon lange) kein Elfenbeinturm mehr. Jürgen Wilke (2007: 16) hat herausgestrichen, dass sich die Universität heute »längst nicht mehr auf die Produktion wissenschaftlicher Erkenntnisse« beschränken könne, sondern dass sie eine »Bringschuld« gegenüber der Politik erfüllen müsse. Und dies nicht nur, weil diese für die Finanzierung aufkäme, sondern auch, um ihre Position im institutionellen Wettbewerb zu behaupten und zu sichern (vgl. ebd.; vgl. ähnlich auch

NEIDHARDT 2002). Nach wissenschaftlichen Standards produziertes Wissen wird heute vermehrt in Kooperationen zwischen anderen Organisationen (Unternehmen, Stiftungen etc.) hervorgebracht, weshalb die Grenze zwischen Wissenschaft und Nicht-Wissenschaft zunehmend verwischt.[46] Ist die Forschung nicht nur an Kollegen, sondern auch an nicht wissenschaftliche Publika adressiert, so hat das Konsequenzen für die Autonomie der Forschung. Die Existenz nicht wissenschaftlicher Adressatenkreise, die Wissenschaftlern Finanzmittel oder eine bestimmte Reputation in der Gesellschaft verschaffen, ermutigt Professoren, Wissen zu produzieren, das die Spezialinteressen dieser Gruppen bedient, und hindert sie gleichzeitig daran, eigene Regeln zu entwickeln (vgl. WHITLEY 1984).

Im Zeitalter der Ökonomisierung von Universitäten müssen sich Professoren auf dem freien Markt der Wissenschaftsfinanzierung behaupten und Drittmittel einwerben. Einer der Hauptgründe für die zunehmende Bedeutung von Drittmitteln ist, dass die staatliche Finanzierung inneruniversitärer Forschung (etwa die Grundausstattung der Hochschullehrerstellen oder die laufenden Mittel für Forschung) seit circa zwei Jahrzehnten auf gleichem Niveau stagniert, mancherorts gekürzt oder sogar gestrichen wird. Dieser Umstand führt zu einer steigenden Konkurrenz um Drittmittel bei den Sponsoren wissenschaftlicher Forschungsarbeit wie den Landes- und Bundesministerien, der Deutschen Forschungsgemeinschaft (DFG), aber auch den parteinahen und religiösen Stiftungen. Die Ablehnungsquote von Forschungsanträgen bei der DFG liegt mittlerweile bei 60 Prozent, bei der Volkswagen-Stiftung bei 50 Prozent (vgl. FRÖHLICH 2003: 125.).

Ähnlich wie die Hochschulexpansion der 1960er-Jahre dürften die aktuellen Hochschulreformen nicht ohne Auswirkungen auf die Habitūs von Professoren bleiben.[47] Die Wissenschaftsforscherin Ulrike Felt (2007: 2) ist der Ansicht, dass die Unabhängigkeit von Wissenschaftlern als »moralisch übergeordnete Instanz« durch die Anbindung der Forschung an Politik und Wirtschaft »ernsthaft gefährdet« sei und dass das Selbstverständnis von Professoren zunehmend in Richtung des »Wissenschaftsverkäufers« gelenkt werde. Im Hinblick auf die Auswirkungen der

46 Zum Verhältnis zwischen Wissenschaft und Politik, Wirtschaft und Medien in der Wissensgesellschaft vgl. zum Beispiel Weßler (1998), Weingart (2001) sowie Ash (2002).

47 Der Hochschul- und Bildungsforscher Christoph Oehler hat in seiner Studie *Zum Rollenwandel der Hochschullehrer* (1986) detailliert herausgearbeitet, wie sich die Veränderungen der Hochschullandschaft in den 1960er-Jahre auf das Berufsverständnis von Professoren auswirkten.

aktuellen Hochschulreformen auf das Berufsverständnis von Professoren lassen sich in Anlehnung an Enders und Kaulisch (2005: 213) drei Entwicklungen prognostizieren:

- Nach manchen »öffentlichen Karikaturen« sind Hochschullehrer ähnlich zu behandeln wie die Arbeiter beim Eintritt ins Industriezeitalter. Nur durch hartes Antreiben, kurzfristige Belohnungen und sichtbare Bestrafungen seien Professoren noch »bei der Stange zu halten«.
- Nach der Formel »people go where the money is« wird der *homo academicus* zum leicht steuerbaren *homo oeconomicus*.
- Hochschullehrer werden mit ihren jeweiligen Stärken und Schwächen durch sanfte Supervision und Überzeugung für die Vielfalt der Aufgaben getrimmt (*Human-Development-Ansatz*).

Überdies ist mit Rademacher-Bensing (2004: 155) und Engelhardt et al. (2003) davon auszugehen, dass in Zukunft wohl in erster Linie Forschungsmanager gefragt sein werden und weniger Hochschullehrer, die lehr- und studienorientiert denken. In der Konsequenz ist zu erwarten, dass Professoren ihre Leistungen zunehmend professionell vermarkten (vgl. hierzu kritisch NEIDHARDT 2002).

Zur Stellung von Disziplinen im wissenschaftlichen Feld[48]

Mit Bourdieu lassen sich nicht nur soziale Felder wie das politische, wirtschaftliche oder das wissenschaftliche Feld anhand ihres Autonomiegrads untereinander vergleichen, sondern auch wissenschaftliche Subfelder (akademische Disziplinen). Wie jedes soziale Feld ist das wissenschaftliche Feld von Kräfteverhältnissen durchzogen, wobei es eine dem Machtfeld homologe Struktur aufweist (vgl. BOURDIEU 1992a: 90). An einem Pol gibt es die wissenschaftlich dominanten, aber gesellschaftlich dominierten Fächer (bzw. Fakultäten), am anderen Pol die wissenschaftlich dominierten, aber gesellschaftlich dominanten Fächer (vgl. ebd.: 107). Am oberen Ende der Fächerhierarchie stehen die gesellschaftlich dominierenden Disziplinen (bzw. Fakultäten), die nach ›weltlichen‹ Kriterien funktionieren. Hierunter fallen die Medizin, die Rechtwissenschaften und die Wirtschaftswissenschaften – wobei die letztgenannte Disziplin am

48 Die Stellung einzelner Disziplinen an der Universität, den zentralen Gegensatz zwischen geistes- und mathematisch-naturwissenschaftlichen Disziplinen auf der einen Seite und der Jurisprudenz und Medizin auf der anderen Seite, hat im Grunde schon Immanuel Kant in seinem *Streit der Fakultäten* beschrieben (vgl. KANT 2005 [1794]).

nächsten bei der ökonomischen Macht angesiedelt ist. Am unteren Ende der Fächerhierarchie (also am kulturellen Pol) stehen die Natur- und die exakten Wissenschaften, in denen eine starke Forschungsorientierung herrscht und die kaum über weltlichen Einfluss verfügen (vgl. ebd.: 121). Zwischen diesen beiden Polen liegt die Philosophische Fakultät, wobei es *innerhalb* dieser Fakultät den gesellschaftlichen (›weltlich‹) dominierenden Pol gibt (hierunter fallen zum Beispiel die Fächer Philosophie, Alte Geschichte und Literatur) und den wissenschaftlichen, gesellschaftlich dominierten Pol (Sozialwissenschaften, Neuere Geschichte; vgl. ebd.: 140f.). Felt et al. (1995: 70) beschreiben die disziplinäre Rangordnung an der Universität als »erstaunlich robust«. Der Wissenschaftssoziologe Tony Becher stellt heraus, dass sich Physiker »für besser als die gewöhnliche Masse« halten und dass sie unter Wissenschaftlerkollegen das höchste Renommee haben. Historiker wiederum würden eine Stufe über den Geografen stehen, Ökonomen auf Soziologen herabblicken und so weiter (vgl. BECHER 1989; zitiert nach FELT et al. 1995: 70).

Bourdieu (1992a) hat zwischen dem *autonomen Pol* des wissenschaftlichen Feldes, der selbstreferenziell durch die intellektuelle Kommunikation organisiert ist, und dem *heteronomen Pol*, der von ökonomischen, wirtschaftlichen und politischen Interessen bestimmt wird, differenziert. So herrscht im Fach Mathematik eine hohe Autonomie der Wissenschaft bei gleichzeitig geringem gesellschaftlichem Interesse vor, während es sich in den Sozialwissenschaften genau umgekehrt verhält. Die Grundlagenforschung ist autonom, da die Ziele und Bewertungen der Forschungsaktivitäten von der Scientific Community selbst festgelegt werden.[49] Universitäre Forschung für die Industrie hingegen hat einen geringen Autonomiegrad, da die Forschungsziele von den Arbeitgebern vorgegeben werden. In diesem Zusammenhang ist auch die in der Hochschulforschung vorgenommene Unterscheidung zwischen ›harten/weichen‹ und ›reinen/angewandten‹ Disziplinen aufschlussreich. Während für reine Wissenschaften (etwa Physik, Mathematik, Chemie) klar definierte Problemstellungen und die Entdeckung von kausalen Erklärungen charakteristisch sind, zeichnen sich ange-

49 Um die Autonomie von Grundlagenforschung und damit von ›reiner Wissenschaft‹ zu garantieren, fordert Bourdieu von Wissenschaftlern einen epistemischen Bruch mit der sozialen Welt. Dieser Bruch mit dem Alltagswissen und den Vor-Erfahrungen ist konstitutiv für wissenschaftliches Arbeiten. Der Bruch mit dem Alltagsverstand ist in den Sozialwissenschaften vor allem deshalb erforderlich, weil hier die Trennung zwischen den Alltagsannahmen und den wissenschaftlichen Vorstellungen weniger deutlich als in anderen Disziplinen ist (vgl. RAABE 2008: 379, Anm. 7).

wandte Wissenschaften (zum Beispiel Maschinenbau oder Elektrotechnik) durch zweckorientierte und praktische Absichten aus. Je höher die Aufgabensicherheit eingeschätzt wird, als desto ›härter‹ gilt ein Fach. Epistemologische Studien zeigen, dass in den ›harten‹ Wissenschaften ein größerer kognitiver Konsensus herrscht als in den Sozial- und Geisteswissenschaften (vgl. hierzu HARGENS/HAGSTROM 1982). Der Großteil der sozial- und geisteswissenschaftlichen Fächer (beispielsweise die Politikwissenschaft, Geschichte oder Germanistik) kann als weiche-reine Fächer bezeichnet werden, die Pädagogik und die Rechtswissenschaft als weiche-angewandte. Die Unterscheidung zwischen ›harten/weichen Disziplinen‹ zielt also auf das Ausmaß ab, in dem sich wissenschaftliche Aussagen auf messbare, quantifizierbare Daten stützen; die ›Rein/angewandt‹-Dimension hingegen auf den Grad der Anwendungsbezogenheit (vgl. BECHER 1987). Die Grenzen zwischen diesen Differenzierungen sind fließend und *innerhalb* eines wissenschaftlichen Subfeldes können Wissenschaftler aufgrund ihrer Nähe zum harten bzw. angewandten Pol verortet werden.[50]

Nach Arno Bammé (2004: 31f.) können die Grundlagenkrisen der Naturwissenschaften als weitgehend überwunden gelten, was auf die Geistes- und Sozialwissenschaften (noch) nicht zutreffe. Geistes- und sozialwissenschaftliche Disziplinen würden nach wie vor um gesellschaftliche Anerkennung ringen und wenn diese nicht per theoretischer Stringenz erreicht werden könne, dann wenigstens durch gesellschaftliche Nützlichkeit. Die Frage nach dem gesellschaftlichen Nutzen ist für die Kommunikationswissenschaft vor allem deshalb zentral, weil dem Fach in wiederkehrenden Schüben gesellschaftliche Nutzlosigkeit vorgeworfen wird. Im großen Stil keimte die Frage nach dem Nutzen der Kommunikationswissenschaft zuletzt Mitte der 1990er-Jahre durch den Artikel von Alphons Silbermann in der Wochenzeitschrift *Die Zeit* auf. Silbermann (1996) hatte einen ›Abgesang‹ auf die Medien- und Kommunikationswissenschaft geschrieben und ihr ›marottenhafte Wichtigtuerei‹ vorgeworfen. Mehrere Fachvertreter nahmen daraufhin Stellung in der Wochenzeitschrift und fungierten als Anwälte des Faches (vgl. exemplarisch BENTELE 1997; NEVERLA 1997).

Die Universität ist dazu disponiert, vermittelnd über die Fachsozialisation und den Erwerb von Bildungstiteln, das Sozialsystem mit sei-

50 Zur Unterscheidung zwischen ›reinen/angewandten‹ und ›harten/weichen‹ Wissenschaften sei hier auf die Übersicht von Schaeper (1997: 76) verwiesen. Zu ›harten/weichen‹ Fächern vgl. auch Huber et al. (1983); Huber/Liebau (1985) sowie Portele (1985).

nen herrschenden Ungleichheitsverhältnissen zu reproduzieren (vgl. BOURDIEU/PASSERON 1971). Mit der Wahl des Studienfaches werden die Weichen hinsichtlich der Position im sozialen Raum (erwartetes Einkommen und gesellschaftliches Prestige) gelegt (vgl. LEEMANN 2002: 70). Die Hochschulreformen in den 1960er-Jahren haben zwar die höheren Bildungswege auch für Nachkommen aus sozial unteren Schichten geebnet, wodurch sich die soziokulturelle Zusammensetzung der Studentenschaft verändert hat.[51] Es zeichnen sich aber folgende Muster ab: Während der Anteil der Erstakademisierung in den Sozial-, Geistes- und Ingenieurswissenschaften relativ hoch ist, kommen Studierende der Medizin und Rechtswissenschaft häufig aus Akademikerfamilien (zu sozialen Merkmalen der Studentenschaft vgl. exemplarisch KAZEMZADEH/MINKS 1983; KÜHNE 2006; LENGER 2008). Die Studienfächer Medizin und Jura weisen zudem eine hohe Selbstrekrutierungsrate auf, d.h. Ärzte- und Juristenkinder wählen häufig den Beruf ihrer Eltern. Die ›Berufsvererbung‹ bei Medizinern und Juristen führt zum Entstehen von ›Familiendynastien‹: Der Familienname wird zum Gütesiegel, der auf die legitime Nachfolge verweist (vgl. BOURDIEU 1992a: 109). Für die vorliegende Fragestellung ist von besonderer Bedeutung, dass sich – so die empirischen Befunde Bourdieus – die Fächerhierarchie an der Universität und die Besetzung von universitären Ämtern mit der sozialen Herkunft der Professoren deckt (vgl. ebd.: 202). Die vorliegende Untersuchung soll Aufschluss darüber geben, mit welcher Reputation des Fachs Professoren für Kommunikationswissenschaft konfrontiert werden und wie sich diese mit der sozialen Herkunft der Fachvertreter in Verbindung setzen lässt.

3.3.2 *Spielregeln von Wissenschaft*

Wie jedes soziale Feld konstituiert sich das wissenschaftliche Feld durch soziale Kämpfe und die Reproduktion von Machtverhältnissen. Die *illusio* des wissenschaftlichen Feldes besteht nur vordergründig in dem Glauben,

51 Seit den 1960er-Jahren hat die steigende Anzahl von Studierenden die deutsche Hochschullandschaft nachhaltig verändert: 1960 betrug die Gesamtzahl von Studierenden 215.430, zehn Jahre später waren es bereits 510.500 und 1980 studierte über eine Million Menschen an deutschen Hochschulen (vgl. ENGLER 2001: 155). Zu den Gründen der Bildungsexpansion vgl. Dahrendorf (1968) sowie Köhler (1978). Zur Hochschulentwicklung in Deutschland seit den 1960er-Jahren vgl. die Beiträge in Neusel/Teichert (1986).

dass es sich bei der Wissenschaft um ein »interesseloses Interesse an der Wahrheit« und die »Wahrheitsfähigkeit wissenschaftlicher Praxis« handelt (NASSEHI/NOLLMANN 2004: 10). Bourdieu (1992b: 224) hat herausgearbeitet, dass sich die vermeintliche Uneigennützigkeit von Wissenschaftlern auszahlt und dass sie aus dem Spieler im wissenschaftlichen Feld einen »Kapitalisten wie jeden anderen« macht. Mit seiner Vorstellung von agonalen Wissenschaftlern hat Bourdieu ein konträres Wissenschaftskonzept zu Merton entworfen. Merton hat durch die Annahme eines »wissenschaftlichen Ethos« ein weitgehend harmonisches und friedfertiges Bild von Wissenschaft gezeichnet und vier Normen (»institutionelle Imperative«) herausgearbeitet, die als Motor für wissenschaftliches Handeln fungieren (vgl. MERTON 1985: 88-99).[52] Auf den nächsten Seiten werden die Spielregeln von Wissenschaft im Sinne Bourdieus erläutert.

Strukturprinzipien Distinktion und Integration

Wissenschaftliche Akteure müssen sich fortlaufend neu positionieren und strategische Entscheidungen treffen (etwa: Wo wird ein Aufsatz platziert? Welcher Verlag wird für eine Monografie gewählt? Wie viel Energie wird in eine Lehrveranstaltung investiert?). Dabei geht es Wissenschaftlern zum einen darum, sich von Kollegen abzugrenzen (*Strukturmerkmal Distinktion*). Die Distinktion äußert sich im wissenschaftlichen Feld in erster Linie darin, Leistungen zu erbringen, die das Bisherige übertreffen; Originalität zahlt sich aus. Bourdieu (1998a) zufolge werden Wissenschaftler von dem Ansporn getrieben, die ersten und besten auf ihrem Forschungsfeld zu sein. Er bezieht sich damit (zumindest implizit) auf den ›Prioritätenstreit‹ nach Merton.[53] Die wissenschaftliche Leistung

52 Dieses Normen sind als ›CUDOS‹ bekannt (vgl. MERTON 1985): 1) Kommun(al)ismus (*communism*): Wissenschaftliche Ergebnisse sind Produkt und Eigentum der Wissenschaftlergemeinschaft. Als einziger persönlicher Nutzen, den ein Wissenschaftler aus seiner Arbeit ziehen darf, gilt die Anerkennung durch Kollegen. 2) Universalismus (*universalism*): Alle Wissenschaftler, ungeachtet ihrer Nationalität oder anderer persönlicher Eigenschaften, können an der Wissensproduktion teilhaben. 3) Desinteresse (*disinterestedness*): Der Wissenschaftler darf bei der Forschung kein anderes Interesse verfolgen als die Suche nach Wahrheit. Persönliche Interessen, wie die Ausübung von Macht oder Ruhm um des Ruhmes willen, sind nicht mit dem wissenschaftlichen Ethos vereinbar. 4) Organisierter Skeptizismus (*organized scepticism*): Wissenschaftliche Erkenntnisse müssen Kritik und Prüfung zugänglich sein und diesen standhalten können.

53 Nach Merton (1985: 123) entspringt beim Streben nach Originalität ein »Prioritätenstreit«, der zwar »hart und abstoßend« sei, aber zum wissenschaftlichen Alltag gehöre.

wird als objektiver Gradmesser dafür betrachtet, ob jemand zur Scientific Community gehört oder nicht. Dadurch ist die Wissenschaft als *meritocracy* anzusehen, als eine Gesellschaft, in der der Status des Einzelnen durch Leistung definiert wird (vgl. RADEMACHER-BENSING 2004: 339). In ihrer theoretisch von Bourdieu abgeleiteten Studie hat Steffani Engler (2001) gezeigt, dass die wissenschaftliche Persönlichkeit nicht als die Leistung Einzelner zu begreifen ist, sondern dass sie im Aushandlungsprozess und qua Reputationszuweisung durch wissenschaftliche Akteure konstruiert wird. Ohne soziale Zuschreibungsprozesse gibt es weder die herausragende Leistung noch die wissenschaftliche Persönlichkeit. Nach Engler wird im modernen Wissenschaftsverständnis die wissenschaftliche Persönlichkeit vom Akteur selbst entworfen. Dieser Selbstentwurf ist der Einsatz (*illusio*), der geleistet werden muss, um an den sozialen Spielen im wissenschaftlichen Feld teilnehmen zu können (vgl. ENGLER 2001: 452f.).

Neben der Distinktion wird von Wissenschaftlern verlangt, dass sie die formalen Eintrittskriterien für das wissenschaftliche Feld wie den Doktortitel, die Habilitation oder habilitationsadäquate Leistungen (institutionelles kulturelles Kapital) vorweisen können und dass sie sich in Forschungstraditionen einklinken (*Strukturmerkmal Integration*). Aus Studien zu unterschiedlichen Fachkulturen ist bekannt, dass jedes wissenschaftliche Subfeld seine eigene Funktionslogik hat.[54] So gibt es zum Beispiel in jeder akademischen Disziplin eigene Spielregeln zum Publizieren (Wie viel Wert hat eine Monografie, wie viel Wert hat ein Zeitschriftenaufsatz? Wie muss ein Zeitschriftenartikel aufgebaut sein? Welche Verlage haben das meiste Prestige?). Das Wissen um diese Spielregeln ist notwendig, um sich im wissenschaftlichen Feld ›wie ein Fisch im Wasser‹ bewegen zu können – für gewöhnlich wird es von einem akademischen Lehrer vermittelt (vgl. REICHERTZ 2003: 362). Allerdings spielt für eine erfolgreiche Integration in das wissenschaftliche Feld nicht nur »explizites Wissen« (im Sinne von wissenschaftlichem Wissen) eine Rolle, sondern auch das »implizite Wissen« (*tacit knowledge*) im Sinne von Michael Polanyi (1985): das Wissen um den Umgang mit denjenigen, die wissenschaftliches Wissen verkörpern. Hierbei ist dem Besitz eines dem akademischen Umfeld angemessenen Habitus eine große Bedeutung zuzuschreiben (vgl. BOURDIEU/PASSERON 1971; BOURDIEU 1992a). Zu diesem akademischen Habitus gehören

54 Zu den Merkmalen von unterschiedlichen Fachkulturen vgl. Schütte (1982); Frank (1990); Engler (1993); Schaeper (1994) sowie Gass/Meister (1996).

Führungsanspruch und Standesbewusstsein, eine natürliche Souveränität im Auftreten, angemessene Umgangsformen und der Wille, Einfluss auszuüben (vgl. BARGEL et al. 1977 sowie HARTMANN 1996). Nachkömmlinge aus etablierten Schichten weisen durch ihr inkorporiertes kulturelles und soziales Kapital in dieser Hinsicht deutliche Vorteile auf, denn die geforderten Eigenschaften sind in ihrer Persönlichkeit verankert (vgl. HARTMANN 1996). Neben der sozialen Herkunft scheint das Geschlecht für die Integration in das wissenschaftliche Feld von großer Bedeutung zu sein. Nach wie vor sind Frauen in der Wissenschaft stark unterrepräsentiert; an Universitäten gibt es einen ›gender gap‹ (vgl. hierzu KRIMMER et al. 2003; LIND 2004; ZIMMER et al. 2007). Zahlreiche Studien zu Frauen in der Wissenschaft haben offensichtliche und subtile Diskriminierungsmechanismen im wissenschaftlichen Feld exploriert und diese dafür verantwortlich gemacht, dass Frauen von den universitären Machtzirkeln ausgeschlossen werden (vgl. exemplarisch KRAIS 2000; ENGLER 2001; BEAUFAŸS 2003 sowie ZIMMER et al. 2007).

Auch Fachsprachen gelten der Distinktion und Integration. Norbert Elias (1977: 143) hat aufgezeigt, dass die Ausbildung von Fachsprachen »eines der vielen Beispiele für die unsichtbare Festungsmauer [ist], mit der sich akademische wie andere Spezialistengruppen umgeben.« Nach Elias dient eine Fachsprache als Festungsmauer dazu, die »Unabhängigkeit von anderen Gruppen zu demonstrieren und zu bewahren« (ebd.). In Bezug auf die Kommunikationswissenschaft lässt sich feststellen, dass sie sich beharrlich gerade von der Disziplin abgrenzt, die sich mit einem ähnlichen Forschungsgegenstand befasst: der Medienwissenschaft. Vor dem Hintergrund des Strukturprinzips Distinktion verwundert es nicht, dass die beiden Disziplinen ein unterschiedliches Verständnis von den zentralen Forschungsgegenständen ›Medien‹ und ›Kommunikation‹ haben.

Der Wert von Kapitalformen im wissenschaftlichen Feld[55]

Da das wissenschaftliche Feld nach der Berufung auf eine Professur nur eine geringe formale vertikale Gliederung vorsieht, machen sich gerade hier die feinen Unterschiede bemerkbar. Formal mögen Professoren zwar

55 Dietmar Braun (2001) hat durch einen internationalen Vergleich von Universitätsstrukturen darauf hingewiesen, dass die Währung in einem spezifisch wissenschaftlichen Feld von den universitären Regulierungsstrukturen (Governance-Typen) des jeweiligen Landes abhängt.

gleichberechtigt sein, doch gibt es unter ihnen erhebliche Unterschiede im Status und in den verfügbaren Ressourcen. Professoren lassen sich zunächst einmal anhand der Zugehörigkeit zu einer Universität oder Fachhochschule unterscheiden. Universitätsprofessoren wiederum haben eine Vielfalt von Möglichkeiten geschaffen, informell sich selbst und andere zu positionieren. Welche Tätigkeiten zahlen sich also im wissenschaftlichen Feld aus? Welche Kapitalsorte wird als Trumpf ausgespielt? Die folgenden Seiten informieren darüber.

Die Struktur innerhalb des wissenschaftlichen Feldes wird durch die Verteilung des *wissenschaftlichen Kapitals* – einer spezifischen Form des symbolischen Kapitals – festgelegt. Der Grad an Reputation eines Wissenschaftlers bestimmt darüber, in welchem Maße ihm Ressourcen von der Scientific Community zugewiesen werden. Wissenschaftler versuchen, ökonomisches, soziales und kulturelles Kapital in wissenschaftliches Kapital umzuwandeln, wobei hierfür das inkorporierte und das institutionalisierte Kulturkapital besonders prädestiniert sind (vgl. SCHAEPER 1997: 71). Wissenschaftliches Kapital wird Professoren aufgrund ihrer theoretischen/methodischen Innovationen, ihrer Veröffentlichungen oder Vorträge zugesprochen und ist mit der Macht über Produktionsmittel (etwa Verträge oder Posten) und Reproduktionsmittel (Steuerung und Entscheidungen über Karrieren) verknüpft (vgl. ebd.). Es schlägt sich in der Leitung von Forschungseinrichtungen, in universitären oder außeruniversitären Ämtern, in der Herausgeberschaft von Fachzeitschriften oder im Ruf auf einen bestimmten Lehrstuhl nieder. Erst die Anerkennung von wissenschaftlicher Leistung durch die Peers führt also dazu, dass ein Professor als Dekan, Präsident, Fachgutachter etc. gewählt wird. Bereits Merton (1985: 132) ist davon ausgegangen, dass die »kontinuierliche Bewertung von geleisteter Arbeit und Anerkennung von guter Arbeit« den (Selbststeuerungs- bzw. Kontroll-)Mechanismus bildet, der die Welt der Wissenschaft zusammenhält. Kollegen sind folglich immer zugleich Konkurrenten im Spiel um Anerkennung und Verleihinstanz von Reputation; Bourdieu (1992a: 190) spricht von »Gegnern als Komplizen«. Da sich die Reputation verselbstständigen kann (Reputation tritt an die Stelle der geprüften Leistung), fällt die höchste Anerkennung allerdings nicht automatisch denjenigen zu, welche die beste wissenschaftliche Leistung erbringen: Zum einen akkumulieren bereits angesehene, etablierte Wissenschaftlerpersönlichkeiten überproportional viel wissenschaftliches Kapital. Zum anderen können Reputationsanleihen auch von einem akademischen Lehrer oder von einer renommierten Institution[56] erworben werden. Diesen Verzerrungseffekt bezeichnet Merton als ›Matthäus-Effekt‹.[57] Der Besitz von wissenschaftlichem Kapital ist mit (Definitions-)Macht verbunden. Nach Bourdieu (1998a: 21f.) legen die dominanten Forscher (Machtpol) »eine Gesamtheit der bedeutenden Gegenstände und Fragen« fest, welche für die anderen wissenschaftlichen Akteure im Feld Bedeutung haben und deren Verfolgung sich schließlich rentiert.[58] Außerdem stecken die Mächtigen die Feldgrenzen so ab, dass ihre eigene wissenschaftliche Ausrichtung das Zentrum des Faches darstellt (vgl. BOURDIEU 1999: 353).

Nach Bourdieu (1998a: 62) lässt sich durch Engagement in der Lehre keine Reputation erwerben; seiner Ansicht nach stellt die Lehre nichts weiter als einen »Trägheitsfaktor« dar. Mit Bourdieu (1992a: 155) ist das *Lehrkapital* dem wissenschaftlichen Kapital unterzuordnen. Es stellt eine »mindere Form der Macht«, eine Art »Trostpreis« dar. Nach Ansicht des Hochschulforschers Wolff-Dietrich Webler (1993: 124) wird die Lehre in Deutschland als etwas Privates angesehen; Misserfolge in Vorlesungen und Seminaren hätten nur geringe Auswirkungen auf die Stellung am Institut. Im Rahmen der aktuellen Hochschulreformen wird nun (wieder einmal) der Wert von Lehrleistungen diskutiert. Einerseits scheint in Zeiten von Exzellenzinitiativen und Elite-Universitäten der Stellenwert von Forschung weiter zu steigen. Andererseits wird der Lehre durch die zunehmende Bedeutung von Evaluationsergebnissen und Lehrpreisen[59]

56 Im angloamerikanischen Raum und im französischen Hochschulsystem kommt Institutionen, an denen Bildungstitel erworben wurden, eine große Bedeutung zu. So sind beispielsweise die ›Grandes Écoles‹ in Frankreich sehr renommiert, wobei das Renommee dieser spezialisierten Hochschulen auf die Absolventen abfärbt.

57 Merton hat durch empirische Studien herausgefunden, dass sowohl Wissenschaftlern mit hoher Reputation als auch solchen, die an renommierten Institutionen arbeiten, Anerkennung zuteil wird, die über die tatsächliche Leistung hinaus geht, sich von deren direkter Bewertung ablöst (vgl. WEINGART 2003: 23). Unter Verweis auf das Matthäus-Evangelium im Neuen Testament (»Denn wer da hat, dem wird gegeben werden, und er wird die Fülle haben; wer aber nicht hat, dem wird auch, was er hat, genommen werden«; Matthäus 13,12) hat er dieses Phänomen ›Matthäus-Effekt‹ genannt.

58 Bourdieu (1992a: 185) machte die Beobachtung, dass mit fortschreitender Nähe zum Forschungspol die Möglichkeit »eines Auseinanderfallens von eigentlichem symbolischem Kapital und Universitätsstatus« bestünde. So könne es »[...] durchaus vorkommen, daß Intellektuelle mit höchstem Prestige gänzlich untergeordnete universitäre Positionen einnehmen.« Zum Zeitpunkt der Daten-Erhebung für den *Homo academicus* in den 1970er-Jahren traf dies auf Louis Althusser, Roland Barthes und Michel Foucault zu. Auch bedeutende Wissenschaftler wie Max Weber, George Herbert Mead oder Karl Marx hatten zum Zeitpunkt ihrer Schaffenszeit eine Außenseiterposition im wissenschaftlichen Feld inne.

59 Vgl. etwa den ›Ars-legendi‹-Preis, der vom Stifterverband für die Deutsche Wissenschaft in Kooperation mit der Hochschulrektorenkonferenz verliehen wird.

in Berufungsverfahren ein höherer Stellenwert beigemessen. Im Sinne Humboldts plädiert der Wissenschaftsrat (2008: 65) dafür, die Lehrtätigkeit stärker im Selbstverständnis von Professoren zu verankern. Es bleibt abzuwarten, wie sich diese Maßnahmen auf die Bewertung der Lehre auswirken – oder besser gesagt: *ob* sich überhaupt etwas am Stellenwert der Lehre verändern wird. Bereits Anfang der 1990er-Jahre hat Webler (1993: 121) vermerkt, dass es zwar einen politischen Konsens zur Aufwertung der universitären Lehre gebe. Dieser würde sich allerdings nur in geringem Maße in der Universität niederschlagen.[60]

Es gibt Professoren, die durch Medienauftritte, durch Veröffentlichungen in Tageszeitungen und/oder durch populärwissenschaftliche Werke ein möglichst breites Publikum erreichen wollen. Solche Professoren produzieren nicht nur für die Peers, streben also nicht (nur) nach Anerkennung ihrer Forschungsleistung innerhalb des wissenschaftlichen Feldes (wissenschaftliches Kapital), sondern sie wollen (auch) *Kapital an intellektueller Prominenz* erwerben (symbolisches Kapital, das ihnen von Akteuren aus anderen sozialen Feldern zugeschrieben wird). Weingart (2003: 124) hat diese »Medien-Wissenschaftler« als »schillernde Persönlichkeiten« bezeichnet, die sich durch »Sprachgewandtheit und Selbstdarstellungskunst auszeichnen und an einem attraktiven Forschungsthema arbeiten.« Die Popularisierung bzw. die Orientierung an der Öffentlichkeit widerspreche allerdings der Logik von Wissenschaft und erzeuge im Normalfall wenig bis gar keine Reputation im wissenschaftlichen Feld. Zugleich hat Weingart eingeräumt, dass im Zeitalter der Medialisierung bzw. Mediatisierung[61] die steigende Medienpräsenz von Professoren nicht ohne Folgen für die Wissenschaft bleiben dürfte (vgl. ebd.: 116).[62]

60 Enders und Schimank (2001: 165) haben herausgestellt, dass der starke Forschungsbezug im Selbstverständnis von Professoren in mancher Hinsicht vielleicht auch ein Mythos sei und hinter den Anforderungen an eine moderne Ausbildung der Studierenden zurückbleibe. Zweifellos hätten sich aber Versuche, die auf eine Stärkung der Lehrfunktion in Ausbildung, beruflichem Aufgabenprofil und Selbstverständnis der Hochschullehrer abzielen, mit diesem Selbstbild auseinanderzusetzen. Andernfalls würden sie als »unsachgemäßer Angriff auf den Kern des professionellen Selbstbildes missverstanden werden«.

61 Die Begriffe *Mediatisierung* und *Medialisierung* werden sowohl synonym als auch unterschiedlich verwendet. Eine Begriffsdiskussion findet sich bei Donges (2005); Vowe (2006a) und Meyen (2009).

62 Vgl. hierzu Wilke (2007), der die Frage nach dem Reputationserwerb von Wissenschaftlern durch Medienauftritte am Beispiel seines prominenten Mainzer Kollegen, dem Politologen Jürgen Falter, analysiert hat. Nach Wilke wirkt sich die Medienprominenz Falters durchaus reputationsfördernd im wissenschaftlichen Feld aus. Dies schlage sich sowohl materiell bei Berufungs- oder Bleibeverhandlungen nieder, als auch symbolisch durch besondere Aufmerk-

Finanzielle Ressourcen (*ökonomisches Kapital*) bilden die Grundlage dafür, überhaupt Forschung betreiben zu können. An Universitäten sind Professuren unterschiedlich ausgestattet: Es gibt die C3-Stellen und die höher dotierten und besser ausgestatteten C4-Stellen, bzw. seit dem Jahre 2005 die W2- und W3-Stellen. Dies impliziert, dass Professoren nicht die gleichen Ausgangsbedingungen für ihre Forschungsaktivitäten haben. Der reine Besitz bzw. die reine Akkumulation von ökonomischem Kapital verhilft zwar noch nicht zu Reputation im wissenschaftlichen Feld, doch hat die prinzipielle Möglichkeit der Transformation von wissenschaftlichem Kapital in ökonomisches Kapital Einfluss auf die wissenschaftliche (Re-)Produktion und damit auf den weiteren Reputationserwerb von Professoren (vgl. WEINGART 2003: 49).[63] Enders und Kaulisch (2005: 214) sind der Ansicht, dass die aktuellen Entwicklungen im Hochschulbereich eine Neuverteilung der Macht an Universitäten mit sich bringen. Sie stellen die Prognose auf, dass ökonomisches Kapital in der beruflichen Praxis von Professoren zunehmend an Bedeutung gewinnen und dass die Höhe von Drittmittelanwerbungen zu einem Kriterium in der Reputationsbewertung wird. Hierfür sprechen auch die Zahlen: Im Jahr 2005 hat ein deutscher Universitätsprofessor durchschnittlich über 165.000 Euro an Drittmitteln eingeworben (vgl. PRESSEMITTEILUNG DES STATISTISCHEN BUNDESAMTES vom 30.08.2007). Wer also kein Geld aus Drittmitteln einwirbt, kann weniger Forschung betreiben und wird dadurch aus dem Reputationsmechanismus ausgeschlossen: eine Tatsache, die nicht spurlos am Selbstverständnis von Professoren vorbeigehen dürfte.

Das *soziale Kapital* als akkumulierte Beziehungsarbeit schlägt sich unmittelbar in der Reproduktion von ökonomischem, kulturellem, aber auch von wissenschaftlichem Kapital nieder (sogenannter ›Multiplika-

samkeit, die dem Politologen zuteil wird. Zugleich räumt Wilke ein, dass diese Form der Reputationszuweisung im universitären Kontext nicht von allen begrüßt werde und durchaus kritische Zungenschläge nach sich ziehe. Zum Phänomen der ›Medienprofessoren‹ vgl. vertiefend Weingart/Pansegrau (1998).

63 Bei diesem Übersetzungs-Prozess von symbolischem Kapital in materielles Kapital und vice versa zieht Weingart eine Parallele zum ›Glaubwürdigkeitszyklus‹ (*credibility cycle*) von Bruno Latour und Steven Woolgar. Latour und Woolgar (1979) haben versucht, den Kreislauf wissenschaftlicher Erkenntnisproduktion ökonomisch zu beschreiben: Die Glaubwürdigkeit eines Wissenschaftlers innerhalb einer Scientific Community hängt von der Quantität und Qualität wissenschaftlichen Wissens ab, wobei die Glaubwürdigkeit das Investitionskapital für weitere Forschungsmittel ist. Mit Forschungsmitteln kann es wiederum gelingen, weitere wissenschaftliche Erkenntnisse zu produzieren. Vgl. hierzu auch die Überlegungen von Luhmann (1970).

toreffekt‹; vgl. BOURDIEU 1992c: 64). So kann beispielsweise ein Netzwerk Türen für die Besetzung einer Vertretungs- oder Gastprofessur öffnen und Nachwuchswissenschaftler können ihr wissenschaftliches Kapital rasch vermehren, wenn sie einen akademischen Lehrer oder Mentor haben, der selbst über wissenschaftliche Macht verfügt.

Strategische Kämpfe zwischen Orthodoxen und Häretikern

Die durch Kapitalien fixierten Feldpositionen werden in Feldern der kulturellen Produktion – und damit auch im wissenschaftlichen Feld – zu *Positionierungen* von Werken und Handlungen. Bourdieu (1999: 365) hat dies den »Raum des Möglichen« genannt.[64] Hierunter versteht er den »Raum vollzogener Positionierungen«, der durch die Wahrnehmungskategorien eines Habitus erfasst wird, »nämlich als Raum, der von Positionierungen strukturiert und ausgefüllt ist, die sich hier als objektive Möglichkeiten, als ›machbar‹ abzeichnen« (ebd.: 371). Was noch recht abstrakt klingen mag, vermag die Erklärung zu verdeutlichen, die Bourdieu in einem Interview mit der Kulturwissenschaftlerin Isabelle Graw geliefert hat:

> »Es gibt also den realen Raum der Menschen, die sich zueinander situieren [Bourdieu malt einen Kreis mit Punkten] und unter sich kämpfen. Dann gibt es das, was ich den Raum der Möglichkeiten nenne [Bourdieu malt einen zweiten Kreis]. Das, was zu einem bestimmten Zeitpunkt machbar ist, gemacht wurde oder gemacht wird, ein Imaginäres, das sich sozial konstituiert hat« (BOURDIEU 1996c: 11).

Das heißt: Der Raum des Möglichen ist als eine Art gemeinsames Bezugssystem zu denken, das bewirkt, dass Wissenschaftler in dem Maße zueinander stehen, wie sie zu demselben System intellektueller Koordination in Beziehung gesetzt sind. Den Zusammenhang von den *Positionen der Akteure* und der *Positionierungen ihrer Werke* bezeichnet Bourdieu (1999: 365ff.) als »Homologie des Feldes«. Wie groß die Varianz ist, wie unterschiedlich die Akteure in einem sozialen Feld sein können bzw. welche Positionen und Positionierungen es in einem Feld gibt, wird somit zur zentralen Frage bei einer Feldanalyse.

Bourdieu (ebd.: 370) hat herausgestellt, dass sich radikale Veränderungen des Raums der Positionierungen nur aus Veränderungen im Raum

64 In der deutschen Übersetzung von *l'espace du possible* werden die Begriffe ›Raum des Möglichen‹ und ›Raum der Möglichkeiten‹ synonym verwendet. In dieser Arbeit findet ausschließlich die erstgenannte Bezeichnung Gebrauch.

der Positionen ergeben. Dies könne nur dann geschehen, wenn ein Wechsel von Akteuren am Machtpol stattfindet. Zur Bewahrung oder Veränderung bestehender Strukturen entwickeln die in einem Feld handelnden Akteure Strategien, die jeweils von der Sicht abhängen, die sie von einem bestimmten Punkt aus auf das Feld haben (vgl. BOURDIEU/WACQUANT 1996: 132). Eine Strategie ist nicht etwa das Produkt einer explizit gesetzten und eingehaltenen Norm, sondern das Produkt einer Bewertung der Stellung der jeweiligen Gruppen zueinander (vgl. BOURDIEU 1987b: 34). Der praktische Sinn generiert Handlungen, »die zwar nicht überlegt, doch durchaus systematisch, und zwar nicht zweckgerichtet sind, aber rückblickend durchaus zweckmäßig erscheinen« (ebd.: 122).[65] Oder bildhaft gesprochen: »Wie ein Rugbyspieler weiß, wohin der Ball fliegen wird und sich bereits dort befindet, wenn er zu Boden fällt, ist derjenige ein guter Wissenschaftsspieler, der sich, ohne rechnen zu müssen oder berechnend zu sein, für das entscheidet, was sich auszahlt« (BOURDIEU 1998a: 24). Nach Bourdieu (1993a: 109) gibt es zwei Formen von Strategien, die der Tatsache geschuldet sind, dass es sich im Feld um einen Kampf zwischen den Orthodoxen (den Herrschenden) und den Häretikern (den Anwärtern auf die Herrschaft) handelt: erstens die Erhaltungsstrategien der Orthodoxen und zweitens die Umwälzungsstrategien der Häretiker.[66] Häretische Akteure sind mal mehr, mal weniger arriviert, versuchen aber stets, die gültigen Spielregeln umzuschreiben; sie üben Kritik an bestehenden Normen und wollen geltende Vorbilder stürzen und sich dadurch einen Namen machen. Die Häretiker als Anwärter auf die Herrschaft sind in der Regel jünger als die Orthodoxen und/oder neu in das Feld eingetreten – eine Überlegung, die es im Hinblick auf den Generationenwechsel in der Kommunikationswissenschaft zu berücksichtigen gilt.

65 Der französische Soziologe wusste um die Schwierigkeiten des im Alltagsverständnis verwurzelten Strategie-Begriffs (vgl. exemplarisch BOURDIEU 1997b: 178). Werner Fuchs-Heinritz und Alexandra König (2005: 314) sind allerdings der Ansicht, dass sich Bourdieu zu wenig darum bemüht habe, die Grenzen zwischen dem vom Habitus generierten vorreflexiven Handeln und bewusst geplantem Handeln darzulegen. Sie bemängeln, dass Bourdieu nicht über die Behauptung hinauskomme, dass »kalkulierend-rationales Handeln entweder abgeleiteter Natur« sei oder dass es lediglich in Krisensituationen auftrete. Barlösius (2003) hat diese Problematik luzide aufgearbeitet.

66 Bourdieu (1987a: 365f.) liefert eine Auswahl von Bezeichnungen, um die am Kampf beteiligten Akteure zu benennen (»Herrschende und Beherrschte«, »Arrivierte und Herausforderer«, »Alteingesessene und Neulinge«, »Orthodoxie und Häresie«, »Arrieregarde und Avantgarde« usw.). In Anlehnung an den *Homo Academicus* (BOURDIEU 1992a) wird in dieser Arbeit konsequent von ›Orthodoxen‹ und ›Häretikern‹ die Rede sein.

Wissenschaftlicher Fortschritt ist durch den Kampf zwischen Häretikern und Orthodoxen als eine Abfolge von »ständigen Teilrevolutionen« (BOURDIEU 1993a: 109) bzw. »permanenten Revolutionen« (BOURDIEU 1999: 379) zu verstehen, die von der jeweils nachfolgenden Generation gegenüber den etablierten Vertretern der Orthodoxien unternommen werden – die Häresie schlägt also irgendwann in Orthodoxie um. Hier können Parallelen und Unterschiede zum Konzept ›wissenschaftlicher Revolutionen‹ nach Kuhn gezogen werden: Die wissenschaftliche Tätigkeit von ›orthodoxen Wissenschaftlern‹ (Bourdieu) weist Ähnlichkeiten zu der Tätigkeit von ›normalen Wissenschaftlern‹ (Kuhn) auf. In Phasen der normalen Wissenschaft gibt es nach Kuhn (1976: 38) in den Naturwissenschaften ein vorherrschendes Paradigma, das für alle Mitglieder der Scientific Community handlungsleitend wirkt. Kuhn zufolge setzen sich Wissenschaftler in diesen Phasen zum Ziel, paradigmenkonforme Phänomene und Theorien herauszuarbeiten. Diese Beschreibung lässt sich auf orthodoxe Akteure im (sozial)wissenschaftlichen Feld übertragen, wobei es zu berücksichtigen gilt, dass in den Sozialwissenschaften für gewöhnlich mehrere Paradigmen gleichzeitig vorherrschen (vgl. hierzu Abschnitt 2.1). Nach einer ›Teilrevolution‹ (Bourdieu) befinden sich Wissenschaftler allerdings nicht in einer vollkommen anderen Welt – wie es das Kuhn'sche Konzept wissenschaftlicher Revolutionen proklamiert –, sondern die Positionen und Positionierungen in einem wissenschaftlichen Subfeld werden lediglich modifiziert. Für die Beschreibung disziplinärer Dynamiken innerhalb sozialwissenschaftlicher Disziplinen scheint das Bourdieu'sche Konzept somit besser geeignet zu sein als das von Kuhn. Wenn es richtig ist, dass der Habitus Generationensache ist und wenn der Generationenwechsel von Professoren im kommunikationswissenschaftlichen Feld als Krisensituation zu verstehen ist, dann sind durch den Generationenwechsel Änderungen im typischen – nicht zwingend individuellen – Habitus von Professoren für Kommunikationswissenschaft zu erwarten.

3.3.3 *Spezifika des Professorenberufs*

Die *illusio* des wissenschaftlichen Feldes und die *libido sciendi* bringen eine Reihe von Besonderheiten von Wissenschaft als Beruf mit sich.

Auf den folgenden Seiten rückt der Professorenberuf[67] in den Untersuchungsfokus, weil sich nur durch die Berufsspezifika das Selbstverständnis von Professoren für Kommunikationswissenschaft fundiert analysieren lässt.

Die illusio *von Professoren im Wandel der Zeit*

Bourdieu (2002: 55) hat sich in seinen jungen Forscherjahren eine »überspannte *libido sciendi*« und eine »völlige, alle Gefahr vergessende Hingabe« an die Forschung attestiert. Die Forschung werfe immer neue Fragen auf und bereite »Vergnügen« und »Freuden, welche die so bezaubernd vollkommene Welt der Wissenschaft bereithält«, so Bourdieu weiter. Eine dieser größten Freuden am wissenschaftlichen Arbeiten sei die Suche nach der Wahrheit und damit das, was Wissenschaft als Beruf ausmache (vgl. ebd.: 79). Ähnliche Überlegungen zur wissenschaftlichen Tätigkeit finden sich bei Jacques Derrida: »Die Universität macht sich die Wahrheit *zum Beruf* – und sie *bekennt sich zur Wahrheit*, sie legt ein Wahrheits*gelübde* ab« (DERRIDA 2001: 10; Herv. im Original). Wenn Bourdieu von ›völliger Hingabe‹ sowie dem ›Glauben an die Wissenschaft‹ spricht und Derrida vom ›Wahrheitsgelübde‹, dann schwingt hier ein religiös geprägtes Verständnis wissenschaftlicher Tätigkeit mit.

Im Mittelalter wurden Wissenschaftler ähnlich wie Geistliche behandelt, ihnen wurden die Ehe und Kinder versagt. Vor diesem Hintergrund verwundert es nicht, dass die räumliche Struktur alter Universitäten jener von Klostern ähnelt (vgl. FRIESE/WAGNER 1993; LIST 1999). Noch im 19. und zu Beginn des 20. Jahrhundert wurden erfolgreiche Gelehrte als *begnadet* angesehen (vgl. ENGLER 2000: 121). Wissenschaftliche Leistung galt als *göttliche Gnade*, als *Charisma*. Nach diesem Professorenverständnis vollbringt der Träger des Charismas

> »außeralltägliche Leistung und schafft neue Ideen und Werke. Sein Handeln bringt Schöpfungen hervor, die Dinge betreffen, die zu tun nicht gelernt werden können. Nur bereits Dagewesenes, schon Geschaffenes kann erlernt werden.

67 Die Entstehung des Professorenberufs lässt sich auf den Beginn des 19. Jahrhunderts datieren, als es zur Transformation der Universitäten in Forschungs- und Lehrstätten kam. Durch die Akademisierung wurde die Ausbildung für angehende Wissenschaftler an der Universität geregelt und wissenschaftliche Karrieren vollzogen sich zunehmend im akademischen Umfeld. Die Humboldt'sche Universitätsreform spielte dabei eine zentrale Rolle (vgl. FELT et al. 1995: 31f.; vgl. ausführlich ELLWEIN 1992).

Daraus folgt, daß ›Charisma‹ nur geweckt und erprobt, nicht erlernt oder eingeprägt werden (kann)« (SCHMEISER 1994: 36f.).

Der Glaube, durch göttliche Gnade zum Professor berufen worden zu sein, kann als Teil der *illusio* des wissenschaftlichen Feldes bis zu Beginn des 20. Jahrhunderts betrachtet werden (vgl. ENGLER 2001: 121). Noch heute gibt es an der Universität kirchlich überlieferte Praktiken: zum Beispiel das Tragen von Talaren durch Professoren zu besonderen Anlässen, das Zepter des Pedells oder der Beginn der Lehre ›cum tempore‹, was ursprünglich der Verzögerung durch das Stundengebet geschuldet war (vgl. VOM BRUCH 2007: 586). Und bezeichnenderweise werden Professoren im Zeitalter von Assessment-Centern und Headhuntern immer noch *berufen*. Günter Burkart (2002: 458) hat herausgearbeitet, dass noch heute unter Professoren der *charismatische Glaube* vorherrsche, die eigene wissenschaftliche Leistung sei auf eine außerordentliche Begabung zurückzuführen. Burkart hat in diesem Zusammenhang auf die Silemus-Norm verwiesen: »De nobis ipsis silemus« (»Von uns selber schweigen wir«) – diese vier Worte Francis Bacons aus dem 17. Jahrhundert fassen einen zentralen Imperativ der modernen Wissenschaftstheorie zusammen: Es geht um die Sache und nicht um die Personen als Urheber wissenschaftlicher Erkenntnisse. Jegliche Spuren von Subjektivität sollen zu diesem Zweck im Prozess der wissenschaftlichen Wahrheitsfindung und Objektivität verwischt werden.

Max Weber (1988 [1919]) hat in seinem viel zitierten Vortrag *Wissenschaft als Beruf* den Glauben an die göttliche Berufung zerstört und das Bild des einsamen Genies, das begnadete Einfälle nur zu Papier bringen muss, relativiert. An die Stelle des göttlichen Prinzips der Berufung ist bei Weber die *harte Arbeit* getreten, was Männern[68] aus niederen sozialen Schichten die wissenschaftliche Laufbahn ermöglichte.[69] Doch kannte

68 Für Weber war es noch selbstverständlich, dass Professoren männlichen Geschlechts sind. Die ersten ordentlichen Professorinnen gab es 1923 (vgl. hierzu HAUSEN 1986; zum Ausschluss der Frauen aus der Wissenschaft vgl. WETTERER 1992 und ARNDT et al. 1993).

69 Martin Schmeiser (1994) zeigt in seiner Untersuchung *Akademischer Hasard. Das Berufsschicksal des Professors und das Schicksal der deutschen Universität 1870-1920*, dass Ende des 19. und Anfang des 20. Jahrhunderts der Professorenberuf als Aufsteigerberuf galt, der Männern aus einfachen, oft kleinbürgerlichen Verhältnissen den sozialen Aufstieg ermöglichte. Die Professoren der Alma Mater des Wilhelminischen Kaiserreichs stammten zu fast 90 Prozent aus dem Bürgertum und nur jeder zehnte Universitätsprofessor kam aus den bürgerlichen Mittelklassen. Anfang der 1950er-Jahre kamen Professoren noch zu etwa zwei Dritteln aus dem Bürgertum. Heutzutage dürfte der Anteil der Bürgerkinder auf rund 50 Prozent zurückgegangen sein. Michael Hartmann (2002: 134) hat herausgestellt, dass ein besonders »großer Erfolg« bei der

Webers säkularisierte Weltsicht nicht nur Wissenschaft als harte Arbeit, sondern auch als *Leidenschaft*. Diese Leidenschaft hat Weber als »inneren Berufe zur Wissenschaft« bezeichnet, durch die sich der Wissenschaftler wissenschaftlicher Arbeit hingibt und nach Erfüllung strebt. Die »Leidenschaft« und die »harte Arbeit« bedingen einander. Dem Forscher, der sich leidenschaftlich seiner Arbeit widmet, ist nach Weber ein regelrechter »Rausch« vorbehalten, Wissenschaft zu erleben (ebd.: 588). Karl Ulrich Mayer (2002: 434) hat luzide vermerkt, dass Weber durch die Beschreibung der »völligen Hingabe« an die Wissenschaft unverkennbar doch etwas aus der Sphäre der Religion übertrage. Die Weber'sche Vorstellung von Wissenschaft knüpfe an die protestantische Ethik und Luthers Gleichsetzung von Beruf und Berufung an und greife auf deren säkularisierte Versionen von Pflicht- und Leistungsethos zurück. Darüber hinaus basiere der von Weber entworfene Handlungstypus auf der aristotelischen Vorstellung, nach der die innere Haltung des Erkennenden Bedingung der Wahrheitsfindung sei. Durch die Leidenschaft an der wissenschaftlichen Arbeit und die Gabe eines Wissenschaftlers, eine wissenschaftliche Eingebung zu empfangen, benannte Weber zugleich den Auslesemodus von Professoren. Nach Weber gibt es bestimmte persönliche Eigenschaften, die dafür sorgen, in der Welt der Wissenschaft nicht deplatziert zu sein. Wer sich zur Wissenschaft berufen fühlt, der nimmt nach Weber (1988 [1919]: 588) den »wilden Hasard« in Kauf, den eine Professorenlaufbahn mit sich bringt. Wer nicht mit Leidenschaft bei der Sache ist, der solle der Wissenschaft lieber fern bleiben (vgl. ebd.: 589).

Dass das Professorenverständnis im Sinne Webers auch noch heute aktuell ist, vermag die Aussage von Jo Reichertz (2003: 359) zu illustrieren: »[J]eder, der über ein gewisses Maß an Intelligenz, eine große Menge Sitzfleisch und viel Arbeitsbereitschaft verfügt, zudem den richtigen Stallgeruch besitzt, gepaart mit Ehrgeiz und Ehrerbietung, der hat durchaus eine Chance, zu diesem immer noch ehrenvollen Beruf berufen zu werden.« Die geforderte Menge an Sitzfleisch deutet darauf hin, dass Professoren überdurchschnittlich lange Arbeitszeiten haben. Dressel und Langreiter (2008: 6) haben davon gesprochen, dass sich eine Berufung eben nicht »abschalten« lasse. Einen Einblick in die Arbeitszeiten von Professoren bietet die aktuelle Studie des Deutschen Hochschulverbands

Besetzung von Professuren beim Nachwuchs von gehobenen Beamten und Angestellten zu verzeichnen ist (vgl. hierzu auch DAHRENDORF 1961 sowie ENDERS/TEICHLER 1995a).

(DHV): 85,5 Prozent der Befragten gaben an, während des Semesters über 50 Stunden pro Woche zu arbeiten, 42 Prozent veranschlagten 51 bis 60 Stunden, 32 Prozent 61 bis 70 Stunden und 15 Prozent der befragten Professoren arbeiteten über 70 Stunden (vgl. HARTMER 2008; vgl. ähnlich bereits SCHAEPER 1995).[70] Das Arbeitszeitbudget gleicht damit dem von Fonds- oder Investmentmanagern, wobei Professoren für ihre eigenen inhaltlichen Ziele und »ohne den Kick des ökonomischen Erfolgs« arbeiten (MAYER 2002: 432). Auf Freizeitfanatiker dürfte der Professorenberuf einen abschreckenden Eindruck erwecken; mit Bourdieu teilen sie eben nicht die *illusio*, die das Handeln von Wissenschaftlern anleitet.

Professoren als Vertreter einer Profession

Ulrich Beck et al. (1980: 20) verstehen unter einem Beruf eine »tätigkeitsbezogene Zusammensetzung und Abgrenzung von spezialisierten, standardisierten und institutionell fixierten Mustern von Arbeitskraft, die u. a. als Ware am Arbeitsmarkt gehandelt und gegen Bezahlung in fremdbestimmten, kooperativ-betrieblich organisierten Arbeits- und Produktionszusammenhängen eingesetzt werden.« Wissenschaft als Beruf wie jeden beliebigen Beruf aufzufassen, greift zu kurz. Der Professorenberuf ist mit einer Reihe von Besonderheiten verbunden, die sich folgendermaßen bündeln lassen (vgl. ENDERS/KAULISCH 2005: 209):

- Hohes Maß an Selbstständigkeit in der persönlichen Gestaltung und Gewichtung der beruflichen Aufgaben,
- Geringes Maß an Außenbestimmung im Hinblick auf den Ort, die Zeit, den Umfang und den Inhalt der genauen beruflichen Tätigkeit,
- Große Vielfalt der beruflichen Aufgaben in Forschung, Lehre und akademischer Selbstverwaltung,
- Schwer messbarer und bewertbarer beruflicher Einsatz und Ertrag, da die Leistung durch die Fachkollegen beurteilt wird,
- Geringer Grad formalisierter Kontrolle der beruflichen Tätigkeit,
- Persönliche Motivierung und Leistungsbereitschaft steuern den Erfolg.

70 Der DHV hat auf seiner Website zwischen dem 15.10.2007 und 15.12.2007 eine Umfrage zu den Aufgabenbereichen und der Arbeitszeit von Professoren durchgeführt. An der Umfrage beteiligten sich knapp 3000 Professoren (vgl. HARTMER 2008).

Diese Spezifika des Professorenberufs scheinen sich vor dem Hintergrund der aktuellen Hochschulreformen zu nivellieren. Dass Professoren durch ihre lange berufliche Sozialisation zu »hoch motivierten und selbstgesteuerten Professionellen heranreifen, die keiner Führung bedürfen«, ist Enders und Kaulisch (2005: 213) zufolge »unwiederbringlich dahin«. Professoren müssten in Zukunft stärker nachweisen, dass sie ihr Geld wert seien. Morandi (2005: 54) akzentuiert, dass die »neuen Wissenschaftler« des Massenbildungszeitalters ihrem Selbstverständnis nach vielfach »Wissenschafts-Arbeiter« seien, die ihren »Job erledigen«.

Der Professorenberuf ist als *Profession* zu verstehen.[71] Angehörige einer Profession (klassisch: Medizin, Jurisprudenz und Theologie) werden durch ihre beruflichen Tätigkeiten für gewöhnlich so nachhaltig geprägt, dass sie weitaus enger mit ihnen verbunden sind als ›normale‹ Berufstätige, die ihren Beruf lediglich zum Gelderwerb ausüben. Angehörige einer Profession gehen typischerweise in ihrer Arbeit auf und sie trennen nicht (strikt) zwischen Arbeit und Freizeit (vgl. PFADENHAUER 2005: 10). Wenn man unter Alltag die Einheit von Arbeit, Freizeit, Familien- und Privatleben fasst (vgl. LEFEBVRE 1977; MIKOS 1992), dann wird es im Falle von Wissenschaft als Beruf tatsächlich schwierig, zwischen Arbeit und Freizeit zu unterscheiden. Wissenschaft wird gemeinhin als »ganzheitliche Lebensform« (BEAUFAŸS 2003: 163) verstanden.[72] Die positiven Gehalte der Arbeit ergeben sich für Professoren nicht nur durch das, was sie tun, sondern auch durch das, was sie nicht tun müssen – allem voran werden die Privilegien der freien Zeiteinteilung geschätzt (vgl. SCHAEPER 1995: 87). Älteren Umfragen zufolge sind Professoren insgesamt mit ihrem Beruf und den ausgeübten Tätigkeiten sehr zufrieden (vgl. SCHAEPER 1995; ENDERS/TEICHLER 1995b). Diese Zufriedenheit rührt vor allem von der Vielfalt der Aufgaben, den Autonomiespielräumen und dem Freiheitsgrad der Arbeit her. Vor dem Hintergrund der aktuellen Hochschulreformen und der zunehmenden Ökonomisierung von Universitäten stellt sich allerdings die Frage nach der Gültigkeit dieser Befunde.

71 Zum Professions-Konzept vgl. Hesse (1968); Stichweh (1996) sowie Pfadenhauer (2005); zur sozialgeschichtlichen Entwicklung von Arbeit, Beruf und Profession vgl. Hartmann (1972).

72 Das Verständnis von Wissenschaft als Lebensform hat eine lange Tradition, die sich bis zu Aristoteles zurückverfolgen lässt. Nach Aristoteles ist Wissenschaft die einzige Lebensform, die mit Glückseligkeit verbunden ist. Vgl. hierzu Hirsch Hadorn (2005: 117) und Mittelstraß (2005).

Für Professionen ist zum einen eine theoretisch fundierte Spezialausbildung und zum anderen der nicht geübte Umgang mit diesem Spezialwissen charakteristisch (vgl. HESSE 1968: 40ff.). So lernt ein Mediziner zwar während seines Studiums, wie man eine Operation durchführt; im Medizinstudium wird ihm jedoch nicht vermittelt, wie man eine Praxis führt und was den guten Umgang mit Patienten ausmacht. Ebenso wenig erfährt ein Professor in seinem Studium etwas über die Funktionsweisen von Forschung und Lehre (höchstens durch Vorbildfunktion seines akademischen Lehrers oder durch abschreckende Negativbeispiele). Bourdieu (1996b: 256f.) hat unter Verweis auf Thomas S. Kuhn, Bruno Latour und Steven Woolgar herausgestellt, dass ein großer Teil des Wissenschaftlerberufs über »ganz und gar praktische Aneignungsformen erworben [wird]«, wobei der Anteil des »heimlichen Lehrplans« (*hidden curriculum*) jeweils umso größer sein dürfte, je »weniger explizit und kodifiziert in einer Wissenschaft die Inhalte, Kenntnisse, Denk- und Handlungsweisen selber sind.«

Wie Ärzte und Pfarrer genießen Professoren als Vertreter einer Profession ein hohes Ansehen in der Bevölkerung. Auf der Allensbacher Berufsprestige-Skala aus dem Jahre 2009 belegen Hochschulprofessoren hinter der Berufsgruppe der Ärzte und Pfarrer/Geistlichen den dritten Platz (vgl. IfD-Umfrage 10015). Doch obwohl das Sozialprestige von Professoren hoch und »von Ehrfurcht geprägt« (HORNKE 1997: 111) ist, hegt die Öffentlichkeit offenbar ein Misstrauen gegenüber Hochschulangehörigen. Als mögliche Ursache hierfür führt der Psychologe Lutz F. Hornke den Umstand an, dass man Professoren selten bei »richtiger Arbeit« mit »sofort ablesbarem Ergebnis« beobachten könne (ebd.). Dadurch würden Professoren mit den generellen Vorurteilen gegenüber Intellektuellen konfrontiert. Das ›unsichtbare Arbeiten‹ schaffe Unsicherheiten im öffentlichen Bewusstsein und werfe die Frage auf, ob die langen Semesterferien tatsächlich sein müssten. An dem Misstrauen gegenüber Professoren dürfte auch die Berichterstattung in den Massenmedien nicht unschuldig sein. Die Medien haben den Topos des ›faulen Professors‹ und des ›Jet-Set-Professors‹ eingeführt. Sie werfen Professoren unter anderem mangelndes Engagement in der Lehre, den Missbrauch individueller Freiheit und die Verfolgung privat-wissenschaftlicher Hobbys vor und attestieren dem Berufsstand überdies ein »gerütteltes Maß an Selbstzufriedenheit« (ENDERS/SCHIMANK 2001: 159f.). Hohlfeld (2006: 402) hat herausgestellt, dass die Wissenschaft und ihre Akteure immer dann vorhersagbar zum Thema werden, wenn der Nachrichtenfaktor ›Negativität‹ zutreffe, wenn es etwa gelte, Deutschlands faulsten Professor zu denunzieren. Auch in den Bücherregalen stößt man auf Unmut gegen die Professorenschaft: Reißerische Werke wie *Professor Untat* (KAMENZ/WEHRLE 2007) wollen aufdecken, »was faul ist hinter den Hochschulkulissen« und diskreditieren anhand »haarsträubender Fälle« einen ganzen Berufsstand (vgl. ähnlich CURRUCA 1993; BÄR 2005). Vorurteile gegenüber Professoren werden nicht zuletzt durch Campusromane kultiviert, in denen die akademische Welt possenhaft dargestellt wird (vgl. exemplarisch SCHWANITZ 1996; VOSS 2001; zur Tradition von Campusromanen vgl. KEHM 2001).

Nachdem in Abschnitt 3.2 zunächst die zentralen Bourdieu'schen Denkwerkzeuge Feld, Kapital und Habitus und in Abschnitt 3.3 dann das wissenschaftliche Feld unter besonderer Berücksichtigung der aktuellen hochschulpolitischen Herausforderungen und der Spezifika des Professorenberufs vorgestellt wurden, fokussiert der nächste Abschnitt das Selbstverständnis-Konstrukt. Ziel der folgenden Ausführungen ist es, das Selbstverständnis in der Theoriearchitektur Bourdieus zu verorten und eine Selbstverständnis-Definition zu liefern.

3.4 Das Selbstverständnis-Konstrukt im Bourdieu'schen Theoriegebäude

Die vorliegende Arbeit fußt auf der Annahme, dass die Ermittlung des Selbstverständnisses von Professoren für Kommunikationswissenschaft als Teil der Bourdieu'schen Feldanalyse zu verstehen ist. Nach Bourdieu (1999: 340) setzt sich die Analyse eines sozialen Feldes aus drei Etappenschritten zusammen (s. Abb. 1).

Aus Abbildung 1 lässt sich ableiten: Um das vom Habitus angeleitete Handeln von Professoren für Kommunikationswissenschaft verstehen und erklären zu können, müssen sowohl die Position der Kommunikationswissenschaft im sozialen Raum und im wissenschaftlichen Feld als auch die Strukturen des kommunikationswissenschaftlichen Feldes offengelegt werden (die Mechanismen, in denen in diesem Feld Reputation verteilt wird sowie die unterschiedlichen Positionen/Positionierungen der Akteure). Die Position, die ein Professor im kommunikationswissenschaftlichen Feld einnimmt, bestimmt die Erfahrung, die er machen

ABBILDUNG 1

Ermittlung des Selbstverständnisses von Professoren als Teil der Bourdieu'schen Feldanalyse

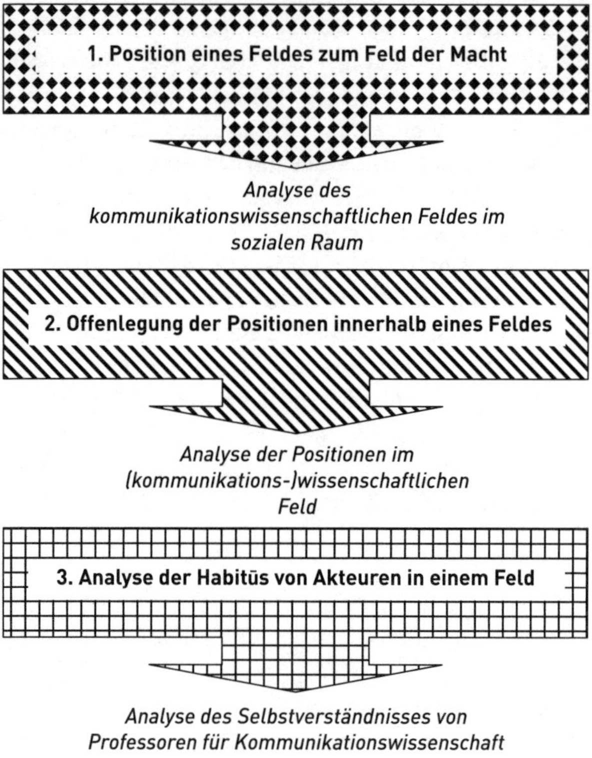

kann, und damit dessen Habitus. Doch wie ist die Ermittlung des Selbstverständnisses als Teil der Habitusanalyse zu denken?

Es gibt einige Studien, die mithilfe des Habitus-Konzepts das Selbstverständnis von Akteuren analysieren (vgl. zum Beispiel FRANK 1990; ENGLER 2001; BEAUFAŸS 2003; RADEMACHER-BENSING 2004; LISCHKA 2006; RINGSGWANDEL 2007; SCHÄFER, 2007; ROSEN 2008; MEYEN/RIESMEYER 2009). Diese Studien sind für das vorliegende Forschungsprojekt allerdings nur bedingt brauchbar. Zum einen bleibt in diesen Arbeiten der Ort des Selbstverständnis-Konstruktes innerhalb des Bourdieu'schen Theoriegebäudes unklar oder zumindest vage. Der Selbstverständnis-Begriff wird zum Teil bewusst ausgespart, um die Integration dieses – aus der Bourdieu-Perspektive gesprochen – ›Fremdkörpers‹ zu umgehen. Gemeint wird in den aufgeführten Studien allerdings genau das, was unter das berufliche Selbstverständnis zu fassen ist. Zum anderen konzentrieren sich die Studien zum Selbstverständnis von Wissenschaftlern auf das Berufsverständnis, wodurch die epistemische Dimension des Habitus unberücksichtigt bleibt (vgl. FRANK 1990; ENGLER 2001; BEAUFAŸS 2003; RADEMACHER-BENSING 2004). Hier setzt die vorliegende Arbeit an. Dem ›Selbstverständnis‹ wird eine dreifache Bedeutung zugeschrieben. Es enthält die Bedeutung des 1) *Selbstverständlichen*, des 2) *Selbst*-Verstehens sowie des 3) Selbst-*Verstehens* wissenschaftlicher Akteure. Das Habitus-Konzept Bourdieus ermöglicht es, den Gegenstandsbezug dieser Bedeutungszuschreibungen wissenschaftssoziologisch zu fundieren und zu analysieren. Abbildung 2 gibt schon einmal einen Überblick über die drei Bedeutungen des Selbstverständnisses; im Folgenden werden dann

ABBILDUNG 2
Dreifache Bedeutungszuschreibung des Selbstverständnis-Konstruktes

die einzelnen Dimensionen erläutert. Eine »operationelle Definition« des Selbstverständnis-Konstruktes im Sinne von Mayntz et al. (1978: 18) erfolgt schließlich in Abschnitt 4.1.1.

Das Selbstverständnis im Sinne des *Selbstverständlichen* wird als generatives Erzeugungsprinzip (*modus operandi*) wissenschaftlicher Praxis betrachtet. Nach Bourdieu (1996b: 256) ist der wissenschaftliche *modus operandi* ein »Ensemble von Wahrnehmungs- und Gliederungsprinzipien«, das bei »praktischen Entscheidungen – einer Stichprobenbildung, einem Fragebogen usw. – ›reagiert‹«, ohne dabei in das Bewusstsein des Akteurs zu dringen. Aus dem vom praktischen Sinn angeleiteten (intuitiven, gewohnheitsmäßigen) Handeln lässt sich schließen, welche Arbeiten ein Professor für selbstverständlich hält und wie er sich damit einordnet; der Habitus generiert eine je spezifische Sinnhaftigkeit der beruflichen Tätigkeiten. Das im Habitus verankerte Selbstverständnis von Professoren wird für die vorliegende Fragestellung analytisch in das *Fach- und Berufsverständnis* zergliedert. Das Fachverständnis umfasst, für welche Forschungsgegenstände sich Professoren interessieren, welche Theorien und Methoden sie anwenden und welche wissenschaftlichen Ziele sie verfolgen. Das Berufsverständnis beinhaltet die selbst definierten beruflichen Hauptaufgaben und das Arbeitsziel von Professoren. In Bezug auf das Berufsverständnis ließe sich beispielsweise fragen: Welche beruflichen Hauptaufgaben setzt sich ein Professor? Versteht er sich selbst als Lehrer oder Forscher? Wie bewertet er seine Berufssituation? Schlägt sich diese Bewertung in der Berufszufriedenheit nieder? Ob sich ein Professor als Forscher oder Lehrer versteht (Berufsverständnis), dürfte mit seinen spezifischen Kompetenzen und folglich mit dem inkorporierten kulturellen Kapital zusammenhängen. Auch das theoretische/methodische Expertenwissen ist als kulturelles Kapital zu verstehen (Fachverständnis).

Der Habitus als *opus operatum*, verstanden als geronnene Erfahrung, erlaubt es, Professoren für Kommunikationswissenschaft nicht nur als Produkt des (kommunikations-)wissenschaftlichen Feldes zu sehen, sondern deren Selbstverständnis auch vor dem Hintergrund ihrer grundlegenden Dispositionen und biografischen Erfahrungen zu betrachten. Es kann also zwischen den sozialen Bedingungen, die den Habitus hervorgebracht haben, und den aus ihnen resultierenden Handlungsweisen differenziert werden. Diese Unterteilung bietet den Vorteil einer analytischen Trennung. Sie ist eine rein theoretische und als Heuristik zu verstehen; praktisch sind *modus operandi* und *opus operatum* stets zusammen zu denken.

Das Selbstverständnis impliziert auch das *Selbst*-Verstehen und damit ein Selbstbild im Sinne eines Selbstkonzepts oder einer Selbstkonstruktion (vgl. RADEMACHER-BENSING 2004: 134). Diese Konnotation erscheint gerade in Bezug auf das Berufsverständnis als bedeutsam. Es ist davon auszugehen, dass das berufliche Selbstverständnis von Professoren nicht unabhängig vom Postulat eines Ideals zu sehen ist – was von der »wenig reflektierten Übernahme tradierter Vorstellungen bis zu ernsthaften Versuchen der individuellen Neudefinition« reicht (ebd.). Mit Bettina Rademacher-Bensing kann angenommen werden, dass sich Professoren an den beiden für den deutschen Sprachraum wichtigsten Leitbildern orientieren: am Universitätslehrer nach Humboldt, der nach Einheit von Forschung und Lehre strebt (vgl. HUMBOLDT 1969 [1919], und am werturteilsfreien Wahrheitssucher nach Weber (vgl. WEBER 1988 [1919]). Untersuchungen zum Professorenberuf deuten auf ein berufliches Selbstbild hin, nach dem die Lehre Darstellung der Forschung ist (vgl. ENDERS/TEICHLER 1995a; ENDERS/SCHIMANK 2001: 165). Die Historikerin Sylvia Paletschek (2002: 183) hat herausgestellt, dass das Schlagwort ›Humboldt'sche Universität‹ unter deutschen Professoren identitätsstiftend wirke und dass Professoren an den Idealen Humboldts gemessen würden.

In kommunikationswissenschaftlichen Studien zum beruflichen Selbstverständnis von Journalisten wird immer wieder darauf hingewiesen, dass das journalistische Selbstverständnis nicht mit der tatsächlichen Ausübung des Berufs übereinstimmen muss; das Selbstverständnis kann *Ausdruck oder Voraussetzung* für das berufliche Handeln sein. In diesen Studien wird zwischen den beruflichen Absichten und Möglichkeiten differenziert. Die Möglichkeit, das berufliche Selbstverständnis zu realisieren, wird als »Handlungsrelevanz« des Selbstverständnisses bezeichnet (vgl. WEISCHENBERG et al. 2006: 100; vgl. vertiefend WEISCHENBERG et al. 1989). Wenn man mit den Bourdieu'schen Denkwerkzeugen arbeitet, wird die Unterscheidung zwischen dem idealen Selbstverständnis und dem tatsächlichen Selbstverständnis obsolet. Mit Bourdieu ist vielmehr davon auszugehen, dass sich der Habitus an strukturelle Gegebenheiten anpasst und spezifische Praxisformen hervorbringt:

> »Man ist Empirist, Formalist, Theoretiker oder nichts von alledem sehr viel weniger aus Berufung denn aus Schicksal – in dem Maße, wie der Sinn für die eigene Praxis jeden einzelnen in Gestalt des Systems der Möglichkeiten und Unmöglichkeiten einholt, die durch die sozialen Bedingungen seiner intellektuellen Praxis festgelegt werden« (BOURDIEU et al. 1991: 83).

Folgt man dieser Annahme, dann ist das, was Professoren sagen und tun, weder zufällig noch beliebig, sondern erschließt sich durch die Strukturen des wissenschaftlichen Feldes. Für die vorliegende Untersuchung bedeutet dies, dass sich das Handeln von Professoren für Kommunikationswissenschaft nicht in einem sozialen Leeraum rekonstruieren lässt, sondern dass in ihre Habitūs die Strukturen des kommunikationswissenschaftlichen Feldes eingehen, die wiederum ihre Praktiken anleiten.

Das Selbstverständnis im Sinne des Selbst-*Verstehens* beinhaltet ein reflexives Moment. Zunächst scheint es, dass dort, »wo Handlungsorientierungen und Strategien ins Bewusstsein gehoben werden, wo es um bewusst und absichtsvoll verfolgte Zwecke geht, [...] der Habitus als analytische Kategorie ausgespielt [hat]« (KRAIS 1989: 68). Bourdieu (1987a: 378) räumt zwar die prinzipielle Fähigkeit der Bewusstwerdung des Habitus ein, nennt aber zugleich die Bedingungen, unter denen unerkannte Handlungsorientierungen und Wahrnehmungsmuster die Schwelle zum Bewusstsein überschreiten können. Er ist der Auffassung, dass das wissenschaftliche und das künstlerische Leben »sehr hart« seien, da sich laufend die »Frage nach Tod oder Überleben« stelle und sich die Leute fragen würden, ob das, was sie tun, einen Sinn hat und ob es das wert sei. Die »praktizierte Selbstreflexivität« würde das Leben für viele Leute »schrecklich machen«, weshalb »die einen den anderen das Recht auf Blindheit« erlauben (BOURDIEU 1996c: 2). Die (Selbst-)Reflexivität von Wissenschaftlern ist theoretisch durch das Konzept des doppelten Bruchs zu greifen (vgl. zum Beispiel BOURDIEU 1995, 1998b). Wissenschaftliche Denkarbeit ist bei Bourdieu nicht voraussetzungslos und eben diese Voraussetzungen gilt es, epistemisch zu brechen (*erster Bruch*). Neben dem Bruch mit dem Gegenstandsbereich fordert Bourdieu von Wissenschaftlern, mit ihrer »scholastischen Haltung« zu brechen (*zweiter Bruch*). Mit Rademacher-Bensing (2004: 29) ist davon auszugehen, dass das Nachdenken über Methoden und Techniken charakteristisch für Professoren ist und dass sie sich durch dieses Reflexionsvermögen von Verwaltungsjuristen, Physikern oder Lehrern unterscheiden. Überdies wird in Anlehnung an Schaeper (1997: 129), die den Habitus von Professoren und Mittelbauern analysiert hat, angenommen, »dass allein das Benennen des Doxischen einen Reflexionsprozess induziert, der das Unbewusste bewusst zu machen vermag.« Den Annahmen des doppelten Bruchs folgend dürften Professoren im Vergleich zu anderen Berufsgruppen also *eher* imstande sein, ihr eigenes Selbstverständnis zu reflektieren und darüber Auskunft zu geben.[73] Die wenigsten Professoren hingegen dürften über die Ursachen und die Auswirkungen ihres Berufs- und Fachverständnisses reflektieren – diese Interpretationsleistung ist vom Feldforscher vorzunehmen.

Aus dieser dreifachen Bedeutungszuschreibung des Selbstverständnisses lässt sich nun folgende Definition zum Selbstverständnis von Professoren ableiten:

Das Selbstverständnis von Professoren ist im Habitus verankert und als Erzeugungsprinzip wissenschaftlicher Praxis zu verstehen. Der praktische Sinn generiert selbstverständlich erscheinende Handlungsmuster und schreibt dem Beruf eine spezifische Sinnhaftigkeit zu. Um das Selbstverständnis von Professoren analytisch auszuleuchten, wird es in das Fach- und das Berufsverständnis zergliedert. Das Selbstverständnis korrespondiert mit der (relativen) Position im wissenschaftlichen (Sub-)Feld und ist nur vor dem Hintergrund der sozialen Laufbahn eines Akteurs und den externen Einflüssen auf das wissenschaftliche (Sub-)Feld zu verstehen. Es kann angenommen werden, dass es Professoren prinzipiell möglich ist, ihr Selbstverständnis zu reflektieren und dass sie imstande sind, dieses zu artikulieren. Dieses ›gebrochene‹ Selbstverständnis ist vom Feldforscher mit der Position(ierung) von Professoren in Zusammenhang zu bringen (Welches sind die auslösenden Momente von Reflexivität?).

Vor dem Hintergrund der beiden forschungsleitenden Fragen nach dem Selbstverständnis von Professoren für Kommunikationswissenschaft und den Einflussfaktoren auf das Selbstverständnis können die vorangegangenen Überlegungen folgendermaßen gebündelt werden: Es wird angenommen, dass sich das Selbstverständnis von Professoren (Habitus als *modus operandi*) durch biografische und strukturelle Faktoren überformt (Habitus als *opus operatum*). Dieser Annahme folgend werden 1) die Genese des Habitus, 2) die Positionen innerhalb des (kommunikations-)wissenschaftlichen Feldes sowie 3) die externen Einflüsse auf das kommunikationswissenschaftliche Feld in den Blick genommen.

73 Raabe (2005: 206) ist auf die unterschiedlichen Erkenntnisweisen zwischen Wissenschaftlern und Journalisten eingegangen und hat hervorgehoben, dass die Wahrnehmung der sozialen Welt durch Journalisten mit der »vorwissenschaftlichen Wirklichkeitswahrnehmung wissenschaftlicher Akteure« vergleichbar sei: »Was für Wissenschaft der theoretische Bruch mit den Alltagsvorstellungen und das methodisch kontrollierte Arbeiten ist, das sind für journalistische Akteure redaktionelle Programme sowie – bedingt durch Internalisierung beruflicher Erfahrung – der journalistische Blick auf die Dinge, die Frage nach der Story, das Erfassen tagesaktueller Bedeutung etc.« Journalisten brechen also mit ihren Alltagsvorstellungen (*erster Bruch*). Im Unterschied zu Wissenschaftlern nehmen sie allerdings keinen Bruch mit ihren theoretischen Voreinstellungen vor (*zweiter Bruch*).

ABBILDUNG 3
Analyseraster zur Ermittlung des Selbstverständnisses von Professoren für Kommunikationswissenschaft

Selbstverständnis von Professoren für Kommunikationswissenschaft

Habitus als *modus operandi*

Erzeugungsprinzip wissenschaftlicher Praxis
Sinnzuschreibung des Berufs durch praktischen Sinn
(strategische) Anpassung an strukturelle Gegebenheiten

Einflussfaktoren auf das Selbstverständnis von Professoren für Kommunikationswissenschaft

Habitus als *opus operatum*

grundlegende Dispositionen
soziale Laufbahn

Positionen im (kommunikations-)wissenschaftlichen Feld

Externe Einflüsse auf das kommunikationswissenschaftliche Feld

Zu betonen ist, dass in dieser Studie keine einseitig-kausalistische Sichtweise verfolgt wird – wie es der Begriff ›Einfluss‹ vielleicht implizieren mag. In Anlehnung an die relationale Erkenntnisperspektive Bourdieus müssen das Selbstverständnis und die Einflussfaktoren auf das Selbstverständnis stets in *Wechselwirkung* zueinander gedacht werden. So beeinflusst zum Beispiel das Selbstverständnis den Kapitalienbesitz, dieser wiederum prägt das Selbstverständnis und sowohl das Selbstverständnis als auch der Kapitalienbesitz konstituieren sich durch das kommunikationswissenschaftliche Feld. Die Einflussfaktoren sind als Bündel von Erfahrungen mit (externen und inkorporierten) Strukturen zu verstehen, die eine Kette von Verläufen und Wechselwirkungen erzeugen. Sie stellen eine Abfolge von Erfahrungen und Deutungsangeboten bereit, die sich zu – reflektierten und unreflektierten – Strategien verdichten. Von Erkenntnisinteresse wird sein, welche Erfahrungen Professoren für

Kommunikationswissenschaft mit diesen Faktoren gemacht haben, wie sie durch Selbst- und Fremdzuschreibung verarbeitet werden und wie sie in das Selbstverständnis einfließen. Ein Ziel der vorliegenden Studie ist es, den Einflussfaktoren ihre Bedeutung zuzuschreiben und eine Gewichtung der Einflussfaktoren vorzunehmen.

TEIL II: ANLAGE UND DURCHFÜHRUNG DER EMPIRISCHEN UNTERSUCHUNG

In diesem Kapitel wird erläutert, wie das Selbstverständnis von Professoren für Kommunikationswissenschaft und die Einflussfaktoren auf das Selbstverständnis qualitativ untersucht wurden. Die Untersuchung war theoretisch stark vorstrukturiert; der Untersuchungsgegenstand wurde durch die Implikationen der Habitus-Kapital-Theorie, durch Erkenntnisse aus der Wissenschafts- und Berufssoziologie sowie durch das Wissen über das kommunikationswissenschaftliche Feld erschlossen. Es handelt sich also nicht um eine qualitativ-explorative Studie, die zum Einsatz kommt, wenn der soziale Bereich, den es zu erforschen gilt, relativ unbekannt ist und nur vage Vermutungen über die soziale Struktur, die Regelmäßigkeit und den Sinn sozialer Handlungen vorliegen.[74] Um die theoretischen Vorannahmen offenzulegen und das Vorgehen transparent zu machen, wurde kategoriengeleitet vorgegangen.

74 In diesem Kapitel wird keine grundlegende Diskussion über Vor- und Nachteile des quantitativen und qualitativen Paradigmas stattfinden. Die Grabenkämpfe zwischen den beiden Forschungsrichtungen scheinen – glücklicherweise – größtenteils ausgefochten zu sein, was Andreas Diekmann (2001: 445) zu der Forderung veranlasst, auf die »ideologisch verkrampfte Bewertung« von Methoden zu verzichten. An dieser Stelle sei auf die luziden Überlegungen zu Hypothesen und zum Vorwissen in der qualitativen Sozialforschung von Werner Meinefeld (2008) verwiesen (vgl. hierzu auch HOPF 1996).

4. KATEGORIENGELEITETES VORGEHEN

Das kategoriengeleitete Vorgehen ermöglichte eine zielgerichtete Forschung, es hat zur Beantwortung der forschungsleitenden Fragen und zur intersubjektiven Nachvollziehbarkeit des Untersuchungsablaufs beigetragen. Im ersten Abschnitt werden zunächst die Kategorienbildung und die Operationalisierung offengelegt. Es folgen die Diskussion der Quellenauswahl und die genaue Beschreibung der Datenerhebungsverfahren.

4.1 Konstruktion eines Kategoriensystems

In den letzten Jahren kam das kategoriengeleitete Vorgehen vermehrt in fachgeschichtlichen Studien zur Kommunikationswissenschaft zum Einsatz (vgl. exemplarisch AVERBECK 1999; AVERBECK/KUTSCH 2002; LACASA 2007; LÖBLICH 2009). Da das kategoriengeleitete Vorgehen in der Kommunikationswissenschaft (noch) nicht etabliert ist, bedarf es zunächst einer kurzen Erläuterung dieses Vorgehens.

Das kategoriengeleitete Vorgehen wurde zwar in Anlehnung an die Methodologie der quantitativen Inhaltsanalyse entwickelt (vgl. hierzu den programmatischen Aufsatz von LÖBLICH 2008). Im Unterschied zur quantitativen Inhaltsanalyse geht es allerdings nicht um das Messen einzelner Kategorien, es wird kein quantifizierendes Erkenntnisziel verfolgt und die Methodik ist weniger stark formalisiert. Die Ausprägungen von Kategorien und die Zusammenhänge zwischen den einzelnen Kategorien bleiben offen. Das kategoriengeleitete Vorgehen verschreibt sich dem

›Prinzip der Offenheit‹ der qualitativen Sozialforschung. ›Offenheit‹ meint hier, dass das Kategoriensystem flexibel gehandhabt wird und im Forschungsprozess durch die Interpretation von unterschiedlichen Quellen offen für weitere Unterkategorien ist. Dieses Vorgehen erinnert an den hermeneutischen Zirkel (vgl. hierzu WAGNER 1999), weshalb das offene kategoriengeleitete Vorgehen als Textanalyseverfahren zwischen der quantitativen Inhaltsanalyse und der Hermeneutik anzusiedeln ist (vgl. LÖBLICH 2008: 430). Das Kategoriensystem ist also nicht als starrer Untersuchungskatalog zu verstehen, sondern als heuristischer Untersuchungsrahmen. Es fungiert als Analyseraster für den gesamten Forschungsprozess, es hilft bei der Auswahl von Quellen sowie bei der Strukturierung von Interviewleitfäden und des Ergebnisteils.

Da Kategoriensysteme eine erkenntnisleitende Funktion haben, können sie nicht einfach aus anderen Studien übernommen werden. Sie müssen für jede Fragestellung unter Berücksichtigung des zugrunde liegenden theoretischen Zugangs neu entwickelt, zumindest aber spezifiziert werden. Selbstverständlich bringt die Entscheidung für eine bestimmte Theorie immer eine gewisse Steuerung und Deutung der Ergebnisse mit sich. Mit Karl R. Popper (1975: 322) gesprochen strahlen Theorien den Gegenstand unseres Interesses wie Scheinwerfer an und lassen sie je nach Farbe und Lichtstärke ganz verschieden aussehen. Mithilfe eines Kategoriensystems können die theoretischen Vorannahmen aber transparent gemacht werden; die Untersuchungskategorien verdichten das Vorwissen und übersetzen die theoretischen Begriffe. Löblich (2008: 435) betont, dass Kategoriensysteme gerade so komplex sein sollten, »dass sie die in der Problemstellung formulierten theoretischen Konstrukte angemessen auf der Objektebene erfassen«. Um diesem Anspruch Folge zu leisten, wurde darauf geachtet, die Untersuchungskategorien nicht zu feingliedrig ausfallen zu lassen – andernfalls würde die Gefahr bestehen, dass das eigentliche Erkenntnisinteresse verschwimmt und die Offenheit des qualitativen Forschungsprozesses verloren geht. Jede Kategorie trägt einen Aspekt zur Beantwortung der Fragestellung bei und sie muss von den anderen Kategorien klar zu trennen sein (vgl. LÖBLICH 2009: 51).

Im Folgenden werden die Untersuchungskategorien zum Selbstverständnis von Professoren für Kommunikationswissenschaft und zu den Einflussfaktoren auf deren Selbstverständnis hergeleitet. Das Kategoriensystem lehnt sich an Abbildung 3 der vorliegenden Arbeit an und es besteht aus zwei Analysedimensionen: Analysedimension 1 fokussiert das Selbstverständnis von Professoren, Analysedimension II untersucht die Einbettung des Selbstverständnisses und damit die potenziellen Einflussfaktoren. Von den Analysedimensionen ausgehend wurden Hauptkategorien gebildet, welche die zentralen Untersuchungsgegenstände verkörpern. Da die Hauptkategorien von ihrer Bedeutung her noch zu weit gefasst waren, wurden sie in Kategorien und in Unterkategorien ausdifferenziert – diese ermöglichen einen präziseren Zugang zum Untersuchungsgegenstand. In Anlehnung an die relationale Erkenntnisperspektive Bourdieus müssen jedoch alle Kategorien stets in *Wechselwirkung* zueinander gedacht werden. Das Kategoriensystem besteht aus zwei Analysedimensionen, vier Hauptkategorien sowie zahlreichen Kategorien und Unterkategorien.

4.1.1 *Analysedimension I: Selbstverständnis von Professoren*

HABITUS ALS *MODUS OPERANDI*

In dieser Untersuchung wird davon ausgegangen, dass der Habitus als *modus operandi* durch seine Wahrnehmungs-, Handlungs- und Denkschemata das alltägliche, wie selbstverständlich erscheinende Handeln von Professoren anleitet. Das Selbstverständnis von Professoren wird als zweidimensionales Konstrukt verstanden, das sich aus dem Fach- und Berufsverständnis zusammensetzt.

Fachverständnis

Die Untersuchungskategorie zum Fachverständnis ist vom Abstrakten zum Konkreten angeordnet. Mithilfe der *Aufgaben des Faches* soll zunächst der Theorie-Praxis-Zusammenhang erhellt werden. Hierbei geht es um die Frage, welche gesellschaftlichen Leistungen die Kommunikationswissenschaft erbringen soll und zu welchem Zweck Fachvertreter kommunikationswissenschaftliches Wissen produzieren. Die wissenschaftliche Ausrichtung von Professoren wird in mehrere Untersuchungskategorien aufgeschlüsselt: Zunächst werden der *methodologische Zugang* (Ist ein Professor geistes- oder sozialwissenschaftlich ausgerichtet?) sowie die verwendeten *Methoden* (Welche Verfahrensweisen wendet er in der Forschungspraxis an?) in den Blick genommen. Darüber hinaus wird nach den *Forschungsgegenständen* gefragt. Die Kategorie ›Forschungsgegenstände‹ umfasst sowohl das Materialobjekt – und damit Untersuchungsgegenstände wie Fernsehformate, Publikumszeitschriften oder Weblogs – als auch das/die Formalobjekt/e. Unter das Formalobjekt fallen die Erkenntnisperspektive und Fragestellungen – werden beispielsweise Fernsehformate aus Perspektive der Medienökonomie, der Kommunikationspolitik, der Gender Studies oder der Cultural Studies erforscht? Da die Kommunikationswissenschaft wesentliche Impulse aus der Auseinandersetzung mit Theorien und Methoden anderer Disziplinen erhält und da viele Professoren für Kommunikationswissenschaft in einem anderen Fach sozialisiert wurden, stellt sich die Frage nach der/den *Bezugsdisziplin/en*. Für die analytische Ausleuchtung des Selbstverständnisses von Professoren für Kommunikationswissenschaft wird überdies nach deren *Selbstpositionierung im Fach* gefragt. Bourdieu (1987a: 710) zufolge geht es bei der »Selbstverortung« um die »subjektive Vorstellung von der objektiv eingenommenen Position« und die Vorstellung von der eigenen »faktischen und erstrebten oder angemaßten« Stellung im kommunikationswissenschaftlichen Feld. Mithilfe dieser Kategorie wird also beleuchtet, ob sich ein Professor im Zentrum oder am Rand des kommunikationswissenschaftlichen Feldes positioniert. Die selbst zugeschriebene Position(ierung) erlaubt wiederum Rückschlüsse über den Raum des Möglichen eines Professors und über seine daraus resultierenden Strategien (Erhaltungs- versus Umsturzstrategien).

Berufsverständnis

Nach dem Hochschulrahmengesetz sind Professoren verpflichtet, Tätigkeiten aus den Bereichen Forschung, Lehre und Verwaltung zu entrichten (vgl. Hochschulrahmengesetz in der Fassung vom 12.04.2007). Reichertz (2003: 359) hat hervorgehoben, dass »je nach Trägerinstitution und Position« mal das Lehren, mal das Forschen und mal das Managen im Vordergrund des Aufgabenbereiches von Professoren stehe. Prinzipiell gelte aber, dass jeder Professor im Laufe seiner beruflichen Tätigkeit seinen »persönlichen Tätigkeitsmix« zu finden habe, mit dem er und seine Umwelt leben können. Für diesen Aufgaben-Mix gebe es allerdings keine »fertigen Rezepte«, sondern jeder Professor sei gehalten, »vor dem Hintergrund von Aufstiegsambitionen, Verdiensterwartungen, erhoffter Lebensqualität und Familienplanung seine individuelle Entscheidung zu treffen« (ebd.). Dieser von Reichertz beschriebene Tätigkeitsmix spiegelt das Berufsverständnis zu einem großen Teil wider, weshalb in der vorliegenden Untersuchung nach den *beruflichen Hauptaufgaben* von Professoren für Kommunikationswissenschaft gefragt wird. Eng mit den beruflichen Hauptaufgaben verknüpft sind die *Arbeitsziele*. Hierunter fallen zum einen die Absichten und Ansprüche, die ein Fachvertreter an sich und seine Arbeit stellt. Zum anderen soll es um die spezifische Bedeutungszuschreibung von Forschung, Lehre und Management gehen. Was motiviert Professoren für Kommunikationswissenschaft und was wollen sie mit ihrer beruflichen Tätigkeit erreichen? Wie in Abschnitt 3.3.3 ausgeführt, gibt es eine tradierte Vorstellung von Wissenschaft als ganzheitlicher Lebensform. Mit Peter Runia (2003: 155) ist allerdings anzunehmen, dass Menschen, für die der Beruf im Wertesystem an erster Stelle steht, mehr Energie in karrierepolitische Aktivitäten stecken als ihre Kollegen, für die der Stellenwert des Berufs nicht so eindeutig positioniert ist. Unter das Berufsverständnis ist deshalb auch der *Stellenwert des Berufs im Leben* zu fassen. Versteht man das Berufsverständnis als *modus operandi* des beruflichen Handelns und fasst darunter die sinnhafte Bewertung der beruflichen Tätigkeit, dann stellt sich zudem die Frage nach der Bewertung des Berufs. Um diese Bewertung differenziert erfassen zu können, wird zwischen der *Berufs- und Arbeitszufriedenheit* unterschieden. Während die Berufszufriedenheit nach der Zufriedenheit mit der Berufswahl fragt, zielt die Arbeitszufriedenheit auf die Zufriedenheit mit den Arbeitsbedingungen ab (vgl. SCHAEPER 1995: 4).

4.1.2 *Analysedimension II: Einbettung des Selbstverständnisses*

In Anlehnung an Bourdieu wird angenommen, dass das Selbstverständnis von Professoren für Kommunikationswissenschaft durch biografische und strukturelle Faktoren geprägt wird. Die Position eines Professors im kommunikationswissenschaftlichen Feld wiederum dürfte durch seinen Habitus bzw. dessen Kompatibilität mit diesem spezifischen Feld sowie durch die Höhe der ihm zur Verfügung stehenden Kapitalsorten bestimmt werden. Dieser Annahme folgend werden 1) die Genese des Habitus (Habitus als *opus operatum*), 2) die Positionen im (kommunikations-)wissenschaftlichen Feld sowie 3) die externen Einflüsse auf das kommunikationswissenschaftliche Feld in den Blick genommen.

HABITUS ALS *OPUS OPERATUM*

Ein Zugang zu den Entstehungsbedingungen des Selbstverständnisses ergibt sich, wenn man den Habitus als *opus operatum* analysiert.

Grundlegende Dispositionen

Als erste Untersuchungskategorie zu den grundlegenden Dispositionen fungiert das *Alter* in seiner sozialen Bedeutung. Wenn man davon ausgeht, dass der Habitus kohortenspezifische Ähnlichkeiten im Verhalten bestimmter Gruppen beschreibt, dann ist ein Zusammenhang zwischen der Geburtskohorte und dem Selbstverständnis von Professoren anzunehmen. Fachgeschichtliche Studien zur Kommunikationswissenschaft und ihrer Akteure haben einen solchen Zusammenhang rekonstruiert (vgl. hierzu Anm. 8). Ferner kann angenommen werden, dass das Selbstverständnis mit der Lebensphase eines Professors verquickt ist. Die Lebensphase gibt dem Einzelnen bestimmte (berufliche) Entwicklungsaufgaben vor sowie die (Rest-)Zeit, die ihm für seine wissenschaftlichen Aktivitäten verbleibt. Ein Fachvertreter, der mit 50 Jahren Professor geworden ist, dürfte eine andere Vorstellung vom Professorenberuf haben als sein Kollege, der mit 35 Jahren berufen worden ist (vgl. MEYEN 2007b: 13). Das soziale Alter wird zum Vergleichs- und Bewertungsmaßstab (Wie lange hat jemand für die Dissertation gebraucht, wie lange für die Habilitation?) und zur Ressource im Kampf um Aufmerksamkeit – davon zeugen Auszeichnungen wie zum Beispiel ›der jüngste Professor Deutschlands‹. Das Alter erscheint nicht zuletzt deshalb von zentraler Bedeutung, als sich durch den im Habitus verankerten Hysteresis-Effekt die Frage aufdrängt, ob jüngere Professoren den universitären Modernisierungsprozessen aufgeschlossener gegenüberstehen als ihre älteren Kollegen. Es dürfte einen Unterschied im Selbstverständnis machen, ob ein Professor in seinen ersten Amtsjahren mit dem Bachelor-Studiengang konfrontiert wird oder erst kurz vor seiner Emeritierung.

Als zweite Untersuchungskategorie zu den grundlegenden Dispositionen ist das *Geschlecht* anzuführen. Wenn man das vom Habitus angeleitete Handeln als »doing gender« versteht (vgl. KRAIS/GEBAUER 2002: 49), dann stellt sich die Frage nach der geschlechtsspezifischen Sozialisation, nach den Erfahrungen im Umgang mit dem eigenen Geschlecht auf dem Weg in die Wissenschaft und nach den Erfahrungen als Mann oder Frau im (kommunikations-)wissenschaftlichen Feld. Außerdem wird mithilfe der Kategorie ›Geschlecht‹ in den Blick genommen, ob – und falls ja: inwiefern – das Geschlecht die Berufsmotivation, die beruflichen Hauptaufgaben sowie die Forschungsbereiche und -gegenstände beeinflusst. Neben dem Alter und dem Geschlecht werden die *Persönlichkeitsmerkmale* eines Akteurs untersucht. Diese Untersuchungskategorie mag zunächst im Widerspruch zu dem soziologischen Menschenbild Bourdieus stehen. Wenn man allerdings bourdieu-orthodox davon ausgeht, dass die Eigenschaften eines Akteurs nicht dem biologischen Subjekt innewohnen, sondern Konfiguration von erworbenen Erfahrungen (soziale Herkunft, Geschlecht, Ausbildung etc.) darstellen, dann stellt sich die Frage, wie Unterschiede zwischen den einzelnen Akteuren zu erklären sind. Hier kann nun dialektisch mit Bourdieu gegen Bourdieu vermittelt werden. Die Idiosynkrasien eines Akteurs können zum »Joker« werden, »zu einer Karte, die ausgespielt werden kann, um Einheit und Eigensinn des Feldes zu garantieren« (FORNECK/WRANA 2006: 179) – auf eben dieser ›Joker-Karte‹ stehen die Persönlichkeitsmerkmale. Von erfolgreichen Wissenschaftlern wird unter anderem erwartet, dass sie auf Tagungen präsent sind, dass sie ›netzwerken‹ und dadurch ihre Forschungsergebnisse sichtbar machen. Dieser Austausch mit Kollegen dürfte aufgeschlossenen, extrovertierten Professoren als selbstverständlich und mühelos erscheinen; bei zurückhaltenden, introvertierten Professoren, die ihre Zeit am liebsten hinter dem heimischen Schreibtisch verbringen, sieht dies wahrscheinlich anders aus. Für diese Annahme sprechen berufssoziologische Studien, die Persönlichkeitsmerkmale als Determinanten des beruflichen Erfolgs ausweisen (vgl. zum Beispiel STREULI 2007; WETZEL 2007; SPIESS HULDI 2009). Auch die körperliche Dimension des Habitus (›hexis‹) lässt sich unter die Persönlichkeitsmerkmale subsumieren. Aus Studien zur Disziplingeschichte ist bekannt, dass sich das Erscheinungsbild von Kommunikationswissenschaftlern auf deren Erfolg im Feld auswirken kann (zur Person Emil Dovifat vgl. BENEDIKT 1986: 6, 22; LÖBLICH 2007; zu Elisabeth Noelle-Neumann vgl. WENDELIN/MEYEN 2009).

Soziale Laufbahn

Wenn man den Habitus nicht nur als Produzent, sondern auch als Produkt von Praxis im Sinne eines »Sediment[s] von Erfahrungen« (WAGNER 2003: 205) begreift, dann muss Rückschau auf den Akteur gehalten werden. Nur durch vergangene Handlungsorientierungen lassen sich aktuelle Handlungsmuster tatsächlich verstehen, wodurch die soziale Laufbahn von Akteuren in den Untersuchungsfokus rückt. Die Untersuchungskategorie *soziale Herkunft* fragt nach dem sozioökonomischen Status der Ursprungsfamilie, den Bildungsmerkmalen der Eltern, dem religiösen und politischen Einfluss des Elternhauses und der geografischen Herkunft von Fachvertretern. Diese Faktoren sind insofern von zentraler Bedeutung, als ökonomisches und ererbtes kulturelles Kapital die Zugangschancen zur höheren Bildungslaufbahn determinieren. Mit Bourdieu kann angenommen werden, dass Professoren aus unteren sozialen Schichten gegenüber Kollegen aus Akademikerfamilien auf ihrem Weg in die Wissenschaft benachteiligt sind, weil es ihnen an materiellen Herkunftsressourcen und dem Verständnis für die wissenschaftliche Laufbahn seitens der Eltern mangelt. Nachwuchswissenschaftler aus Akademikerfamilien hingegen haben insofern Vorteile, als sie an den sozialen und ökonomischen Ressourcen des Herkunftsmilieus partizipieren, was sich beispielsweise in der Finanzierung des Studiums äußert. Die Ermittlung der sozialen Herkunft von Professoren für Kommunikationswissenschaft ist nicht zuletzt deshalb von zentraler Bedeutung, als die soziale Herkunft von Fachvertretern mit der Position der Kommunikationswissenschaft im wissenschaftlichen Feld in Zusammenhang zu bringen ist (vgl. hierzu Abschnitt 3.3.1). Neben der *schulischen Sozialisation* (etwa: katholische Privatschule oder reines Mädchen-/Jungengymnasium) wird die *akademische Sozialisation* von Professoren für Kommunikationswissenschaft in den Blick genommen. In Bezug auf die akademische Sozialisation sollen die Studienfächer, der/die Studienort/e und die akademischen Lehrer und/oder Mentoren ermittelt werden. Von Interesse wird in diesem Zusammenhang sein, ob das Berufsverständnis nachhaltig von den institutionellen Begebenheiten der Studienorte geprägt wurde (etwa: kleines Institut mit einer starken Bindung an die Mitarbeiter versus großes Institut an einer Massenuniversität). Wie an anderer Stelle beschrieben, erfordert die Teilnahme am Spiel Wissenschaft, dass ein Nachwuchswissenschaftler die spezifischen Spielregeln erlernt. Dieses Erlernen kann durch einen akademischen Lehrer oder Mentor geschehen. Für die vorliegende Untersuchung interessiert zunächst, ob ein Professor überhaupt einen akademischen Lehrer/Mentor hatte. Falls ja: Wie sah die konkrete Förderung aus? Wurden Aspekte des Berufs- und Fachverständnisses übernommen? Die Untersuchungskategorien *Stationen nach der Promotion* und (gegebenenfalls) *Stationen nach der Habilitation* fragen nach Dauer, Tätigkeiten und Finanzierung der Zeit zwischen erfolgreich abgeschlossener Promotion/Habilitation und Erstberufung. Hier sind Unterschiede von Vertretern aus unterschiedlichen Herkunftsmilieus gemäß ihrer ungleich verteilten Herkunftsressourcen zu erwarten.

Ferner stellt sich die Frage, welches Ziel die heutigen Professoren mit ihrer Promotion verfolgt haben. War die wissenschaftliche Tätigkeit angestrebtes Berufsziel oder sollte der Doktortitel die (Verdienst-)Chancen auf dem außeruniversitären Arbeitsmarkt verbessern? Vor dem Hintergrund der zunehmenden Professionalisierung des Faches erscheint aufschlussreich, ob Professoren für Kommunikationswissenschaft über *außeruniversitäre Berufserfahrung* verfügen. Eng damit verquickt ist die Kategorie *Motive für den Professorenberuf*. Als weitere Untersuchungskategorie fungiert der *Eintritt in das kommunikationswissenschaftliche Feld*. Es dürfte einen Unterschied im Selbstverständnis machen, ob ein Professor für Kommunikationswissenschaft seit dem Studium, seit der Promotion, seit der Habilitation oder erst seit seiner Berufung im kommunikationswissenschaftlichen Feld agiert. Mit Bourdieu ist zu vermuten: Je früher ein Akteur in das kommunikationswissenschaftliche Feld eingetreten ist, desto weniger Konversionsarbeit des Habitus muss er leisten. Zudem kann davon ausgegangen werden, dass ein Sozialwissenschaftler weniger Konversionsarbeit als ein Geisteswissenschaftler oder ein Jurist leisten muss. Die Untersuchungskategorie *Schlüsselerlebnisse* rundet die ›soziale Laufbahn‹ ab. Bei Schlüsselerlebnissen kann es sich um individuelle Erlebnisse (zum Beispiel ein Auslandsaufenthalt) oder um generationenspezifische Erfahrungen handeln (etwa die Studentenbewegung der 1960er-Jahre).

Lebenssituation

Neben der Sozialisation wird die *Lebenssituation* im Habitus verortet, weil auch diese durch soziale Strukturen geprägt wird. Unter die Lebenssituation fallen zunächst einmal die familiäre Situation (*Familienstand und Kinder*) und die *Kapitalausstattung* eines Professors. Von Interesse wird sein, ob es einen Unterschied im Berufsverständnis macht, ob sich ein Professor neben der wissenschaftlichen Tätigkeit um sein(e) Kind(er) kümmern muss. Falls ja: Gibt es geschlechtsspezifische Unterschiede? Des Weiteren wird das Verhältnis zwischen *Wohnort und Arbeitsplatz* berücksichtigt. Ein ›DiMiDo-Professor‹, der zwischen Arbeitsplatz und Wohnort pendelt, wird den Alltag vermutlich anderes organisieren als sein Kollege, der am

Hochschulstandort wohnt. Mit der aktuellen Lebenssituation kann auch eine ganze Reihe *außerberuflicher Verpflichtungen* verbunden sein (wie zum Beispiel die Versorgung der kranken Mutter).

Weltanschauung

Die Weltanschauung ist als abstraktes Erklärungsmuster hinter dem Selbstverständnis zu betrachten, welches das wissenschaftliche Handeln vorstrukturiert. Kaesler (1984: 15) ist in seiner programmatischen Schrift zu den Entstehungsmilieus der frühen deutschen Soziologie davon ausgegangen, dass das *Menschenbild* das Wissenschaftsverständnis formt. Löblich (2004: 13) hat in ihrer Studie zum Menschenbild der Kommunikationswissenschaft herausgearbeitet, dass das Menschenbild »als explizite oder implizite Basisannahme die wissenschaftliche Arbeit [mit anleitet]«. Neben dem Menschenbild wird die *religiöse und politische Einstellung* eines Professors berücksichtigt. Überdies wird davon ausgegangen, dass das Selbstverständnis von Professoren von tradierten Idealbildern geprägt wird, weshalb die *wissenschaftlichen Idealbilder* in den Untersuchungsfokus rücken. Mit Rademacher-Bensing kann angenommen werden, dass sich Professoren im deutschsprachigen Raum am Universitätslehrer nach Humboldt und dem werturteilsfreien Wahrheitssucher nach Weber orientieren.

POSITIONEN IM (KOMMUNIKATIONS-)WISSENSCHAFTLICHEN FELD

Eine Untersuchung zum Selbstverständnis von Professoren für Kommunikationswissenschaft kommt ohne die sozialen Bezüge und ohne zu wissen, wie das kommunikationswissenschaftliche Feld zu einem gegebenen Zeitpunkt aussieht, nicht aus. Die dritte Hauptkategorie *Positionen im (kommunikations-)wissenschaftlichen Feld* trägt dieser Annahme Rechnung. Wie in Abschnitt 3.3.1 beschrieben, werden einzelne wissenschaftliche Subfelder (akademische Disziplinen) im wissenschaftlichen Feld unterschiedlich positioniert. Da der Anstoß für die Institutionalisierung der Kommunikationswissenschaft von Verlegern und Journalisten kam, war die Existenzberechtigung des Faches an der Universität von Anfang an umstritten. Aus diesem Grund interessiert zunächst die *Position der Kommunikationswissenschaft im wissenschaftlichen Feld*. Mit Bourdieu ist davon auszugehen, dass Professoren für Kommunikationswissenschaft durch die Interaktion mit Professorenkollegen aus anderen Disziplinen mit der *Reputation der Kommunikationswissenschaft* konfrontiert werden. Vor dem Hintergrund des vorliegenden Erkenntnisinteresses wird analysiert, ob – und falls ja: inwiefern – die Reputation der Kommunikationswissenschaft das Selbstverständnis von Fachvertretern prägt. Die hierarchischen Reihungen von Disziplinen haben immer auch Einfluss auf die Ressourcenverteilung an der Universität, weshalb die *Größe und finanzielle Ausstattung kommunikationswissenschaftlicher Fachinstitute* in den Blick genommen werden.

Neben der Position der Kommunikationswissenschaft im wissenschaftlichen Feld werden die Positionen innerhalb des kommunikationswissenschaftlichen Feldes analysiert. Nach Bourdieu (1998a: 21) legen die herrschenden Wissenschaftler – also diejenigen, die über das meiste wissenschaftliche Kapital verfügen – die bedeutenden Gegenstände und Fragen des Faches fest. Doch was ist unter diese Gegenstände im kommunikationswissenschaftlichen Feld zu fassen und wer legt sie fest? Um Antworten auf diese Frage zu finden, rücken das *dominante Fachverständnis* und die *dominanten Akteure* im kommunikationswissenschaftlichen Feld in den Untersuchungsfokus. Die ›dominanten Akteure‹ können einzelne Personen, Forscherteams oder wissenschaftliche Schulen darstellen. Eng verbunden mit diesen beiden Kategorien sind die *Spielregeln des Feldes*. Mithilfe dieser Kategorie soll aufgedeckt werden, welche Tätigkeiten sich im kommunikationswissenschaftlichen Feld auszahlen (Wertigkeit von Publikationsorganen und -orten, Wert von universitären und außeruniversitären Ämtern etc.).

Wenn man mit Bourdieu davon ausgeht, dass sich die Position eines Professors für Kommunikationswissenschaft durch seinen Kapitalbesitz im kommunikationswissenschaftlichen Feld bestimmt, dann werden die Fragen virulent, welches Selbstverständnis ein Akteur mit dem ihm zur Verfügung stehenden Kapital ausbilden kann, wie sich das Selbstverständnis auf den Kapitalbesitz auswirkt und wie der Kapitalbesitz das Selbstverständnis beeinflusst. Es gilt, das *akteursspezifische Kapitalvolumen* zu ermitteln, wofür die persönlichen Erfahrungen mit den einzelnen Kapitalformen sowie die Zusammenhänge zwischen dem Selbstverständnis und dem Kapitalienerwerb untersucht werden. Das *kulturelle Kapital* in seiner inkorporierten Form (Fachwissen, theoretische und methodische Kompetenzen) ist als Ressource des Habitus zu betrachten, es wird durch Sozialisationsprozesse erworben und manifestiert sich im Selbstverständnis. Auch wissenschaftliche Preise (institutionalisiertes kulturelles Kapital) oder akademische Titel (wie die Ehrendoktorwürde) können

Reputation im wissenschaftlichen Feld verleihen. Für die Kommunikationswissenschaft wären hier zum Beispiel die Auszeichnungen der Fachgesellschaft DGPuK für die besten Fachzeitschriftenaufsätze, die besten Konferenzbeiträge auf den DGPuK-Jahrestagungen oder der Dissertations-Förderpreis der DGPuK zu nennen. Die Gestaltungsmöglichkeiten eines Professors dürften stark von seinem *ökonomischem Kapital* abhängen, worunter die Ausstattung der Professur (finanzielle und personelle Mittel) und Drittmittel fallen. Ökonomisches Kapital kann ferner durch die Tätigkeit an einer privatwirtschaftlichen Forschungseinrichtung oder durch öffentliche Auftritte erworben werden. Es kann und soll im Rahmen dieser Studie nicht darum gehen, exakte Euro-Beträge zu ermitteln. Vielmehr ist von Interesse, ob ein Professor die benötigten Mittel zur Verfügung hat, um nach seiner Vorstellung forschen, unterrichten und verwalten zu können. Es ist anzunehmen, dass ein leidenschaftlicher Forscher – allen voran ein Empiriker – im Vergleich zu seinem Kollegen, der sich über seine Lehrleistungen definiert, in höherem Maße auf ökonomisches Kapital angewiesen ist. Als weitere Untersuchungskategorie zum akteursspezifischen Kapitalvolumen fungiert das *soziale Kapital*. Um Aufschluss über diese Kapitalform zu erhalten, werden die universitären und außeruniversitären Netzwerke eines Professors, seine Referenzgruppen (Kollegen, Studierende, Medienpraktiker) und seine Auslandskontakte in den Blick genommen. Mithilfe der Kategorie *wissenschaftliches Kapital* wird die Reputation von einzelnen Professoren ermittelt. Wissenschaftliches Kapital als eine spezifische Form des symbolischen Kapitals wird Professoren von den Peers für ihre wissenschaftliche Leistung verliehen; die Länge der Publikationsliste, Publikationsorte, akademische und außeruniversitäre Ämter, die Herausgeberschaft von Fachzeitschriften oder Fachgutachtertätigkeiten sind Operationalisierungen für diese Kapitalart. Um den Reputationsmechanismus im kommunikationswissenschaftlichen Feld aufzudecken, müssen auch der Wert des Lehrkapitals und der Wert des Kapitals an intellektueller Prominenz (welches durch Medienauftritte erworben wird) ermittelt werden.

EXTERNE EINFLÜSSE AUF DAS KOMMUNIKATIONSWISSENSCHAFTLICHE FELD

Averbeck und Kutsch (2002) haben in ihren Thesen zur Geschichte der Zeitungs- und Publizistikwissenschaft außerwissenschaftliche Einflüsse auf die Kommunikationswissenschaft einbezogen. Die entsprechende Untersuchungskategorie heißt bei ihnen ›Umwelt‹, worunter Einflüsse aus Staat, Gesellschaft und Medien fallen. Ähnliche Untersuchungskategorien erhält man, wenn man mit den Denkwerkzeugen Bourdieus arbeitet. Um das Selbstverständnis von Professoren für Kommunikationswissenschaft verstehen zu können, müssen nicht nur deren Habitūs, Kapitalvolumina und feldstrukturelle Gegebenheiten berücksichtigt werden, sondern auch die externen Einflüsse auf das kommunikationswissenschaftliche Feld. Feldexterne Einflüsse können sich auf die Kapitalverteilung im kommunikationswissenschaftlichen Feld auswirken und dadurch die feldspezifischen Funktions- und Reputationsmechanismen transformieren.

Im Zeitalter des New Public Management sind Professoren einer Reihe von hochschulpolitischen Anforderungen ausgesetzt. Die Kategorie *Hochschulentwicklung* untersucht, wie Professoren die aktuellen Umstrukturierungsmaßnahmen wahrnehmen. Es stellt sich die Frage, ob sie sich als Befürworter oder Gegner der Hochschulreform verstehen, ob sie sich als ›Gewinner‹ oder ›Verlierer‹ sehen. Darüber hinaus interessiert, ob sich ihr Arbeitsalltag durch die Reformen verändert hat. Die Kommunikationswissenschaft wird mit einer ungebrochenen Nachfrage durch Studierende konfrontiert und die Medienpraxis erwartet vom Fach Ausbildungs- und Problemlösungskompetenz. Überdies werden an die Kommunikationswissenschaft Erwartungen seitens der Politik und Wirtschaft (Auftragsforschung) und seitens ihrer Nachbardisziplinen (Kooperationen) gestellt. Mit der Kategorie *Anforderungen an das Fach* wird erfasst, wie Fachvertreter mit den normativen Erwartungen aus unterschiedlichen sozialen Feldern an die Kommunikationswissenschaft umgehen. Die Kategorie *Reputation des Professorenberufs* fragt, mit welchen Fremdbildern ihres Berufs die Fachvertreter konfrontiert werden und wie sich diese im Berufsverständnis manifestieren.

4.1.3 *Zusammenfassende Darstellung: das Kategoriensystem*

Es sei erneut darauf hingewiesen, dass durch die relationale Erkenntnisperspektive Bourdieus einzelne Untersuchungskategorien stets in Wechselwirkung zueinander gedacht werden müssen. Da es sich bei den Untersuchungskategorien um akteursgebundene Kategorien handelt, tauchen andere Akteure – innerhalb und außerhalb des kommunikationswissenschaftlichen Feldes – lediglich in Form des sozialen und symbolischen Kapitals auf.

Analysedimension I: Selbstverständnis von Professoren
Habitus als *modus operandi*
Fachverständnis
- Aufgaben des Faches: Theorie-Praxis-Zusammenhang
- Methodologischer Zugang und Methoden
- Forschungsgegenstände: Material- und Formalobjekt
- Bezugsdisziplin(en)
- Selbstpositionierung im Fach

Berufsverständnis
- Berufliche Hauptaufgaben
- Arbeitsziel(e)
- Stellenwert des Berufs im Leben
- Berufs- und Arbeitszufriedenheit

Analysedimension II: Einbettung des Selbstverständnisses
Habitus als *opus operatum*
Grundlegende Dispositionen
- Alter: Geburtskohorte, Lebensphase
- Geschlecht: geschlechtsspezifische Sozialisation, Umgang mit dem eigenen Geschlecht
- Persönlichkeitsmerkmale

Soziale Laufbahn
- Soziale Herkunft: sozioökonomischer Status und Bildung der Eltern, religiöser und politischer Einfluss des Elternhauses, geografische Herkunft
- Schulische Sozialisation
- Akademische Sozialisation: Studienfächer, Studienort(e), akademische(r) Lehrer/Mentor(en)
- Stationen nach der Promotion/Habilitation
- Außeruniversitäre Berufserfahrung
- Motive für den Professorenberuf
- Eintritt in das kommunikationswissenschaftliche Feld
- Schlüsselerlebnisse

Lebenssituation
- Familienstand und Kinder
- Kapitalausstattung
- Arbeitsplatz und Wohnort
- Außerberufliche Verpflichtungen

Weltanschauung
- Menschenbild
- Religiöse und politische Einstellung
- Wissenschaftliche Idealbilder

Positionen im (kommunikations-)wissenschaftlichen Feld

Position der Kommunikationswissenschaft im wissenschaftlichen Feld
- Reputation des Faches
- Größe der Fachinstitute
- Finanzielle Ausstattung der Fachinstitute

Dominantes Fachverständnis im kommunikationswissenschaftlichen Feld

Dominante Akteure im kommunikationswissenschaftlichen Feld

Spielregeln des kommunikationswissenschaftlichen Feldes
- Funktionsmechanismen
- Wert von Kapitalformen

Akteursspezifisches Kapitalvolumen
- Kulturelles Kapital: theoretische und methodische Fähigkeiten, akademische Abschlüsse
- ökonomisches Kapital: Ausstattung der Professur, Drittmittel
- soziales Kapital: (inter)nationale Kontakte, Referenzgruppen
- wissenschaftliches Kapital: Reputation

Externe Einflüsse auf das kommunikationswissenschaftliche Feld

Hochschulentwicklung

Anforderungen an das Fach
- Nachfrage durch Studierende
- Ausbildungsbedarf für Medienberufe
- Auftragsforschung
- Kooperation mit anderen Fächern

Reputation des Professorenberufs

4.2 Feldeingrenzung und Auswahl der Professoren

Der Wissenschaftsrat (2007: 11) hat die Kommunikationswissenschaft als ein »sehr heterogenes, extrem dynamisches und daher zum Teil auch unübersichtliches wissenschaftliches Feld« beschrieben. Vor diesem Hintergrund mag jede Grenzziehung des kommunikationswissenschaftlichen Feldes als kontingent erscheinen, was allerdings nicht heißen soll, dass sie willkürlich erfolgen darf (vgl. WENDELIN 2009: 28). In diesem Abschnitt wird erläutert, nach welchen Kriterien das kommunikationswissenschaftliche Feld eingegrenzt wurde und wie die Auswahl von Professoren für Kommunikationswissenschaft erfolgte.

Grenzziehung des kommunikationswissenschaftlichen Feldes

Ruhrmann und Kollegen (2000: 286) haben für ihre Untersuchung zur Lage der Kommunikationswissenschaft das kommunikationswissenschaftliche Feld sehr weit gefasst: Im Jahr 1997 kamen sie auf 204 besetzte oder geplante Stellen an 52 Universitäten, Technischen und Künstlerischen Hochschulen. Werner Wirth (2000) zählte bei seiner Erhebung 131 Studien- und Ausbildungsmöglichkeiten an deutschen Universitäten, Fachhochschulen, Hochschulen und Akademien (davon 73 Vollstudiengänge) und kam auf insgesamt 269 Professoren des Faches (vgl. ähnlich auch WIRTH et al. 2005). Diese Erhebungen fußen auf einem weiten Verständnis von Kommunikationswissenschaft, sozial- und geisteswissenschaftlich orientierte Einrichtungen werden ebenso eingeschlossen wie künstlerisch-ästhetische. Da sich die vorliegende Untersuchung auf die sozialwissenschaftlich ausgerichtete Kommunikationswissenschaft bezieht, erschien es in Anlehnung an Meyen (2004: 197) als sinnvoll, sich auf den »Kern des Faches« zu konzentrieren. Meyen hat darunter jene Fachinstitute gezählt, die bis zum Jahr 2002 im Impressum der *Publizistik* aufgeführt wurden sowie die sozialwissenschaftlich ausgerichteten Universitätsinstitute auf der Website der DGPuK. Bei seiner Erhebung hat Meyen ausschließlich C3/C4- bzw. W2/W3-Professoren erfasst; Vertretungs-, Honorar- oder Juniorprofessoren, außerplanmäßigen Professoren sowie emeritierte Professoren/Professoren im Ruhestand blieben unberücksichtigt Auf Grundlage dieser Faktoren kam Meyen im Jahre 2002 auf insgesamt 85 Professoren. Da sich Meyen allerdings nur auf Deutschland bezogen hat, in der vorliegenden Studie aber der gesamte deutschsprachige Raum untersucht wird und das kommunikationswissenschaftliche Feld außerdem einem permanenten Wandel unterliegt, erschien es als erforderlich, die Daten zu aktualisieren. Nach einer Internetrecherche und einer Sichtung von Personaleinträgen in der *Publizistik* ließen sich 34 kommunikationswissenschaftliche Institute (inkl. Institute für Journalistik) zum ›Kern des Fachs‹ zählen (Stand: Mai 2007).[75] An diesen 34 Instituten waren zum Erhebungszeitpunkt 103 Professoren tätig. Mit dem Wissen, dass auch die in der vorliegenden Arbeit vorgenommene Facheingrenzung ihre Kritiker haben wird, wurde sie als plausible und pragmatische Lösung betrachtet. Es wäre auch denkbar gewesen, die Fachgrenze nicht institutionell, sondern personell und damit über das Fachverständnis einzelner Professoren zu ziehen. Doch wo hätte man hier anfangen, wo aufhören sollen?

Für alle 103 Professoren wurde eine Recherche durchgeführt, die folgende Kriterien abdeckt: 1) Geburtsjahr, 2) akademische Sozialisation (Studienfächer und Studiendauer, Promotionsfach und Promotionsdauer und gegebenenfalls Habilitationsfach und -dauer), 3) Studienorte sowie 4) Institute, an denen die Fachvertreter gelehrt haben und zum Zeitpunkt der Erhebung lehrten. Um die Rechercheergebnisse zu strukturieren, wurden die Professoren in Geburtskohorten eingeteilt und bei der akademischen Sozialisation wurde zwischen studierten Kommunikationswissenschaftlern und Fachfremden (Fachvertreter, die ein anderes Hauptfach studiert haben) unterschieden. Tabelle 5 bietet einen Überblick über Professoren für Kommunikationswissenschaft für das Jahr 2007, verteilt nach Geburtskohorten, Geschlecht und akademischer Sozialisation.

Die hier erfassten 103 Professoren stellen ein ›survivor sample‹ dar. Hierbei handelt es sich um die »Überlebenden« (BOURDIEU/PASSERON 1971: 28) und damit um diejenigen, die den Weg zur Professur erfolgreich gegangen sind. Es wurden also all jene Akteure nicht erfasst, die das kommunikationswissenschaftliche Feld – freiwillig oder unfreiwillig – verlas-

75 Mit einbezogen in die Untersuchung wurden die Fachinstitute in Augsburg, Bamberg, Berlin, Bern, Bochum, Bremen, Dortmund, Dresden, Düsseldorf, Eichstätt, Erfurt, Erlangen/Nürnberg, Fribourg, Göttingen, Greifswald, Hamburg, Hannover, Ilmenau, Jena, Klagenfurt, Koblenz-Landau, Leipzig, Lugano, Lüneburg, Mainz, Mannheim, München (sowohl Ludwig-Maximilians-Universität als auch Technische Universität), Münster, Salzburg, Hohenheim, St. Gallen, Wien und Zürich. Beim Bochumer Institut wurde lediglich die sozialwissenschaftlich ausgerichtete Professur berücksichtig. Die Kommunikationswissenschaft ist dort 2002/2003 im neu gegründeten Institut für Medienwissenschaft an der philologischen Fakultät aufgegangen (vgl. hierzu STUKE 2007: 388f.).

TABELLE 5
Professoren für Kommunikationswissenschaft im deutschsprachigen Raum nach Kohorte, Geschlecht und Herkunftsfach (2007)

	Kohorte bis 1950		Kohorte 1951-1960		Kohorte ab 1961		
	m	w	m	w	m	w	gesamt
studierte KWler	13	1	8	6	10	5	43
Fachfremde	28	1	19	3	7	2	60
gesamt	41	2	27	9	17	7	103

sen haben. Über die ›Dropouts‹ (Personen, die aus dem Feld ausgeschieden sind) können also keine Aussagen gemacht werden. In dieser Arbeit wird die Kommunikationswissenschaft ausschließlich aus der Innenperspektive betrachtet; es findet kein Abgleich zwischen Außen- und Innenwahrnehmung des Faches statt. Vielmehr wird es um das Herausarbeiten von *internen Unterschieden* im Sinne einer Differenz der Einheit gehen. Diese Herangehensweise erscheint als zweckmäßig, weil die interne Einheit in hohem Maße ausdifferenziert ist.

Verfahren der theoretischen Sättigung

Als Ziel qualitativer Forschung gilt nicht die absolute Vergleichbarkeit der Daten (Repräsentativität), sondern das Aufspüren von Tendenzen, das Herausarbeiten des Typischen und das Formulieren von generalisierbaren Aussagen über Verhaltensmuster (Repräsentanz; vgl. LAMNEK 2005: 185). Doch was heißt das konkret für die Auswahl von Professoren für Kommunikationswissenschaft?

(Wissenschaftler-)Biografien sind nicht beliebig, sondern sie verkörpern »ein spezifisches Ensemble sozialer, kultureller etc. Bedeutsamkeiten und Erfahrungen (in Verbindung mit Geschlecht, Herkunft, beruflichem Milieu, Altersgruppe, persönlichen Erlebnissen etc.), das spezifische Deutungsmodelle und Handlungsformen in konkreten Kontexten impliziert« (DRESSEL/LANGREITER 2003: 4). Um solche Handlungsformen zu extrahieren, wurde bei der Auswahl von Professoren das Verfahren des *theoretical sampling* nach Glaser und Strauss (1967) angewandt. Die theoretisch geleitete Stichprobenziehung zeichnet sich dadurch aus, dass ein

Handlungsbereich durch wenige strukturelle Merkmale beschreibbar ist, von denen es zwar verschiedene Varianten, aber nicht eine beliebige Anzahl gibt (vgl. FUCHS-HEINRITZ 2000: 231). Dies deckt sich mit der Vorstellung Bourdieus, dass es transindividuelle Habitusformen gibt – Habitusformen, die zwar in gewisser Weise einmalig, aber nicht zwingend singulär sind (vgl. hierzu Abschnitt 3.2.2). Uwe Flick (2002: 104) zufolge ist das *theoretical sampling* nur dann wirklich sinnvoll, wenn neue Interviewpartner auf Basis der Interpretation erhobener Daten und ihrem jeweiligen »erwartbaren Gehalt an Neuem« ausgewählt werden. Die Auswahl von Untersuchungspersonen gilt dann als gesättigt, wenn sich keine neuen Informationen mehr ergeben, wenn also »keine theoretisch relevanten Ähnlichkeiten und Unterschiede mehr im Datenmaterial entdeckt werden können« (KELLE/KLUGE 1999: 45f.). Aus diesem Grund wird im Idealfall die Stichprobengröße einer Untersuchung auch nicht im Vorfeld festgelegt (vgl. GLÄSER/LAUDEL 2004: 114). Erfahrungsgemäß tritt nach ungefähr 30 Fallanalysen eine *theoretische Sättigung* ein (vgl. FUCHS-HEINRITZ 2000: 231).

Um *typische Selbstverständnis-Formen* von Professoren für Kommunikationswissenschaft zu ermitteln und das kommunikationswissenschaftliche Feld aus unterschiedlichen Positionen beschreiben zu können, wurden aus den theoretischen Vorannahmen Auswahlkriterien abgeleitet. Folgende Kriterien haben die Rekrutierung der Professoren mit dem Ziel einer möglichst breiten Streuung angeleitet: 1) Geburtskohorte, 2) Geschlecht und 3) akademische Sozialisation. Ziel der Auswahl war es, einem differenzierten Spektrum von Professoren Gehör zu verschaffen und dadurch eine Tiefenschärfe bei der Ausleuchtung des Faches zu gewährleisten. Die Erhebungsphase erstreckte sich über einen längeren Zeitraum (Dezember 2005 bis Juli 2007), wodurch (erste) Interpretationsergebnisse von Fallanalysen in die folgenden einfließen und gezielt weitere Professoren ausgewählt werden konnten. Dieser relativ lange Erhebungszeitraum brachte zwar den genannten Vorteil mit sich, er ist aber auch nicht unproblematisch. Denn gerade während dieser Zeit war das kommunikationswissenschaftliche Feld durch die Einführung der Bachelor-Studiengänge im Umbruch. Dies führte dazu, dass Professoren, die zu einem frühen Zeitpunkt interviewt wurden, zum Teil nur bedingt von ihren eigenen Erfahrungen mit diesen neuen Studiengängen berichten konnten.

In der vorliegenden Studie hat sich nach insgesamt 26 Interviews, also etwa einem Viertel der Grundgesamtheit, ein Sättigungseffekt eingestellt – es wurden keine grundlegend neuen Informationen mehr gefunden. Der eingetretene Sättigungseffekt erlaubt es, typische Handlungsmuster von Professoren für Kommunikationswissenschaft zu beschreiben. Tabelle 6 bietet einen Überblick über die Zusammensetzung der Stichprobe:

TABELLE 6

Zusammensetzung der Stichprobe nach Kohorte, Geschlecht und Herkunftsfach

	Kohorte bis 1950		Kohorte 1951-1960		Kohorte ab 1961		
	m	w	m	w	m	w	gesamt
studierte KWler	3	-	2	3	4	-	12
Fachfremde	5	1	3	1	3	1	14
gesamt	8	1	5	4	7	1	26

Üblicherweise werden in einer qualitativen Studie die Untersuchungspersonen anhand ihrer soziodemografischen Daten vorgestellt. Da es in dieser Studie weniger um einzelne Professoren als vielmehr um transindividuelle Handlungsmuster und Idiosynkrasien geht, soll die Vorstellung der Befragten anhand der Zuordnung zur Geburtskohorte, zum Geschlecht und zur fachlichen Herkunft genügen.

4.3 Quellen

Die einzelnen Untersuchungskategorien wurden mit unterschiedlichen Quellen ›gefüllt‹. Als Quellen dienten zum einen Veröffentlichungen wie Monografien, Sammelbände, Aufsätze und (auto)biografisches Material von Fachvertretern sowie Artikel zum Selbstverständnis der Kommunikationswissenschaft. Zum anderen wurden mithilfe von Leitfadeninterviews neue Quellen produziert. Es hat sich als äußerst produktiv herausgestellt, unterschiedliche Quellen zu verwenden – durch einen Quellenvergleich konnten nämlich Informationen validiert und Interpretationsverzerrungen minimiert werden. Auf den nächsten Seiten werden die Vor- und Nachteile der verwendeten Quellen diskutiert und die Datenerhebungsverfahren beschrieben.

4.3.1 *Dokumente*

Die Kategorien zu den externen Einflüssen auf das kommunikationswissenschaftliche Feld und zum Zustand des Feldes – etwa zum dominanten Fachverständnis oder zur quantitativen Verteilung von wissenschaftlichen Standpunkten – konnten mühelos durch die beiden DGPuK-Selbstverständnispapiere (vgl. DGPUK 2001, 2008), durch sogenannte ›Selbstverständnis-Artikel‹ in Fachzeitschriften (vgl. exemplarisch MEYEN 2004; DONSBACH et al. 2005; BROSIUS/HAAS 2009), durch Ergebnisse der DGPuK-Mitgliederbefragung (vgl. PEISER et al. 2003) sowie durch Informationen aus fachgeschichtlichen Studien gefüllt werden (vgl. etwa MEYEN/WENDELIN 2008). Für die Ermittlung des Selbstverständnisses von Professoren wurden alle verfügbaren gedruckten Materialien recherchiert. Die Quellenlage war dabei immer auch abhängig vom Alter und Status eines Wissenschaftlers, seiner Vernetzung und von Lehrer-Schüler-Beziehungen. (Selbst-)Darstellungen auf der Institutswebsite oder auf der persönlichen Website, Vorlesungsverzeichnisse, die Länge von Publikationslisten sowie akademische und außeruniversitäre Ämter erlaubten Rückschlüsse über das Berufsverständnis. Wissenschaftliche Veröffentlichungen wie Monografien, Aufsätze, herausgegebene Sammelbände, Festschriften und Institutsgeschichten gaben in erster Linie Aufschluss über das Fachverständnis; durch die Ko-Autorenschaft verrieten Veröffentlichungen aber auch einiges über das Netzwerk eines Professors. Es wurden verschiedene Typen von Monografien berücksichtigt: programmatische Schriften, Dissertationen und Habilitationen. Qualifikationsschriften waren insofern von zentraler Bedeutung, als sich Nachwuchswissenschaftler mit diesen Schriften in der Scientific Community positionieren müssen und außerdem der kritischen Prüfung ihres Betreuers unterworfen sind. Dessen Qualitätsansprüche spielen bei der Entstehung der Arbeit in der Regel eine wichtige Rolle (vgl. RESCH/BUZAS 1975: 5). Die schriftlichen Materialien wurden qualitativ ausgewertet und mithilfe der Untersuchungskategorien auf relevante Aspekte hin untersucht.

Auskunft über die Lebens(ver-)läufe von Professoren lieferten die biografischen Einträge in der *Publizistik* und in anderen Quellen (zum Beispiel Festschriften oder Institutsgeschichten) sowie die Angaben auf der Institutswebsite oder der persönlichen Website. Allerdings beginnen solche biografischen Notizen zur Person in der Regel mit dem Eintritt in die Universität, teilweise auch erst mit der Promotion, und persönliche Erfahrungen werden systematisch ausgeblendet (vgl. MEYEN 2007b: 311). Als aufschlussreich haben sich in dieser Hinsicht Vorworte aus Monografien, insbesondere aus Qualifikationsschriften, erwiesen. Nach Burkart (2002: 465) gehören Danksagungen und Widmungen zu den »wenigen erlaubten Mitteln« von Wissenschaftlern, »etwas von sich und ihren Problemen preiszugeben«. In Vorworten würden sich oftmals die »einzigen persönlichen Spuren« von wissenschaftlichen Autoren finden. Gleichwohl seien selbst in Vorworten diese Spuren verwischt, »durch soziale Regeln des Vorwortschreibens gefiltert und objektiviert« (ebd.; vgl. hierzu auch SCHÜTZE/HOLLSTEIN 2002). Die Ausblendung vorwissenschaftlicher biografischer Gegebenheiten scheint insbesondere für die Zeit zu gelten, in der Professoren aktiv im wissenschaftlichen Feld tätig sind. Bei Professoren im Ruhestand ist ein »Prozess der ›Re-Privatisierung‹« zu beobachten (DRESSEL/LANGREITER 2002a: 122f.). Wenn Meyen und Löblich (2007: 17) die oftmals erfolglose Suche von biografischen Spuren in kommunikationswissenschaftlichen Forschungsergebnissen durch die Orientierung am Erfolgsmodell der Naturwissenschaften erklären, dann ist dies ein Erklärungsfaktor, der durch die Silemus-Norm und die *illusio* des wissenschaftlichen Feldes ergänzt werden kann. Die Silemus-Norm bedingt, dass Professoren über sich als Repräsentanten sozialer Kategorien (Klasse, Geschlecht, Statusgruppe, soziologischer Rang) schweigen, dass sie über das klassische Objekt soziologischer Analyse also nicht ernsthaft reden. Mit dem Konzept der ›konstruierten wissenschaftlichen Persönlichkeit‹ nach Engler kann zudem davon ausgegangen werden, dass ein Wissenschaftler keinen Zweifel daran lassen will, dass er ein begnadeter Wissenschaftler ist; biografische Faktoren werden systematisch ausgeblendet (vgl. hierzu Abschnitt 3.3.3).

4.3.2 *Leitfadeninterviews*

Leitfadeninterviews waren als Quelle immer dann unschlagbar, wenn keine (oder nur lückenhafte) schriftliche Materialien vorlagen. Im Folgenden werden die Chancen des qualitativen Interviews herausgestellt, aber auch die Probleme sollen nicht verschwiegen werden. Um die Datenerhebung intersubjektiv nachvollziehbar zu machen, wird dann auf die Leitfadenerstellung eingegangen; es folgen Angaben zur Durchführung, zur Transkription und zur Autorisierung der Interviews. Die Offenlegung der Auswertungsschritte rundet diesen Abschnitt ab.

4.3.2.1 *Chancen und Probleme des Leitfadeninterviews*

Chancen des Leitfadeninterviews

Wissenschaftliche Veröffentlichungen haben immer den Charakter offizieller Dokumente. Man erfährt aus solchen Dokumenten nichts über die Persönlichkeit eines Autors und auch nichts darüber, welche Erlebnisse, Erfahrungen und Weltanschauungen ihn geprägt haben. Im Normalfall liegen keine detaillierten Angaben zur primären und sekundären Sozialisation von (Kommunikations-)Wissenschaftlern vor. Diese Informationen konnten durch Leitfadeninterviews generiert werden. Kohli (1981: 440f.) zufolge bietet die »Sicht von innen vom intentional strukturierten Handlungsraum der Beteiligten« die beste Möglichkeit, Lebensgeschichten zu systematisieren. Er betrachtet autobiografische Erinnerungen als »unentbehrliche Quelle«, wenn es um »Handlungssituationen und -orientierungen geht, die nur in der zusammenfassenden Darstellung größerer lebensgeschichtlicher Etappen (z.B. Studien- und Berufswahl, Lebenspläne, Schlüsselerfahrungen und Wendepunkte) angemessen zum Ausdruck kommen« (ebd.). Nach Schaeper (1997: 128; Herv. im Original) sind individuelle Selbstaussagen unumgänglich, wenn der »*Prozeß* des Habituserwerbs retrospektiv nachgezeichnet« werden soll. Mithilfe von qualitativen Interviews lässt sich »umfangreiches Material über die retroperspektivische Beurteilung und Einschätzung von Statusübergängen und anderen relevanten Geschehnissen« gewinnen (HIRZINGER 1991: 12). Vor diesem Hintergrund verwundert es wenig, dass Interviews in der Biografieforschung[76] eine zentrale Stellung einnehmen (vgl. FUCHS-HEINRITZ 2002).

Leitfadeninterviews kommen immer dann zum Einsatz, wenn in einem Interview mehrere Themen behandelt werden und wenn einzelne, genau bestimmbare Informationen – hier: Kategorien, die anderweitig nicht gefüllt werden konnten – zu ermitteln sind. Das Leitfadeninterview ist eine Form des nicht standardisierten Interviews, das eine Liste mit offenen Fragen zur Gesprächsgrundlage macht. Ziel ist die Entwicklung eines dynamischen Gesprächsverlaufs, weshalb die Reihenfolge der

76 An dieser Stelle ist darauf hinzuweisen, dass der *Lebensverlauf* und die *Biografie* eines Akteurs nicht gleichzusetzen sind. Während der Lebensverlauf die Chronologie faktischer, oder zumindest relativ eindeutig institutionalisierter Lebensereignisse dokumentiert, wird unter der Biografie die Interpretation bzw. die Rekonstruktion dieses Lebensverlaufs verstanden (vgl. KOHLI 1980; MAYER 1990).

Leitfadenfragen nicht festgelegt, sondern den situativen Begebenheiten angepasst wird. Der Befragte ist nicht (nur) als Datenlieferant zu verstehen, sondern er kann das Gespräch sowohl quantitativ als auch qualitativ determinieren (vgl. LAMNEK 2005: 351). Die Sichtweisen und die Innenperspektiven des Interviewpartners kommen dadurch besser zur Geltung als das bei standardisierten Interviews der Fall ist (vgl. FLICK 2002: 117). Im Leitfadeninterview wird dem Befragten die Möglichkeit gegeben, *Sinnkomplexe* zu entwickeln. Durch unerwartete Antworten können neue Aspekte auftauchen, die im Kategoriensystem und bei der Konzeption des Leitfadens nicht bedacht worden sind. Diese Vorgehensweise kommt der Forderung Bourdieus nach, der zufolge ein Forscher die eigenen Wahrnehmungs- und Bewertungsschemata nicht dem Untersuchungsobjekt überstülpen soll (vgl. BOURDIEU 1993b). Ein standardisierter Fragebogen würde aufgrund der vom Forscher vorab entwickelten Antwortvorgaben dem Befragten einen unflexiblen Referenzrahmen aufdrängen.

Leitfadeninterviews haben gegenüber einer Dokumentenanalyse auch den Vorteil, dass sie Daten zu akteursspezifischen Erfahrungen und Strategien mit feldinternen und feldexternen Gegebenheiten und zur Wahrnehmung des kommunikationswissenschaftlichen Feldes generieren. Die Interviews mit Professoren für Kommunikationswissenschaft erlauben es, das kommunikationswissenschaftliche Feld aus Perspektive der Beteiligten zu sehen. Wo positionieren sie sich selbst in diesem Feld und wie sehen sie die objektiven Beziehungen zu anderen Akteuren? Unter welchen Bedingungen arbeiten sie (Feldlogik, Grad der Autonomie)? Welche Strategien mit feldinternen und feldexternen Begebenheiten wenden sie an? Auch aus einem weiteren Grund erschien das Führen von Leitfadeninterviews theoriekompatibel: In dieser Arbeit fungiert der praktische Sinn als Sinn für das selbstverständliche, alltägliche kommunikationswissenschaftliche Handeln als Schlüssel zum Selbstverständnis. Die Schwierigkeiten des Bourdieu'schen Ansatzes liegen nun darin, dass die habituellen Schemata nicht unmittelbar zugänglich sind.[77] Der Habitus wird »praktisch *gekonnt*, nicht symbolisch gewußt« (PORTELE 1985: 301; Herv. im Original). Da der Habitus abstrakter ist als die Praktiken und Äußerungen der Akteure, können Sinneinheiten

77 Hier lässt sich eine Parallele zur Exploration von (Mediennutzungs-)Motiven ziehen. Auch Motive sind nicht direkt beobachtbar und entscheiden vorbewusst über bestimmte Handlungen. Rezipienten sind nicht immer in der Lage, ihre Mediennutzungsmotive selbst zu erkennen und zu artikulieren. Auf die Vorteile eines qualitativen Verfahrens zur Motivexploration wurde an anderer Stelle ausführlich eingegangen (vgl. HUBER 2006).

und Strategien nicht direkt gemessen werden, sondern sie sind vom Forscher zu rekonstruieren. Eine solche Rekonstruktion erlaubt die Exploration von verdeckten Schemata und konsistenten, typischen (Sinn-)Zusammenhängen sowie die Ermittlung von typischen Handlungsmustern, die dem gleichen Sinn folgen. *Verstehen* heißt hier, den Sinn hinter dem Handeln aufzudecken und die Gründe für Sinnzusammenhänge zu finden. Dieses Verstehen erfolgt wiederum mithilfe der Bourdieu'schen Denkwerkzeuge.

Qualitative Interviews tragen auch zur Reflexivität des Forschungsprozesses bei. Reflexivität muss nicht erst konstruiert werden, sie ist a priori durch die Kommunikationssituation vorhanden. Die Kommunikationsbeziehung zwischen Interviewer und zu Befragendem ist als reflexiv zu kennzeichnen, weil es sich um einen »gegenseitigen Anpassungsprozess an Erwartungen und Bedürfnisse einerseits wie auch an die jeweiligen Sinndeutungen andererseits« handelt (LAMNEK 2005: 351). Das Führen von Interviews erschien aus einem weiteren Grund vielversprechend: Wenn Professoren über ihr Selbstverständnis *sprechen*, wird ein *reflexives Moment herausgefordert*. Hierdurch können (wissenschaftliche) Alltagstheorien und Klassifikationsmuster *gebrochen* werden, was vor allem im Hinblick auf die dritte Bedeutungszuschreibung des Selbstverständnisses als wichtig erschien (vgl. hierzu Abb. 4). Auf die *Möglichkeit* eines solch reflexiven Moments während des Interviews hat Bourdieu hingewiesen:

> »Wer ihr Objekt [der Gattung Interview; N.H.] ist, wird ausgefragt, befindet sich ›sur la sellette‹ wie wir Franzosen sagen, im Brennpunkt, und ist damit notwendig der Versuchung zu Arroganz und Selbstgefälligkeit ausgesetzt. Unvermittelte Behauptungen, kategorische Aussagen und vereinfachende Einschätzungen sind das, vielleicht unvermeidliche, Gegenstück zu der Freiheit, die die Dialogsituation gewährt. Sollte diese [Dialogsituation; N.H.] mich dazu gebracht haben, einige der Schwächen zu *bekennen* bzw. zu verraten, die *hinter* vielen *meiner wissenschaftlichen Entscheidungen* stecken, hat sie ihren Zweck erfüllt« (BOURDIEU 1996a: 8f.; Herv. N.H.).

Ob ein Interviewpartner seine Wahrnehmungs- und Bewertungsschemata reflexiv-gebrochen wahrnimmt und artikuliert, obliegt freilich nicht der Kontrolle des Interviewers.

Probleme des Leitfadeninterviews

So hilfreich ein Leitfaden bei der Gesprächslenkung auch sein mag, er ist nicht unproblematisch – worüber die Interviewpartner reden, wird durch die Leitfadenfragen weitgehend vorgegeben (vgl. MEYEN/LÖBLICH

2007: 19). Ferner verengt sich durch die Interviewvorbereitung unweigerlich das Blickfeld des Forschers, denn es werden nur bestimmte Aspekte fokussiert. Dies birgt die Gefahr, dass das Gespräch zu sehr auf Hypothesen gestützt wird (vgl. HELFFERICH 2005: 100f.). Überdies ist die Rekonstruktion von Lebensgeschichten durch die Befragten problematisch. Kohli (1981: 438) zufolge sind Lebensgeschichten »hochaggregierte zusammenfassende Sinnkonstruktionen [...], die (auch) durch die aktuelle Situation und die von ihr wirksamen Intentionen geprägt sind.« Informationen, die der Interviewer vom Interviewten erhält, sind im Zweifelsfall immer schon Interpretationen oder Post-hoc-Rationalisierungen, wodurch es zu einer Differenz zwischen erzähltem und erlebtem Leben kommen kann. Die Psychologen Susan Bluck und Tilmann Habermas (2000) haben in diesem Zusammenhang von einem ›Life-Story-Schema‹ gesprochen. Dieses Schema integriert Lebensphasen und Lebensthemen, die jeweils für sich betrachtet nicht Lebenserinnerung konstituieren, unter diesem Schema aber zur Einheit werden. Es weist Ereignissen eine spezifische Bedeutung innerhalb der übergeordneten Struktur der Lebensgeschichte zu und bedingt, dass die Lebensgeschichte als Ganzes betrachtet wird – obwohl es durchaus Phasen und Ereignisse im Lebenslauf gab, die untypisch waren. Die autobiografische Erinnerung wird dabei von verschiedenen Typen der Kohärenz (zeitliche, kulturelle, thematische und kausale) geordnet. Die Lebensgeschichte wird so zu einem Teil der Selbstdarstellung, die für Glaubwürdigkeit sorgt, und sie erscheint als gültige, stabile Information über eine Person.

Doch nicht nur der Befragte hat »immer zumindest teilweise ein Interesse an der Sinngebung [...], am Erklären, am Auffinden einer zugleich retrospektiven und prospektiven Logik, einer Konsistenz und Konstanz« (BOURDIEU 1998b: 76), sondern *auch* der Interviewer. Dieses Phänomen hat Bourdieu als *biografische Illusion* bezeichnet: Sowohl dem Forschenden als auch dem Erforschten ist die Alltagsvorstellung gemein, dass das Leben als Geschichte erzählt wird. Der Befragte ist versucht, einen roten Faden durch sein Leben zu ziehen, sein Leben mehr oder weniger chronologisch und logisch darzustellen. Der Forscher wiederum ist geneigt, die Spur dieses Fadens aufzunehmen und den Sinn herauszufiltern, der vom Erzählenden in seine Lebensgeschichte hineingelegt wird.[78] Dadurch

78 Biografieforscher haben Bourdieu unterstellt, dass er biografische Erzählungen als »schlichte Illusion« der Erzählenden betrachten würde (vgl. zum Beispiel NIETHAMMER 1990). Engler

verfolgen der Interviewer und sein Interviewpartner in gewisser Weise das gleiche Interesse, nämlich »das *Postulat des Sinns der* [...] *Existenz* zu akzeptieren« (ebd.; Herv. im Original). Die Annahme, dass der Wissenschaftler von einem Standpunkt fernab der sozialen Welt Biografieanalysen betreiben kann, erweist sich nach Bourdieu als Illusion.

Diese Problematik verschärft sich, wenn Feldforschung im eigenen Feld betrieben wird. Wenn die Befragten (Forschungsobjekt) und die Befragende (Forscherin) im selben Feld agieren, ist die Gefahr, »zu projizieren und das eigene Erleben in den erzählten Werdegängen zu entdecken und wichtiger zu nehmen als das, was die ProfessorInnen berichten [...] groß« (ENGLER 2001: 132). Der Forscher im eigenen Feld sollte sich deshalb darüber im Klaren sein, dass es »trügerisch« ist, »spontan zu verstehen, was erzählt wird«, denn dieser Trugschluss lenke die Aufmerksamkeit auf »Spektakuläres, ohne zu verstehen, wie das selbstverständlich Erscheinende zu Stande kommt« (ebd.). Um diesem Dilemma zu entkommen, fordert Bourdieu von Wissenschaftlern, dass sie ihre eigenen Konstruktionsnormen hinterfragen. Das »objektivierende Subjekt«, wie Bourdieu den (selbst)reflexiven Wissenschaftler nennt, muss sich mithilfe der Soziologie selbst objektivieren (vgl. BOURDIEU 1991: 276).[79] Mithilfe dieser Vorgehensweise sollen die Effekte symbolischer Gewalt in der Beziehung zwischen Forscher und Forschungsgegenstand kontrolliert und minimiert werden. Für die vorliegende Untersuchung bedeutete dies: Die Autorin musste ihre soziale und disziplinäre Herkunft sowie ihr Geschlecht objektivieren und mit ihrem Alltagsverständnis, ihrem Verständnis von Wissenschaft im Allgemeinen und ihrem Verständnis von Kommunikationswissenschaft im Speziellen brechen. Sie musste in Rechnung stellen und kontrollieren, dass sie als Vertreterin eines orthodoxen Fachinstituts und als Nachwuchswissenschaftlerin eine spezielle Position im kommunikationswissenschaftlichen Feld einnimmt. Es galt, mit fremdem Blick auf das kommunikationswissenschaftliche Feld zu blicken und die Positions-Relationen, die Strategien und die Handlungsmuster der Akteure jenseits der eigenen Standortgebundenheit zu analysieren.

(2001: 67) warf diesen Kritikern wiederum vor, dass eine solche Engführung den Zugang zur Denkweise Bourdieus verstellen würde. Zur kontroversen Rezeption des Aufsatzes *Die biographische Illusion* in der Biografieforschung vgl. Engler (2001: 69-75).

79 Hier drängt sich der Vergleich zur systemtheoretischen Position des ›Beobachters dritter Ordnung‹ nach Luhmann auf. Bei Luhmann beobachtet der Beobachter zweiter Ordnung sich selbst und andere, während der Beobachter dritter Ordnung fragt, wie dies überhaupt möglich ist (vgl. LUHMANN 1990: 499).

Eine nicht zu unterschätzende Fehlerquelle bei berufsbiografischen Interviews ist ferner das Gedächtnis der Interviewpartner. So dürfte es bei der Beantwortung der Frage, aus welchen Motiven heraus die Dissertation angefertigt wurde, einen Unterschied machen, ob die Promotion fünf oder 25 Jahre zurückliegt. Die Qualität eines Interviews kann auch unter dem bewussten Umgang mit der Unwahrheit leiden. Aus Böswilligkeit, Vorurteilen oder aus Spaß daran, eine Rolle zu spielen, kann der Befragte das Interview vorsätzlich fälschen (vgl. HIRZINGER 1991: 146). Dieses Problem konnte zumindest teilweise interpretativ kontrolliert werden, indem die Aussagen der Befragten durch andere Quellen validiert wurden. Die Ergebnisse der Dokumentenanalyse rahmen die Interviewaussagen der Professoren; sie sind in die Ergebnisaufbereitung und die Interpretation der Ergebnisse eingeflossen.

Neben dem (weitestgehend unbewussten) verzerrten Umgang mit der Biografie, der Gedächtnisschwäche und dem bewussten Fälschen von Fakten besteht ein generelles Problem von Befragungen darin, dass sie nie unmittelbar Aufschluss darüber geben, wie Menschen *wirklich* handeln, fühlen, denken, geschweige denn darüber, welchem »falschen Bewußtsein« sie erliegen (ALEMANN/FORNDRAN 1990: 169). Somit stellt sich die Frage, inwieweit Professoren ehrlich und wahrhaftig über ihr Selbstverständnis Auskunft geben können (und wollen). Es konnte angenommen werden, dass Professoren um die Normen und Ideale ihres Berufsstandes wissen und dass sich diese im Antwortverhalten niederschlagen. In der Methodenliteratur wird jenes Phänomen unter ›soziale Erwünschtheit‹ gefasst: »Unter sozial erwünschtem Antwortverhalten versteht man die Tendenz von Befragten, ihre Antworten danach auszurichten, was innerhalb des normativen Systems ihrer Bezugswelt als sozial anerkannt und erwünscht gilt« (MÖHRING/SCHLÜTZ 2003: 66). Überdies ist vorstellbar, dass Professoren Reflexivität *inszenieren*.

Als weiterer unerwünschter Interview-Effekt ist auf die ›Looking-good-Tendenz‹ zu verweisen. Dieser Effekt beschreibt, dass der Befragte darum bemüht ist, ein positives Image beim Interviewer zu erzeugen, was seine Antworten verzerrt (vgl. BROSIUS et al. 2009: 130). Meist handelt es sich dabei um Öffentlichkeitsarbeit in eigener Sache. Meyen und Löblich (2007: 21) haben herausgestrichen, dass es Professoren im Interview immer auch darum geht, der Scientific Community ein bestimmtes Bild von sich und ihrer Lebensgeschichte zu vermitteln. Mit der Habitus-Kapital-Theorie ist davon auszugehen, dass Akteure stets strategisch handeln und ihre Feldposition verbessern wollen. Wieso sollten sie im Interview davor Halt machen? Um diesen Verzerrungseffekt zu minimieren, wurden die Selbstaussagen der Interviewpartner mithilfe von anderen Quellen (so vorhanden) validiert, zumindest aber kontextualisiert.

4.3.2.2 *Konzeption der Interviewleitfäden*

Wie oben beschrieben wurden mithilfe von Leitfadeninterviews diejenigen Kategorien gefüllt, die durch die Dokumentenanalyse offen geblieben sind. Die Interviewfragen richteten sich folglich vorwiegend auf Ursachen, Motive, Einschätzungen und die Bewertung einzelner biografischer Stationen, auf die Organisation des beruflichen Alltags und auf die Wahrnehmung des kommunikationswissenschaftlichen Feldes. Auf Grundlage des Kategoriensystems wurde zunächst ein *Masterleitfaden* erstellt, für den ausgewählte Kategorien operationalisiert und in Leitfadenfragen übersetzt wurden. Der Masterleitfaden fungierte als personenübergreifender Leitfaden, der für jeden Interviewpartner unter Berücksichtigung seines Werdegangs, seiner beruflichen und fachlichen Ausrichtung spezifiziert wurde. Für die Erstellung der individuellen Gesprächsleitfäden wurden auf Grundlage der zur Verfügung stehenden gedruckten Materialien (wissenschaftliche Arbeiten, Bibliografien, biografische Einträge in der *Publizistik* etc.) Lücken (Kategorien, die anderweitig nicht gefüllt werden konnten) eruiert. Diese Lücken sollten durch Antworten auf die Leitfadenfragen geschlossen werden.

Da davon auszugehen war, dass Professoren nur ein knappes Zeitbudget zur Verfügung haben, wurde der Masterleitfaden für ein Gespräch von rund einer Stunde konzipiert. Bei der Anlage des Masterleitfadens wurde darauf geachtet, die Themenkomplexe zielgerecht zu strukturieren und die Leitfadenfragen in eine sinnvolle Reihenfolge zu bringen. Der Masterleitfaden lässt sich in drei Blöcke untergliedern:

- *Karriere und Lebensweise*: Der erste Fragenblock gilt der sozialen, insbesondere der wissenschaftlichen Laufbahn sowie der aktuellen Berufs- und Lebenssituation der Befragten. Gefragt wird beispielsweise »Wann haben Sie gewusst, dass Sie Professor werden wollen?« oder aber »Gab es irgendetwas in Ihrer Kindheit, das darauf hingedeutet hat, dass Sie eines Tages Universitätsprofessor sein würden?«.
- *Berufsverständnis*: Im zweiten Block geht es um berufliche Tätigkeiten, um den Alltag als Professor, um das Verhältnis zu Kollegen sowie um die

Berufs- und Arbeitszufriedenheit. Hierunter fallen Fragen wie »Kommunikationswissenschaft ist ein Studentenfach. Ist der Andrang für Sie eher Last oder eher Lust?« oder »Wie sieht ein typischer Arbeitstag bei Ihnen aus?«.

- *Fachverständnis*: Im dritten Block werden das wissenschaftliche Arbeitsziel, Erklärungen für die eigene wissenschaftliche Ausrichtung, die Aufgaben und Funktionen der Kommunikationswissenschaft und die Reputation des Faches fokussiert. Gefragt wird zum Beispiel: »Wozu braucht die Gesellschaft die Kommunikationswissenschaft?« und »Wen bilden Sie aus?«.

Am Ende des Leitfadens steht die Frage, ob der Befragte bestimmte Themenaspekte vermisst hat. Diese Frage sollte dazu dienen, keine relevanten Aspekte zu vergessen und Offenheit für Anregungen signalisieren.

Einige wenige Beispiele sollen genügen, um die Operationalisierung von Untersuchungskategorien zu veranschaulichen. So wurde beispielsweise die Kategorie *berufliche Hauptaufgaben* durch folgende Fragen operationalisiert: »Können Sie beziffern, wie viel Prozent Ihrer Arbeitszeit Sie für die Lehre und die Betreuung der Studierenden einsetzen, wie viel für die Forschung, wie viel für die Verwaltung? Ist das Ihre Idealvorstellung?« Die Kategorie *Reputation des Professorenberufs* fand ihre Übersetzung in der Frage »Hilft der Professorentitel im Alltag?«. Die Fragen »Wie sieht ein typischer Arbeitstag bei Ihnen aus?« und »Gibt es bei Ihnen Feierabend und freie Wochenenden?« sollten Rückschlüsse auf den Stellenwert des Berufs im Leben erlauben. Die Frage »Wo sehen Sie sich in zehn Jahren?« sollte den Stellenwert des Berufs im Leben beleuchten. Nach Jochen Gläser und Grit Laudel (2004: 109) besteht eine Fehlerquelle bei qualitativen Untersuchungen darin, »die Notwendigkeit der Übersetzung (der Forschungsfrage in ein hypothetisches Modell von Variablen/Einflussfaktoren, des hypothetischen Modells in Leitfragen und der Leitfragen in Interviewleitfäden)« zu ignorieren und die Forschungsfrage an das Untersuchungsobjekt weiter zu reichen. Bezogen auf die vorliegende Fragestellung bedeutet dies, dass Fragen zum Habitus (und damit auch zum Selbstverständnis), zum Kapitalienbesitz und zu Feldmechanismen *nicht direkt* an die Interviewpartner gestellt werden durften. Der empirische Bezug dieser abstrakten Begriffe ist (höchstens) indirekt gegeben, weshalb sie zunächst »greifbar gemacht« und »übersetzt« werden müssen (MAYNTZ et al. 1978: 19). Darüber hinaus wurde viel Energie in die Formulierung von Fragen investiert, die auf Motive und Einstellungen abzielen. Da Motive und Einstellungen keineswegs immer bewusst und außerdem mit Prestige verbunden sind, wurde versucht, möglichst indirekt und offen zu fragen (vgl. hierzu HUBER 2006: 14; MEYEN/LÖBLICH 2007: 20).

4.3.2.3 *Durchführung der Interviews*

Kontaktaufnahme und Beteiligung

Der erste Schritt zur Kontaktaufnahme war eine E-Mail, in der das Forschungsvorhaben knapp umrissen und die Bitte um die Teilnahme an einem Interview geäußert wurde. Die Kommunikation über E-Mail erschien als vorteilhaft, weil etliche Fachvertreter ihren privaten Wohnsitz nicht am Institutsstandort haben. Ein Brief hätte zu zeitlichen Verzögerungen geführt und außerdem erheblich mehr Aufwand zur Beantwortung erfordert. Die Reaktionen auf die E-Mail-Anfrage waren fast durchweg positiv: Die angefragten Professoren reagierten in den meisten Fällen zügig und aufgeschlossen und sie zeigten großes Interesse an dem Gelingen des Projektes. Einige angefragte Professoren waren zunächst skeptisch und sagten ihre Gesprächsteilnahme erst nach der Zusicherung der Interview-Anonymisierung zu. Zwei angefragte Professoren reagierten nicht auf die E-Mail und ein Professor lehnte »aus Zeitgründen« ab.

Peiser et al. (2003: 312) haben bei ihrer DGPuK-Mitgliederbefragung eine »allenfalls befriedigende Beteiligung« beklagt, obwohl für eine solche Befragung ein »grundsätzlich hohes Interesse der kontaktierten Personen am Gegenstand der Erhebung zu unterstellen wäre«.[80] Das Forscherteam um Peiser hat diese zögerliche Bereitschaft auf die »Existenz einer größeren Gruppe von grundsätzlich wenig involvierten, weitgehend passiven Mitgliedern« zurückgeführt (ebd.). Die Erfahrungen, die im Rahmen der vorliegenden Studie gemacht wurden, stützen diese Vermutung: Die Bereitschaft von Professoren, in Leitfadeninterviews Auskunft über ihr Selbstverständnis zu geben, war beachtlich hoch. Das hohe Interesse an dem Projekt hängt möglicherweise (auch) mit der virulenten Selbstverständnisdebatte des Faches zusammen, die während der Feldphase geführt

80 Bei der DGPuK-Mitgliederbefragung wurde eine Ausschöpfungsquote von 52 Prozent erzielt (vgl. PEISER et al. 2003: 312), bei der Befragung des kommunikationswissenschaftlichen Nachwuchses ergab sich eine Ausschöpfungsquote von knapp 53 Prozent (vgl. WIRTH et al. 2005). Wirth et al. (2005: 326) haben diesbezüglich von einem »verhältnismäßig moderaten Rücklauf« gesprochen.

wurde. Ein Interviewpartner meinte, dass man ja nicht mehr daran vorbei käme, sich in der Selbstverständnisdebatte zu positionieren.

Interviewsituation

Die ersten Interviews fanden im Rahmen eines Hauptseminars statt, welches die Verfasserin gemeinsam mit Michael Meyen im Wintersemester 2005/2006 am Institut für Kommunikationswissenschaft und Medienforschung in München durchführte. In dieses Hauptseminar wurden fünf Professoren für Kommunikationswissenschaft eingeladen, die jeweils während einer Seminarsitzung von zwei Studierenden rund eine Stunde zu ihrem Selbstverständnis interviewt wurden. 20 Minuten standen für eine offene Fragerunde zur Verfügung. Dass diese Interviews nicht als Pretest geführt, sondern in der Auswertung mit berücksichtigt werden, hat zwei Gründe: Zum einen hat sich der Masterleitfaden als praktikabel erwiesen, wodurch die Seminar-Interviews wertvolle Daten liefern. Zum anderen waren aufgrund der überschaubaren Größe des kommunikationswissenschaftlichen Feldes die Seminar-Interviews nicht beliebig ersetzbar. Dass die im Seminarkontext entstandenen Interviews aber eine ganze Reihe methodischer Probleme mit sich bringen, soll hier nicht verschwiegen werden: Insgesamt ließ sich in besonders hohem Maße eine »situationale soziale Erwünschtheit« (ESSER 1986: 317) beobachten, die von einem Befragten selbst thematisiert wurde: »Man fragt sich natürlich, was man in einer solchen Veranstaltung vor diesem Publikum sagen kann. Wo man doch natürlich irgendwo den Eindruck erwecken will, möglichst gut auszusehen, sozial erwünscht zu antworten, ein stimmiges, allseits sympathisches Bild zu erzeugen.« Ein Professor meinte nach dem Interview, dass er sich wie nach einer Talkshow fühle (»Man wundert sich, was man alles gesagt hat.«). Die Anwesenheit von ca. 20 Studierenden wirkte sich zum Teil hemmend auf das Antwortverhalten der Interviewpartner aus (»Das sage ich jetzt nicht coram publicum!«) und möglicherweise haben einige Befragte den Lehraspekt der Professorentätigkeit etwas stärker hervorgehoben als sie es bei einem Gespräch unter vier Augen getan hätten. Hinzu kam, dass gelegentlich auf den Seminarleiter Bezug genommen wurde (»Widersprechen Sie mir, Herr Meyen, wenn Sie meinen, dass ich das falsch sehe!«). Bei zwei Interviews war der Münchener Professor Hans-Bernd Brosius anwesend, der vom Seminarleiter zu den Interviews eingeladen wurde. Dies führte dazu, dass sich die Professoren mitunter ›Bälle zuspielten‹ und sich die Interviewpartner bisweilen während des Interviews direkt an ihre Kollegen wandten (»Gibt es im deutschsprachigen Raum eine erstrebenswerte Uni?«, »Jetzt muss ich natürlich München sagen!«, »Warum?«, »Schon um Hans-Bernd ab und zu mal Kontra zu bieten!«). Als ehemaliger DGPuK-Vorsitzender gehört Brosius zweifelsohne zur Prominenz des Faches, weshalb seine Anwesenheit unter methodischen Gesichtspunkten nicht unproblematisch war.

Aus dem Hauptseminar sind zudem fünf Bachelor-Arbeiten entstanden, für die jeweils ein Professor interviewt wurde. Da die Bachelor-Kandidaten eine intensive Betreuung von der Autorin erhalten haben – die Interviewleitfäden wurden mehrmals gemeinsam durchgearbeitet und die Studierenden erhielten eine Interviewführung –, konnten auch diese Interviews bei der Auswertung berücksichtigt werden.

16 Leitfadeninterviews wurden von der Autorin selbst geführt. Um das knappe Zeitbudget der Professoren nicht unnötig zu strapazieren, erschien die Interviewführung am Standort der Befragten und auf Tagungen als sinnvoll. Einige Interviews konnten auch am Heimatinstitut der Verfasserin (München) geführt werden, da während der Feldphase DGPuK-Fachgruppentagungen und Veranstaltungen am Institut für Kommunikationswissenschaft und Medienforschung in München ausgerichtet wurden. Insgesamt fanden sechs Gespräche in München statt, vier Interviews wurden auf Jahrestagungen der DGPuK geführt und sechs Interviews in den Fachinstituten der jeweiligen Professoren. Im Vergleich zu den Seminarinterviews verliefen die Interviews unter vier Augen wesentlich entspannter. Insgesamt herrschte eine freundliche, (überraschend) offene Gesprächsatmosphäre und die Professoren schienen am Gelingen des Projekts interessiert zu sein. Manche Interviewpartner fühlten sich möglicherweise auch ein wenig geschmeichelt, ›Untersuchungsgegenstand‹ zu sein (»Danke für die Aufmerksamkeit!«). Einige berichteten davon, dass sie durch das Gespräch zum Nachdenken über ihren beruflichen Alltag und über ihr Selbstverständnis angeregt wurden (»Das ist ganz interessant – fällt mir gerade auf, wo Sie es fragen...«). Mit Bourdieu gesprochen haben diese Professoren mit ihrem wissenschaftlichen Alltagsverstand *gebrochen*.

Das Führen von Leitfadeninterviews verlangt vom Interviewer ein hohes Maß an intellektueller und kommunikativer Kompetenz, da seine Reaktionen auf das Gesagte in einer »versteh- und nachvollziehbaren Form« (LAMNEK 2005: 354) artikuliert werden müssen. Eine solche Kompetenz wird besonders dann gefordert, wenn Eliten wie Politiker oder

Wissenschaftler interviewt werden. Nach Harriet Zuckermann (1972: 160) sind solche Interviewpartner bestrebt, im Gespräch auf höchstem Kompetenzniveau zu agieren. Auch einige Professoren für Kommunikationswissenschaft haben ein hohes Maß an Reflexionsbewusstsein an den Tag gelegt und antworteten bisweilen interpretatorisch: »Ich habe eine bildungs- oder akademieferne Primärsozialisation durchlaufen«, oder aber »vielleicht greifen Bourdieus *Die feinen Unterschiede* ja doch«. Daneben gab es zwei weitere Spezifika bei der Interviewführung: Zum einen erwiesen sich die Interviewpartner mitunter als Experten des Untersuchungsgegenstands (»Ich kenne natürlich die soziologische Literatur zum Image des Professorenberufs und ich weiß, dass solche Titel Assoziationen erzeugen und Wertschätzungen damit verbunden sind.«). Zum anderen sind Professoren für Kommunikationswissenschaft (Methoden-) Experten für Leitfadeninterviews. Es konnte davon ausgegangen werden, dass die Gesprächspartner mit den Fragetechniken vertraut sind und dementsprechend kritisch mit der Interviewerin umgehen. Das steigerte den Anspruch, umfassend vorbereitet zu sein und souverän aufzutreten. So merkte etwa ein Professor zu Beginn des Interviews an: »Aha, da liegt jetzt mein Lebenslauf. Das soll signalisieren, dass Sie gut vorbereitet sind.« Während der Interviews blitzte gelegentlich die Expertise durch (»Jetzt kann man natürlich spekulieren, was anders wäre, wenn ich früher etwas anders gemacht hätte. Aber das ist, glaube ich, nicht Ihr Interesse bei dieser Frage.«). Vereinzelt kam es zu »Belehrungen« (ZUCKERMANN 1972: 175), beispielsweise: »Da müssten Sie jetzt nachfragen, wenn Sie das genauer wissen wollen«; »Insofern kann ich Ihre Frage zwar beantworten, aber ich drehe sie ein bisschen anders.« oder aber »Die Kategorien ›einfach‹ und ›schwer‹ treffen es nicht so ganz, sie sind nicht ganz glücklich. Ich habe mich jetzt allerdings mal drauf eingelassen, damit Sie mit dem Interview weiterkommen. Ich habe das jetzt sozusagen auf einer reflektierenden Ebene betrachtet und beantwortet. Aber es trifft den Sachverhalt nicht wirklich.« Insgesamt attestierten die Interviewpartner Lob, sie schätzten die Interviewführung (»Sie haben eine sehr bejahende Art zu interviewen; bei anderen Interviewern hätte ich sicherlich nicht so viel erzählt.«). Die Gespräche fanden bisweilen unter Zeitdruck statt; das kürzeste Interview dauerte rund 50 Minuten, das längste 90 Minuten. Alle Gespräche wurden mit einem Diktiergerät aufgezeichnet.

In einigen Gesprächen war die Besonderheit der Feldforschung im eigenen Feld deutlich zu spüren. Das »unsichtbare Publikum« (FUCHS-

HEINRITZ 2000: 245) – die ›Anwesenheit‹ zukünftiger Leser (potenziell Kollegen der Interviewpartner) – hat das Verhalten der Befragten in zwei Richtungen gelenkt: Auf der einen Seite waren die Interviewpartner bei der Nennung von Kollegen vorsichtig. Auf der anderen Seite nutzen einige Professoren das Interview als Sprachrohr für Botschaften an die kommunikationswissenschaftliche Scientific Community. So kam es in einem Fall zu einem Plädoyer für die Stärkung der eigenen Fachrichtung: »Ich würde dem Fach gerne noch etwas sagen [...]. Das Interview dient hoffentlich auch dem Herstellen von Öffentlichkeit.« In einem anderen Fall wurde am Ende des Interviews die Chance zur Korrektur des Fremdbildes genutzt: »Ich könnte noch anfügen, dass mein Selbstbild und das Fremdbild, das andere Leute von mir haben, extrem auseinanderfallen und das gibt mir zu denken. Den nahtlosen Übergang zwischen Habilitation und Berufung erkläre ich mir dadurch, dass das Glück dem Tüchtigen geholfen hat. Manche Kollegen legen das aber als extremen Ehrgeiz aus.«

4.3.2.4 *Transkription, Autorisierung und Auswertung der Interviews*

Transkription und Nachbericht

Direkt im Anschluss an den Interviewtermin wurden die Interviews transkribiert. Dieses Vorgehen hat den Vorteil, dass schwer verständliche Wörter (einfacher) erschlossen werden können. Außerdem sind die Mimik und die nachdrückliche Betonung spezieller Aspekte noch in Erinnerung. Dies war vor allem für die Markierung ironischer Äußerungen hilfreich, die ohne einen entsprechenden Vermerk im Transkript in einem falschen Zusammenhang interpretiert worden wären. Die Interviews wurden in voller Länge in »normales Schriftdeutsch« (MAYRING 2002: 91) transkribiert. Der mündliche Stil wurde beibehalten, wobei Aussagen sprachlich bereinigt und dialektale Färbungen ins Hochdeutsche übertragen wurden. Störungen während des Interviews wie Türklopfen oder Telefonklingeln wurden schriftlich fixiert, um die dadurch entstandenen Unterbrechungen kenntlich zu machen und als zusammenhanglos erscheinende Antworten zu markieren. In Anlehnung an Helfferich (2005: 172) und Lamnek (2005: 367) wurde nach jedem Interview ein Nachbericht erstellt, der Angaben zu den folgenden Punkten enthält: 1) Interviewdatum, Interviewdauer und Raum der Interviewführung, 2) Erscheinungsbild des Interviewpartners, 3) Begebenheiten vor dem Einschalten des Aufnahmegeräts, 4) Interviewsituation sowie 5) Begebenheiten nach dem Abschalten des Aufnahmegeräts. Aus den Nachberichten konnten teilweise hilfreiche Anhaltspunkte für die Charakterisierung der Befragten gezogen werden.

Autorisierung

Die Verschriftlichung eines Interviews kann flüchtigen Worten eine »höhere Weihe« verleihen und »Trugschlüssen Vorschub leiste[n]« (WACQUANT 1996a: 10f.). Um solchen Trugschlüssen entgegenzuwirken, wurden die Interviewpartner mit ihrem Gesagten konfrontiert. Allen Gesprächspartnern wurde das transkribierte Interview via E-Mail zur kritischen Durchsicht mit der Bitte um Autorisierung zugesandt. Die Autorisierung verlief in den meisten Fällen problemlos und zügig. Der Großteil der Befragten hat lediglich einzelne Wörter gestrichen oder verbessert, einige wenige haben größere Anmerkungen getätigt. Manche Befragte haben Kollegennamen gestrichen (»Ich denke, es ist nicht gut, einzelne Namen zu nennen.«) oder mit Nachdruck darum gebeten, auch Kontexte zu anonymisieren (»Bis auf Weiteres bleibt es bei meiner Vorgabe der Anonymisierung, das betrifft auch die Nennung von Orten, Universitäten usw.«). Die Interviews wurden zwar von den Interviewpartnern autorisiert, die Befragten wissen allerdings nicht, in welchen Kontext ihre Äußerungen gesetzt werden. Um diese Ungewissheit und die damit einhergehende Skepsis zu entkräften, wurde den befragten Fachvertretern ein sensibler Umgang mit dem Datenmaterial zugesichert. Als Muster ließ sich erkennen: Professoren, die sich in der Nähe des Machtpols im kommunikationswissenschaftlichen Feld befinden, waren in der Regel weniger darauf bedacht, ihre Anonymität zu wahren. Wer sich am Machtpol wähnt, muss keine Angst haben, dass ein biografisches Interview negative Auswirkungen auf seine Position im kommunikationswissenschaftlichen Feld hat.

Auswertung

Im Folgenden wird dargelegt, wie aus den rund 500 Transkript-Seiten *typische Handlungsmuster und Sinneinheiten* gefiltert wurden. Die Literatur zur qualitativen Sozialforschung offeriert eine Reihe von Auswertungsstrategien: zum Beispiel die qualitative Inhaltsanalyse nach Philip Mayring (2003, 2005), die Globalauswertung nach Heiner Legewie (1994) oder die interpretative Auswertungsstrategie nach Michael Meuser und Ulrike Nagel (2005).[81] Diese Auswertungsstrategien sind allerdings vor allem für explorative Studien geeignet, das heißt für Studien, in denen nur vage Vermutungen über die Regelmäßigkeit sozialer Handlungen vorliegen – für die vorliegende (theoretisch stark vorstrukturierte) Arbeit waren sie nur bedingt brauchbar. Für die Analyse der Interviews mit Professoren für Kommunikationswissenschaft wurde deshalb eine sechsstufige Auswertungstechnik entwickelt. Hierfür wurden Anleihen genommen bei der qualitativen Inhaltsanalyse nach Mayring, bei der Globalauswertung von Legewie, bei der interpretativen Auswertungsstrategie nach Meuser und Nagel und bei dem ›interpretativ-reduktiven Auswertungsverfahren‹ nach Senta Pfaff-Rüdiger (2007). Das letztgenannte Auswertungsverfahren hat gegenüber den erstgenannten Verfahren den Vorteil, dass es für eine genuin kommunikationswissenschaftliche Fragestellung und eine vergleichbare methodische Problemlage (Exploration von Mediennutzungsmotiven) entwickelt wurde. Die verwendete Analysetechnik setzt sich aus sechs Auswertungsschritten zusammen:

- Rückbesinnung auf theoretische Vorannahmen,
- Close Reading,
- Explikation und Kontextualisierung,
- Strukturierung,
- Paraphrasierung,
- Typologisierung.

Zunächst wurden die Interviewinhalte an die theoretischen Vorannahmen rückgebunden und in einen Diskurszusammenhang eingebettet (*Rückbesinnung auf theoretische Vorannahmen*). Dabei blieb der Blick aber auch für nicht theoriekonforme Phänomene geschärft; andernfalls hätte die Gefahr bestanden, dass ausschließlich solche Informationen aus dem Interview-Material gefiltert werden, die den theoretischen Vorannahmen entsprechen. Beim *Close Reading* – worunter Krotz (2005: 147) die intensive und wiederholte Lektüre des Interviewmaterials versteht –, galt es zu prüfen, ob alle Aussagen verständlich sind. Dieser Schritt erschien besonders bei denjenigen Interviews als wichtig, die nicht von der Autorin selbst geführt wurden. Während des sorgfältigen Lesens der Interviews wurden in Anlehnung an Legewie (1994: 170) erste Interpretationsideen

81 Zur Übersicht über unterschiedliche Auswertungsstrategien vgl. Mayring (2002: 103-133).

und Querverweise zwischen den Interviews am Rand der Transkripte vermerkt. Das Close Reading diente auch dazu, relevante Interviewpassagen von irrelevanten zu unterscheiden (vgl. PFAFF-RÜDIGER 2007: 38). Für schwer verständliche Passagen, in denen sich der Interviewpartner unklar ausgedrückt hat, wurde zusätzliches Material hinzugezogen. Beispielsweise wurden Recherchen zu in den Interviews genannten Personen, Instituten oder Kooperationspartnern aus der Medienpraxis durchgeführt. Ziel der *Explikation* war es, eine Formulierung zu finden, die eine Aufschlüsselung bzw. Interpretation von Textstellen leistet. Für die *Kontextualisierung* von Interviewpassagen wurde der Nachbericht gelesen, wodurch die Interviewsituation noch einmal in Erinnerung gerufen wurde (Was waren die besonderen Umstände der Interviewführung? Wurde das Interview unter Zeitdruck geführt? Gab es Unterbrechungen?).

Dass bereits als vierter Schritt die *Strukturierung* folgt, ist dem kategoriengeleiteten Vorgehen geschuldet. Während Mayring (2003) erst aus dem Material heraus einen ›Codierleitfaden‹ erarbeitet, konnte das Kategoriensystem wie eine Schablone über jedes Interview gelegt werden. Die Untersuchungskategorien erlaubten eine Strukturierung des Interviewmaterials, wobei auch hier dem Prinzip der Offenheit Rechnung getragen wurde. Um die Datenmenge handhabbar zu machen, wurde eine Tabelle angelegt. In die Zeilen wurden die Auswertungskategorien eingefügt, in die Spalten die Namen der Interviewpartner. Die Arbeit mit der Auswertungstabelle ›Spalte für Spalte‹ lieferte eine Einzelfallanalyse der Befragten und die Durchsicht der Tabelle ›Zeile für Zeile‹ eine Auswertung nach den einzelnen Untersuchungskategorien. Am Ende entstand eine Materialsammlung zu den einzelnen Kategorien, die mit den entsprechenden Aussagen der Interviewpartner gefüllt wurden. Die Aufteilung der Interviewpassagen in einzelne Zellen erfolgte losgelöst von der Struktur des Leitfadens und der Chronologie des Interviews. Außerdem konnten einzelne Aussagen mehreren Kategorien zugeordnet werden. Während des Strukturierungsprozesses wurden bereits Parallelen oder Abgrenzungen zwischen den Interviewpartnern ersichtlich und es kamen erste Interpretationsideen auf. Damit diese Gedanken bei der Textanalyse nicht verloren gingen, wurde – wie von Legewie (1994: 179) empfohlen – jeder Einfall auf einem ›Memo‹ festgehalten.

Durch die *Paraphrasierung* wurde das Material auf den inhaltlichen Kern verdichtet (vgl. KROTZ 2005: 39). Nach der Auswahl relevanter Passagen durch das Close Reading handelt es sich bei der Paraphrasierung um den zweiten Reduktionsschritt. Dieses Verfahren ist als »aktiver Verstehensprozess« zu betrachten, »da versucht wird, mit eigenen Worten und unter Zuhilfenahme von alltäglichem und theoretischem Vorwissen die Aussagen der Interviewpartner wiederzugeben« (PFAFF-RÜDIGER 2007: 40). Die Bildung von Paraphrasen erlaubte es, einen überschaubaren Datensatz zu schaffen, der ein abstrahiertes Abbild des Grundmaterials darstellt. Jede Tabellen-Zelle wurde mit einem oder mehreren Schlagwörtern eingeleitet, sodass die Kernaussage auf den ersten Blick erkenntlich wurde. Prägnante Aussagen wurden im originalen Wortlaut gelassen und fanden als »Ankerbeispiele« (MAYRING 2003: 83) in der Ergebnisaufbereitung Verwendung. Mithilfe von *Typologisierungen*[82] sollten schließlich »schlaglichtartig Unterschiede« (MEYEN 2006: 161) zwischen den Professoren erhellt werden. Die Typen wurden in einem ersten Schritt mithilfe von Typologisierungskriterien konstruiert, die sich aus der Verbindung von Theorie und empirischen Befunden ergaben. In einem zweiten Schritt wurde mit dem Set an Typen Material herausgefiltert, das zur Veranschaulichung der einzelnen Typen beiträgt. Konkrete Ausführungen zur Typenbildung finden sich in Abschnitt 6.3.

Die Auswertung der Interviews mit Professoren für Kommunikationswissenschaft sollte nicht nur deskriptiven Charakter haben und einer Zusammenfassung der Transkripte gleichen; das Selbstverständnis und die Einflussfaktoren auf das Selbstverständnis mussten schließlich interpretiert werden. *Interpretation* meint hier, sich nicht nur auf die Aussagen der Befragten zu verlassen, sondern Deutungsangebote für typische Handlungsmuster und akteursspezifische Strategien zu unterbreiten. Als Referenzrahmen für die Interpretation und die Einordnung der Befunde fungierten die Habitus-Kapital-Theorie Bourdieus, die Veröffentlichungen der Interviewpartner sowie Studien zum kommunikationswissenschaftlichen Feld. Die Interpretation von Interviewmaterial beinhaltet eine ethische Dimension, jene der Deutungshoheit. Im Sinne Bourdieus (1993b) sollte der Interpret darum bemüht sein, das Machtverhältnis zwischen Forscher und Forschungsgegenstand zu kontrollieren (vgl. ähnlich auch LAMNEK 2005: 2; BERGMANN 2006: 24). Um diesem Anspruch gerecht zu werden, wurde darauf geachtet, die eigenen Wahrnehmungs- und Bewertungsschemata nicht in einem Akt symbolischer Gewalt über die Aussagen der Befragten zu stülpen.

82 Die Begriffe ›Typenbildung‹, ›Typologisierung‹ sowie ›Typisierung‹ werden in dieser Studie synonym verwendet.

TEIL III: ERGEBNISSE

Welches Fach- und Berufsverständnis haben Professoren für Kommunikationswissenschaft? Wie kann das, was sie fachlich und beruflich wollen, erklärt und verstanden werden? Die Ergebnisse der Dokumentenanalyse und die Auswertung der Leitfadeninterviews erlauben die Beantwortung dieser Fragen.[83] Im Folgenden wird es zum einen darum gehen, *Unterschiede und Gemeinsamkeiten* zwischen den Fachvertretern herauszuarbeiten. Zum anderen werden Interpretationsangebote für die *Entstehung und Folgen* dieser Unterschiede und Gemeinsamkeiten geliefert. Um die *Bedingungen des Möglichen und Unmöglichen* für das Handeln von Professoren für Kommunikationswissenschaft zu ergründen, werden in Kapitel 5 zunächst die Positionen innerhalb des (kommunikations-)wissenschaftlichen Feldes sowie die soziale Laufbahn der Fachvertreter analysiert. Kapitel 6 ist dann dem Fachverständnis von Professoren für Kommunikationswissenschaft gewidmet, Kapitel 7 dem Berufsverständnis. In diesen beiden Kapiteln werden jeweils mithilfe einer Typologie Einflussfaktoren herausgearbeitet, die zur Ausprägung eines bestimmten Fach- bzw. Berufsverständnisses führen.

83 An dieser Stelle sei in Erinnerung gerufen, dass die Ergebnisaufbereitung der Leitfadeninterviews mit Fachvertretern anonymisiert erfolgt. Um die Zitate den entsprechenden Interviewpartnern zuordnen zu können, dabei aber den Anonymisierungsgrundsatz nicht zu verletzen, werden die Interviewpartner anhand der Merkmale ›Zugang zum Fach‹, ›Geburtskohorte‹ und ›Geschlecht‹ beschrieben. In der Regel werden einzelne Zitate nicht anhand aller drei Merkmale gekennzeichnet, die Befragten wären dadurch allzu leicht identifizierbar. Vielmehr werden die einzelnen Merkmale partiell zur Erklärung gruppenspezifischer Handlungsmuster herangezogen. Bei dem Zugang zum Fach wird zwischen ›studierten Kommunikationswissenschaftlern‹ und ›Fachfremden‹ differenziert. Die Zuweisung zu der Geburtskohorte erfolgt durch die Kennzeichnung ›älteste Kohorte‹ (bis 1950 geboren), ›mittlere Kohorte‹ (zwischen 1951 und 1960 geboren) und ›jüngste Kohorte‹ (ab 1961 geboren). Der Hinweis auf das Geschlecht erfolgt nur dann, wenn geschlechtsspezifische Besonderheiten und Idiosynkrasien herausgearbeitet werden. Ansonsten impliziert die männliche Form sowohl die männlichen als auch die weiblichen Interviewpartner. In Ankerbeispielen werden Namen von Institutsstandorten, akademischen Lehrern, Kollegen etc. durch *** anonymisiert.

5. ANALYSE DES KOMMUNIKATIONSWISSENSCHAFTLICHEN FELDES

Im ersten Abschnitt dieses Kapitels wird skizziert, welche Positionen es im (kommunikations-)wissenschaftlichen Feld gibt. Dieser Schritt ist insofern von zentraler Bedeutung, als nach der Funktionslogik sozialer Felder das Handeln von Akteuren mit den Feldstrukturen korrespondiert. Der zweite Abschnitt beinhaltet eine Habitusanalyse von Professoren für Kommunikationswissenschaft. Diese Analyse liefert die Grundlage dafür, den Habitus tatsächlich als Einheit zu verstehen – den Habitus als *opus operatum* (Lebensgeschichte und strukturelle Eingebundenheit eines Akteurs) und als *modus operandi* (hier: Fach- und Berufsverständnis) zu behandeln.

5.1 Positionen im (kommunikations-) wissenschaftlichen Feld

Um das kommunikationswissenschaftliche Feld fundiert analysieren zu können, wird zunächst die Position des kommunikationswissenschaftlichen Feldes im wissenschaftlichen Feld ermittelt. Anschließend spitzt sich der Blickwinkel zu und es werden die Positionen *innerhalb* des kommunikationswissenschaftlichen Feldes fokussiert.

5.1.1 *Stellung der Kommunikationswissenschaft an der Universität*

Hans Bohrmann (1997: 65) ist der Ansicht, dass es sich bei der Kommunikationswissenschaft mittlerweile um eine (im Kuhn'schen Sinne) »normale« Wissenschaft handele: »von den Studenten nachgefragt, von der Praxis im allgemeinen geschätzt und von den Nachbarfächern nicht nur geduldet.« Die Formulierung »nicht nur geduldet« lässt Rückschlüsse darauf zu, dass die Duldung der Kommunikationswissenschaft an der Universität nicht selbstverständlich ist. Wie in Abschnitt 2.2.1 dargelegt, ringt die Kommunikationswissenschaft seit ihrer Institutionalisierung zu Beginn des 20. Jahrhunderts um universitäre Anerkennung. Auf den nächsten Seiten wird deshalb zunächst beschrieben, mit welchem Fachimage Professoren für Kommunikationswissenschaft konfrontiert werden. Es folgen Ausführungen zur Größe der Fachinstitute und zur Ausstattung kommunikationswissenschaftlicher Professuren.

Reputation des Faches an der Universität

Nach Lepenies (1981: xx) müssen sich junge Fächer mit »bereits existierenden und in den meisten Fällen längst hoch angesehenen Fächern« auseinandersetzen – ein Umstand, der auf die Kommunikationswissenschaft in hohem Maße zutrifft. Vertreter früherer Professorengenerationen sahen sich einem durchweg negativen Fachimage an der Universität ausgesetzt. Die geringe Reputation zeitungswissenschaftlicher Institute innerhalb der Universitäten hat das Selbstverständnis der ersten Professorengeneration bestehend aus Karl d'Ester, Emil Dovifat und Erich Everth, wohl so stark beeinflusst, dass sie in ihren Publikationen Öffentlichkeitsarbeit für ihr Fach betrieben haben (vgl. LACASA 2007). In den 1950er-Jahren hat Karl d'Ester in einem autobiografischen Rückblick davon berichtet, dass seine Doktoranden Animositäten gegenüber dem »verhassten Fach« Zeitungswissenschaft zu spüren bekamen (D'ESTER 1957: 142). Mitte der 1970er-Jahre attestierte Noelle-Neumann (1975: 744) der Publizistik- und Kommunikationswissenschaft, dass sie in der akademischen Rangordnung ganz unten stehe (vgl. ähnlich auch WESTERBARKEY 1980). Das schlechte Fachimage bekamen die ›Jungtürken‹ (zwischen 1929 und 1940 geborene Fachvertreter) während ihrer Studienzeit zu spüren. Meyen (2007a) hat herausgearbeitet, dass es Vertretern dieser Professorengeneration in ihrer wissenschaftlichen Tätigkeit (immer auch) um den Wunsch nach Legitimation der Kommunikationswissenschaft ging. Die von den ›Jungtürken‹ initiierte und durchgeführte empirisch-sozialwissenschaftliche Wende bescherte dem Fach schließlich einen erheblichen Image- bzw. Reputationsgewinn (vgl. hierzu LÖBLICH 2007, 2009; MEYEN 2007a, 2007b).

Viele amtierende Fachvertreter haben im Interview herausgestrichen, dass die Kommunikationswissenschaft nach wie vor einen schweren Stand und ein Negativ-Image an der Universität habe. Das Fach werde etikettiert als »Modefach«, »Wischiwaschi-Disziplin«, »Softfach« oder »Laberfach« (»Die beschäftigen sich mit lustigen Themen des Alltags und kriegen dafür noch Geld.«). Immer wieder wurde in den Gesprächen, explizit oder implizit, auf die Hierarchie zwischen den einzelnen Disziplinen eingegangen. Im Interview mit einem Professor aus der jüngsten Kohorte kam zur Sprache, dass vor allem Vertreter älterer, etablierter Disziplinen »lächelnd« auf die Kommunikationswissenschaft herabblicken würden – und dies täten sie »nicht ganz unbegründet«. Man müsse anerkennen, dass es Fächer gebe, die eine Tradition haben, die »in größeren Kontexten ausbilden und vielleicht wichtigere Funktionen in der Gesellschaft einnehmen.« In einem anderen Interview wurde darauf hingewiesen, dass Vertreter »älterer, etablierter Disziplinen« ein »Problem« mit der Kommunikationswissenschaft hätten. Es könne durchaus »anstrengend« sein, diesen Kollegen zu erklären, dass Kommunikationswissenschaftler »nicht weniger Wissenschaftler« seien als Naturwissenschaftler oder »traditionelle Geistes- und Sozialwissenschaftler.« Ein Befragter, der die Kommunikationswissenschaft als alleiniger Fachvertreter an einer Technischen Universität vertritt, erzählte davon, dass die Kommunikationswissenschaft von Kollegen aus der Quantentheorie »abschätzig belächelt« werde (»So nach dem Motto: Wir können alle kommunizieren, reden, lesen, schreiben, sehen, wahrnehmen, schmecken, riechen. Was soll man da noch lernen?«).

Doch nicht nur Vertreter etablierter Fächer pflegen bisweilen einen schwierigen Umgang mit der Kommunikationswissenschaft. Mehrere Interviewpartner haben herausgestrichen, dass auch Vertreter aus akademischen Disziplinen, die noch nicht lange etabliert sind, auf die Kommunikationswissenschaft herabblicken würden. Als Erklärung für dieses Phänomen fügte ein Befragter aus der ältesten Kohorte hinzu, dass sich solche Kollegen durch die Abgrenzung nach unten (auch) ihres eigenen Status versichern wollten. Nach Ansicht eines habilitierten Soziologen steht die Soziologie innerhalb der Sozialwissenschaften »von der Außenreputation« am besten da. Die Soziologie verstehe sich als »Mutter der Sozialwissenschaften«, weshalb sie »vom Fachhabitus einen großzügigen, paternalistischen Umgang« mit den »später geborenen Fächern« wie der Politikwissenschaft oder der Kommunikationswissenschaft aufweise.

Die Politikwissenschaft habe sich von der Soziologie »emanzipiert«, trete »überarrogant« auf und versuche, sich ihre Klassiker zu erobern (»Thomas Hobbes gehört nicht den Sozialwissenschaften, sondern den Politologen – zumindest hätten sie das gerne.«). Ein promovierter Psychologe ist der Ansicht, dass andere Sozialwissenschaften im Vergleich zur Psychologie »natürlich eher weniger wert« seien. Vor dem Hintergrund dieser hierarchischen Reihung von Disziplinen lässt sich nachvollziehen, dass Fachfremde im Umgang mit Professorenkollegen bisweilen von der Reputation ihrer Mutterdisziplin profitieren. So betonte ein Interviewpartner, dass es seinem »persönlichen Image« zuträglich sei, Ökonomie studiert zu haben. Man merke, dass die Wirtschaftswissenschaften eine »starke Reputation« haben, die man »nicht so leicht kippen oder erreichen« könne.

Mehrere Professoren für Kommunikationswissenschaft wiesen im Interview darauf hin, dass das Image eines kleinen Faches stark von den Fachvertretern vor Ort geprägt werde. Ein Professor, der an einem großen Institut tätig ist und sich an der Fakultät unter seinesgleichen bewegt, dürfte andere Erfahrungen machen als ein Vertreter aus einer Ein-Mann-Einrichtung. Gerade in Berufungsverfahren kann die beträchtliche Größe eines Fachinstituts von Bedeutung sein. Meyen (2004: 205) hat herausgearbeitet, dass die Kommunikationswissenschaft an den meisten Standorten allerdings nur als Minderheit in Berufungskommissionen vertreten ist. Das Image der Kommunikationswissenschaft hängt (immer auch) von der Verortung des Faches an der Fakultät und der Größe des Fachinstituts ab. Ein Interviewpartner, der die Kommunikationswissenschaft an einer philosophisch-geisteswissenschaftlichen Fakultät vertritt, hat herausgestrichen, dass bei den Kollegen aus geisteswissenschaftlichen Disziplinen die Praxisnähe auf Widerstand stoße (»[...] weil die Praxis an der Universität keine Tradition hat.«).

Die Kommunikationswissenschaft scheint also nach wie vor mit einem Negativ-Image behaftet zu sein. Es lässt sich aber auch eine Reihe von Indikatoren finden, die für eine zunehmende Legitimation und für ein verbessertes Image der Kommunikationswissenschaft an der Universität sprechen:

- Kommunikationswissenschaftliche Studiengänge haben sich als »vergleichsweise preisgünstiges Aushängeschild für die hochschul- und wissenschaftspolitisch angemahnte Image- und Profilbildung« für Fakultäten und Fachbereiche bewährt (RUHRMANN et al. 2000: 283).

- In Absolventenbefragungen wird ein durchweg positives Bild kommunikationswissenschaftlicher Studienangebote gezeichnet (vgl. NEUBERGER 2005).
- Im Vergleich zu anderen sozialwissenschaftlichen Studiengängen ist der Durchsatz von Studierenden der Kommunikationswissenschaft immens (HOHLFELD 2006: 396).
- Das relativ gute Abschneiden der Kommunikationswissenschaft beim CHE-Ranking in den letzten Jahren dürfte nicht ohne Auswirkungen auf die Stellung des Faches in Universitäten bleiben (vgl. CHE 2008).

Auch in vielen Interviews wurde betont, dass sich das Image der Kommunikationswissenschaft an der Universität verbessert habe. Neben den oben aufgelisteten Aspekten wurden in den Interviews weitere angeführt: die hohe Nachfrage durch Studierende, das hohe Drittmittelpotenzial, der hohe Publikations-Output sowie die Studiengangsprofessionalität. Der erstgenannte Aspekt ist insofern nicht unproblematisch, als im universitären Ressourcenwettstreit hohe Studierendenzahlen zwar prinzipiell von Vorteil sind. Allerdings gibt es einen Break-Even-Punkt, nach dessen Überschreiten sich der Studierendenandrang negativ auswirkt. Davon wusste ein Interviewpartner aus der jüngsten Kohorte zu berichten: »Ich fände es furchtbar, wenn ich in einem kleinen Studiengang wäre, wo ich ständig meine Existenzberechtigung in Zweifel ziehen würde. Allerdings fände ich es angenehmer, wenn es in der Kommunikationswissenschaft ein bisschen weniger Studierende gäbe.« Ein Befragter, der die Kommunikationswissenschaft an einem der ältesten Fachinstitute Deutschlands vertritt, strich heraus: »Auch wenn es jetzt vielleicht etwas überzogen klingt: Die Kommunikationswissenschaft und die Journalistik gehören wegen der guten Indikatoren zu den besonders herausgehobenen Fächern.« An seinem Standort gelte die Kommunikationswissenschaft als »Perle der Universität«. Ein Professor (ebenfalls an einem Traditionsinstitut tätig) bekräftigte, dass die Kommunikationswissenschaft mittlerweile ein »sehr gutes Standing« an der Universität habe. Das merke man bei der Etatverteilung oder bei Verhandlungen mit dem Rektorat um Professuren – sowohl bei Neu- als auch bei Wiederbesetzungen.

Da es sich bei der Kommunikationswissenschaft um ein »Schnittstellenfach« handele und überall Interdisziplinarität gefordert werde, seien die Fachvertreter mittlerweile »relativ beliebt«, betonte ein Interviewpartner aus der jüngsten Kohorte. Aufgrund ihres interdisziplinären

Charakters hat die Kommunikationswissenschaft eine Vielzahl von Forschungsfeldern, die sich mit anderen Fächern überschneiden, und sie ist mit einer Vielzahl von Disziplinen Kooperationen eingegangen.[84] In diesem Zusammenhang gilt es zu berücksichtigen, dass Professorenkollegen aus anderen Disziplinen (vor allem aus geistes- und sozialwissenschaftlichen) immer auch als Konkurrenten um Ressourcen wahrgenommen werden. Die Ressourcenverteilung an der Universität bemisst sich neben dem Studierendenaufkommen und den Berufsaussichten der Studierenden nach der wissenschaftlichen Güte von Forschungsergebnissen, nach der wissenschaftlichen Expertise und nach den kurz- oder mittelfristigen Entwicklungspotenzialen eines Faches (vgl. BROSIUS/HAAS 2009: 170). Die Politikwissenschaft und die Soziologie werben zwar deutlich mehr evaluierte Drittmittel ein als die Kommunikationswissenschaft, sie haben ein deutlich höheres Publikationsaufkommen vorzuweisen und sie werden wohl auch in der breiten Öffentlichkeit stärker wahrgenommen – auf die institutionelle Entwicklung hat dies aber offenbar keinen Einfluss (mehr). Während die Politikwissenschaft und die Soziologie vor allem in den letzten Jahren mit Kürzungen zu kämpfen hatten (vgl. FALTER 2003; MARQUARDT 2005), wird die Kommunikationswissenschaft vorsichtig ausgebaut (vgl. MEYEN 2004, 2007a). Vor dem Hintergrund der zugeschriebenen Ausbildungskompetenz und des starken Studierendenandrangs der Kommunikationswissenschaft haben Ruhrmann et al. (2000: 293) von einem »Neidfaktor« gegenüber Kommunikationswissenschaftlern gesprochen. Ein Interviewpartner aus der jüngsten Kohorte hat diesen Neidfaktor wie folgt beschrieben:

> »Bei denen, die sich im innerwissenschaftlichen Gefüge bedroht fühlen, hat die Kommunikationswissenschaft häufig das Label als Laberfach. Das nehme ich aber nicht ernst, weil klar ist, warum die entsprechenden Kollegen das sagen. Man braucht sich nur mal angucken, wo bei denen in den letzten 20 Jahren neue Professuren eingerichtet worden sind, wo ein Ausbau des Faches betrieben worden ist und in welchen Fächern eher das Gegenteil stattgefunden hat. Das sagt ein bisschen etwas über die gesellschaftliche Relevanz, oder jedenfalls über die Zuschrei-

84 Hier sind zum Beispiel die Kommunikations- und Medienethik, die Kommunikationspolitik, die Mediengeschichte, die Medienlinguistik, die Medienökonomie, die Medienpädagogik, die Medienpsychologie, das Medienrecht, die Mediensoziologie, die Medientechnologie, die politische Kommunikationsforschung und die visuelle Kommunikation zu nennen. Nicht zu vergessen ist die Kooperation mit der geisteswissenschaftlich ausgerichteten Medienwissenschaft (vgl. DGPUK 2008: 3).

bung von Relevanz aus. Dass jetzt diejenigen, auf deren Kosten Kommunikationswissenschaft wächst oder gewachsen ist, über unser Fach nicht gut reden, ist zwar nicht richtig, aber durchaus nachvollziehbar.«

In Bezug auf die Reputation der Kommunikationswissenschaft an der Universität lässt sich also das Phänomen eines Sowohl-als-auch beobachten. Einerseits hat sich die Reputation der Kommunikationswissenschaft an der Universität in den letzten 30 Jahren verbessert, andererseits ist sie nach wie vor verbesserungswürdig. Das Image der Kommunikationswissenschaft prägt die Interaktion von Professoren des Faches mit Vertretern aus anderen akademischen Disziplinen und beeinflusst deren Integrations- und Distinktionshandeln im wissenschaftlichen Feld.

Größe kommunikationswissenschaftlicher Institute[85]

Während die Kommunikationswissenschaft im Jahre 1970 an lediglich sieben westdeutschen Standorten mit jeweils nur einer Professur vertreten war, gab es 2007 insgesamt 34 Fachinstitute mit 103 kommunikationswissenschaftlichen Professuren.[86] Diese Professuren sind an Fachinstituten von unterschiedlicher Größe angesiedelt. Mittlerweile gibt es Institute, die mit fünf oder mehr Professuren ausgestattet sind (etwa an den Standorten in Leipzig, München, Münster und Zürich). Nach wie vor gibt es aber auch Fachinstitute, die nur aus einer Professur bestehen (zum Beispiel in Erlangen-Nürnberg). Doch gleich, ob Professoren für Kommunikationswissenschaft an einem großen oder kleinen Institut tätig sind – es zeigt sich fast überall das gleiche Bild: Obwohl der Studiengang Kommunikationswissenschaft in Deutschland zulassungsbeschränkt ist, haben viele Fachinstitute ein hohes Studierendenaufkommen; auf wenige Professoren kommen sehr viele Studierende.[87] Die Kommunikationswissenschaft ist somit weit von der fächerübergreifenden Betreuungsrelation von Professoren und Studierenden entfernt. Die Hochschulrektorenkon-

85 Unter die Größe eines kommunikationswissenschaftlichen Instituts werden hier nicht die zur Verfügung stehenden Räumlichkeiten gefasst, sondern die Anzahl von Professuren an einem Fachinstitut. Unter ein ›kleines Institut‹ fallen jene Institute, an denen bis zu zwei Professoren für Kommunikationswissenschaft tätig sind. Von einem Institut mittlerer Größe wird gesprochen, wenn das Institut aus drei oder vier Professuren besteht. Ein ›großes Institut‹ hat fünf oder mehr Professuren für Kommunikationswissenschaft.

86 Zur (problematischen) Eingrenzung des kommunikationswissenschaftlichen Feldes vgl. Abschnitt 4.2.

87 Dieses Phänomen ist nicht neu. Zur Situation an kommunikationswissenschaftlichen Instituten in den 1970er-Jahren vgl. Kröll (1980) und Westerbarkey (1980).

ferenz ermittelte eine Betreuungsrelation von 1:60 in Deutschland (vgl. KEMPEN 2007).[88] Einige wenige Beispiele sollen genügen, um die Situation an kommunikationswissenschaftlichen Instituten zu illustrieren. Am Münchener Institut für Kommunikationswissenschaft und Medienforschung waren im Jahre 2009 rund 1400 Studierende im Haupt- und Nebenfach eingeschrieben, die von sieben Professoren betreut wurden. Eine vergleichbare Betreuungsrelation findet sich am Leipziger Institut für Kommunikations- und Medienwissenschaft. Dort kommen auf rund 1200 Studierende insgesamt zehn Professoren, von denen sieben Professuren der Kommunikationswissenschaft und drei Professuren den Medienwissenschaften zuzurechnen sind.

In der Schweiz und in Österreich gibt es für die Kommunikationswissenschaft keinen Numerus clausus, weshalb der Studiengang dort chronisch überfüllt ist. Am Berner Fachinstitut werden rund 700 Studierende von einem einzigen Professor betreut. Am Institut für Publizistikwissenschaft und Medienforschung der Universität Zürich kommen auf sieben Professoren rund 1600 Studierende. Ein dort tätiger Professor erzählte im Interview, dass er Seminare mit über 60 Teilnehmern abgehalten habe – ein Zustand, den er für »indiskutabel« hält. Die Einheit von Forschung und Lehre sei unter diesen Umständen nicht realisierbar. Bei gut nachgefragten Seminaren habe er nun die Teilnehmerzahl auf 35 Teilnehmer »runter gefahren« (»Ich mache immer einen Deal: Je interessanter das Thema, desto höher die Anforderungen.«). Zwei Professoren, die an einem österreichischen Fachinstitut unterrichten, haben sich über die hohen Studierendenzahlen beklagt. »1500 Studierende am Fachbereich sind zu viel. Das ist wie ein Großbetrieb«, meinte ein am Salzburger Fachinstitut lehrender Professor. Bei einer so hohen Studierendenzahl könne man nicht auf den Einzelnen eingehen, was er als »tragisch« bezeichnete. Die Studierenden, die am meisten »quengeln«, fielen auf und um diese kümmere man sich dann. Man habe zwar ein hohes Potenzial an guten und hervorragenden Studierenden, allerdings sei es fraglich, ob man gerade diese Studierenden kennen lerne. Am Wiener Fachinstitut werden Vorlesungen für Studienanfänger vor rund 1000 Studierenden gehalten. Ein dort tätiger Professor hat im Interview das hohe Studierendenaufkommen zwar als »Last« bezeichnet, zugleich aber erklärt, weshalb diese Last von ihm und seinen Kollegen über Jahrzehnte akzeptiert worden

88 Das heißt: Durchschnittlich kommen auf einen Professor bundesweit 60 Studierende.

sei: Mithilfe von Vorlesungen und dazugehörigen Übungen konnten durch Prüfungsgebühren Einnahmen in der Größenordnung von drei bis vier Monatsgehältern erwirtschaftet werden: »Je mehr Studenten, desto höher waren die Einkünfte – so einfach war das. Wir haben dafür ordentlich viel Geld bekommen und die Studenten mussten ordentlich viel lesen und studieren.« Der Interviewpartner strich heraus, dass diese Praxis zu Lasten der Forschung gegangen sei (»Als Forscher waren wir eigentlich ausgedörrt.«).

Aus den vorangegangenen Ausführungen lässt sich schließen, dass sich das hohe Studierendenaufkommen unmittelbar auf den Arbeitsalltag von Professoren für Kommunikationswissenschaft auswirkt. Die sehr hohe Lehrbelastung des Faches schränkt die »Freiräume für systematische kommunikationswissenschaftliche Grundlagenforschung« ein (WISSENSCHAFTSRAT 2007: 75). Vergleichweise günstige (Forschungs-)Bedingungen und eine gute Betreuungsrelation herrschen an den Fachinstituten in Erfurt und Hannover. In Erfurt ist die Kommunikationswissenschaft an einer Reformuniversität angesiedelt. Studierende werden dort nicht nach dem Numerus clausus ausgewählt, sondern nach einem institutseigenen Eignungsfeststellungsverfahren (ohne Kapazitätsgrenze). Die Seminargrößen variieren zwischen zwölf und 25 Teilnehmern und während der zweisemestrigen ›Projektstudienphase‹ werden sechs bis acht Bachelor-Studierende von einem Professor unterrichtet. Ein vergleichbares Betreuungsverhältnis gibt es am Institut für Journalistik und Kommunikationsforschung in Hannover. In dem an der Hochschule für Musik und Theater angesiedelten Studiengang kommen auf vier Professoren rund 150 Studierende. Jährlich werden dort nach einem Auswahlverfahren etwa 30 Studierende für den Bachelor- und rund 20 Studierende für den Masterstudiengang zugelassen.

In Bezug auf die Größe des Fachinstituts zeichnet sich folgende Tendenz ab: Professoren für Kommunikationswissenschaft, die an einem kleinen Institut tätig sind – wohlgemerkt: nicht an einer Ein-Mann-Einrichtung –, würdigen die positiven Aspekte der übersichtlichen Größe. Professoren, die an einem großen Institut tätig sind, stellen hingegen die Vorzüge einer größeren Einrichtung heraus. Professoren, die das Fach alleine an einem Standort vertreten, erachten Ein-Mann-Institute für nicht zweckmäßig. Im Interview wiesen zwei solcher Professoren mit Nachdruck darauf hin, dass es sinnvoll sei, das Fach an einem Standort mit mindestens drei Professuren auszustatten – nur so sei eine disziplinäre Einbindung garantiert. Ein Befragter, der über zehn Jahre die Kommunikationswissenschaft alleine an einem Standort vertreten hat, hält diese Praxis für »unsinnig«:

> »Man muss erst mal im Hause kämpfen, damit man das Fach ausbaut und aufbaut. Da gibt es Widerstände, weil alles, was wir für den Ausbau des Faches benutzen, anderswo wieder weggenommen werden muss. Das Fach muss ja auch in allen Kommissionen vertreten sein. Ich habe also erst einmal gesehen, dass das Fach an der Uni überhaupt in Gang kam.«

Dieses In-Gang-Setzen der Kommunikationswissenschaft erinnert an die Erfahrungen der ›Jungtürken‹ – jener Professorengeneration, die den institutionellen Ausbau der Kommunikationswissenschaft in den 1970er- und 1980er-Jahren aktiv vorangetrieben und mit gestaltet hat (vgl. MEYEN/LÖBLICH 2007). Ein Befragter aus der jüngsten Kohorte, der mehrere Jahre als alleiniger Standortvertreter fungierte, sagte, dass der »Workload« an einer Ein-Mann-Einrichtung im Vergleich zu größeren Instituten mindestens drei Mal so hoch sei. Alles in allem müsse man einen enormen Aufwand betreiben, worunter die Forschungsmöglichkeiten und die Freizeit litten. Der Vorzug liege aber auf der Hand: Man müsse sich nicht mit vielen Kollegen abstimmen und bei akuten Problemen könnten Entscheidungen schnell getroffen werden. Außerdem habe man einen Überblick über alle Angelegenheiten, wodurch man Dinge stark beeinflussen könne (»Man kann dem Ganzen einen Stempel aufdrücken.«). Auch ein Professor, der an einem kleinen Fachinstitut mit zwei Professuren tätig ist, hat die schnellen Entscheidungsprozesse positiv gewürdigt. Während seiner Zeit als Institutsvorstand habe er das »richtig ausgekostet.« Er habe das Gefühl gehabt, dass man »diesen Betrieb gut und zügig führen« könne. Allerdings müsse an einem kleinen Institut die Chemie stimmen, sonst könne es »richtig schiefgehen«.

Professoren, die an einem großen (Traditions-)Institut tätig sind, schätzen vor allem den Austausch mit Fachkollegen vor Ort. Ein solcher Austausch führt nach Ansicht eines Befragten aus der jüngsten Kohorte zu einem »größeren Wettbewerb« im unmittelbaren Umfeld, was karrieretechnisch nur von Vorteil sei (»Das spornt an und ist fruchtbar.«). Dieser Interviewpartner habe es zudem als angenehm empfunden, dass er an ›seinem‹ Fachinstitut (Traditionsinstitut) keine institutionelle Aufbauarbeit leisten musste. Bei Amtsantritt sei er in ein »strukturiertes und stabiles« Umfeld eingetreten, was keineswegs selbstverständlich sei. Es gebe ja durchaus Institute, die durch lange Vakanzen oder durch »andere widrige, zum Teil auch selbst verschuldete Umstände« in die Krise geraten seien. Von solchen Umständen wusste eine Professorin zu berichten, die bei Amtsantritt ein Institut in »desaströsem Zustand« vorgefunden habe. Diese Begebenheit hat die Befragte (Gender-Forscherin) als »Trümmerfrauen-Prinzip« beschrieben. Ihrer Meinung nach hätten Frauen gerade an solchen Instituten eine Chance, an denen »alles am Boden liegt« und Aufbauarbeit geleistet werden müsse. Bemerkenswerterweise haben mehrere Interviewpartner – allesamt männlich – die zu leistende Aufbauarbeit eines Instituts positiv gewürdigt und sie haben die mit der Aufbauarbeit verbundene Definitionsmacht hervorgehoben. So meinte ein Befragter aus der jüngsten Kohorte, dass es doch wesentlich attraktiver sei, in einem »dynamischen Bereich« tätig zu werden und eben nicht an einem großen Institut, das wie ein »langsamer Tanker nur in eine Richtung schippert.«

Ausstattung kommunikationswissenschaftlicher Professuren[89]

Wie in Abschnitt 3.3.2 beschrieben, liefern finanzielle Ressourcen, und damit (auch) die Ausstattung von kommunikationswissenschaftlichen Professuren, die Grundlage für Forschungsaktivitäten. Im DGPuK-Selbstverständnispapier (2001) ist zu lesen, dass die Ausstattung von Fachinstituten auch heutzutage noch eher am »Bedürfnis nach Lehre« als am Bedürfnis »nach Erkenntnis« orientiert sei.[90] Heinz Pürer (2002: 136) hat davon gesprochen, dass die Kommunikationswissenschaft »nicht gerade üppig ausgestattet« sei. Vor diesem Hintergrund ist es bemerkenswert, dass sich die meisten Interviewpartner mit der Ausstattung ihrer Professur im Großen und Ganzen zufrieden zeigten. So äußerte ein Professor (alleiniger Standortvertreter), dass er alles anschaffen könne, was er brauche – von Büchern über Beamer bis zu Computern. Ein Befragter, der an einem großen (Traditions-)Institut lehrt, sagte, dass der Haushalt dank der »Erfolgsindikatoren« der Kommunikationswissenschaft ständig ansteige; es gebe »überhaupt keinen Grund zum Meckern«. Über die personelle und technische Ausstattung seiner Professur könne er sich nicht beschweren. Ein anderer Professor

89 Im Folgenden werden keine konkreten Euro-Beträge offengelegt. Vielmehr ist von Interesse, ob die Interviewpartner mit der Ausstattung ihrer Professur (Mitarbeiterstellen, Sachmittel und Räume) zufrieden sind.

90 Im überarbeiteten Selbstverständnispapier aus dem Jahre 2008 findet sich kein Hinweis zur Ausstattung kommunikationswissenschaftlicher Institute (vgl. DGPUK 2008).

(ebenfalls an einem großen Traditionsinstitut tätig) meinte, dass man nie alles habe, um umfassend forschen zu können. Er wisse allerdings auch nicht, an welchem Institut es besser sei ([...] »unter den Einäugigen ist der Blinde König« [...]), weshalb er »gar nicht so unzufrieden« sei. Im Vergleich zu der Ausstattung von amerikanischen Kollegen wäre allerdings »noch ziemlich viel möglich.«

Die Ausstattung von kommunikationswissenschaftlichen Professuren hängt stark vom jeweiligen Fachinstitut ab. Während es Institute gibt, an denen einer C3-Professur keine Mitarbeiterstelle zugeordnet ist (etwa in Münster), können an einem anderen Standort W2-Professuren mit zwei Mitarbeiterstellen und üppigen Sachmitteln ausgestattet sein (beispielsweise in Ilmenau). Ein Professor, der eine C3-Professur ohne feste Mitarbeiterstelle innehat, betonte, noch nie in eine finanzielle Englage geraten zu sein. Schließlich gebe es die Möglichkeit, Drittmittel einzuwerben (»Es gibt da immer Wege.«). Einige Befragte haben sich ihre (relativ) gute Ausstattung der Professur durch Rufabwehrverhandlungen geschaffen. Ein Professor aus der mittleren Kohorte wies darauf hin, dass er aufgrund mehrerer Rufe mittlerweile nicht nur ein deutlich besseres persönliches Gehalt als viele seiner Kollegen habe, sondern auch eine weitere Assistentenstelle und zusätzliche Sachmittel: »Die ganzen Einrichtungen, die hier stehen, sind im Wesentlichen aus den Berufungsmitteln finanziert worden – Geld, das ich bekommen habe, um hier zu bleiben.« In mehreren Interviews wurde betont, wie sehr man es schätze, eine Sekretärin (oder zumindest eine halbe Sekretariatsstelle) zu haben. Möglicherweise kann die sich abzeichnende Zufriedenheit von Professoren für Kommunikationswissenschaft mit der Ausstattung ihrer Professur (auch) durch deren Habitūs erklärt werden. Wie an späterer Stelle zu zeigen sein wird, handelt es sich bei den meisten Fachvertretern um Akteure mit einer Aufsteigerbiografie (vgl. hierzu Abschnitt 5.2.1).

Drei Interviewpartner haben einen unmittelbaren Zusammenhang zwischen der Ausstattung ihrer Professur und der Nachwuchsförderung hergestellt (»Da ist man ja mitverantwortlich.«). Sie haben akzentuiert, dass eine nachhaltige Förderung von Nachwuchswissenschaftlern nur dann erfolgen könne, wenn genügend ökonomisches Kapital zur Verfügung stehe – sei es in Form von Mitarbeiterstellen oder Drittmittelprojekten. Ein Befragter aus der jüngsten Kohorte ist der Ansicht, dass man in Deutschland nach wie vor »viel zu viele talentierte junge Menschen verhungern« ließe. Beim Einstieg in den Professorenberuf sei man hier nach wie vor »zu unflexibel«; von den Amerikanern und Engländern könne man sich in dieser Hinsicht »noch viel abgucken«. Der zitierte Professor berichtete, dass sich laufend Nachwuchswissenschaftler aus dem In- und Ausland bei ihm melden würden. Leider habe er nur eine feste Stelle, auf der zwei Mitarbeiter sitzen; er könnte aber das »Fünffache versorgen« (»Die rennen mir hier die Tür ein!«). Ein Professor (älteste Kohorte) antwortete am Ende des Interviews auf die Frage, ob er noch etwas sagen wolle: »Ja, ich möchte, dass meine Mitarbeiter Professoren werden. Das macht mir wirklich Sorgen. Die Forschung ist eine äußerst ungewisse Angelegenheit und wenn dazu noch die Arbeitsstelle ungewiss ist, wird es besonders schwer.«

In der Tendenz zeichnet sich ab, dass sich die an einem großen Fachinstitut Tätigen im Vergleich zu ihren Kollegen aus kleinen oder mittleren Instituten zufriedener mit ihrer Ausstattung zeigen. Ein Professor, der an einem kleinen Institut beschäftigt ist, sagte, dass die personelle Ausstattung seiner Professur für Routineaufgaben ausreiche, für Forschungsprojekte sei sie allerdings »miserabel«. Ein anderer erzählte, dass er eine »Jeremiade vor der Hochschulleitung aufgeführt« habe, als man ihm die Mittel für externe Lehraufträge von Journalisten und PR-Fachleuten verweigern wollte. Inzwischen bekomme er wenigstens Geld für zwei Lehraufträge. Zu erwähnen ist in diesem Zusammenhang, dass die Mehrzahl der befragten Professorinnen eine C3-Professur innehat. Eine Befragte hat den Umstand, dass sie eine C3-Professur besetzt, als »recht typisch« für das Anstellungsverhältnis von Frauen in der Wissenschaft bezeichnet. Wenn man um die geschlechtsspezifische Zuordnung von C3/C4-, bzw. W2-/W3-Professuren im Allgemeinen und für die Kommunikationswissenschaft im Speziellen weiß, dann kann die Begebenheit, von der die Interviewpartnerin gesprochen hat, tatsächlich als typisch betrachtet werden.[91]

91 Im Jahre 2003 waren nach Angaben des Statistischen Bundesamtes (2005) 13 Prozent der Professuren an deutschen Universitäten mit Frauen besetzt, bei C4-Professuren betrug der Anteil neun Prozent. Fröhlich und Holtz-Bacha (1993b: 537) haben herausgearbeitet, dass der Frauenanteil auch unter Professoren für Kommunikationswissenschaft mit steigender Hierarchie abnimmt. Anfang der 1990er-Jahre waren etwas mehr als ein Fünftel der C3-Professuren und nur knapp neun Prozent der C4-Professuren mit Professorinnen besetzt. In der Studie *Die Kommunikationswissenschaft als »gendered organization«* von Prommer et al. (2006) werden die Professuren für Kommunikationswissenschaft nicht nach Besoldungsgruppen aufgeschlüsselt.

5.1.2 *Zentrum und Ränder des kommunikationswissenschaftlichen Feldes*

Die Analyse der Positionen *innerhalb* des kommunikationswissenschaftlichen Feldes ist insofern von zentraler Bedeutung, als das, was Professoren sagen und tun, im ersten Moment als subjektiv erscheinen mag. Nach der Logik sozialer Felder ist dieses Handeln jedoch nicht beliebig, sondern es erschließt sich durch die Feldstrukturen und die dahinter liegende spezifische Funktionslogik.

Zunächst stellt sich die Frage, ob es überhaupt so etwas wie ein Zentrum des kommunikationswissenschaftlichen Feldes gibt. Dressel und Langreiter (2002b: 143) haben darauf hingewiesen, dass sich in rapide wachsenden Fächern – zu denen die Kommunikationswissenschaft zweifelsohne gezählt werden kann – die Zentren multiplizieren, weshalb es sich »zwangloser am Rand leben« lasse. Einige Fächer würden es geradezu erleichtern, sich randständig zu positionieren; andere böten zahlreiche Möglichkeiten der Differenzierung, sodass sich für alle eine Nische finden lasse (vgl. ebd.: 142). Auch die Kommunikationswissenschaft differenziert sich immer weiter aus. Als Indiz hierfür können die aktuell 14 Fachgruppen der DGPuK betrachtet werden, die sich mit unterschiedlichen Gegenständen und Fragestellungen (Material- und Formalobjekten) beschäftigen.[92] An anderer Stelle wurde aber bereits darauf hingewiesen, dass sich in der Kommunikationswissenschaft ein sozialwissenschaftlicher Mainstream herausgebildet hat (vgl. hierzu Abschnitt 2.2.2).

Lange Zeit galt die medial vermittelte öffentliche Kommunikation als zentraler Forschungsgegenstand (vgl. DGPUK 2001: 6). Im Zuge der Digitalisierung und Mediatisierung und der damit einhergehenden Verschränkung öffentlicher und nicht öffentlicher Kommunikationsprozesse wird die Frage nach dem Gegenstandsbereich der Kommunikationswissenschaft (Massen-, Gruppen- und Individualkommunikation) allerdings wieder kontrovers diskutiert. Während es Kommunikationswissenschaftler gibt, die ausschließlich die medial vermittelte öffentli-

92 Als Fachgruppen sind zu nennen: Computervermittelte Kommunikation; Journalistik und Journalismusforschung; Medien; Öffentlichkeit und Geschlecht; Medienökonomie; Medienpädagogik; Mediensprache – Mediendiskurse; Methoden der Publizistik- und Kommunikationswissenschaft; Kommunikationsgeschichte; Kommunikations- und Medienethik; Kommunikation und Politik; PR und Organisationskommunikation; Rezeptions- und Wirkungsforschung; Soziologie der Medienkommunikation sowie Visuelle Kommunikation (Stand: Mai 2010).

che Kommunikation als Fachgegenstand betrachten (vgl. etwa BROSIUS 2003b; JARREN 2008), verstehen andere darunter auch die medial vermittelte interpersonale Kommunikation (vgl. zum Beispiel KROTZ 2007). Solche Fachvertreter plädieren dafür, die Gegenstandsfelder, Theorien und Methoden des Faches auf andere Kommunikationsformen auszudehnen. Im überarbeiteten Selbstverständnispapier der DGPuK findet sich nun der Hinweis: »Derzeit sieht ein Teil der Fachgesellschaft die medial vermittelte öffentliche Kommunikation und die damit verbundenen Produktions-, Verarbeitungs- und Rezeptionsprozesse im Vordergrund; ein anderer Teil sieht die medial vermittelte interpersonale Kommunikation als gleichrangig an« (DGPUK 2008: 3).

Die Kommunikationswissenschaft zeichnet sich durch einen Pluralismus von Theorien, Methodologien und Methoden aus und es existieren – wie in sozialwissenschaftlichen Disziplinen üblich – mehrere Paradigmen nebeneinander. In der Kommunikationswissenschaft finden vor allem »Theorien mittlerer Reichweite« Verwendung, durch die Aussagen über begrenzte Phänomene der Wirklichkeit getroffen werden können (vgl. DGPUK 2008: 3). Das Fach integriert Theorien aus anderen Fächern, hat aber auch einige originäre Theorien und Modelle entwickelt, wodurch es einen interdisziplinären Beitrag leistet (vgl. ebd.). Dem DGPuK-Selbstverständnispapier (2001: 6) ist zu entnehmen, dass in den 30 Jahren zuvor das funktionalistische Paradigma und das systemtheoretische Paradigma erfolgreich waren und dass der Konstruktivismus in seinen unterschiedlichen Ausprägungen ein alternatives Paradigma darstellt.[93] Aus der DGPuK-Mitgliederbefragung ist bekannt, dass innerhalb der Kommunikationswissenschaft die Massenmedien, Mediensysteme und Medienstrukturen, die politische Kommunikation, Kommunikationspolitik und die Medienökonomie als zentrale Forschungsbereiche gelten. Die Gender Studies, Computerspiele und Szenische Medien haben für die Befragten die geringste Bedeutung (vgl. PEISER et al. 2003: 321). Überdies geht aus der Inhaltsanalyse der beiden führenden Fachzeitschriften von Brosius und Haas (2009: 176) hervor, dass sich die Zeitschriftenbeiträge im Kern mit der Medienwirkungs- und Mediennutzungsforschung, mit der Aussagenforschung, Medienökonomie, Journalismus- und Kommunikatorforschung und der Kommunikationspolitik beschäftigen. Im Vergleich zu den 1980er-

93 Das DGPuK-Selbstverständnispapier aus dem Jahre 2008 liefert keinen Hinweis zu den vorherrschenden Paradigmen der Kommunikationswissenschaft.

Jahren verliert die Mediengeschichte beständig an Bedeutung, während die Kommunikatorforschung einen enormen Zuwachs erfährt (vgl. DONSBACH et al. 2005: 57). Im Fach finden Methoden der empirischen Sozialforschung sowie historisch-hermeneutische Methoden Verwendung, wobei das Spektrum standardisierte und nicht standardisierte Verfahren wie die Befragung, Inhaltsanalyse, Experiment und Beobachtung sowie ethnografische Vorgehensweisen umfasst (vgl. DGPUK 2008: 3). Im Zentrum des Faches stehen also Forschungsbereiche wie die Wirkungs- und Nutzungsforschung oder die Politische Kommunikation und Theorien und Methoden der empirischen Sozialforschung nach US-amerikanischem Vorbild.

Die quantitative Verteilung der method(olog)ischen und theoretischen Zugänge sowie der Forschungsbereiche ist insofern von zentraler Bedeutung, als sich daraus ableiten lässt, welche Forschungsaktivitäten sich im kommunikationswissenschaftlichen Feld auszahlen. Dieser Wert bestimmt wiederum die (Selbst-)Positionierung von Akteuren, worauf im Rahmen der Beschreibung der unterschiedlichen Fachverständnisse eingegangen wird (vgl. Abschnitt 6.2.1).

5.2 Habitusanalyse von Professoren des Faches

Welche soziale Herkunft haben Professoren für Kommunikationswissenschaft? Welche Berufswünsche hatten sie zu Beginn ihres Studiums? Haben sie während ihres Studiums Erfahrungen in der Medienpraxis erworben? Was waren die Beweggründe, den Weg in die (Kommunikations-)Wissenschaft einzuschlagen? Zu welchem Zeitpunkt haben sie sich für den Professorenberuf entschieden? Wie hat sich der Weg zur kommunikationswissenschaftlichen Professur aus Sicht der Professoren gestaltet? Die folgenden Ausführungen tragen zur Klärung dieser Fragen bei. Dabei schlagen sie die Brücke zur Selbstverständnisdebatte und zu den Professionalisierungstendenzen des Faches. Dieser Brückenschlag erscheint als sinnvoll, weil sich aus der sozialen Laufbahn von Fachvertretern Interpretationsangebote zum Status quo und zur Zukunft der Kommunikationswissenschaft ableiten lassen. Da es sich bei den Interviewpartnern um diejenigen handelt, die mit dem Erhalt einer Professur den Höhepunkt einer wissenschaftlichen Karriere erreicht haben (›survivor sample‹), lassen sich aus den folgenden Überlegungen Karrierestrategien herauslesen, die Erfolg in der Wissenschaft begünstigen.

5.2.1 *Soziale Herkunft und Berufswünsche*

Die Befunde zur sozialen Herkunft und zu den Berufswünschen von Professoren für Kommunikationswissenschaft lassen sich als empirischer Beleg lesen, dass familiäre Herkunftsressourcen die soziale Laufbahn maßgeblich beeinflussen und dass es Akteuren stets um die Verbesserung ihrer Position im sozialen Raum geht. Darüber hinaus wird gezeigt, dass sich die Stellung der Kommunikationswissenschaft an der Universität (auch) durch die Habitūs seiner Fachvertreter erklären lässt. Die soziale Herkunft und der Habitus von Professoren des Faches dürften die marginalisierte Stellung der Kommunikationswissenschaft an der Universität zementieren.

Fünf der insgesamt 26 befragten Professoren kommen aus akademischen Elternhäusern, drei Befragte stammen aus bildungsfreundlichen Elternhäusern (»Das, womit man sein Leben gestaltet, ist Bildung.«), einer aus künstlerischem Elternhaus (»Mein Vater war Maler, der sehr schöne Bilder gemalt, aber kein Geld verdient hat.«). Die Mehrheit der Interviewpartner weist allerdings eine bildungsferne Herkunft auf. Diese Professoren haben ihre familiäre Herkunft unter anderem als »bäuerliches, kleinbürgerliches Milieu«, als »kleinstädtischen Haushalt«, »Handwerkerfamilie« oder als »Familie von Kleinunternehmern« beschrieben. Die Väter/Großväter der Interviewpartner waren zum Beispiel Müller oder Bäcker und »von daher war die akademische Laufbahn eigentlich außerhalb des Horizonts«, wie ein Professor herausstrich. Viele Befragte berichteten davon, dass sie – und mitunter auch die Geschwister – die ersten in der Familie gewesen seien, die eine weiterführende Schule besucht, Abitur gemacht und studiert hätten. Dass Angehörige aus bildungsfernen Schichten überhaupt an der Universität studieren konnten, hängt mit der sozialen Öffnung der höheren Bildungswege durch die Hochschulreformen in den 1960er-Jahren zusammen. Für gewöhnlich bewegt sich der soziale Aufstieg von Akteuren im vorgezeichneten Rahmen des Aufstiegs einer Klassenfraktion, was zu einer Positionsverlagerung im sozialen Raum führt. Veränderungen in der Wirtschafts- und Berufsstruktur gelten als Voraussetzung dafür, dass beispielsweise die Söhne und Töchter von Bäckern nicht mehr Bäcker werden, sondern im expandierenden Kultursektor Arbeit und Lohn finden und Journalisten werden (vgl. KRAIS/GEBAUER 2002: 44f.).

Die meisten Professoren für Kommunikationswissenschaft wollten zunächst Journalist werden. Viele Befragte erzählten von ihrer Sympathie für die Schulfächer Deutsch und Geschichte. 13 der 26 Professoren haben Kommunikationswissenschaft studiert, wobei die konkrete Berufsvorbereitung für diese Studienfachwahl gesprochen hat. Eine solch berufspraktische Perspektive wurde ›klassischen‹ Studienfächern wie der Germanistik nicht attestiert (»Germanistik war damals ohne jegliche Relevanz, Walther von der Vogelweide und so weiter. Mir war sofort klar, dass ich das nicht wollte.«). Im Vergleich zur Politikwissenschaft wurde die Kommunikationswissenschaft von einem Interviewpartner als »nicht so theoretisch« erachtet, weshalb er dieses Fach als Hauptfach bevorzugte. Vier Professoren (alle männlich) hegten bereits zu Studienbeginn den Berufswunsch Professor, nannten den Journalismus aber als Alternative (»Man muss ja auch Konkreteres ins Auge fassen.«). Drei dieser vier Professoren kommen aus akademischen Familien und sie haben *nicht* Kommunikationswissenschaft studiert. Wenn man um die Bedeutung der sozialen Herkunft bei der Ausbildung des Habitus weiß, dann überrascht der Zusammenhang zwischen dem Berufswunsch Professor und dem Ursprungsmilieu wenig.

Nach Bourdieu (1981: 179) fehlen denjenigen Akteuren, die nicht über Bildungskapital in nennenswertem Umfang verfügen, die richtigen Informationen und die Vertrautheit mit den Strukturen und Werten, die für eine in höhere Positionen führende Bildungsinvestition notwendig sind. Wo diese nicht fehlen (etwa in Familien von Lehrern oder kleinen Beamten), mangele es hingegen in der Regel an materieller Sicherheit und an der Sicherheit des Habitus. Ein Professor aus einer Akademikerfamilie (die Mutter ist promoviert, der Vater hat sich habilitiert) sagte, dass es im Umgang mit den Eltern selbstverständlich einen Unterschied mache, ob »man sein Dissertationsthema beim Abendessen besprechen kann« und ob das familiäre Umfeld etwas mit den Begriffen »Dissertation« und »Habilitation« anzufangen weiß. Ein Interviewpartner aus akademischem Elternhaus, in dessen Verwandtschaft es mehrere Wissenschaftler gibt, hob hervor, dass sich sein Weg in die Wissenschaft relativ problemlos gestaltet habe. Da das Karriereziel Professor als legitim erachtet wurde, habe er vor seinen Eltern niemals »Rechtfertigungsprobleme« gehabt. Seiner Mutter ([...] »selbst eher aus dem Kleinbürgertum« [...]) sei die Idee, »sich bei allen Unsicherheiten und Problemen des Berufsstandes hineinzumanövrieren«, nicht fremd gewesen. Von ihr habe er nie die »typischen Argumente« gehört, die *gegen* eine Wissenschaftskarriere sprechen (»Jetzt gehste aber mal richtig arbeiten!« oder »Jetzt musste aber mal Geld verdienen!«). Stets sei ihm das Gefühl vermittelt worden, dass der

Weg in die Wissenschaft ein »durchaus probater Weg« sei: »Vielleicht hat man sich den potenziellen Risiken, die dieser Weg mit sich bringt, auch verschlossen. Ich habe mir da relativ wenig Gedanken gemacht.« Der Ausdruck »relativ wenig Gedanken gemacht« verweist auf die Sicherheit des Habitus – auf das wie selbstverständlich erscheinende Handeln, das vom praktischen Sinn angeleitet wird. An späterer Stelle wird gezeigt, dass sich diese im Habitus verankerte Sicherheit nicht nur durch die soziale Herkunft, sondern noch durch weitere Faktoren erklären lässt.

Untersuchungen zur sozialen Herkunft von Professoren haben gezeigt, dass Eltern die Bildungsmobilität ihrer Kinder unterschiedlich unterstützen (vgl. beispielsweise HAAS 1999; SCHLÜTER 1999). Brigitte Hasenjürgen (1996: 187) hat in ihrer qualitativen Studie herausgearbeitet, dass die Prägung des familiären Hintergrunds – mal mehr, mal weniger direkt – in die Erzählhaltung der Interviewpartner eingeht. Während es eine Arbeitertochter schon als Erfolg ansehe, »überhaupt so weit gekommen zu sein«, konstatiere die Unternehmertochter, dass sie außer Professorin nichts werden könne (ebd.: 142). Einige wenige Professoren für Kommunikationswissenschaft berichteten in der vorliegenden Studie von Unverständnis und von Widerständen der Eltern hinsichtlich ihrer Studienfachwahl. So erzählte zum Beispiel ein Befragter aus bildungsfernem Elternhaus (älteste Kohorte), dass ihn seine Eltern zunächst für »verrückt« gehalten hätten. Sie hätten gehofft, dass die »fixe Idee«, ein Studium der Soziologie aufzunehmen, wieder vorübergehen würde. Ein anderer Interviewpartner aus der gleichen Kohorte sagte, dass seine Eltern (der Vater war Ingenieur, die Mutter Hausfrau) von seinem damaligen Berufswunsch Journalist und der Studienfachwahl Kommunikationswissenschaft »entsetzt« gewesen seien. Die Mehrheit der Befragten betonte allerdings, dass ihnen durch die Eltern große Freiheit bezüglich ihrer Berufswahl gelassen wurde und dass das Studienvorhaben moralisch, in manchen Fällen auch finanziell unterstützt wurde. Die entgegengebrachte Offenheit der Eltern gegenüber der Berufswahl wurde von vielen Befragen mit Nachdruck positiv gewürdigt. Zudem wurde der emotionale Rückhalt und das entgegengebrachte Grundvertrauen der Eltern herausgestrichen: »Kurz und gut: Ich habe durch meine Eltern sehr viel Unterstützung bekommen, aber niemals Druck gespürt«, sagte zum Beispiel ein studierter Kommunikationswissenschaftler aus der mittleren Kohorte.

Obgleich der Berufswunsch Journalist in den meisten Fällen von den Eltern akzeptiert und die Berufswahl insgesamt liberal begleitet wurde – dieses Bild zeichnen die Professoren zumindest aus ihrer heutigen Perspektive und Position –, schimmert in den Schilderungen der Interviewpartner ein gewisses Sicherheitsdenken der Eltern durch. Beispielsweise hätten es die Eltern eines studierten Kommunikationswissenschaftlers (mittlere Kohorte) »natürlich lieber gesehen«, wenn er »auf dem Finanzamt gelandet« wäre (»Das ist ja in Deutschland Symbol eines sicheren Jobs.«). Ein anderer Befragter (ebenfalls studierter Kommunikationswissenschaftler, gleiche Kohorte) sagte, dass seine Mutter nach dem Examen eine »sozialversicherungspflichtige Arbeit« für vernünftig hielt. Die Professoren haben ihre Eltern bisweilen als Personen beschrieben, die nicht über die notwendigen Dispositionen verfügten, die eine riskante Investition in eine Studienfachwahl mit ungewisser Zukunft fordere. Einige Befragte erzählten davon, dass die (wenn auch nur vage geäußerte) Skepsis bezüglich des Studienfaches gewichen sei, als ihre Eltern merkten, dass man sich durch dieses Studienfach selbst ernähren kann – sei es durch journalistisches Arbeiten oder durch die Tätigkeit als wissenschaftliche Hilfskraft. Mehrere Befragte strichen zudem heraus, dass das anfängliche Unbehagen der Eltern – sei es in Bezug auf das Studium im Allgemeinen, auf das Studienfach oder den Berufswunsch im Speziellen – gewichen sei, je näher der Doktortitel und die Professur rückten. Zum Beispiel erzählte ein Professor von seinem Vater, der »sehr, sehr stolz« auf ihn gewesen sei, als er seine Doktorwürde erhielt. Aus Sicht des Befragten war die »gesellschaftliche Akzeptanz von außen« Beleg dafür, dass der Vater das eigene Kind »nicht gänzlich falsch« erzogen habe. Ein anderer Professor berichtete davon, dass seine Eltern mit der ersten Publikation »eine Art Devotionalien-Schrein« im Wohnzimmer aufgebaut hätten: »Sie haben alles, was ich publiziert habe, auf einem Schrank drapiert. Aber das wurde irgendwann unübersichtlich und dann haben sie es aufgegeben.« Eine Professorin meinte, dass ihre Mutter heute sehr stolz auf sie sei. Dieser Stolz sei allerdings nicht berufs- oder karrierespezifisch; für ihre Mutter sei ausschlaggebend, dass jemand viel leistet – egal, auf welchem Gebiet. Die Befragte strich heraus, dass ihre Mutter sicherlich genau so stolz wäre, wenn sie eine Familie gegründet und drei Kinder bekommen hätte (»Mit einem klassischen Familienmuster hätte sie mehr anfangen können.«). Das Zitat veranschaulicht, dass der von den Eltern gewünschte und auf die Kinder übertragene Bildungsaufstieg seine Grenzen findet. Aus Studien zu Reproduktionsmechanismen sozialer Klassen ist bekannt, dass diese

Grenze bei Töchtern für gewöhnlich enger gesteckt wird als bei Söhnen (vgl. exemplarisch LEEMANN 2002: 33).

Aus den Interviews lassen sich keine nennenswerten geschlechtsspezifischen Unterschiede in Bezug auf den elterlichen Umgang mit dem Berufswunsch herauslesen. Alle befragten Professorinnen haben vom großen Vertrauen seitens ihrer Eltern berichtet. Eine Professorin erzählte, dass ihr Bruder die gleiche Ausbildung wie der Vater gemacht habe und dass sie dafür »vorgesehen« gewesen sei, das Milieu ihres Elternhauses zu verlassen. Eine andere Befragte kommt aus einer Familie, in der die Frauen »seit Menschengedenken« berufstätig waren. In den Habitus gehen die Prinzipien des Urteilens und Wertens ein, die in einer Gesellschaft vorherrschen. Als grundlegendes Strukturierungsprinzip, das ein Herrschaftsverhältnis impliziert, wird dabei die Arbeitsteilung zwischen Mann und Frau betrachtet (vgl. KRAIS/GEBAUER 2002: 48). Wenn Mädchen nicht (soweit dies möglich ist) geschlechtsspezifisch sozialisiert werden, durch ihre weiblichen Verwandten die Berufstätigkeit vorgelebt bekommen und zum Selbstbewusstsein erzogen werden, dann scheint dies eine Sicherheit des Habitus mit sich zu bringen. Diese Sicherheit wirkt sich auf den Berufswunsch aus und manifestiert sich in der beruflichen Laufbahn. Oder, wie eine Professorin herausstellte: »Für meine Eltern war es eigentlich immer selbstverständlich, dass man alles kann, was man will. Ich habe immer mit auf den Weg gekriegt: ›Die macht das schon.‹«

Ein Großteil der befragten Professoren hat einen Akkulturationsprozess durchlaufen und weist eine klassische Aufsteigerbiografie auf. Nach Bourdieu (1987b: 125) haben diese Fachvertreter einen »langwierigen Prozess von Kooptation und Initiation« durchlebt, der einer »zweiten Geburt« gleichkommt. Solche Professoren bewegen sich seit ihrer Studienzeit in einer Welt, die ihren Eltern mehr oder weniger fremd ist. Ein Interviewpartner aus bildungsfernem Elternhaus berichtete davon, dass in seiner Familie die akademische Welt überhaupt nicht vertreten sei und dass er sich die akademischen Gepflogenheiten erst einmal aneignen musste. In einem anderen Interview kam zur Sprache, dass sich die Eltern noch vage etwas unter einem Studium vorstellen konnten. Das Promovieren hingegen überstieg ihre Vorstellungskraft und sie hätten keine Vorstellung davon gehabt, was man als Wissenschaftler eigentlich macht (»Für sie war das einfach weiterstudieren.«). Ein Professor aus der jüngsten Kohorte schilderte das Verhältnis zu seinen Eltern folgendermaßen:

> »Sie haben keine spezielle Affinität zu dem, was ich mache – sie haben mich auch nie zu irgendwas gedrängt oder von irgendetwas abgeraten. Sie haben das alles eher von außen betrachtet; wenn ich mich gefreut habe, haben sie sich auch gefreut und wenn ich mich geärgert habe, haben sie sich auch geärgert.«

Einige Professoren haben von einer regelrechten Kluft zwischen ihrer aktuellen Lebenswelt, die stark durch den Beruf geprägt ist, und ihrer Ursprungsfamilie berichtet (was selbstverständlich keinen Einfluss auf das persönliche Verhältnis haben muss). Eine Professorin sagte, dass ihre Mutter mit ihrer momentanen Tätigkeit »recht wenig anfangen« und ihre beruflichen Alltagssorgen nicht nachvollziehen könne. Eine andere Professorin, die als einzige in der Familie Abitur hat, erzählte von folgender Begebenheit: »Meiner Mutter habe ich meine Dissertation geschenkt und vorne in das Buch habe ich – etwas schwülstig, wie man das halt so macht – sinngemäß geschrieben: ›Mein Erfolg ist auch dein Erfolg‹. Da guckte sie mich an und sagte: ›Ach Kind, das ist doch gar nicht wahr. Das hast du doch ganz alleine gemacht!‹ In dem Moment habe ich gedacht: ›Mutter, eigentlich hast du Recht.‹«

Dass eine Aufsteigerbiografie eine Entfremdung zum Herkunftsmilieu mit sich bringt, ist freilich nicht als Spezifikum des Untersuchungsgegenstandes zu betrachten. Dieses soziale Phänomen dürfte auf Vertreter aus anderen akademischen Disziplinen, die durch den Professorenberuf sozial aufgestiegen sind, gleichermaßen zutreffen. Bei Kommunikationswissenschaftlern kommt hinzu, dass über das Fach als solches Unklarheiten bestehen. Ein studierter Kommunikationswissenschaftler (jüngste Kohorte) erzählte, dass die Kommunikationswissenschaft für seine soziale Umwelt »immer ein Mysterium« gewesen sei ([...] »afrikanische Tänze und so« [...]). Stets sei er mit der Frage konfrontiert worden, was das überhaupt für ein Fach sei und was man später damit machen könne. Bei seinen Brüdern, die Medizin studiert haben, sei immer klar gewesen, welchen Beruf sie nach Studienabschluss ergreifen. Durch den Professorentitel habe er schließlich nach außen signalisieren können, dass er mit und durch die Kommunikationswissenschaft etwas erreicht habe. Heute werde er weniger als Kommunikationswissenschaftler, sondern als Professor wahrgenommen. Ähnliche Erfahrungen hat ein anderer Interviewpartner (ebenfalls studierter Kommunikationswissenschaftler, jüngste Kohorte) gemacht. Für »viele Menschen aus der Bevölkerung« sei ein Professor »einfach derjenige, der von etwas eine Ahnung hat.« Die Leute hätten nach wie vor »großen Respekt vor dem Beruf des Professors.« Das Fach spiele eine sekundäre Rolle.

Er erzählte auch davon, dass sich seine Eltern heute »einigermaßen vorstellen« könnten, was ein Kommunikationswissenschaftler macht (»Inzwischen wissen sie, dass ich nicht Telefone repariere.«).

Abschließend wird die soziale Herkunft von amtierenden Professoren für Kommunikationswissenschaft mit Professoren des Faches im Ruhestand sowie mit Professoren aus anderen Fächern verglichen. Dieser Vergleich erscheint insofern als bedeutsam, als er Rückschlüsse über die Position der Kommunikationswissenschaft in der universitären Fächerhierarchie erlaubt. Meyen (2007a) hat in seiner Studie zur Generation der zwischen 1929 und 1940 geborenen Professoren (von ihm sogenannte ›Jungtürken‹) herausgearbeitet, dass der typische ›Jungtürke‹ aus kleinbürgerlichem Milieu stammt; lediglich vier der insgesamt 22 ›Jungtürken‹ kommen aus akademischem Milieu.[94] Wie die amtierenden Professoren wollten diese Fachvertreter zunächst in den Journalismus, einige strebten den Lehrerberuf an. Bei den vier Befragten aus akademischen Elternhäusern wurde das Studieren als Selbstverständlichkeit betrachtet. Bei den anderen reagierte das familiäre Umfeld auf den Wunsch, ein Studium an der Universität zu beginnen, teilweise mit Unverständnis. Auch den ›Jungtürken‹ wurde Freiheit bei der Berufswahl gelassen und ihr Studienvorhaben wurde von den Eltern moralisch, in manchen Fällen auch finanziell unterstützt. Einige ›Jungtürken‹ messen den religiösen und politischen Einflüssen ihrer Ursprungsfamilie sowie ihren schulischen Erfahrungen einen hohen Stellenwert bei (vgl. MEYEN/LÖBLICH 2007). Versteht man den Habitus als geronnene Erfahrung, so scheinen politische und religiöse Einflüsse des Elternhauses in den Habitūs der amtierenden Professoren keine nennenswerte Rolle zu spielen. Lediglich ein interviewter Professor, möglicherweise nicht zufällig einer der ältesten Befragten, kam auf die religiöse Prägung durch seine Eltern zu sprechen: »Religiosität spielte ebenfalls eine Rolle, auch wenn das für Außenstehende wahrscheinlich kaum erkennbar war – getreu der protestantischen Gewissheit, erwählt zu sein, aber es nicht zeigen zu dürfen. Diese

94 Informationen zur sozialen Herkunft von Kommunikationswissenschaftlern finden sich auch bei Fröhlich/Holtz-Bacha (1993b). Das Sample dieser Studie umfasst neben Professoren wissenschaftliche Mitarbeiter und wissenschaftliche Hilfskräfte, weshalb die Ergebnisse nur bedingt als Vergleichsfolie herangezogen werden können. Als aufschlussreich erscheint jedoch, dass rund zwei Fünftel der befragten Kommunikationswissenschaftler Väter haben, die mindestens Abitur gemacht und studiert haben. 18 Prozent der befragten Männer haben Mütter, die mindestens Abitur haben; bei 23 Prozent der befragten Frauen ist dies der Fall (vgl. FRÖHLICH/HOLTZ-BACHA 1993b: 529).

Art von Bescheidenheit, die nicht ohne Überheblichkeit ist, gehörte zu dem Milieu, in dem ich aufgewachsen bin.«

Bourdieu (1992a: 202) hat in seinem *Homo Academicus* herausgearbeitet, dass sich die soziale Hierarchie der Fächer mit der sozialen Herkunft der Professoren und der Studierenden deckt. Wenn man die soziale Herkunft von Professoren für Kommunikationswissenschaft nun einem fächerübergreifenden Vergleich unterzieht, dann ist diese als *atypisch* zu betrachten. Aus quantitativen Erhebungen zur sozialen Herkunft (Schulabschluss und Beruf der Eltern) von Professoren ist bekannt, dass das Bildungsniveau der Eltern, insbesondere der Väter, recht hoch ist (vgl. exemplarisch RÖHRICH et al. 1989; BAUER et al. 1993; BAUS 1994; WEHLER 1995, HARTMANN 2002 sowie ZIMMER et al. 2007; für die Schweiz vgl. ROTHBÖCK et al. 1999).[95] Das Wissen um die soziale Herkunft von Professoren ist vor allem im Hinblick auf den Erwerb des akademischen Habitus von zentraler Bedeutung. Wie an anderer Stelle dargelegt, gehören zu einem solchen Habitus die Vertrautheit mit universitären Gepflogenheiten und Strukturen, eine (natürliche) Souveränität im Auftreten, angemessene Umgangsformen und der Wille, Einfluss auszuüben. Nur ein solcher Habitus ermöglicht es Professoren, von Professorenkollegen tatsächlich als gleich anerkannt zu werden und sich im wissenschaftlichen Feld wie ›ein Fisch im Wasser‹ bewegen zu können. Durch den akademischen Habitus signalisiert ein Akteur, dass er zur Gruppe der Professoren gehört, oder, falls er nicht über den entsprechenden Habitus verfügt, als ein Nicht-Dazugehöriger von der Umgebung schnell identifiziert und ausgeschlossen werden kann. Die Integration bzw. der Ausschluss basieren auf Reziprozität: Professorenkollegen werden als zugehörig zur selben sozialen Gruppierung mit ähnlichen Ideen, Idealen und einem vergleichbaren Lebensstil erkannt und dadurch akzeptiert oder eben abgelehnt (vgl. ZIMMER et al. 2007: 91).

Bourdieu (1992a: 113) hat den Unterschied zwischen Medizin- und Soziologie-Professoren herausgearbeitet und darauf hingewiesen, dass man »zwei Wertesysteme und zwei Lebensstile« vorfinde. Der Medizinprofessor verdanke seinen Erfolg in erster Linie seinem Bildungs- und Sozialkapital (»den Banden von Herkunft und Heirat«), aber auch seinen Einstellungen wie Ernsthaftigkeit und Seriosität. Der vom Habitus angeleitete Lebensstil manifestiere sich nach außen, er drücke einen Bezug zur sozialen Welt aus und schlage sich (auch) im Kleidungsstil nieder.

95 Vgl. hierzu auch Anm. 69 der vorliegenden Arbeit.

Bourdieu (1987a: 325; Herv. im Original) hat darauf hingewiesen, »daß mit wachsendem Abstand zum dominanten Pol Kleidung und Frisur immer *jugendhafter*, mit wachsender Nähe immer seriöser werden (d.h. dunkler, formstrenger, klassischer).« Wer einmal Professoren für Kommunikationswissenschaft zwischen Professorenkollegen aus anderen Disziplinen (vor allem zwischen Kollegen aus der juristischen oder medizinischen Fakultät) gesehen hat, der weiß, dass sie eher zu den ›jugendhaft‹ gekleideten Vertretern gehören.

Es ist davon auszugehen, dass eine grundlegende Veränderung des Habitus zwar möglich, aber durchaus schwierig ist (vgl. BOURDIEU 1987b: 114). Sie ist insofern schwierig, als sich frühere Erfahrungen in den Habitus einschreiben und als sich der Habitus ein Milieu schafft, an das er weitgehend vorangepasst ist. Wenn habituelle Dispositionen über die Zeit hinweg stabil bleiben, dann impliziert das, dass sie die Praxis auch noch dann anleiten, wenn sie zu den Strukturen einer gewandelten Umwelt nicht mehr passen. Der Habitus kann also nicht einfach wie ein Kleid gewechselt werden, wenn sich die individuellen Lebensverhältnisse verändern (vgl. KRAIS/GEBAUER 2002: 46). So wird ein Professor, der Sohn eines Bäckers ist, von den Anstrengungen des Aufstiegs geprägt, von der Sorge um den Eindruck, den er auf andere macht, und vor allem von dem Bestreben, seine Nähe zu den unteren Klassen zu vergessen und unsichtbar zu machen (vgl. ebd.: 47). Es kann angenommen werden, dass sich selbst bei einer »gelungene[n] Transformation« des Habitus dem »geschulten Blick« Spuren des Ursprungshabitus zeigen (WAGNER 2003: 220). Vielleicht trägt ein solcher Blick von Professorenkollegen aus akademischem Elternhaus ja dazu bei, dass Kommunikationswissenschaftler nach wie vor keinen leichten Stand an der Universität haben?

Untersuchungen zum sozialen Hintergrund von Eliten belegen, dass es entscheidend von der sozialen Akzeptanz durch die Kollegen abhängt, ob eine Person eine bestimmte Position erhält oder nicht (vgl. HARTMANN 2002). Mit Bourdieu (1992a: 139) ist davon auszugehen, dass sich die soziale Herkunft von Professoren auf die Besetzung von universitären Ämtern auswirkt. Er hat aufgedeckt, dass innerhalb der statistischen Masse der »Mächtigen« an der Universität der Anteil von Bauern-, Arbeiter- und Angestelltensöhnen geringer ist als der von Grundschullehrer-, Handwerker-, und Industriellensöhnen. Dieser Umstand lässt sich zum einen auf soziale Selektionsprozesse zurückführen – vor allem darauf, ob ein Professor über einen akademischen Habitus verfügt, der ihn als Vertreter der Universität erscheinen lässt. Zum anderen spielt mit hinein, dass soziale Aufsteiger durch den Erhalt einer Professur die Grenzen ihrer Klassenfraktion überschritten und mehr erreicht haben, als sie sich jemals zugetraut haben. Hieraus resultiert eine potenzielle Selbstzufriedenheit, die offenbar mit sich bringt, dass solche Professoren im Vergleich zu Professorenkollegen mit höheren Herkunftsressourcen weniger nach Macht (Besetzung von Ämtern) streben.

Die Akzeptanz von Professoren für Kommunikationswissenschaft seitens Professorenkollegen aus anderen Disziplinen lässt sich auch in Zusammenhang mit der Selbstverständnisproblematik des Faches setzen. Es ist davon auszugehen, dass es für Universitätsangehörige schwierig ist, Leistungen von Professorenkollegen richtig einzuschätzen, da es keine eindeutigen, allgemeingültigen Bewertungsmaßstäbe gibt. In die Bewertungen zur Anerkennung von wissenschaftlichen Leistungen aus unterschiedlichen Fächern spielen (immer auch) persönliche und subjektive Einschätzungen hinein, die diese Beurteilungen kontaminieren (vgl. LEEMANN 2002: 75). Hier lässt sich an die Unterteilung Whitleys (1982) anknüpfen, nach der Disziplinen entweder über einen »Cognitive Consensus« oder eine »Task Uncertainity« verfügen. Bei Disziplinen, in denen es einen Konsens bezüglich der relevanten Theorien, methodischen Herangehensweisen und Problemlösungsansätze gibt, spielen bei der Beurteilung und bei Beförderungspraktiken Verzerrungen infolge von sozialen Vorurteilen und Stereotypen kaum eine Rolle. Mit einer Vergrößerung des kognitiven Dissenses und der »Task Uncertainty« wächst hingegen der Raum für solche Bewertungen, was sich wiederum auf die Besetzung von Ämtern auswirken kann (vgl. HARGENS/HAGSTROM 1982).

Wie an anderer Stelle dargelegt, steht die Kommunikationswissenschaft seit ihrer Institutionalisierung in der universitären Rangordnung von Disziplinen relativ weit unten und auch heute noch haftet dem Fach bisweilen eine schlechte Reputation an. Hierfür konnten mehrere Erklärungen angeführt werden: das relativ junge Alter des Faches, die geringe Autonomie und der Anspruch, den Anforderungen der Medienpraxis und der Universität gleichermaßen zu genügen. Die soziale Herkunft von Professoren des Faches kann nun als weiterer Erklärungsfaktor ergänzt werden. Die soziale Herkunft prägt (unbewusst oder bewusst) die Interaktion von Professoren an der Universität und entscheidet dadurch (auch) über die Stellung von akademischen Disziplinen im wissenschaftlichen Feld.

5.2.2 *Akademische Sozialisation*

Im Folgenden wird gezeigt, dass sich der Werdegang von amtierenden Professoren für Kommunikationswissenschaft von dem vorangegangener Professorengenerationen unterscheidet. Bis in die 1960er-Jahre rekrutierte sich die Professorenschaft des Faches in der Regel aus Praktikern, akademische Lebensläufe unter Fachvertretern waren die Ausnahme. Heute verhält es sich gerade andersherum. Bei den Professoren mit rein akademischem Werdegang kommt als Spezifikum hinzu, dass sie in unterschiedlichen Fächern sozialisiert wurden. Auf den folgenden Seiten wird die akademische Sozialisation der interviewten Professoren anhand der Statuspassagen Studien-, Promotions- und Habilitationsphase beschrieben.

Die Studienphase

13 Interviewpartner haben Kommunikationswissenschaft studiert, acht Interviewpartner haben ein anderes Fach studiert, wurden in diesem Fach auch promoviert und haben sich in Kommunikationswissenschaft habilitiert; fünf Befragte haben alle Qualifikationsschritte in einem anderen Fach durchlaufen. Ein Befragter hat nach dem Abitur zunächst eine Ausbildung für einen Handwerksberuf absolviert. Auf die Frage, wie es zur Wahl ihres Studienortes gekommen sei, gaben die Professoren unterschiedliche Gründe an: den Zufall, die Nähe zur Familie, die Vorliebe für eine bestimmte Stadt oder den Wohnort des Partners. Ein studierter Kommunikationswissenschaftler aus der jüngsten Kohorte verwies auf das Renommee des Mainzer Instituts (»Mainz war in den Studienführern besser beschrieben, hatte einen besseren Ruf und da gab es eine Frau Noelle-Neuman«). Dass sich bei der Studienortwahl eine gewisse Beliebigkeit als Muster abzeichnet, verwundert bei der sozialen Herkunft der Befragten nicht: Die universitäre Welt war den meisten Befragten fremd und dass es so etwas wie Reputation von Studienstandorten oder Lehrstühlen gibt, war ihnen bei der Entscheidung nicht bekannt.

Für die Befragten aus der ältesten Kohorte scheint charakteristisch zu sein, dass sie – wie sie es selbst bezeichneten – »querbeet studiert« respektive »rumstudiert« hätten. Für gewöhnlich haben sie dadurch länger studiert als ihre jüngeren Kollegen; bewusst wurden Fächer »ausprobiert«, bis man das »Herzensfach« für sich entdeckt habe (»Als ich im Buchhaltungskurs saß, wusste ich, dass ich bestimmt nie Volkswirt werde.«). Die Befragten aus der ältesten Kohorte verwiesen auf die »prägende 68er-Zeit« und einen direkten Zusammenhang zwischen ihrem politischen Engagement und den Fächern Politikwissenschaft, Philosophie, Germanistik, Geschichte oder eben Kommunikationswissenschaft (»Es gab ja damals rote Zellen in der Publizistik.«). Dass die Studienfachwahl auf die Kommunikationswissenschaft fiel, war mitunter Zufall. So habe zum Beispiel einem Interviewpartner eine zweite lebende Fremdsprache gefehlt, einem anderen das Latinum für das Studium der Geschichte. Das ›Rumstudieren‹ von Vertretern aus der ältesten Kohorte lässt sich (auch) auf die entspannte Lage des Arbeitsmarktes zurückführen. Diese Kohortenvertreter profitierten vom wirtschaftlichen Aufschwung und vom ›Wirtschaftswunder‹, von der Akademikerarbeitslosigkeit waren sie noch nicht betroffen. Ein Interviewpartner aus der ältesten Kohorte erzählte:

> »Ich habe in meinem Leben eigentlich nie etwas werden wollen. Ich habe auch nicht gewusst, was ich hätte werden sollen, was ich hätte studieren sollen. Ich war nur immer der Meinung, wenn sich eine Chance bietet, dann muss man zugreifen und sehen, was man daraus machen kann. Ich bin nicht der Typ, der sich ein Ziel setzt und dann darauf hinarbeitet.«

Der Blick dieses Befragten war also nicht zielgerichtet und er sagte weiter, dass man sein Leben nicht durchplanen dürfe (»Und wenn was nicht geht, na gut, dann geht es halt nicht.«). Die relativ günstige Lage auf dem Arbeitsmarkt verlieh diesem Befragten eine gewisse Sicherheit im Habitus.

Von gänzlich anderen Erfahrungen berichteten die zwischen 1951 und 1965 geborenen Fachvertreter. Vor der Einführung des Privatfernsehens, vor der »Internetblase« und vor dem »großen Medien-Hype« sei das Studium der Kommunikationswissenschaft »eigentlich eine eher brotlose Geschichte« gewesen, strich ein Interviewpartner aus dieser Kohorte heraus. Für den Zitierten habe es zu Studienbeginn danach ausgesehen, »als ob das auf Taxifahren hinausläuft«. Ein Professor aus der mittleren Kohorte erzählte davon, dass er eigentlich vor allen »interessanten« Berufen »gewarnt« worden sei. Daraufhin habe er das studiert, worauf er »am meisten Lust« hatte, und sich für Kommunikationswissenschaft eingeschrieben. Für die Professoren, die 1965 oder später geboren wurden, hat sich die Lage auf dem (außeruniversitären) Arbeitsmarkt insofern gewandelt, als sie am »Medien-Hype« partizipieren konnten. Einer dieser jungen Professoren sagte, er habe bis zum Studienabschluss

»noch nicht einmal drüber nachgedacht«, welche berufliche Tätigkeit er anstrebt. Er habe immer gedacht, »dass sich etwas ergeben wird.« Wissenschaft als Beruf sei für ihn eine Möglichkeit unter vielen gewesen und ihm hätten sich lukrative – sowohl in intellektueller als auch in finanzieller Hinsicht – Berufsoptionen innerhalb und außerhalb des kommunikationswissenschaftlichen Feldes geboten. Das Angebot auf dem außeruniversitären Arbeitsmarkt wirkt sich also immer auch auf den Rekrutierungsprozess im kommunikationswissenschaftlichen Feld aus.

Viele Interviewpartner haben ihre Studienphase als bereichernd beschrieben (»Studententheater, Studentenzeitung und solche Sachen«) und diese zur Auseinandersetzung mit der eigenen Persönlichkeit genutzt. Ein Interviewpartner aus bildungsfernem Elternhaus erzählte davon, dass er schon sehr früh Professor habe werden wollen ([...] »mit 13/14 Jahren, wo andere Jungen Pilot oder Autorennfahrer werden wollte« [...]). Er habe sich allerdings zunächst nicht zugetraut, Abitur zu machen, und ein Universitätsstudium traute er sich »erst recht« nicht zu. Zwischen dem Berufswunsch und dessen Realisation habe dieser Interviewpartner eine »riesige, furchterregende Schlucht« gesehen. Durch kontinuierliches Persönlichkeitsmanagement, wozu das Unterrichten während seiner Studienzeit gehörte, habe er sukzessive seine Ängste und Selbstzweifel abgebaut. Das Unterrichten sei zwar vonnöten gewesen, um Geld zu verdienen (»Die Entlohnung war besser als beim Taxifahren.«). In erster Linie hat der Befragte diese Tätigkeit aber gewählt, weil sie ihn damit konfrontiert habe, wovor er sich »schrecklich fürchtete«: vor einer Gruppe zu sprechen. Das Unterrichten hätte für ihn etwas »Selbsttherapeutisches« gehabt. Die Ich-Stärke, die Merton (1985) als Kennzeichen von erfolgreichen Wissenschaftlern ausgewiesen hat, ist bei dem zitierten Professor nicht Voraussetzung, sondern Resultat von wissenschaftlichem Erfolg. Das Arbeiten an der eigenen Person, um den Anforderungen der Berufspersönlichkeit zu entsprechen, erinnert an das, was Erik H. Erikson (1966) als ›psychosoziales Moratorium‹ bezeichnet hat und was unter dem Stichwort ›Verlängerung der (Post-)Adoleszenz‹ diskutiert wird. Während die befragten Professoren aus kleinbürgerlichen Elternhäusern die Studienphase in der Regel als Selbstfindungsphase erlebten, haben die Befragten aus akademischen Elternhäusern mit dem frühen Karriereziel Professor die Studienphase teilweise als notwendigen Qualifikationsschritt auf dem Weg zur Professur und als (harte) Arbeitsphase beschrieben. Beispielsweise erzählte ein Befragter, der bereits zu Studienbeginn Professor habe werden wollen, dass er einen Fachwechsel regelrecht »ausgeschwitzt« habe. Dieser Wechsel sei ihm nicht leicht gefallen, weil er für gewöhnlich sehr zielstrebig sei: »Bei aller Zielstrebigkeit, die man mir nachsagen kann, habe ich einen Umweg gemacht. Ich habe zwei Semester Anglistik studiert, aber gemerkt, dass es das nicht ist – das hat mich nicht ausgefüllt.«

Viele Befragte mussten während ihres Studiums arbeiten, da sie von ihren Eltern keine (oder keine ausreichende) finanzielle Unterstützung erhalten haben. Sie waren vom ersten Studientag an »mit einem Bein on the job«, wie es ein Befragter aus der ältesten Kohorte ausdrückte. Einige von ihnen haben journalistisch gearbeitet, andere sind »reinen Geldverdientätigkeiten« (Fachfremder, älteste Kohorte) nachgegangen. Auffallend viele Professoren haben während der Studienzeit – und das unabhängig vom Studienfach – als wissenschaftliche Hilfskraft gearbeitet. Wenn man mit Polanyi (1985) um die Wichtigkeit des ›tacit knowledge‹ weiß, dann ist der Beteiligung am Institutsleben eine große Bedeutung für die wissenschaftliche Laufbahn zuzuschreiben. Polanyi zufolge hilft das implizite Wissen dabei, sich im wissenschaftlichen Feld wie selbstverständlich bewegen zu können. Durch die Mitarbeit an Forschungsprojekten oder durch die Tätigkeit als wissenschaftliche Hilfskraft haben Studierende die Chance, Einblick in den universitären Berufsalltag zu bekommen, Zugang zu wissenschaftlichen Netzwerken zu erhalten und mit den Spielregeln des wissenschaftlichen Feldes vertraut zu werden. Nicht zu vernachlässigen ist die Tatsache, dass durch die Tätigkeit als wissenschaftliche Hilfskraft den ungünstigen Betreuungsverhältnissen an einer Massenuniversität getrotzt werden kann. Aus Untersuchungen zur Bildungsmobilität ist bekannt, dass Studierende aus bildungsfernen Elternhäusern stärker als andere Studierende unter der Entfremdung vom Elternhaus leiden, dass sie die Universität als anonymen Zwangsapparat erleben und Vereinsamung verspüren. Die Gefahr des Selbstrückzugs wird dadurch vergrößert (vgl. BARGEL/HÖPFINGER 1986; BORGOWSKY 1993; HAAS 1999). Vor diesem Hintergrund überrascht es nicht, dass ein Befragter (jüngste Kohorte) aus bildungsfernem Elternhaus die Arbeit als studentische Hilfskraft als »wichtigen Schritt« auf dem Weg in die Wissenschaft beschrieben hat. Ferner darf nicht außer Acht gelassen werden, dass in kleinen Fächern die Möglichkeiten für soziale Selektionsprozesse und Selbstselektionsprozesse breiter angelegt sind: Im Vergleich zu Studierenden aus großen Fächern (etwa Medizin oder Jura) haben Studierende aus kleinen Fächern in der Regel früheren und direkteren Kontakt zu ihren Hochschullehrern (vgl. LEEMANN 2002: 61).

Bei einigen Professoren trat der Berufswunsch Journalist bereits während der ersten Studiensemester in den Hintergrund. Ein Befragter aus der jüngsten Kohorte erzählte, dass zu Studienbeginn sein Interesse für die empirische Sozialforschung geweckt worden sei, sie sei seiner »Art zu denken« sehr nahe gekommen. Damals habe er allerdings noch nicht gewusst, dass es Medienforschung als Beruf gibt. Ähnlich hat ein anderer Interviewpartner (gleiche Kohorte) seine Erfahrungen während der ersten Studiensemester beschrieben. Nach zwei Semestern Kommunikationswissenschaft habe er »großen Spaß an den ganzen empirischen Sachen« gehabt, weshalb er die Tätigkeit als wissenschaftliche Hilfskraft journalistischen Praktika vorgezogen habe. In einem anderen Interview mit einem Fachvertreter aus der ältesten Kohorte kam zur Sprache, dass das Aufwachsen in einer handwerklichen Umgebung »außerordentlich wichtig« gewesen sei; dadurch sei die »ganze Affinität zur Empirie entstanden.« Dass sich die Befragten für die Empirie und nicht für die Theorie begeisterten, verwundert vor dem Hintergrund ihrer sozialen Herkunft nicht. In Untersuchungen wurde nachgewiesen, dass der Bezug zur praktischen Arbeit für Studierende aus bildungsfernen Elternhäusern wichtig für die Identifikation mit dem Studium ist (vgl. ROHLEDER 1992: 129; SCHLÜTER 1992: 111). Die praktische Tätigkeit, die zu Beginn des Studiums angestrebt wurde (Journalismus), wurde also von einer anderen praktischen Tätigkeit (empirische Wissenschaft) abgelöst. Auch der Interviewpartner, der nach dem Abitur zunächst eine Ausbildung zum Handwerker gemacht hat, berichtete davon, dass er recht schnell Gefallen am empirischen Arbeiten gefunden habe (»Praktische Tätigkeiten machen mir einfach Spaß.«).

Die Promotionsphase

Im Unterschied zu früheren Professorengenerationen, für die an eine Karriere im Fach wegen der schlechten personellen und materiellen Ausstattung der Institute zunächst nicht zu denken war, gibt es seit rund 30 Jahren verbesserte institutionelle Möglichkeiten, als Kommunikationswissenschaftler im kommunikationswissenschaftlichen Feld zu bleiben. Mittlerweile erlaubt es zudem die Größe des Faches, sich ohne »zweites Standbein« in der Medienpraxis auf eine Professur im Fach vorzubereiten (vgl. MEYEN 2007b: 30). Die vorliegenden Befunde stützen die Annahme Meyens: Über die Hälfte der interviewten Professoren hat auf einer halben oder ganzen Mitarbeiterstelle an einem (kommunikations-)wissenschaftlichen Institut promoviert. Vier Professoren finanzierten sich ihre Promotion über Projektstellen, einer über ein Stipendium und ein anderer wurde in den USA promoviert. Vier Interviewpartner schlossen ihr Studium durch eine Direktpromotion ab und lediglich zwei haben die Dissertation neben ihrer hauptberuflichen Tätigkeit als Redakteur geschrieben. Die amtierenden Professoren des Faches unterscheiden sich dadurch von der Professorenschaft aus den 1960er-Jahren, für die akademische Lebensläufe noch die Ausnahme und der Weg über den Journalismus in die Wissenschaft die Regel war (vgl. MEYEN/LÖBLICH 2006: 37f.). Die meisten Interviewpartner haben durch ihre Promotionszeit bereits den Weg für eine Karriere in der Wissenschaft geebnet – auch wenn ihnen dieser Schritt zum damaligen Zeitpunkt teilweise noch nicht bewusst war. Nach Leemann (2002: 87) kann die wissenschaftliche Tätigkeit nach dem ersten Hochschulabschluss als Indikator für einen Übergang in eine Hochschullaufbahn betrachtet werden. Außerdem haben Untersuchungen zu Karrierewegen von Professoren gezeigt, dass Mitarbeiter oder Assistenten eher berufen werden als Wissenschaftler, die außerhalb der Hochschule tätig sind (vgl. zum Beispiel HARTMANN 2002: 113).

Bei den beiden Interviewpartnern, die neben ihrer Tätigkeit als Redakteur promoviert haben (beide vor 1950 geboren), handelt es sich um Professoren für Journalistik. In Abschnitt 2.2.2 wurde darauf hingewiesen, dass bei Professoren für Journalistik noch heutzutage (langjährige) journalistische Berufserfahrung eine wichtige Rolle spielt. Allerdings zeichnen sich mittlerweile auch in der Journalistik Professionalisierungstendenzen ab; bei Journalistik-Professoren wird immer häufiger ein akademischer Lebenslauf vorausgesetzt. Als im Jahr 2008 eine Professur am Institut für Journalistik in Dortmund ausgeschrieben wurde und der gerade promovierte Moderator des *ZDF-Sportstudios* Michael Steinbrecher unter den Bewerbern war, erzeugte dies eine große Resonanz in der Medienberichterstattung. In der *Süddeutschen Zeitung* war beispielsweise zu lesen, es sei wohl »gar nicht so leicht«, Professor für Journalistik zu werden (GRAALMANN 2008). Die *taz* betonte, dass Steinbrecher »akademisch« bislang »kaum in Erscheinung getreten« sei. Zwar habe er schon Seminare am Dortmunder Institut gehalten, »umfangreich geforscht« habe er allerdings noch nicht. Unter den Bewerbern auf die Professur, die allesamt akademische Karrieren vorweisen konnten, sah Steinbrecher »blass« aus (ROSENKRANZ 2008).[96] Nachdem das Berufungsverfahren scheiterte, kam es zu einer Neuausschreibung der Professur. Im Jahre 2009 wurde Steinbrecher schließlich zum Professor für Fernseh- und Videojournalismus ernannt. Ähnlich kontrovers diskutiert, wenngleich in den Massenmedien nicht so verbreitet, wurde die Besetzung der Journalistik-Professur am Dortmunder Institut durch Susanne Fengler im Jahr 2008. Fengler war zwar Oberassistentin am Institut für Publizistikwissenschaft und Medienforschung der Universität Zürich, sie hat sich aber auch als Romanautorin einen Namen gemacht. Eine ähnlich gelagerte Diskussion wurde entfacht, als sich Wolfram Weimer, Chefredakteur des Polit-Magazins *Cicero*, im Jahre 2005 auf eine C4-Professur am Institut für Kommunikationswissenschaft an der FU Berlin bewarb. Nicht zu vergessen ist auch der Diskussionsstoff, für den wenige Jahre zuvor die Berufung des (nicht promovierten) Diplom-Chemikers Holger Wormer auf die Wissenschaftsjournalismus-Professur am Journalistik-Institut in Dortmund sorgte. Ein Interviewpartner (Absolvent eines Journalistik-Studiengangs) kommentierte dies mit den Worten: »Da gerät man natürlich ins Grübeln und fragt sich, ob es die Journalistik nicht versäumt, ihren eigenen Nachwuchs heranzuziehen.«

Das Promovieren auf einer Mitarbeiterstelle bringt eine Reihe von Vorzügen mit sich. Das Eingebundensein in institutionelle Strukturen während der Promotionszeit ist für den Erwerb des ›tacit knowledge‹ im Sinne Polanyis von Bedeutung. Darüber hinaus vermittelt die Tätigkeit als Institutsmitarbeiter schon früh das Gefühl der Zugehörigkeit zur Scientific Community, was einem Interviewpartner »irrsinnig gut gefallen« hat. Dieser Professor habe schon relativ früh gewusst, dass er in der Wissenschaft bleiben wolle. Im Interview hat er von »weihevollen Momenten« auf seinem Weg zur Professur berichtet: »Der Institutsschlüssel, der eigene Schreibtisch, das erste Proseminar – das fand ich immer großartig.« Mit Bourdieu lässt sich dieser Interviewpartner als »glücklicher Angehöriger der Universität« bezeichnen (zitiert nach WACQUANT 1996b: 74). Bourdieu, der sich in Bezug auf das intellektuelle Feld Frank-

96 In der engeren Wahl für die Journalistik-Professur waren 1) Klaus Meier, zu diesem Zeitpunkt Journalistik-Professor an der Fachhochschule in Darmstadt, 2) Thorsten Quandt, Vertretungsprofessor an der FU Berlin sowie 3) Sonja Kretzschmar, Habilitandin am Institut für Kommunikationswissenschaft an der Universität Münster.

reichs einen »gespaltenen Habitus« attestierte, hat selbst nie »das Staunen vor der wundertätigen Hostie« erlebt (ebd.). Nach den in Abschnitt 5.2.1 präsentierten Überlegungen verwundert es nicht, dass der oben zitierte Interviewpartner aus einer Akademikerfamilie mit hoher Affinität zur universitären Welt kommt.

Zweifelsohne bringt das Promovieren auf einer Mitarbeiterstelle auch Nachteile mit sich. Mehrere Befragte haben davon berichtet, dass ihnen kaum Zeit für Forschungsaktivitäten geblieben sei und dass das Schreiben an der Dissertation zum »Luxus« geworden wäre. Ein Interviewpartner, der vertraglich festgeschrieben acht Stunden Lehre pro Woche an einem Journalistik-Institut leisten musste, sagte, er habe seine Doktorarbeit in der »Freizeit, also in der Zeit neben der Arbeit« geschrieben. Ein anderer Professor, der nach Studienabschluss eine halbe Mitarbeiterstelle an einem Institut für Soziologie innehatte, berichtete von einem »unglaublichen Workload an Prüfungen und Studierenden«, für das Promovieren sei kaum Zeit geblieben. Die zur Verfügung stehende Zeit für das Arbeiten an der Promotion hängt also immer auch vom Stellentyp ab (Qualifizierungs- oder Lehrstelle).

Von gänzlich anderen Erfahrungen während seiner Promotionszeit berichtete ein Interviewpartner, der im Rahmen eines DFG-Projektes promoviert wurde. Er hat von einem »enormen Zeitdruck« gesprochen, da er innerhalb von zwei Jahren seine Dissertation habe fertigstellen müssen. Gerade im Vergleich zu einem Stipendium (»Das ist ja relativ relaxed.«) sei das Promovieren im Rahmen eines DFG-Projekts »einfach eine Nummer härter«, da die »Karten« vom ersten Tag an »auf dem Tisch« liegen würden: »In den zwei Jahren musste das Projekt durchgeführt sein und wer danach seine Dissertation hat, der hat sie, und wer nicht, der erstmal nicht.« Aus heutiger Perspektive betrachtet dieser Professor seine Promotionsphase als einen »sehr privilegierten Start für eine wissenschaftliche Laufbahn.« Zugleich hat er eingeräumt, dass ein solches Projekt nur für diejenigen Doktoranden sinnvoll sei, die eine wissenschaftliche Karriere anstreben. Der gerade zitierte Interviewpartner erzählte davon, dass er durch das Arbeiten in dem großen DFG-Projekt von Beginn an in einem »Arbeitszusammenhang drin« gewesen sei und von dem Renommee der Projektleiter profitiert habe. Durch solche Reputations-Anleihen entsteht ein Reputationsverdacht, ein Vertrauensvorschuss in zukünftig zu erwartende Leistungen des Nachwuchswissenschaftlers (vgl. BOURDIEU 1998a: 35). Nicht zu unterschätzen ist ferner, dass jener Befragte durch sein zügiges Studium und die Promotion in nur zwei Jahren einen ›Marktvorteil‹ gegenüber gleichaltrigen Mitspielern sowohl im universitären als auch im außeruniversitären Feld hatte.

Rademacher-Bensing (2004: 263) hat herausgestellt, dass in geistes- und sozialwissenschaftlichen Studiengängen die Rekrutierung des wissenschaftlichen Nachwuchses durch Professoren eine herausgehobene Rolle spielt, zumal es deutlich weniger fest installierte Forschungsgruppen für Promotionsstellen als in den Naturwissenschaften gibt. Dabei kümmern sich die Doktoranden in der Regel nicht selbst um eine Mitarbeiterstelle, sondern sie werden von ihren Doktorvätern gefragt (vgl. BEAUFAŸS 2003: 229). Zwei Interviewpartner erzählten davon, wie überrascht sie gewesen sei, als sie von ihrem Magisterbetreuer per Telefonanruf gefragt wurden, ob sie Interesse an einer Mitarbeiterstelle hätten. Der eine (jüngste Kohorte) sei über dieses Angebot vor allem deshalb so erstaunt gewesen, weil er während seiner Studienzeit nicht als wissenschaftliche Hilfskraft gearbeitet habe oder anderweitig im »Dunstkreis« eines Professors gewesen sei. Auf das Phänomen des Gefragt-Werdens sind auch Fröhlich und Holtz-Bacha (1993b: 531) in ihrer Untersuchung zu Dozenten für Kommunikationswissenschaft gestoßen: Fast zwei Drittel der weiblichen und rund ein Drittel der männlichen Befragten bekamen ihre erste Stelle an der Universität von einem Professor angeboten. Aktiv darum bemüht haben sich rund ein Drittel der Männer, aber nur 17 Prozent der Frauen. Auch aus der aktuellen Studie zum kommunikationswissenschaftlichen Nachwuchs geht hervor, dass die meisten Befragten ihre Stelle durch die direkte Ansprache von Professoren erhalten haben (vgl. WIRTH et al. 2005: 327).[97]

Die Untersuchung zum kommunikationswissenschaftlichen Nachwuchs hat auf Unterschiede zwischen Frauen und Männern in Betreuungssituationen hingewiesen: Nachwuchswissenschaftlerinnen würden wesentlich seltener Rückendeckung, inhaltliche Beratung und Karriereberatung durch ihre Chefs erleben als ihre männlichen Kollegen (vgl. PROMMER et al. 2006: 81f.). Am zufriedensten seien Frauen, die von einer Chefin betreut werden, da vor allem das Networking hochgradig geschlechtsgebunden erfolge. Die Betreuung wirkt sich nachhaltig auf das weitere Karriereverhalten aus, denn »[j]emand, der sich oder die sich schlecht betreut fühlt, traut

97 Wirth et al. (2005: 333) konnten einen Unterschied zwischen der Situation in Deutschland und in der Schweiz/in Österreich feststellen: Im Vergleich zu Deutschland werden in der Schweiz und in Österreich deutlich weniger Kandidaten direkt von ihren Doktorvätern angesprochen.

sich weniger zu, eine Karriere als Professor/in zu planen« (ebd.: 82). Da nur eine Befragte von einer Doktormutter betreut wurde, können keine Aussagen über die unterschiedliche Betreuungsleistung durch Doktorväter und -mütter getroffen werden. Wohl aber lassen sich in den Interviews Hinweise darauf finden, dass der Rolle des Mentors geschlechtsübergreifend ein hoher Stellenwert zuzuschreiben ist (vgl. hierzu dann Abschnitt 5.2.4).

Die Habilitationsphase

Gemeinhin gilt die Habilitation als nächster notwendiger Qualifizierungsschritt auf dem Weg zur Professur, wobei in der Kommunikationswissenschaft (nach wie vor) auch Nicht-Habilitierte berufen werden – ein Spezifikum, das dem rasanten Ausbau und den Nachwuchsproblemen des Faches geschuldet ist. Darüber hinaus werden im Vergleich zu anderen Fächern kommunikationswissenschaftliche Nachwuchswissenschaftler relativ schnell auf eine Professur berufen. Von den 26 interviewten Professoren haben sich 20 habilitiert, 15 davon in Kommunikationswissenschaft. Fünf der sechs nicht habilitierten Interviewpartner haben Kommunikationswissenschaft studiert. Alle habilitierten Professoren haben ein ›zweites Buch‹ geschrieben, kein Interviewpartner hat sich also kumulativ habilitiert.

Das Habilitationsvorhaben scheint eng mit dem Erhalt einer Qualifikationsstelle verknüpft zu sein; ein Professor hat diesbezüglich vom »Nadelöhr« gesprochen, das Promovierte passieren müssten. Auffallend ist, dass lediglich ein Interviewpartner (Professor für Journalistik) seine Habilitationsschrift neben der hauptberuflichen Tätigkeit als Redakteur angefertigt hat. Diese Habilitation sei an Wochenenden, im Wesentlichen aber in den Ferien entstanden (»Da konnte ich mich über eine längere Zeit konzentrieren.«). Die restlichen Professoren haben sich auf einer Mitarbeiterstelle habilitiert – sei es an einem kommunikationswissenschaftlichen Institut oder an einem anderen Fachinstitut. Dabei muss es sich keineswegs um die gleiche Stelle handeln, auf der bereits promoviert wurde. Viele Befragte haben nach der Promotion den Standort und den Betreuer gewechselt; einige Interviewpartner haben sich auf ausgeschriebene Stellen beworben. Im Vergleich zur Promotion ist der Entschluss zu habilitieren deutlich seltener von Zufälligkeiten oder Überraschungen geprägt. Lediglich zwei der 20 habilitierten Professoren berichteten von »schicksalhaften Begebenheiten.« Ein Interviewpartner aus der ältesten Geburtskohorte erzählte davon, wie ihn im Urlaub ein Telex mit der Bitte erreicht habe, er solle sofort zu einer

Besprechung an den Standort seiner Heimatuniversität kommen. Dort sei ihm das Angebot einer Assistentenstelle unterbreitet worden. Ein anderer Befragter (ebenfalls älteste Kohorte), berichtete, dass ihm sein damaliger Chef am Tag nach der erfolgreichen Promotion ein Forschungsprojekt übertragen habe. Dadurch sei ihm gleichzeitig das Angebot unterbreitet worden, sich zu habilitieren und eine Hochschulkarriere einzuschlagen. Nach drei Tagen »Bedenkzeit« (»[...] die hatte ich als junger Mann auch dringend nötig [...]«) hätte sich der Interviewpartner schließlich für das Forschungsprojekt und damit für die Professorenlaufbahn entschieden.

Während der Habilitationsphase vergrößern sich nicht zwingend das Arbeitsaufkommen und die Arbeitsbelastungen, wohl aber die Sorgen und Zukunftsängste. Die Risiken einer rein akademischen Laufbahn waren den Befragten zwar bereits während der Promotionsphase bewusst, allerdings – und das ist der entscheidende Unterschied – war der Weg zurück in die Praxis noch nicht verbaut. Wissenschaft wird während der Habilitationsphase zum »›Alles oder nichts‹-Wettbewerb mit vielen Unbekannten« (PLÜMPER/SCHIMMELFENNIG 2007: 97). Wirth et al. (2005: 322) haben vom »Prinzip des ›Aufsteigens oder Aussteigens‹« gesprochen. Ein studierter Kommunikationswissenschaftler (jüngste Kohorte) ist der Meinung: Je länger man Wissenschaft betreibe, desto »unfähiger« werde man für andere Jobs (»Irgendwann war ich so lange dabei, dass ich den Weg weitergehen musste.«). Auf die Frage, zu welchem Zeitpunkt die Professorenlaufbahn angestrebt worden sei, antwortete ein anderer Befragter (ebenfalls studierter Kommunikationswissenschaftler, gleiche Kohorte): »Wann weiß man, dass man in der Wissenschaft bleiben will? Man könnte es auch negativ definieren: Irgendwann weiß man, dass man keine Chance mehr in der Praxis hat.« Das sukzessive Verlassen des medienpraktischen Feldes und das ›Alles-auf-eine-Karte-Setzen‹ kann zu Existenzängsten führen, die sich auf die Arbeitszeiten und auf den Stellenwert des Berufs im Leben auswirken (»Man muss einfach weiterarbeiten.«).

Da die akademische Laufbahn nicht strukturiert ist wie eine Einbahnstraße, an deren Ende der Erfolg oder das Scheitern vorprogrammiert ist (vgl. ENGLER 2001: 420), haben einige Professoren – allesamt promovierte Kommunikationswissenschaftler – ihre berufliche Laufbahn strategisch zweigleisig angelegt. Von ›strategisch‹ wird hier deshalb gesprochen, weil diese Interviewpartner eine Mitarbeiterstelle besetzten und es insofern keinen (ökonomischen) Zwang zur außeruniversitären Erwerbstätigkeit gab. Ein studierter Kommunikationswissenschaftler aus der jüngste

Kohorte sagte: »Ich gebe ganz offen zu, dass ich mir bis nach der Habilitation immer offengehalten habe, in die Wirtschaft zu gehen – akademische Karrieren sind nun mal relativ volativ. Einen Ruf zu kriegen oder auch nicht, hängt von so vielen Faktoren ab, die man nicht wirklich beeinflussen kann.« Bei diesem Interviewpartner war der Weg zur Professur also kein Weg in Einsamkeit und Freiheit (im Humboldt'schen Sinne), sondern seine Kontakte in die Wirtschaft fungierten als zweites berufliches Standbein.

In den folgenden Abschnitten werden Deutungsmuster und Interpretationsangebote der Interviewpartner für ihre eigene berufliche Laufbahn geliefert. Zu welchem Zeitpunkt stand das Karriereziel Professur fest? Welche Motive waren ausschlaggebend, den Professorenberuf zu ergreifen? Wie haben die Interviewpartner ihren eigenen Weg in die Wissenschaft erlebt? Gab es Barrieren auf diesem Weg? Hatten sie Wegbegleiter und Wegbereiter auf dem (Um-)Weg zur Professur für Kommunikationswissenschaft?

5.2.3 *Berufsmotivation*

Die ›Berufsmotivation‹ legt offen, aufgrund welcher Motive der Professorenberuf *ursprünglich* angestrebt wurde (historisch-biografische Perspektive).[98] Im Folgenden wird es also nicht darum gehen, die aktuell vorherrschenden beruflichen Idealbilder herauszuarbeiten. Diese werden in die Beschreibung des Berufsverständnisses sowie in Aspekte der Berufs- und Arbeitszufriedenheit einfließen.

Als übergeordnetes Motiv ist der soziale Aufstieg zu nennen, der für viele der Befragten vor dem Hintergrund ihrer sozialen Herkunft als Motiv plausibel ist und in der Soziologie Bourdieus zentral. Die Befragten verdienen meist mehr als ihre Eltern und sie haben eine Position im sozialen Raum erreicht, die ihnen Aufmerksamkeit und Reputation verleiht. Wie an anderer Stelle herausgearbeitet wurde, hegte die Mehrheit der befragten Professoren zunächst den Berufswunsch Journalist, wobei die Entscheidung *gegen* den Journalismus und *für* die Wissenschaft zu unterschiedlichen Zeitpunkten der beruflichen Laufbahn getroffen wurde. Abbildung 4 gibt einen Überblick über die unterschiedlichen Entscheidungszeitpunkte für die Professorenlaufbahn:

98 Freilich handelt es sich dabei um eine Rekonstruktion aus heutiger Perspektive, die immer die Gefahr der Verzerrung birgt (vgl. hierzu die Diskussion in Abschnitt 4.3.2.1).

ABBILDUNG 4

Entscheidungszeitpunkte für das Karriereziel Professur nach Anzahl der Befragten

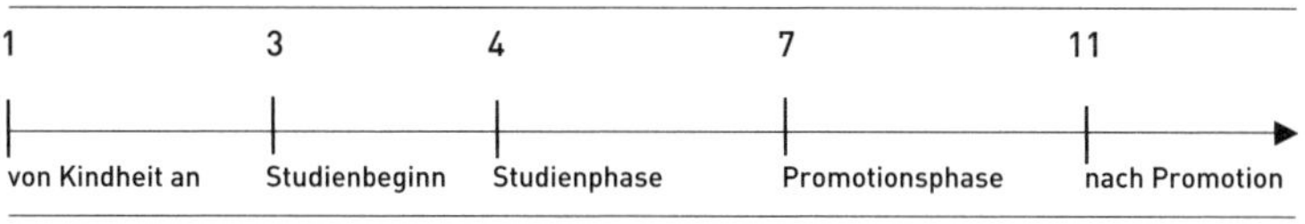

Aus der Abbildung wird ersichtlich, dass ein Befragter bereits seit seiner Kindheit Professor werden wollte und dass drei Befragte zu Studienbeginn den Berufswunsch Professor hegten. Bemerkenswerterweise sind diese vier Professoren allesamt männlich und drei dieser vier Interviewpartner haben *nicht* Kommunikationswissenschaft studiert. Bei den restlichen Befragten formierte sich der Berufswunsch Professor während des Schreibens an der Abschlussarbeit oder durch ihre Erfahrungen während der Promotionszeit. Bei den meisten Befragten war also die Zeit während und nach der Promotion Dreh- und Angelpunkt für den Entschluss, die wissenschaftliche Laufbahn einzuschlagen. Dieser Befund deckt sich mit den Ergebnissen aus der Studie zur Einstiegsmotivation und Arbeitssituation des wissenschaftlichen Nachwuchses in der Kommunikationswissenschaft. Wirth et al. (2005: 320) haben herausgestrichen, dass in der Promotionszeit die Weichen für eine wissenschaftliche Laufbahn gestellt werden.

Hinsichtlich der Berufsmotivation unterscheiden sich die Interviewpartner, die früh den Weg in die Wissenschaft einschlagen wollten, von denjenigen, die ursprünglich Journalist werden wollten. Während die erstgenannten ausschließlich Motive für die Wissenschaft genannt haben, hat die überwiegende Mehrheit der Professoren immer wieder Parallelen zum Journalistenberuf gezogen. Doch was ist das Besondere an Wissenschaft als Beruf und wieso wurde dieser Beruf medienpraktischen Tätigkeiten vorgezogen?

Autonomie des beruflichen Handelns

Gleich, zu welchem Zeitpunkt die Entscheidung für das Karriereziel Professur gefallen ist: Alle Professoren haben die große Autonomie, die mit dem Professorenberuf verbunden ist, positiv gewürdigt. Die Interviewpartner, die zunächst Journalist werden wollten und über journalistische Berufserfahrung verfügen, haben auf den hohen Autonomiegrad des wissenschaftlichen Feldes verwiesen. Zweifelsohne zeichnet sich auch die journalistische Tätigkeit durch Selbstständigkeit aus. Doch unterliege man als Journalist »immer noch einer gewissen Kontrolle«, wie ein Professor (jüngste Kohorte) mit langjähriger Berufserfahrung als freier Journalist erklärte. Die Chance, als Wissenschaftler eigenverantwortlich tätig zu sein, sei für ihn ein »enormer Anreiz« gewesen. Eine Alternative zum Professorenberuf wäre für diesen Interviewpartner die Selbstständigkeit gewesen; diese sei aber ausgeschieden, weil er »nicht wirtschaftsaffin« sei. Auch ein anderer Professor (ebenfalls mit journalistischer Berufserfahrung, jüngste Kohorte) hob die »intellektuelle[n] Freiheiten und die Abwesenheit von inhaltlich prägender Hierarchie« des Professorenberufs hervor. In diesem Zusammenhang gilt es natürlich zu berücksichtigen, dass die Interviewpartner im Journalismus keine Führungsposition bekleidet haben. Durch eine solche Position hätten sie eventuell einen größeren Autonomiespielraum gehabt. In fast allen Interviews kam zur Sprache, dass durch eine Tätigkeit in der freien Wirtschaft ein höherer Verdienst möglich gewesen wäre; einige Befragte haben konkrete Angebote ausgeschlagen. Ein höheres Gehalt konnte sie nicht dazu bewegen, in die Medienpraxis zu wechseln. Ein habilitierter Politologe aus der jüngsten Kohorte betonte, dass das Gehalt sicherlich nicht das »Hauptmotiv« sei, um in die Wissenschaft zu gehen (»Jemand, der Geld verdienen will, muss einen anderen Job ergreifen.«). Das Reizvolle am Professorenberuf seien vielmehr die »nicht materiellen Belohnungen«. Ein Professor sagte, dass man an der Universität eine unvergleichliche Freiheit habe und die Perspektive im Vergleich zur Wirtschaft »breiter« sei. Das wissenschaftliche, das journalistische und das wirtschaftliche Feld stehen für jeweils Unterschiedliches. Das, was sich in diesen Feldern abspielt, und die Einsätze, um die in ihnen gespielt wird, werden »nach Prinzipien und Kriterien bewertet, die nicht aufeinander zu reduzieren sind« (ENGLER 2001: 371).

Zwei Professoren haben vom Machtstreben respektive ihrem »elementaren Problem mit der Hierarchie« gesprochen. Eine Professorin erklärte, sie möge es nicht, wenn ihr jemand sage, was sie zu tun habe. Insofern habe sie versucht, »da anzukommen, wo mir niemand mehr sagt, was zu tun ist.« Nach der Promotion habe diese Befragte eigentlich in die Praxis wechseln wollen, doch nach diversen Vorstellungsgesprächen sei sie nicht nur von den Tätigkeitsfeldern, sondern auch von den »geforderten Unterwerfungsritualen« derart enttäuscht gewesen, dass sie in der Wissenschaft geblieben ist. Ein anderer Befragter versteht Professoren als »Führungspersönlichkeiten«, die eine »gewisse Liebe zur Macht« bräuchten. Andernfalls solle man diesen Beruf lieber »bleiben lassen.«

Erkenntnisproduktion, Vertiefung und theoretische Fundierung von Themen

Während die Befragten mit dem frühen Karriereziel Professur die Produktion wissenschaftlicher Erkenntnis als Berufsmotivation anführten, haben fast alle Befragten mit dem ursprünglichen Berufswunsch Journalist die Vertiefung und theoretische Fundierung von Themen als Motiv für den Professorenberuf genannt. Sabine Schäfer (2007: 72) hat die Spielregeln der Wissenschaft mit denen des Journalismus verglichen und herausgestellt, dass in diesen beiden Feldern das Verhältnis zu der Zeit ein anderes sei. Während im Journalismus der Zeitdruck regiere, sei es in der Wissenschaft möglich, sich über Jahre hinweg intensiv mit einem Thema zu beschäftigen. Diesen Umstand haben viele Professoren für Kommunikationswissenschaft mit journalistischer Berufserfahrung positiv gewürdigt. Ein habilitierter Kommunikationswissenschaftler sagte zum Beispiel, dass ihm der tagesaktuelle Journalismus zu »hektisch und dadurch notgedrungen zu oberflächlich und zu schnell« sei. Man habe nicht genügend Zeit, um den Dingen »wirklich auf den Grund zu gehen.« Vor allem Kommentare müssten in der Regel mit »schneller Feder geschrieben« oder »heißer Nadel gestrickt« werden, und was man um 17 Uhr schreibe, könne um 22 Uhr schon wieder obsolet sein. Er »bewundert« zwar alle Glossenschreiber, Kommentarschreiber und Leitartikler, halte sich selbst aber für jemanden, »der gerne die Glosse eine Nacht überschlafen« würde – und dann sei es leider zu spät, um sie zu veröffentlichen. Ein anderer Professor kam im Interview auf die Tradition der philosophischen Muße zu sprechen. Man benötige Muße, um »Sachen zu bedenken« – unter Termindruck ginge das nicht. Fast im Wortlaut gleich äußerte sich ein Professorenkollege. Für ihn bedeute Wissenschaft, »aus den Alltagsroutinen ausgenommen zu sein, Muße zu haben und beobachten zu können.« Ein anderer Interviewpartner sagte, dass man im Journalismus »nicht lange Zeit zum Nachdenken« habe. Es gebe nur sehr wenige Journalisten, die sich diese Freiheiten nehmen könnten (»Aber das ist einfach nicht der Arbeitsalltag der meisten Journalisten.«). Freilich müssen sich auch Wissenschaftler an Termine halten – sogenannte ›Deadlines‹ helfen, einzelne Projekte (Beiträge für Sammelbände, Einreichung von Abstracts etc.) zu koordinieren und zu kontrollieren. Doch haben zum Beispiel Abgabetermine für Aufsätze in Sammelbänden einen zeitlichen Verhandlungsspielraum, der im Journalismus nicht denkbar wäre (vgl. SCHÄFER 2007: 72).

Mehrere Interviewpartner haben akzentuiert, dass ihnen die theoretische Fundierung von Themen wichtig sei. Ein Befragter aus der jüngsten Kohorte, der über Berufserfahrung in der Medienpraxis verfügt, sei aufgrund seiner »Faszination für die Theorie« in der Wissenschaft geblieben (»Sonst wäre ich gleich in die Marktforschung gegangen, denn die ist finanziell erheblich attraktiver.«). Aus der Studie zur Professorengeneration der ›Jungtürken‹ ist bekannt, dass viele dieser Fachvertreter unzufrieden mit ihrer Arbeit im Journalismus oder in der Industrie waren. Aus dieser Unzufriedenheit ist der Wunsch entwachsen, in die Wissenschaft zurückzukehren (vgl. MEYEN/LÖBLICH 2007). Bei vielen amtierenden Professoren für Kommunikationswissenschaft lässt sich beobachten, dass sie offenbar auch ohne Erfahrungen in der Medienpraxis die Vorzüge einer theoretischen, selbstbestimmten Arbeit zu schätzen wissen. So erzählte ein Interviewpartner, der über einen rein akademischen Lebenslauf verfügt, dass er ein Angebot von einem kommerziellen Forschungsinstitut erhalten habe (»Das Gehalt wäre astronomisch gewesen.«). Da dieses Institut aber »im Prinzip unwissenschaftliche Prognosen wissenschaftlich verbrämt«, habe ihn dieses Angebot »nicht gereizt.«

Erarbeitung von Forschungsschwerpunkten

Auch Journalisten müssen sich stets in neue Themenbereiche einarbeiten und man möchte meinen, dass sich in dieser Hinsicht der Professorenberuf nicht (gravierend) vom Journalistenberuf unterscheidet. Professorenvertreter mit Berufserfahrung im Journalismus haben in den Interviews aber erläutert, worin der Unterschied zwischen der journalistischen und der wissenschaftlichen Aufarbeitung von Themen besteht. Ein studierter Kommunikationswissenschaftler (habilitiert) erzählte davon, dass er zunächst mit »Leib und Seele« Journalist gewesen sei. Nach mehreren Berufsjahren habe ihm der Journalismus allerdings »nichts Neues« mehr geboten: »Irgendwann war das alles nicht mehr spannend. Zudem war es nicht möglich, mich bei meiner Zeitung weiterzuentwickeln.« Ein anderer studierter Kommunikationswissenschaftler (ebenfalls habilitiert) habe nach ein paar Jahren im Journalismus das Gefühl gehabt, »alles Wichtige schon gemacht« zu haben und »auf der Stelle zu treten.« Da habe er sich gedacht: »Na ja, vielleicht gehst du zurück an die Universität.« Auch ein Interviewpartner, der sich bis nach der Promotion in Kommunikationswissenschaft offengehalten habe, hauptberuflich als Journalist zu arbeiten, habe bei seiner journalistischen Tätigkeit das Gefühl verspürt, sich zu wiederholen. Der Journalismus habe ihm nach einer Weile »zu wenig Perspektiven« geboten und nach Abschluss seiner Dissertation habe er das Gefühl gehabt, in der Kommunikationswissenschaft »noch viele Themen angehen« zu können.

Professoren-Titel

Ein Interviewpartner, der mit über 50 Jahren berufen wurde, hat davon erzählt, dass das Karriereziel Professur in hohem Maße extrinsisch motiviert gewesen sei. Nach über zehn Jahren als Mitarbeiter an einem Forschungsinstitut habe er den Reiz verspürt, »einen Titel zu haben, mit dem man auf einer anderen Ebene spielt.« Im Fach habe man durch den Erhalt einer Professur ein »anderes Standing« und das wollte er »dann schon auch gerne mal haben.« Das soziale Verhalten der Kollegen verändere sich durch den Titel erheblich (»Positiv und nicht negativ!«). Der Zitierte unterscheidet sich von seinen jüngeren Kollegen, die sich direkt im Anschluss an die Promotion habilitiert haben. So berichtete ein Befragter, der vor seinem 40. Lebensjahr Professor wurde: »Man macht seinen Job, es kommen die nächsten Qualifikationsstufen und irgendwann ist man Professor – so wie man in anderen Berufen irgendwann Meister ist.« Bei dem Professorentitel handelt es sich um einen sichtbaren, legitimierten und klar ausgewiesenen Titel, der in der Hierarchie der Bildungsordnung den oberen Rang einnimmt (institutionelles kulturelles Kapital). Im wissenschaftlichen Feld wird diese Form des kulturellen Kapitals zu sozialem Kapital im Sinne der Zugehörigkeit zur Gruppe der Professoren transformiert. Eine Professorin erzählte davon, dass, nachdem sie einen Ruf erhalten habe, auf einmal Kollegen um sie »herumtänzelten«, die sie vorher nie besonders beachtet hätten. Sie könne nun auch in der Verwaltung anrufen und es »passiert etwas.« Wenn hingegen ihre studentische Hilfskraft anrufe, sehe das anders aus (»Das sind eben die Hierarchie-Unterschiede.«). Nach ihrer Erfahrung ist die Universität »eine der am stärksten hierarchisch organisierten Institutionen.« Man könne noch so viel »über alle Ebenen hinweg duzen« – das bleibe so und das merke man ständig. In diesen Ausführungen kommt somit genau das zum Ausdruck, was Wirth et al. (2005: 322) als »deutliche Prestigezäsur zwischen professoralen und nicht-professoralen Wissenschaftlern« bezeichnet haben.

5.2.4 *Die Logik der Laufbahnen*

Der »wilde Hasard«, von dem Weber vor fast 100 Jahren hinsichtlich des Erhalts einer Professur sprach (vgl. WEBER 1988 [1919]: 588), hat nichts an Aktualität eingebüßt – eine Karriere an der Universität anzustreben, ist kein leicht zu kalkulierendes Unternehmen. Daran ändern auch die relativ günstigen Bedingungen für Nachwuchswissenschaftler in der Kommunikationswissenschaft nichts. Sich die Logik von Laufbahnen von Professoren des Faches zu vergegenwärtigen, ist von zentraler Bedeutung, weil sie Rückschlüsse auf die Spielregeln des kommunikationswissenschaftlichen Feldes erlaubt.

Akademische Lehrer und Mentoren[99]

Ein Nachwuchswissenschaftler macht sein wissenschaftliches Glück nicht im Alleingang. Beaufaÿs (2003: 198) hat herausgestrichen, dass die Rolle von akademischen Lehrern wichtig, »wenn nicht gar ausschlaggebend« für die wissenschaftliche Laufbahn sei. Ein Interviewpartner aus der jüngsten Kohorte betonte, dass man jemanden brauche, der einem erklärte, »wie das Spiel funktioniert und der einem in gewissen Punkten ein Vorbild ist.« Neben den »üblichen Dingen wie Fleiß, Sorgfalt und wissenschaftliche[r] Ethik« sei dies das »hervorstechendste Merkmal.« Er ist der Auffassung, dass die akademische Karriere mit der Person eines Mentors »steht und fällt.« Ähnlich äußerte sich ein Befragter aus der mittleren Kohorte. Seiner Meinung nach habe man auf der Mittelbauebene nur »ganz wenige Chancen«, wenn man nicht »von irgendjemand Wichtigem kommt und dieser Wichtige einen irgendwo hinschiebt.« Wenn man keine Netzwerke habe, sei es als Nachwuchswissenschaftler

99 Die befragten Professoren haben die Begriffe ›akademischer Lehrer‹ und ›Mentor‹ recht uneinheitlich verwendet, wobei die jüngeren häufiger den Begriff ›Mentor‹ gebraucht haben. Es zeichnet sich allerdings ab, dass unter einem Mentor eher ein Förderer/Gatekeeper auf dem Weg in die Wissenschaft verstanden wird, wo hingegen von einem akademischen Lehrer bestimmte Eigenschaften oder theoretische/methodische Kompetenzen übernommen werden.

sehr schwer, von einem Institut an ein anderes zu wechseln. Beim wissenschaftlichen Lehrer/Mentor muss es sich nicht notwendigerweise um den Doktorvater handeln. Der gerade zitierte Befragte berichtete davon, dass er von seinem Doktorvater zwar wissenschaftlich geprägt, durch diesen aber nicht mit den Funktions- und Reputationsmechanismen von Wissenschaft vertraut gemacht worden sei. Diese Mechanismen habe er von seinem Mentor, seinem Chef während der Habilitationszeit, erlernt:

> »Er hat mich zunächst ganz simple Sachen gefragt wie: ›Haben Sie Ihre Doktorarbeit schon als Aufsatz publiziert?‹ Da habe ich erst mal zurückgefragt, ob man das überhaupt kann, und dann den Aufsatz geschrieben. Er hat zum Beispiel auch gesagt: ›Gehen Sie doch auf die Tagung, da ist ein Thema, das für Sie interessant sein könnte. Da könnten sie den und den Aspekt aus Ihrer Arbeit vortragen.‹ Das habe ich dann gemacht. So war das eigentlich die ganze Zeit – er war voller Anregungen und Ideen und das ist bei mir auf fruchtbaren Boden gestoßen.«

Der Zitierte sagte nüchtern, sein Doktorvater sei zwar ein »unglaublich intelligenter Mensch«, aber »leider völlig introvertiert.« Außerdem habe der Doktorvater »überhaupt keine Ausstrahlung« gehabt, weshalb er sich von ihm abgewandt habe. Ein guter Wissenschaftsspieler wird sich bei der Wahl eines Mentors immer für einen Professor entscheiden, der ihn weiterbringt, von dem er profitieren kann; zwischenmenschliche Beziehungen werden im Zweifelsfall hinten angestellt.

Das Verhältnis zwischen Doktorand und Doktorvater bzw. zwischen Habilitand und Habilitations-Mentor ist (immer auch) als ein strategisches zu betrachten. Bourdieu (1992a: 164) zufolge ist die Wahl des Doktorvaters eine Kombination aus intellektuellem und sozialem Gespür »für die richtige Investition.« Wie die Wahl eines Ehepartners entspreche die Wahl des Betreuers einer Beziehung von Kapital zu Kapital. Mit der »Höhe« des gewählten Betreuers und Themas dokumentiere der Kandidat seinen »Sinn für die eigene ›Höhe‹« und die der möglichen Betreuer (ebd.: 154). Folgt man den Annahmen Bourdieus, dann lässt sich ein enger Zusammenhang zwischen dem wissenschaftlichen Machtkapital der einzelnen »Patrone« und der »Qualität ihrer ›Schutzbefohlenen‹« belegen (ebd.: 160). Das heißt: Die Reputation eines akademischen Lehrers färbt auf den Nachwuchswissenschaftler ab. Dabei kommt es nicht nur auf die fachliche Brillanz des Mentors an, sondern auch darauf, welche Position er im wissenschaftlichen Feld einnimmt. Ein gut vernetzter Mentor aus der Mitte des Faches kann maßgeblich zum Erfolg seines Nachwuchswissenschaftlers beitragen. An späterer Stelle wird hierauf vertiefend eingegangen.

Beaufaÿs (2003) hat in ihrer Studie zum Selbstverständnis von Wissenschaftlern festgestellt, dass weibliche Nachwuchswissenschaftler im Vergleich zu ihren männlichen Kollegen tendenziell weniger aktiv den Weg in die Wissenschaft beschreiten und das Karriereziel Professor nur zögerlich aussprechen. Frauen seien mehr auf den Zuspruch von außen angewiesen (vgl. ähnlich auch WETTERER 1985; RÖHRICH et al. 1989; SCHULTZ 1991; LIND 2004).[100] Auf dieses Phänomen stößt man auch bei Professorinnen für Kommunikationswissenschaft. Zwei Professorinnen (beide aus der mittleren Kohorte) haben davon berichtet, dass sie von ihren Doktorvätern ermutigt wurden, das Karriereziel Professur anzustreben. So antwortete eine Interviewpartnerin auf die Frage, wann sie Professorin habe werden wollen:

> »*** [Name des Doktorvaters; N.H.] hat in der Abschlussphase meiner Promotion zu mir gesagt: ›Wie sich Ihre Vita, Ihr Publikationsverhalten und Ihr Lehrverhalten bisher mir gegenüber gezeigt hat, haben Sie die Fähigkeit, ein Lehramt im Hochschuldienst anzustreben.‹ Dann war ich erst mal geplättet und dann war er geplättet, weil ich geplättet war. Er fragte mich dann, warum ich überhaupt hier sei. Er hatte nicht damit gerechnet, dass ich mir diesen Beruf nicht wirklich schon von vornherein bei meiner Entscheidung, bei ihm Mitarbeiter zu werden, auf die Agenda geschrieben hatte.«

Eine ähnliche Begebenheit schilderte eine andere Interviewpartnerin. Während der Zeit als wissenschaftliche Assistentin habe ihr der Doktorvater attestiert, dass sie »das Zeug« zur Wissenschaftlerin habe. Das habe sie bestärkt, den Weg in die Wissenschaft weiterzugehen, und ihr Doktorvater habe sie dann beispielsweise in puncto Publikationsstrategien beraten (»Diese Strategien hat er auf einer Papierserviette präzise und im Zeitverlauf aufgeschrieben.«). Auch aus der quantitativen Studie zum Karriereverhalten des kommunikationswissenschaftlichen Nachwuchses ist bekannt, dass Frauen ihre Karriere im Vergleich zu Männern weniger zielgerichtet verfolgen und dass sie häufiger einen Anstoß von außen brauchen, um den Weg zur Professur zu beschreiten (vgl. FRÖHLICH/HOLTZ-BACHA 1993b: 531; PROMMER et al. 2006: 87). Bei der geschlechtsspezifischen Betrachtung der Rolle von akademischen Lehrern/Mentoren

100 Eine im Vergleich zu Männern tendenziell weniger strategisch ausgerichtete Karriereplanung lässt sich nicht nur in Bezug auf das Karriereziel Professur, sondern auch in anderen Berufsfeldern beobachten. Vgl. hierzu zum Beispiel für das Berufsfeld Public Relations die Befunde von Fröhlich et al. (2005: 204, 224ff.).

fällt außerdem auf, dass die befragten Frauen (auch) weibliche Mentoren hatten, während Männer ausschließlich von Männern gefördert wurden.

Unter den Interviewpartnern gibt es nur wenige, die den Weg in die Wissenschaft ohne Mentor gegangen sind. Zwei Professoren wurden im Interview direkt darauf angesprochen. Einer dieser Interviewpartner (weiblich) »bedauert« es, keinen akademischen Lehrer gehabt zu haben (»Irgendwie kam keiner meines Weges.«). Der andere (männlich) sagte, es sei »nicht ganz falsch«, dass er keinen akademischen Lehrer habe. Er hat auf seinen Doktorvater verwiesen und betont, dass ihn dieser »an verschiedenen Stellen unterstützt« habe. Sein Doktorvater habe »einen maßgeblichen Anteil« daran gehabt, dass er in die Wissenschaft gegangen sei; die Bezeichnung »akademischer Lehrer« würde das Verhältnis zwischen ihm und seinem Doktorvater »partiell« schon treffen. Allerdings wolle er dieses Verhältnis »nicht überhöhen«, man müsse das »nicht hervorkehren« (»*** [Name des Doktorvaters; N.H.] gibt einem keine Mission vor – ich musste meinen eigenen Weg schon alleine finden.«). Möglicherweise ist es kein Zufall, dass gerade dieser Professor heute von ›seinen‹ Nachwuchswissenschaftlern vor allem Eigenständigkeit erwartet.

Auffallend ist, dass sich überwiegend diejenigen Interviewpartner als Mentoren verstehen, die während ihrer Qualifikationszeit selbst durch einen Mentor gefördert wurden. Ein Befragter sagte, er versuche, die positiven Erfahrungen, die er mit seinem Mentor gemacht habe, weiterzugeben und die Dinge, die ihn damals gestört haben, zu vermeiden. Von einem akademischen Lehrer werden immer auch Eigenschaften, Ansichten und wissenschaftliche Perspektiven übernommen. In mehreren Gesprächen wurde darauf hingewiesen, dass es sich hierbei auch um ein »Patchwork« von unterschiedlichen Personen handeln könne. Ein Interviewpartner sagte, dass er sich von mehreren Vorbildern »Fähigkeiten abgeschaut« habe, die er »für erstrebenswert« gehalten habe (»Bei dem einen das, bei dem anderen dieses und bei der anderen jenes.«). Um welche Eigenschaften und Fähigkeiten es sich dabei konkret handelt, fließt in die Überlegungen zum Fach- bzw. zum Berufsverständnis ein.

Institutionelle Zugehörigkeit und Netzwerke

Die Analyse der Karrierewege von Professoren für Kommunikationswissenschaft zeigt, dass es sich auszahlt, wenn der Mentor aus der Mitte des Faches bzw. aus einer renommierten Institution kommt – ein Umstand, der sich auf die Notwendigkeit einer Habilitation und auf die Dauer bis zur Erstberufung auswirken kann. Meyen (2004: 202) hat herausgestrichen, dass das Fach von den Instituten in Mainz, Berlin, München und Münster dominiert werde. Nach seiner Recherche kommen 80 Prozent der Professoren für Kommunikationswissenschaft aus einem dieser vier Institute. Felt et al. (1995: 70) haben hervorgehoben, dass man unter Wissenschaftlern relativ offen über das Prestige einzelner Institutionen und Akteure spreche. Auch Professoren für Kommunikationswissenschaft haben in den Interviews auf die Reputation einzelner Fachinstitute verwiesen, wobei Mainz, München, Münster, Erfurt und Zürich genannt wurden. Die Reputation einzelner Institute erschließt sich neben deren Tradition und Größe aus dem Forschungs-Output. Brosius und Haas (2009: 180) haben in ihrer Inhaltsanalyse der beiden führenden Fachzeitschriften die publikationsstärksten Institute ermittelt: Nach dieser Analyse lieferte das Münchener Institut in der Zeitspanne zwischen 2003 und 2007 den stärksten Publikations-Output, gefolgt von den Fachinstituten in Zürich, Hannover, Mainz und Leipzig. Sie sprechen von einem »überschaubaren Kern produktiver Institute mit einer relativ weiten Corona von Einrichtungen« (BROSIUS/HAAS 2009: 187). Ein Münchener Professor hat im Interview herausgestrichen, dass am Fachinstitut in München in den letzten 20 Jahren »einiges passiert« sei. Das Traditionsinstitut sei mittlerweile zu einem der größten Standorte des Faches im deutschsprachigen Raum ausgebaut worden und weise ein hohes Drittmittelaufkommen auf. Meyen und Löblich (2004) stellen heraus, dass sich die Kommunikationswissenschaft an diesem Standort von einem »Stiefkind« der Münchener Universität zu einem ihrer »Leuchttürme« entwickelt habe (zur Geschichte des Münchener Instituts vgl. MEYEN/LÖBLICH 2004; MEYEN/WENDELIN 2008). Ein am Münsteraner Institut tätiger Professor meinte, dass dort viele renommierte Leute gelehrt hätten oder gegenwärtig lehrten, wodurch das Institut einen entsprechend guten Ruf habe (zum Münsteraner Institut vgl. HACKFORTH/KUTSCH 1982; PASQUAY 1986).

Als »unbestritten« kann der Erfolg der Mainzer Absolventen gelten, kein anderes Fachinstitut im deutschsprachigen Raum hat mehr Hochschullehrer-Nachwuchs hervorgebracht (MEYEN/LÖBLICH 2006: 259). Dabei steht Mainz weniger für einen institutionellen Standort, als vielmehr für eine »Schule«[101] im Sinne der quantitativen Wirkungsforschung

101 Zur Frage, ob es überhaupt eine ›Mainzer Schule‹ gibt und was darunter zu verstehen ist, sei

nach US-amerikanischem Vorbild. Meyen und Löblich haben eine Übersicht zu Hochschullehrern aus der »Mainzer Schule« erstellt (vgl. ebd.: 260f.). Drei dieser 13 ›Mainzer‹ befinden sich im Sample der vorliegenden Studie und diese Interviewpartner haben allesamt auf das Renommee des Mainzer Instituts verwiesen. Auch Interviewpartner, die indirekt zur ›Mainzer Schule‹ gerechnet werden können – so sie sich den Themen und Methoden verschrieben haben oder bei einem ›Mainzer‹ promoviert wurden/sich habilitiert haben –, verwiesen auf das Renommee dieses Instituts. So sagte zum Beispiel ein Befragter aus der mittleren Kohorte:

> »Nun kann einem Schlechteres passieren, als der Mainzer Schule zugeordnet zu werden. Bei aller Kritik, die man gegen die Forschung vorbringen kann, ist das Mainzer Institut ein sehr renommiertes, von mir sehr geschätztes Fachinstitut – mit grandiosen Kollegen, Forschern, hochintelligenten Menschen, die sehr, sehr gute Absolventen produzieren. Ich wüsste nicht, was ich dagegen haben sollte, da dazugezählt zu werden.«

Ein anderer Befragter aus der jüngsten Kohorte meinte, dass er »wahrscheinlich gedanklich aus dieser Welt« komme, »als Person« fühle er sich allerdings nicht eingebunden. Offenbar werde er aber als »Mainzer« wahrgenommen und dies sei möglicherweise auch der Grund für den Erhalt einer Vertretungsprofessur gewesen. Er sprach davon, wie »überrascht« er gewesen sei, als er einen Anruf aus *** [Standort des Fachinstituts; N.H.] erhalten habe und gefragt wurde, ob er dort eine Professur vertreten wolle. Für ihn sei immer »klar gewesen«, dass er zunächst seine Habilitationsschrift fertigstellen müsse, um auf eine Professur zu gelangen. Von der Vertretungsprofessur wurde dieser Interviewpartner schließlich auf eine (gut ausgestattete) W2-Professur an einem anderen Standort berufen (»Ich habe mich gewundert, dass es letzten Endes dann doch ohne Habilitation ging.«). Es mag kein Zufall sein, dass sowohl dieser als auch der oben zitierte Interviewpartner als nicht habilitierte Nachwuchswissenschaftler auf eine kommunikationswissenschaftliche Professur berufen wurden. Ein Blick auf die Karrierewege von Professoren für Kommunikationswissenschaft zeigt, dass sich dieses Muster auch bei anderen ›Mainzern‹ abzeichnet; in der jüngsten Kohorte können drei von zwölf nicht habilitierten Professoren der Mainzer Schule zugerechnet werden und die Spanne zwischen Abschluss der Promotion und Erst-

an dieser Stelle auf Meyen/Löblich (2006: 258-262) verwiesen; vgl. hierzu auch die Beiträge in Wilke (2005). Zur Soziologie wissenschaftlicher Schulen vgl. Stichweh (1999).

berufung war bemerkenswert kurz. Der Erfolg der Mainzer Nachwuchswissenschaftler ist zweifelsohne durch die Netzwerkbildung zu erklären. Ein Professor kommentierte dies im Interview kritisch:

> »Wenn ich sage, dass die quantitative Wirkungsforschung das Wichtigste ist und es deshalb an allen Instituten eine Professur dafür geben muss, kann ich, wenn ich in diesem Bereich tätig bin, sagen, dass ich genau den Nachwuchs für die Besetzung dieser Professuren habe. Das ist ja eine Strategie der Mainzer Schule gewesen und das ist es auch nach wie vor.«

Schulen und Netzwerkbildungen erscheinen immer dann als problematisch, wenn sich ein Akteur *nicht* zugehörig fühlt – wenn er durch das Netz fällt. Oder wie es der gerade zitierte Interviewpartner ausdrückte: »Ganz bösartig gesagt: Man kann sich in dem kleinsten Medienwirkungsbereich auskennen, dann möglichst noch in dem Netzwerk der Mainzer Schule drinstecken und bekommt eine Professur in Deutschland.«

Der Vernetzung von Nachwuchswissenschaftlern ist ein großes Gewicht zuzuschreiben. Eine Professorin, die sich ihre Promotion durch ein Stipendium finanzierte und während dieser Qualifikationsphase die Entscheidung für die Professorenlaufbahn fällte, hat auf die große Bedeutung von Netzwerken hingewiesen. Die Qualifikationsstelle, die sie als promovierte Nachwuchswissenschaftlerin erhielt, resultiere aus strategischem Networking:

> »Bei dem zweiten oder dritten Netzwerk-Treffen hatte ich meine Dissertation vorgestellt. Ich war damals kurz vor Ende und war mir noch ein bisschen unklar, was jetzt eigentlich mein Hauptbefund ist. Meine spätere Chefin erzählte mir dann, dass sie damals dachte: ›Die ist gut, die muss man im Auge behalten!‹. Zwei oder drei Jahre später bekam ich die Assistentenstelle bei ihr.«

Mit Bourdieu lässt sich die Assistentenstelle (ökonomisches Kapital) als transformiertes soziales Kapital begreifen. Eine andere Professorin, die auf einer halben Assistentenstelle promoviert hat, berichtete von der schlechten Betreuung seitens ihres Doktorvaters und einer enormen Arbeitsbelastung (»Wir hatten teilweise Jahrgänge mit 1200 Studierenden zu betreuen.«). Um den schlechten Promotionsbedingungen zu trotzen, habe sich diese Befragte mit fünf anderen Nachwuchswissenschaftlerinnen aus unterschiedlichen Fächern zusammengeschlossen und zur gegenseitigen Unterstützung hätten sie Dissertations-Kolloquien organisiert. Diese kleinen Kolloquien mit Gleichgesinnten (»[...] und das alles ohne professionelles Mentoring-Programm [...]«) hätten ihr dabei geholfen, die Doktorarbeit fertigzustellen (»Sie merken nämlich plötzlich, dass es ihre eigene Sache ist, die da läuft.«). Wenn man um die Situation von Frauen in der (Kommunikations-)Wissenschaft weiß, dann ist es vielleicht kein Zufall, dass gerade Professorinnen im Interview von strategischen Netzwerken mit anderen Frauen gesprochen haben. Im nächsten Abschnitt wird vertiefend auf den Faktor Geschlecht eingegangen.

Geschlecht

Die Kommunikationswissenschaft kann zweifelsohne zu den »feminisierten« Fächern gerechnet werden (vgl. hierzu LIND 2004: 68). Allerdings stehen einem breiten Fundament von weiblichen Studierenden nur wenige Professorinnen gegenüber; 2007 waren unter 103 Professoren gerade einmal 19 weiblich. Dieses ›Pyramidenphänomen‹ hat Prommer et al. (2006: 69) von der Kommunikationswissenschaft als »gendered organization« sprechen lassen. Kommunikationswissenschaftlerinnen werden in der wissenschaftlichen Praxis also (immer auch) mit ihrem Geschlecht konfrontiert und alle Interviewpartnerinnen haben im Gespräch explizit oder mindestens implizit Bezug auf ihr Geschlecht genommen; bei keinem männlichen Interviewpartner war dies der Fall.[102] Die befragten Professorinnen haben auch von (latenten) Diskriminierungen berichtet, wodurch sie das »Diskriminierungsparadoxon« (LIND 2004: 104) durchbrochen haben. Dieses besagt, dass Frauen Diskriminierung zwar grundsätzlich kennen, es aber nicht auf ihre eigene Arbeitssituation angewendet wissen wollen.[103]

Die formalen Zugangsbarrieren für Frauen für den Erhalt einer Professur wurden zwar schon vor längerer Zeit abgeschafft (vgl. hierzu Anm. 68 der vorliegenden Arbeit). Mit Theresa Wobbe (1997: 132) ist allerdings davon auszugehen, dass die enge Koppelung von wissenschaftli-

102 Auch bei den von Christian Fleck (1996) herausgegebenen autobiografischen Notizen von Soziologen nimmt keiner der befragten 15 Männer Bezug auf das Geschlecht, wohl aber die beiden Frauen. Dieses Phänomen findet sich auch in dem von Karl Bolte und Friedhelm Neidhardt (1998) herausgegebenen Band *Soziologie als Beruf*.

103 Erklärt wird das Diskriminierungsparadoxon zum einen damit, dass Frauen nicht zur Gruppe der Diskriminierten gehören wollen. Wissenschaftlerinnen möchten sich in der Öffentlichkeit nicht als wenig anerkannt und isoliert verstanden wissen (vgl. MATTHIES et al. 2001: 19). Zum anderen gehört das Herausstellen der Nicht-Diskriminierung zum gewinnbringenden sozialen Handeln im wissenschaftlichen Feld, das auf Objektivitätsidealen basiert und folglich subjektgebundene Diskriminierungen negiert (vgl. LIND 2004: 105).

chem Charisma und Männlichkeit den Erhalt einer Professur für Frauen erschwert. Eine Interviewpartnerin erzählte von folgender Begebenheit: Nach der Magisterarbeit (mit ›sehr gut‹ abgeschlossen) habe sie ihren Betreuer gefragt, ob er nicht ihre Promotion unterstützen wolle:

> »Ich stand dann vor *** [Name des Magister-Betreuers; N.H.] und er sagte minutenlang erst einmal gar nichts. Ganz leise meinte er dann: ›Ich denke, es ist besser, Sie bewähren sich erst einmal bei einer Frauenzeitschrift.‹ Ich weiß nicht genau, was er damit sagen wollte. Ich habe das überhaupt nicht kapiert, wieso ich nun bei einer Frauenzeitschrift arbeiten sollte. Ich kann es heute nur so sehen, dass sich darin seine stereotype Vorstellung eines Frauenberufs und eine subtile Aggression ausdrückte. Auf einmal war mir klar, dass er mich nicht weiter unterstützen würde. Das war eine klare Aussage.«

Frauen werden offenbar nicht selbstverständlich als legitime Anwärterinnen auf eine wissenschaftliche Laufbahn angesehen. Universitäre Rekrutierungsprozesse werden unter das Stichwort ›homosoziale Kooptation‹ gefasst: Professoren stellen im Zweifelsfall (lieber) männliche Nachwuchswissenschaftler ein (vgl. BROTHUN 1988). Der weibliche Habitus inkorporiert »weibliche Unterwerfung« und Passivität, weshalb Frauen beim »Wettkampf der Männer« klassischerweise die Rolle von »Zuschauerinnen« einnähmen (BOURDIEU 1997c: 203). Professorinnen sind nun keine Zuschauerinnen im ›Wettbewerb der Männer‹, sondern Mitkämpferinnen im Spiel um Anerkennung und Macht. Dadurch nehmen sie eine Position im sozialen Raum ein, die traditionell von Männern besetzt wird.

Eine Professorin hat die Erfahrung gemacht, dass Frauen die Fokussierung auf Forschung weniger zugetraut und dass kaum »Aufklärung« darüber betrieben werde, wie Forschungstätigkeiten zu gestalten sind. In einem anderen Interview mit einer Fachvertreterin aus der mittleren Kohorte kam zur Sprache, dass man als Frau in Berufungsverfahren »fünfmal so gut passen und fünfmal so gut auftreten« müsse wie ein Mann (»Was meinen Sie, was ich in Berufungsverfahren erlebt habe!«). In einem Berufungsverfahren hätten nur Männer gesessen, die ihre »Männer-Kriterien« einbrachten; das seien »harte Berufungsverhandlungen« gewesen. Die Befragte hat als *ein* Motiv für die Habilitation explizit das Geschlecht angeführt und sie strich heraus, dass man als Frau mit dem Karriereziel Professur eine Habilitation im Zweifelsfall mehr benötige als die männlichen Kollegen. Sie ist der Meinung, durch diesen Qualifikationsschritt ein »besseres Standing« in Berufungsverfahren gehabt zu haben.[104] An dieser Stelle sei in Erinnerung gerufen, dass es in der Kommunikationswissenschaft – gerade im Vergleich zu anderen akademischen Disziplinen – einen relativ großen Anteil an nicht habilitierten Professoren gibt. Die Analyse der Karrierewege von Professoren für Kommunikationswissenschaft zeigt, dass 64 der 103 Fachvertreter (62 %) habilitiert sind. Von den insgesamt 19 amtierenden weiblichen Professoren sind 14 habilitiert. Auffallend ist, dass alle *nicht habilitierten* Professorinnen im Fach selbst sozialisiert wurden. Eine der fünf Professorinnen ohne Habilitation findet sich in der ältesten Kohorte, eine in der mittleren und drei stammen aus der jüngsten Kohorte. Dass nicht habilitierte Professorinnen vor allem in der jüngsten Kohorte vorzufinden sind (drei von sieben), mag den Professionalisierungstendenzen der Kommunikationswissenschaft widersprechen (vgl. hierzu Abschnitt 2.2.2). Diese Begebenheit lässt sich aber durch den eklatanten Mangel an Nachwuchswissenschaftlern bei der (Wieder-)Besetzung von kommunikationswissenschaftlichen Professuren im Rahmen des sich vollziehenden Generationenwechsels erklären.

Wenn man den Anteil von nicht habilitierten Professorinnen nun mit dem Anteil von nicht habilitierten Professoren aus der jüngsten Kohorte vergleicht, dann zeigt sich: Von den 17 Professoren, die 1961 oder später geboren wurden, sind acht habilitiert. Da in dieser Studie lediglich die ›Überlebenden‹ befragt wurden und auch sonst keine Studien zu ›Dropouts‹ aus dem kommunikationswissenschaftlichen Feld vorliegen und da darüber hinaus keine Interviews mit den Vertretern aus Berufungskommissionen geführt wurden, kann nicht validiert werden, welche Rolle die Habilitation bei weiblichen Nachwuchswissenschaftlern auf ihrem Weg zur Professur tatsächlich spielt. Als aufschlussreich erscheint in diesem Zusammenhang aber allemal ein Blick auf die Karrierewege der nicht habilitierten Professorinnen: Die Spanne zwischen Abschluss der Promotion und Erstberufung ist – wie bei ihren männlichen Kollegen – relativ kurz.

Eine Interviewpartnerin berichtete davon, dass sie auch *nach* dem Erhalt ihrer Professur immer wieder mit ihrem Geschlecht konfrontiert werde:

> »Als ich den Ruf erhielt, hat mir eine Kollegin vorher erzählt: ›Sie bekommen ja den Ruf, weil Sie auf dem Frauenticket fahren.‹ Das Wissenschaftssystem ist

104 Diese Vermutung deckt sich mit den Befunden von Plümper und Schimmelfennig (2007: 108). Für die Politikwissenschaft haben die beiden Autoren herausgearbeitet: Wer ohne Habilitation berufen wird, verfügt über bessere Kontakte, publiziert mehr und ist typischerweise ein Mann ohne Kind.

> extrem selektiv und es ist nicht fair. Viele Männer können es nicht ertragen, wenn sie nicht hochkommen. Sie können das Ganze irgendwie noch verkraften, wenn ihnen ein Mann vorgesetzt wird. Aber wenn das dann eine Frau ist, haben sie ganz große Schwierigkeiten, das zu akzeptieren.«

Die Erfahrungen mit dem eigenen Geschlecht und der erlebte Akkulturationsprozess führen offenkundig dazu, dass die Interviewpartnerinnen großen Wert auf die Förderung von weiblichen Nachwuchswissenschaftlern legen – sie sehen sich in einer Gatekeeper-Funktion gegenüber Wissenschaftlerinnen. Aus der Studie von Prommer et al. (2006: 80) ist bekannt, dass für Nachwuchswissenschaftlerinnen gleichgeschlechtliche Vorbilder wichtig sind und dass gezielt gleichgeschlechtliche Arbeitsbeziehungen gesucht werden (vgl. ähnlich auch ZIMMER et al. 2007: 123f.). Die vorliegenden Befunde deuten darauf hin, dass die befragten Professorinnen eine solche Vorbildfunktion einnehmen wollen.

Studienfächer und Geburtskohorte

Fachfremde haben im Interview davon erzählt, dass sie sich bei der Bewerbung auf eine Post-Doktorandenstelle in Kommunikationswissenschaft zunächst wenig Chancen ausgerechnet hätten (»Ich dachte: ›Kannste mal hinschicken, aber das wird sicherlich nichts.‹«). *Dass* überhaupt eine Stelle in der Kommunikationswissenschaft ohne vorherigen akademischen Abschluss in diesem Fach denkbar war, kann als Spezifikum des kommunikationswissenschaftlichen Feldes betrachtet werden. Da die facheigene Nachwuchsproduktion dem Wachstum der Kommunikationswissenschaft nicht beikommen konnte (und kann), wurden (und werden) Vertreter aus anderen Disziplinen in das Fach integriert. Ein Professor, der in einer anderen Sozialwissenschaft promoviert wurde, berichtete davon, dass er zu Beginn seiner Assistenz »überhaupt keine Ahnung von Kommunikationswissenschaft« gehabt habe und zwei bis drei Jahre gebraucht habe, um das Fach »kennen zu lernen.« Das sei allerdings nicht außergewöhnlich, denn in seiner Altersgruppe gebe es viele Fachvertreter, die *nicht* Kommunikationswissenschaft studiert haben. Die theoretischen Ansätze der Kommunikationswissenschaft habe er sich dann hauptsächlich durch seine Dozententätigkeit erschlossen (»Immer, wenn ich etwas wissen wollte, habe ich eine Veranstaltung dazu gemacht«). Ein anderer Professor (gleiche Kohorte) hat davon erzählt, durch seine Assistentenstelle an einem Journalistik-Institut und die damit verbundene Lehrtätigkeit in die Kommunikationswissenschaft »reingewachsen« zu sein. Durch die kommunikationswissenschaftliche Habilitation, für die er »alle möglichen Forschungsbereiche und die wesentlichen Theorien« zur Kenntnis habe nehmen müssen, habe er sich das Fach angeeignet. Seit der Habilitation habe er das »Gefühl«, ein Kommunikationswissenschaftler zu sein.

Hier lässt sich fragen, wie der Raum des Möglichen von Fachfremden zum Zeitpunkt ihres Eintritts in das kommunikationswissenschaftliche Feld ausgesehen hat. Haben solche Fachvertreter in den 1980er-Jahren – zu einer Zeit, in der sich die Professorenschaft noch zu einem großen Teil aus Seiteneinsteigern rekrutierte – andere (Fremdheits-) Erfahrung gemacht als Vertreter aus der jüngsten Geburtskohorte, die erst vor wenigen Jahren in das Feld eingetreten sind? Aus dem Interviewmaterial lassen sich in dieser Hinsicht keine kohortenspezifischen Differenzen herauslesen. Allerdings muss dieser Befund mit Vorbehalt betrachtet werden, da das Sample überwiegend Professoren umfasst, die in einer anderen Sozialwissenschaft sozialisiert wurden. Wenn man die Tendenz der ›Versozialwissenschaftlichung‹ (MEYEN 2004) der Kommunikationswissenschaft berücksichtigt, dann dürfte es Sozialwissenschaftlern im Vergleich zu Geisteswissenschaftlern, Ökonomen oder Juristen leichter fallen, in das Fach integriert zu werden. Freilich hängt es dabei immer auch von der konkreten fachlichen Ausrichtung und von dem spezifischen Einsatz ab, welche Position ein Fachfremder im kommunikationswissenschaftlichen Feld einnimmt. Diese Überlegungen werden an späterer Stelle vertieft.

Familie[105]

Aus berufssoziologischen Studien ist bekannt, dass Professoren – im Vergleich zu ihren weiblichen Kollegen – für gewöhnlich keine Abhängigkeit zwischen der eigenen Karriere und der Familiengründung oder der beruflichen Laufbahn der Partnerin sehen (vgl. SCHULTZ 1991: 211). Vor diesem Hintergrund erscheint es als umso bemerkenswerter, dass mehrere männliche Professoren (aus unterschiedlichen Kohorten) heraus-

105 Im Folgenden wird lediglich darauf eingegangen, ob die Interviewpartner familiäre Angelegenheiten beim (Um-)Weg in die Wissenschaft angeführt haben. Abschnitt 7.1.2 behandelt die Vereinbarkeit von Familie und Professorenberuf dann ausführlich.

gestrichen haben, während der Qualifikationsphase nicht nur für sich alleine, sondern für ihre Familie verantwortlich gewesen zu sein. Dieser Umstand hat ihren Weg in die Wissenschaft maßgeblich beeinflusst. Ein Interviewpartner (älteste Kohorte) erzählte davon, dass er seine Kinder »zur Hälfte mitbetreut« habe. Solange die Kinder im schulpflichtigen Alter waren, habe er sich um Projektarbeiten und Lehraufträge bemüht. Solche Tätigkeiten hätten es ihm erlaubt, zu Hause zu arbeiten und sich um seine Kinder zu kümmern. Außerdem habe er seiner Familie einen Ortswechsel ersparen wollen. Als ihn seine Kinder »nicht mehr brauchten«, habe er sich schließlich auf Professuren beworben. Ein Interviewpartner aus der ältesten Kohorte hat davon berichtet, dass er aus Rücksichtnahme gegenüber seiner Familie auf das Schreiben einer Habilitation verzichtet habe: »Ich war nicht mehr Anfang 20. Mittlerweile war ich Familienvater, ich wollte mich nicht noch weiter den Kindern entziehen und ich habe eine Frau, mit der ich möglichst viel Lebenszeit verbringen möchte.« Ein weiterer Interviewpartner (jüngste Kohorte) erzählte, dass er seiner Familie zuliebe auf Auslandsaufenthalte verzichtet habe. Darüber hinaus habe er sich während seiner gesamten Qualifikationszeit an einem Standort aufgehalten (»Mit Familie und kleinen Kindern ist es natürlich gut, wenn man nicht permanent umziehen muss.«). Dieser Professor hat im Interview auf die Gefahr hingewiesen, irgendwann zum »Instituts-Inventar« zu gehören, wenn man zu lange am gleichen Standort bleibe. Da er aufgrund seiner familiären Situation (Kinder im schulpflichtigen Alter) über Jahre hinweg eine volle Stelle an einem kleinen Standort habe »voll ausschöpfen« wollen, habe er Sorge gehabt, nicht wahrgenommen zu werden und dort »hängenzubleiben«. Dieses »Problem« habe der Zitierte »früh erkannt« und er habe es für »richtig« befunden, bereits während seiner Qualifikationszeit zu publizieren, durch kleinere Forschungsprojekte selbstständig zu werden und sich dadurch zu profilieren.

Aus der quantitativen Untersuchung von Fröhlich und Holtz-Bacha (1993b) zu Dozenten in der Kommunikationswissenschaft geht hervor, dass die Kinder männlicher Kommunikationswissenschaftler mehrheitlich von den Partnerinnen betreut werden, knapp ein Drittel betreut die Kinder zu gleichen Teilen wie die Partnerin. Darüber hinaus ist bekannt: *Wenn* Kommunikationswissenschaftlerinnen Mütter sind, dann haben sie in der Regel nur ein Kind, ihre männlichen Kollegen hingegen meist mehrere (vgl. FRÖHLICH/HOLTZ-BACHA 1993b: 529). Dieser Umstand trifft auch auf die im Rahmen der vorliegenden Studie befragten Professorinnen zu. Eine Interviewpartnerin berichtete davon, dass sich durch die Geburt ihres Kindes während der Habilitationsphase das Leben komplett verändert habe. Es sei bisweilen recht schwierig gewesen und es hänge stark davon ab, wie »zäh« man sei und wie sich die familiäre Situation gestalte. Beruflich gesehen sei die Familiengründung zwar eine »Einschränkung«, privat aber eine »Erweiterung« gewesen.

Auslandsaufenthalte

Zwei Interviewpartner haben auf die große Bedeutung ihrer Auslandsaufenthalte auf dem Weg zur Professur hingewiesen. Ein Schweizer Professor sagte, dass es für ihn »karrieretechnisch sehr wichtig« gewesen sei, eine Gastprofessur in Deutschland innegehabt zu haben. In der Schweiz könne man keine Karriere machen, bevor man nicht »vom Ausland entdeckt« worden sei. Ein anderer Interviewpartner hat die Zeit an einer *graduate school* in den USA als »intellektuelles Erwachen« beschrieben. Ohne den Aufenthalt in den USA wäre er nicht in die Wissenschaft »gekommen und geblieben«. Besonders imponiert habe ihm das Wissenschaftsklima im angelsächsischen Raum – bereits als Doktorand sei man dort Teil der Forschergemeinschaft und in alle Forschungskontexte eingebunden (»Ich habe da den Nobelpreisträger kennen gelernt.«); es gebe nicht dieses »Nachwuchs-Runterputzen«. Dass es überhaupt zu einem Aufenthalt in den USA gekommen sei, hat dieser Befragte als »Riesenzufall« beschrieben. Dieser Umstand leitet über zum nächsten Punkt: der Rede von Zufall und Glück auf dem Weg in die Wissenschaft.

Die Rede von Zufall und Glück

In den Gesprächen mit Professoren für Kommunikationswissenschaft war immer wieder die Rede von Zufall und Glück, als es um den erfolgreichen Weg in die Wissenschaft ging – und dies unabhängig davon, ob das Berufsziel Professur schon früh oder erst zu einem relativ späten Zeitpunkt der beruflichen Laufbahn verfolgt wurde. Im Folgenden wird der Blick nicht darauf gerichtet, zu entscheiden und zu urteilen, ob der Erhalt einer Professur *tatsächlich* als glückliche Fügung zu verstehen ist, ob die Schilderungen demonstrativer Zurückhaltung geschuldet sind oder zur Mythenbildung beitragen sollen. Vielmehr wird es darum gehen, die »Lebensgeschichten als Ausdruck von Deutungsmustern« (KOHLI 1981: 444) der Interviewpartner zu beschreiben und zu interpretieren.[106] Das von den Interviewpartnern beschriebene Glück beim Erhalt einer Professur bezieht sich auf unterschiedliche Begebenheiten: dass 1) überhaupt ein Ruf erhalten wurde, 2) der Ruf schneller als erwartet kam, 3) der Ruf von einer Universität kam, deren Standort sich als vorteilhaft erwiesen hat und 4) die Professur passgenau der fachlichen Ausrichtung entspricht.

Wiederholt wurde darauf hingewiesen, dass man den Weg in die Wissenschaft nicht en détail planen könne. So meinte ein Befragter, dass die Professur für ihn »nie etwas Vorgegebenes à la: ›Du musst das jetzt schaffen!‹« gewesen sei. Er habe immer nur gesagt »Gucken wir mal, schauen wir mal. Das, was du machst, das machst du möglichst gut und dann wird das schon.« In einem anderen Interview kam zur Sprache, dass es zwar immer wieder Gedanken im Sinne von »bis da und dahin möchte ich dies und jenes erreichen« gäbe, aber letztlich könne man eine wissenschaftliche Karriere nicht planen. Man könne nicht sagen: »Ich will jetzt Professor werden und deswegen muss ich den Schritt 1, 2, 3 und 4 machen.« Ein »kontingenzgeschulter« Professor (mittlere Kohorte) schilderte seinen Weg in die Wissenschaft folgendermaßen:

> »Ich weiß, dass alles immer auch anders möglich ist. Wenn ich mir meinen beruflichen Werdegang anschaue, sehe ich, durch wie viele Zufälle einzelne Schritte zustande kamen. Als es darum ging, dass ich als Student eine Hospitanz bei der Regionalzeitung bekam, hätte es auch ganz anders laufen können. Zufällig kam der Chefredakteur aus dem gleichen Ortsteil, aus dem ich komme. Vielleicht hat das den Ausschlag gegeben, mich unter anderen Bewerbern auszuwählen. Ich habe auch sehr viel Glück gehabt, die Stelle an der Hochschule zu bekommen. Damals hatte ich überhaupt keinen Namen in der Wissenschaft und bin trotzdem

106 Mit solchen Sachverhalten beschäftigt sich die psychologische Attributionsforschung (vgl. exemplarisch DEBLER 1984). In diesem Forschungszweig der Psychologie wird zum Beispiel die Frage gestellt, ob Personen bei der Beschreibung ihrer beruflichen Laufbahn zu persönlichkeitspsychologischen oder zu situationistischen Erklärungen neigen (personeninterne versus personenexterne Attribuierung), ob Personen ihren Erfolg auf die eigenen Fähigkeiten oder auf Glück und Zufall zurückführen (vgl. SIX 1983: 123f.). Wulf-Uwe Meyer hat bereits in den 1970er-Jahren (1973) herausgearbeitet, dass Misserfolgsmotivierte im Vergleich zu Erfolgsmotivierten ihre Erfolge weniger der guten Fähigkeit und Anstrengung und mehr dem Glück zuschreiben; Misserfolge schreiben sie hingegen mangelnden Fähigkeiten und weniger dem Pech zu. Bei den Erfolgsmotivierten verhält es sich – selbstwertdienlich – genau umgekehrt. Da in der vorliegenden Studie ein soziologisches Menschenbild Ausgangspunkt der Untersuchung ist, folglich keine psychologischen Persönlichkeitsprofile der Befragten vorliegen und es weniger um den Einzelnen, als vielmehr um transindividuelle Handlungsmuster geht, wird die Attributionsforschung hier nicht weiter berücksichtigt.

genommen worden. Dass man mir dann auf dieser Stelle den Freiraum zum Promovieren gelassen hat, war große Glückssache.«

Die Rede von Zufall und Glück potenziert sich, wenn es um den Erhalt der eigenen Professur geht – diesbezügliche Aussagen finden sich sowohl in den Interviews mit männlichen als auch mit weiblichen Professoren. Dieser Befund wird hier deshalb besonders herausgestellt, weil aus der wissenschaftssoziologischen Literatur bekannt ist, dass Frauen ihren Erfolg an der Universität häufiger als Männer auf eine Aneinanderreihung glücklicher Fügungen zurückführen (vgl. zum Beispiel WETTERER 1985; POPPENHUSEN 1986; SCHULTZ 1991; HASENJÜRGEN 1996). Eine Interviewpartnerin hat mit diesem Klischee gespielt und auf die Frage, wann ihr klar gewesen sei, dass sie Professorin werden wollte, geantwortet: »Die Antwort darauf ist ein bisschen peinlich, weil sie so sehr dem entspricht, was Frauen in diesen Positionen eben sagen: Es waren ganz viele Zufälle.«

Engler (2001: 446) hat in ihrer soziologischen Habilitationsschrift Professoren zu ihrem Werdegang interviewt und festgestellt, dass keiner ihrer Interviewpartner den Eindruck erweckte, er sei aufgrund seiner wissenschaftlichen Leistung berufen worden (obgleich alle daran glauben, dass diese Leistung wichtig ist). Ähnlich wie in der Befragung Englers kam auch in den Gesprächen mit Professoren für Kommunikationswissenschaft die wissenschaftliche Leistung kaum zur Sprache. Die Befragten führten ihren akademischen Lehrer, die Vernetzung, den universitären und außeruniversitären Arbeitsmarkt oder eben Zufall und Glück an. Viele Professoren haben allerdings hervorgehoben – und dadurch unterscheiden sich die vorliegenden Befunde von denen Englers –, dass man sich das Glück »verdienen« müsse. So sagte eine Professorin, dass auf ihrem Karriereweg wohl »das Glück der Tüchtigen geholfen« habe. Ein anderer Befragter meinte, man müsse »natürlich« grundsätzlich die Bereitschaft haben, »hart zu arbeiten«. Nur dadurch schaffe man die Grundlage dafür, dass sich »Chancen überhaupt auftun können«. Lediglich eine Interviewpartnerin hat dezidiert von ihrer herausragenden Leistung und Qualifikation gesprochen: »Ich könnte jetzt klassisch antworten und sagen, dass ich Glück gehabt habe. Aber nein, ich bin sehr zäh an der Sache dran geblieben und habe alles mitgebracht, was man mitbringen musste, eben auch die Habilitation.«

Ein Interviewpartner aus der jüngsten Kohorte erzählte, dass ihm fast zeitgleich zur Abgabe der Habilitationsschrift eine Vertretungsprofessur angeboten worden sei; nach zwei Semestern als Vertretungsprofessor wurde er schließlich Professor. Dadurch befand er sich in der komfortablen Situation, »keine Phase« durchlebt haben zu müssen, in der er nicht wusste, »wie es nach dem nächsten Semester weitergeht.« Er sei »glimpflich davongekommen«. Die Betonung des Glimpflich-davongekommen-Seins weist darauf hin, dass ein solch nahtloser Übergang zwischen Habilitation und Erstberufung keineswegs als selbstverständlich zu betrachten ist. Plümper und Schimmelfennig (2007: 97) haben herausgestrichen, dass sich Habilitierte damit anfreunden müssten, als »Gesamtnetzabonnent der Deutschen Bahn immer wieder Vertretungsstellen anzunehmen«. Ähnlich hat ein Interviewpartner aus der jüngsten Kohorte seine Zeit nach der Habilitation geschildert: »Wenn Sie in die Wissenschaft wollen, dann müssen Sie sich darauf einstellen, dass Sie erst mal eine gewisse Zeit ein Handlungsreisender sind. Wer immer nur am gleichen Ort bleiben will, der hat in dem System von vorneherein verloren.«

Die Rede vom Glück kann sich auch auf den Erhalt einer Professur an einem bestimmten Standort beziehen. So erzählte ein Interviewpartner aus der mittleren Kohorte:

> »Dass ich in *** [Standort des Instituts; N.H.] gelandet bin, ist wirklich ein großes Glück, auf das ich nie hinarbeiten konnte. Ich hätte genauso gut auf Platz 2 stehen können und wäre jetzt an einem anderen Ort tätig. Der Standort war auch für die Familie ideal; ich hätte meine Familie an viele Standorte im deutschsprachigen Raum nicht hinbekommen. Man versucht immer, den Kontingenzraum einzuschränken und alles planbar zu machen. Natürlich muss man sich an den Instituten, an die man gar nicht möchte, nicht bewerben. Aber wenn man Hochschullehrer werden will, muss man sich eben bewerben und seine Flagge hissen. Zum Glück hat alles geklappt.«

Neben dem ›Standortfaktor‹ wurde vom Glück in Bezug auf die Passgenauigkeit der eigenen fachlichen Ausrichtung und dem geforderten Stellenprofil gesprochen. Ein Professor mit kulturwissenschaftlicher Ausrichtung berichtete von der Begebenheit, dass eine Professur mit interdisziplinärem Zuschnitt ausgeschrieben wurde, die exakt zu seinem Tätigkeitsprofil passte: »Ich kam da hin und war genau der Richtige.« An klassischen kommunikationswissenschaftlichen Instituten wäre sein Profil sicherlich als »zu bunt« eingestuft worden (»[...] und so gesehen war natürlich ein bisschen Glück im Spiel [...]«).

Doch gleich, auf welche konkrete Begebenheit sich die Rede von Zufall und Glück bezieht – in der Tendenz zeichnet sich ab: Je früher die Befragten gewusst haben, dass sie Professor werden wollen, desto seltener haben sie von (zufälligen und glücklichen) Fügungen gesprochen. Soziale Akteure, die den Sinn für das Wissenschaftsspiel besitzen und die praktischen Wahrnehmungs- und Bewertungsschemata inkorporiert haben, müssen die Ziele ihrer Praxis nicht als Zwecke setzen, sondern sie verfolgen diese mühelos und wie selbstverständlich.

5.3 Zusammenfassung

Im Folgenden werden die zentralen Ergebnisse zum kommunikationswissenschaftlichen Feld präsentiert und es wird um die *typische soziale Laufbahn* von Professoren für Kommunikationswissenschaft gehen. Außerdem werden Zusammenhänge zwischen der sozialen Herkunft, der beruflichen Laufbahn und den Deutungsmustern von Wegen in die Wissenschaft rekonstruiert. Diese Muster liefern den Interpretationsrahmen für das Fach- und Berufsverständnis, was Gegenstand der beiden nächsten Kapitel ist.

Aus den Interviews lässt sich herauslesen, dass die Kommunikationswissenschaft (nach wie vor) mit einem Negativ-Image behaftet ist, was bisweilen den Umgang von Professoren des Faches mit Kollegen aus anderen akademischen Disziplinen beeinflusst. Die Befragten berichteten von einer Überheblichkeit, die ihnen nicht nur von Vertretern traditionsreicher Disziplinen, sondern auch von Vertretern jüngerer Disziplinen wie der Soziologie oder der Politikwissenschaft entgegengebracht worden sei. In den Gesprächen wurden aber auch Faktoren genannt, die für ein verbessertes Image der Kommunikationswissenschaft sprechen: etwa die hohe Absolventenquote, die hohe Quote von Studierenden, die das Studium in der Regelstudienzeit abschließen, und das hohe Drittmittelpotenzial.

Die Arbeitsbedingungen von Professoren für Kommunikationswissenschaft hängen stark von den jeweiligen Modalitäten eines Fachinstituts ab. In der Regel werden die Fachvertreter aber mit einem hohen Studierendenaufkommen und einer schlechten Betreuungsrelation konfrontiert – das gilt auch für Professoren, die an einem zulassungsbeschränkten Fachinstitut tätig sind. Das hohe Studierendenaufkommen hat Auswirkungen auf die Organisation des Arbeitsalltags und der zur Verfügung stehenden Zeit für Forschungsaktivitäten. Es zeigt sich, dass Professoren in einem bestimmten Umfeld jeweils spezifische Erfahrungen machen. So prägt zum Beispiel die Tätigkeit an einem kleinen Institut mit einer überschaubaren Anzahl von Studierenden oder die Tätigkeit an einem großen Institut ohne Zulassungsbeschränkung das berufliche Handeln. Die akteursspezifischen Erfahrungen (über)formen den Habitus, bringen bestimmte Urteile und Strategien hervor und fließen schließlich in das Selbstverständnis ein.

Die überwiegende Mehrheit der befragten Professoren stammt aus bildungsfernen Elternhäusern. Häufig waren sie die ersten in ihren Familien, die eine weiterführende Schule besucht, Abitur gemacht und ein Studium aufgenommen haben. Fast alle Interviewpartner wollten ursprünglich Journalist werden – und dies unabhängig davon, ob sie Kommunikationswissenschaft oder ein anderes Fach studiert haben. Da die meisten Interviewpartner eine Aufsteigerbiografie aufweisen und ihre Habitūs überformt wurden, bewegen sie sich seit ihrer Studienzeit in einer Welt, die ihrer Herkunftsfamilie mehr oder weniger fremd ist. Es fällt auf, dass drei der vier Befragten mit dem frühen, deutlich ausgeprägten Berufswunsch Professor aus akademischen Elternhäusern kommen. Wenn man mit Bourdieu um die Prägung der sozialen Laufbahn durch die Ursprungsfamilie weiß, verwundert dieser Umstand wenig. Diese Interviewpartner haben ihren Weg in die Wissenschaft (unbewusst) strategisch angelegt. Während für die Befragten aus bildungsfernen Elternhäusern die Studienzeit in der Regel als Selbstfindungsphase fungierte, haben die frühen Aspiranten auf eine Professur bereits während ihres Studiums Wissenschaft stärker als harte Arbeit (im Sinne Webers) empfunden. Für sie stand die Promotion als nächster notwendiger Schritt auf dem Weg in die Wissenschaft außer Frage; für die anderen Befragten ergab sich dieser Schritt teilweise ›zufällig‹.

Im Vergleich zu Professoren für Kommunikationswissenschaft im Ruhestand kann die soziale Herkunft der amtierenden Professoren als *typisch* bezeichnet werden. Auch Vertreter der Professorengeneration, die Meyen und Löblich (2007) als ›Jungtürken‹ bezeichnen, kommen zum Großteil aus der unteren Mittelschicht oder der Arbeiterschicht. Ein fächerübergreifender Vergleich zur sozialen Herkunft von Professoren hat allerdings gezeigt, dass die Herkunft von Professoren für Kommunikationswissenschaft als *atypisch* zu betrachten ist. Aus Studien zur sozialen Herkunft von Professoren ist bekannt, dass das Bildungsniveau der Eltern von Professoren hoch ist. Wenn man mit Bourdieu die soziale Hierarchie der Fächer mit der sozialen Herkunft der Professoren in Verbindung bringt, dann lässt sich daraus schlussfolgern: Die nach wie vor verbesserungswürdige Reputation der Kommunikationswissenschaft an der Universität lässt sich neben den aus der fachgeschichtlichen Literatur bekannten Faktoren (wie dem jungen Alter des Faches und dem Anspruch, den Anforderungen der Medienpraxis und der Universität gleichsam zu genügen) *auch* durch die Habitūs der Fachvertreter erklären.

Es wurde dargelegt, dass das Gros der Professoren für Kommunikationswissenschaft rein akademische Lebensläufe aufweist und dass die praktische Berufserfahrung in den Hintergrund tritt. Dieser Befund ist insofern bedeutsam, als noch bis in die 1960er-Jahre hinein (langjährige) Berufserfahrung im Journalismus eine Voraussetzung für den Erhalt einer kommunikationswissenschaftlichen Professur war (vgl. MEYEN 2004: 200). Auch Vertreter der Professorengeneration der ›Jungtürken‹ verfügen über mehrjährige Berufserfahrung in der Medienpraxis und sie haben sich erst zu einem relativ späten Zeitpunkt für eine akademische Karriere entschieden (vgl. MEYEN 2007a: 317). Heute wird die Karriere im Fach allerdings zunehmend nach wissenschaftlichen Spielregeln ausgerichtet und die amtierenden Professoren wurden in der Regel auf einer halben oder ganzen Mitarbeiterstelle an einem (kommunikations-)wissenschaftlichen Institut promoviert. Immer wieder wurde in den Interviews darauf hingewiesen, dass sich eine all zu lange Auszeit von der Universität negativ auf das Karriereziel Professur auswirken kann. Professoren für Journalistik stellen in dieser Hinsicht einen Sonderfall dar, weil für sie die praktische Berufserfahrung weiterhin eine wichtige Rolle spielt.

Für die meisten befragten Professoren war die Entscheidung *für* die (Kommunikations-)Wissenschaft gekoppelt mit der Entscheidung *gegen* den Journalismus. Doch gleich, ob das Karriereziel Professor schon früh oder erst relativ spät verfolgt wurde: Die Autonomie des Professorenberufs fungierte bei allen Befragten als Berufsmotivation. Darüber hinaus wurden die Vertiefung und theoretische Fundierung von Themen, die Erarbeitung von Forschungsschwerpunkten und der Professoren-Titel als Motive genannt. Der Berufswunsch Professor sagt natürlich noch nichts darüber aus, ob es einem Akteur tatsächlich gelingt, Professor zu werden. Es konnte eine ganze Reihe von Faktoren herausgearbeitet werden, die den (Um-)Weg zur Professur aus Sicht der Befragten beeinflusst haben: akademische Lehrer bzw. Mentoren, das Geschlecht, die Studienfächer und die Geburtskohorte sowie Auslandserfahrungen. Die Erfahrung und der Umgang mit diesen Faktoren erzeugen eine Sicherheit bzw. Unsicherheit im Habitus, die wiederum bestimmte Strategien hervorbringt.

6. DAS FACHVERSTÄNDNIS VON PROFESSOREN FÜR KOMMUNIKATIONSWISSENSCHAFT

Die Befunde zum Fachverständnis von Professoren für Kommunikationswissenschaft liefern Antworten auf die Frage, ob Konsens über die Aufgaben und die Ausrichtung der Kommunikationswissenschaft vorherrscht. Um das Fachverständnis facettenreich zu beschreiben, wird in diesem Kapitel zunächst dargelegt, welche Aufgaben die Kommunikationswissenschaft aus Perspektive ihrer Fachvertreter leisten soll. Im zweiten Abschnitt wird auf die Positionen sowie Positionierungen der Akteure eingegangen und aufgezeigt, was es für Professoren für Kommunikationswissenschaft heißt, sich im Zentrum oder am Rand des kommunikationswissenschaftlichen Feldes zu positionieren. Mithilfe einer Typologie werden im dritten Abschnitt Unterschiede und Gemeinsamkeiten im Fachverständnis herausgearbeitet. Um die Unterschiede zwischen den einzelnen Typen erklären und verstehen zu können, endet das Kapitel mit der Präsentation von Einflussfaktoren auf das Fachverständnis.

6.1 Aufgaben des Faches

Normative Erwartungen gesellschaftlicher Interessengruppen haben für die Kommunikationswissenschaft stets eine wichtige Rolle gespielt und dem Fach seine Legitimationsgrundlage geliefert. Im Zuge der Professionalisierung entfernt sich die Kommunikationswissenschaft nun zunehmend von den Ansprüchen der Studierenden und der Auftraggeber aus Politik und Wirtschaft, wodurch eine wesentliche Existenzgrundlage bedroht zu sein scheint (vgl. MEYEN 2004: 200). Vor diesem Hintergrund erhält die Frage nach den Aufgaben der Kommunikationswissenschaft aus Sicht der Fachvertreter ganz besondere Relevanz. Auf den nächsten Seiten werden nicht nur diese Aufgaben beschrieben, sondern auch die *Erfahrungen*, welche die Befragten bei der Erfüllung eben dieser fachspezifischen Aufgaben gemacht haben.

6.1.1 *Forschungs- und Beratungsleistung, Aufklärung der Öffentlichkeit*

Aus den Interviews lässt sich herauslesen: Die Kommunikationswissenschaft soll Grundlagenforschung und angewandte Forschung betreiben, die Öffentlichkeit aufklären und der Gesellschaft (empirisch fundiertes) Verfügungs- und Orientierungswissen bereitstellen. Im Folgenden wird näher auf den zugeschriebenen Stellenwert der Grundlagen- und Auftragsforschung sowie auf die Aufklärung der Öffentlichkeit eingegangen.

Die Interviewpartner waren sich einig, dass die Kommunikationswissenschaft *Grundlagenforschung* zu betreiben habe. In mehreren Interviews kam zur Sprache, dass die wissenschaftliche Reflexion von Vorgängen in der Gesellschaft Aufgabe der Universität sei. Der universitären Kommunikationswissenschaft komme dabei die Aufgabe zu, das Verhältnis zwischen Medien und Gesellschaft zu reflektieren und aktuelle Medienphänomene, die internationale Verflechtung von Medienunternehmen sowie die Veränderungen in der Medienlandschaft kritisch zu beobachten. Ein Interviewpartner aus der jüngsten Kohorte hat diese Fachaufgabe in folgende Worte gefasst:

> »Die Gesellschaft verändert sich und die Medien spielen bei dieser Veränderung eine immense Rolle. Meiner Ansicht nach sind die Medien die ausschlaggebende Größe, denn sie haben die Wirtschaft im Griff. Ich würde sagen, dass die Medienlogik eine der wesentlichen Logiken ist, die momentan in unserer westlichen Gesellschaft vorherrscht. Es muss eine Wissenschaft geben, die sich der Untersuchung eben dieser Logik verschreibt, und die Kommunikationswissenschaft ist diese Disziplin.«

Ferner wurde die kritische Beobachtung der Medien als Aufgabe der Kommunikationswissenschaft genannt. Nach Auffassung eines Befragten sei es verfehlt zu glauben, dass sich ein »derart verselbstständigter« Bereich wie der Medienbereich kontrollieren lasse (»schon gar nicht zentral«). Mit ihren theoretischen Grundlagenstudien zur Medienwirkungsforschung und Medienkonzentrationsforschung leiste die Kommunikationswissenschaft aber einen wichtigen Beitrag zu dieser »Beobachtung der Beobachtung«. Auch in einem anderen Interview wurde auf die gesellschaftliche Bedeutung der Medienwirkungsforschung hingewiesen. Wenn es zum Beispiel um die Frage gehe, wie gefährlich bestimmte Medieninhalte für Kinder oder Jugendliche seien, könne die Kommunikationswissenschaft »Versachlichungen« bieten.

Brosius (2003b: 45) hat herausgestellt, dass es wesentlich leichter sei, für eine Rezeptionsstudie Forschungsgelder zu erhalten, als das Feldschema von Gerhard Maletzke theoretisch weiterzuentwickeln. Die theoretische Weiterentwicklung der Kommunikationswissenschaft und damit auch die prognostische Leistungsfähigkeit des Faches kommen dadurch zu kurz. Als Charakteristikum des Faches weist Brosius die Tatsache aus, dass »normative Vorstellungen der Gesellschaft« Einfluss auf ihre Forschungsbereiche nehmen. So werde beispielsweise die Medienwirkungsforschung mit der »immer wiederkehrenden Furcht vor starken Medienwirkungen« konfrontiert, sobald einzelne Gewalttaten Jugendlicher geschehen. Für die »theoretische Differenzierung und kontinuierliche Forschung« des Faches sei dies eher dysfunktional (vgl. BROSIUS 2003a: 411). Gesteigert wird das praktizistische Klima dadurch, dass Kommunikationswissenschaftler an Forschungsaufträgen aus Politik und (Medien-)Wirtschaft beteiligt sind und ein Teil der Forschungsgelder von Landesmedienanstalten und Rundfunkunternehmen zur Erforschung neuer medialer Phänomene bereitgestellt wird (vgl. WISSENSCHAFTSRAT 2007: 41). Im Zuge der Professionalisierung richtet sich die Kommunikationswissenschaft allerdings zunehmend nach wissenschaftsinternen Kriterien aus, um im Wettbewerb mit anderen Fächern zu bestehen. Hierzu zählen messbare Indikatoren wie genuin kommunikations*wissenschaftliche* Forschungsbeiträge, der Publikations-Output (›publish or perish‹)[107] oder die Höhe der eingeworbenen Drittmittel.

Vor dem Hintergrund der in Abschnitt 5.1.1 beschriebenen spezifischen Arbeitsbedingungen von Professoren für Kommunikationswissenschaft verwundert es nicht, dass sich viele Befragte über mangelnde

107 Vgl. hierzu die Debatte zum Publikations-Output von Kommunikationswissenschaftlern zwischen Rössler (2008a, b) und Brosius (2008), die im *Aviso* (Informationsdienst der DGPuK) ausgetragen wurde.

Zeit- und Finanzressourcen für die Arbeit an der Theoriebildung beklagt haben. In mehreren Interviews wurde in diesem Zusammenhang auf den hohen Stellenwert von DFG-Projekten verwiesen. Solche Projekte würden eine »elaborierte Art zu forschen« ermöglichen, strich ein Professor aus der mittleren Kohorte heraus. Zum Zeitpunkt der Interviewführung arbeitete der zitierte Professor an einem DFG-Projekt, das er sehr schätzte (»Man hat über drei Jahre Ressourcen und qualifizierte Mitarbeiter, die das Projekt vorantreiben.«). Zwei Befragte haben herausgestellt, dass man durch die DFG-Förderung seine »Steckenpferde reiten« könne. Einer dieser Befragten (jüngste Kohorte), der von der DFG und dem Bundesministerium für Bildung und Forschung geförderte Projekte vorweisen kann, betonte, dass sich größere Forschungsprojekte nur mit »entsprechenden Ressourcen« realisieren ließen. Insofern sei er »immer wieder dran«, Fördergelder einzuwerben. Aus größeren Forschungsprojekten, die durch die DFG oder eine andere staatliche Forschungseinrichtung gefördert werden, können Publikationen entstehen, die wissenschaftliches Kapital in Aussicht stellen. Aus den Schilderungen der Befragten lässt sich eine Art Rangfolge von Fördermöglichkeiten für Forschungsaktivitäten ablesen: An erster Stelle steht (unangefochten) die DFG. An zweiter Stelle rangieren Bundesministerien – etwa das Bundesministerium für Bildung und Forschung –, gefolgt von staatlich geförderten und privatwirtschaftlichen Einrichtungen. Lange Zeit konnte die Kommunikationswissenschaft mit dem 1982/1983 eingerichteten Schwerpunktprogramm »Publizistische Medienwirkungen« lediglich ein DFG-Schwerpunktprogramm vorweisen. Im Jahre 2009 kam das Schwerpunktprogramm ›Mediatisierte Welten‹ hinzu, das von Friedrich Krotz (Universität Erfurt), Christiane Funken (Technische Universität Berlin), Andreas Hepp (Universität Bremen) und Michael Jäckel (Universität Trier) initiiert wurde.

Die *Auftragsforschung* wird insofern als wichtig für die Kommunikationswissenschaft eingestuft, als durch solche Forschungsaktivitäten der Praxisbezug nicht verloren geht. In diesem Zusammenhang darf nicht außer Acht gelassen werden, dass im Zuge der Ökonomisierung der Universität Professoren von der Hochschulleitung zunehmend nach der Höhe ihrer eingeworbenen Drittmittel evaluiert werden; Auftragsstudien stellen mittlerweile ein zentrales Element im Reputationsmechanismus von Wissenschaft dar. Nach Ansicht eines studierten Kommunikationswissenschaftlers (mittlere Kohorte) bieten Forschungsaufträge aus der Wirtschaft die Chance, an »praktischen Problemen der Medienorganisationen« zu arbeiten: »Ich habe immer den Eindruck, dass die Ergebnisse dieser Projekte eine gewisse Relevanz haben.« Ähnlich argumentierte ein anderer Befragter (fachfremd, älteste Kohorte), der als Journalistik-Professor tätig ist. Seiner Meinung nach ist es wichtig, »nicht nur vor sich hin zu forschen«, sondern auch Forschungsaufträge aus der Praxis anzunehmen – auf diese Weise finde eine Rückkopplung zwischen Theorie und Praxis statt:

> »Wir haben eine Fülle von sozial-, gesellschafts-, kultur- und geisteswissenschaftlichen Forschungsprozessen, die sich selbst induzieren und einen hohen Grad an Selbstreferenz entwickelt haben. Selbstreferente Prozesse laufen immer Gefahr, sich zu entkoppeln, statt sich zu verkoppeln; die Anschlussfähigkeit zu lebensweltlichen Fragen wird kleiner. Das ist nicht zuletzt eine Kernkritik von mir an meiner Zunft der Kommunikations- und Medienwissenschaft.«

Um diese Anschlussfähigkeit nicht zu verlieren, erachte es der Zitierte als wichtig, »mit einem Bein in der Welt der angewandten Forschung« zu stehen. Die Kommunikationswissenschaft müsse sich fortlaufend selbstkritisch befragen, sich aber auch von der Praxis mandatieren lassen. Das Fach müsse aus der Praxis heraus die Probleme sehen und lösen – nicht nur als theoretische Reflexion, sondern auch »im Sinne einer praktischen Theorie.« Wenn sich die Wissenschaft nicht darum kümmere und zunehmend selbstreferenziell werde, trete das ein, was Karl Kraus in Bezug auf den Journalismus gesagt habe: »Dann beginnt man, Locken auf der Glatze zu drehen.« Dieser Professor hat auch auf die Grenzen angewandter Forschung an der Universität aufmerksam gemacht. Es gebe ein »Gestrüpp von Bestimmungen und Handicaps« und es sei grotesk, mit welchen Erschwernissen Professoren zu kämpfen hätten (»Wenn ich zu einem Auftraggeber mit dem Taxi hinflitze, muss ich das aus meiner eigenen Tasche bezahlen.«). Auch wenn viele Professoren des Faches die Auftragsforschung als sehr wichtig einstufen, ist es unter Fachvertretern – gerade im Vergleich zu Professorenkollegen aus anderen anwendungsorientierten Disziplinen – nicht verbreitet, eine eigene Beratungsfirma zu haben.

Mehrere Interviewpartner haben herausgestrichen, dass sie den wissenschaftlichen Wert von Auftragsstudien als eher gering einstuften. So sagte ein Professor, der für einen Fernsehsender Programmforschung betrieben hat: »Ich würde diese Studie von der wissenschaftlichen Bedeutung her nicht allzu hoch einschätzen; es ist ganz klar angewandte Forschung gewesen.« Die Fragestellung sei formuliert gewesen (»Ich hätte sicherlich andere Fragen gestellt.«) und er habe nicht die Möglichkeit gehabt, mit seinem bevorzugten Forschungsansatz zu arbeiten. Diese Art von Auftragsforschung habe immer Auswirkungen darauf, »was man forscht und wie man forscht«. Zweifelsohne wird bei angewandter Forschung Autonomie an den Auftraggeber abgetreten. Aus dem Interviewmaterial lassen sich aber Unterschiede im Umgang mit den Vorgaben der Auftraggeber herauslesen. Ein Interviewpartner aus der jüngsten Kohorte meinte, dass im Einzelfall abzuwägen sei, ob man die Bedingungen des Auftraggebers vollends mittrage: »Das ist eine Zone, in der ich mich nicht so gerne aufhalte, weil man nicht genau weiß, was mit den Ergebnissen gemacht wird, wer also wo die Ergebnisse präsentiert.« Ähnlich äußerte sich ein Professor aus der ältesten Kohorte. Nach seiner Erfahrung nehmen die Geldgeber »zweifellos Einfluss« auf die Themensetzung, die Methoden, die Zeitdauer und vielleicht den Stil, wie die Ergebnisse präsentiert werden – das sei auch ihr gutes Recht (»Sonst würden sie ja das Geld nicht geben.«). Die eigentliche Forschungsarbeit müsse allerdings unabhängig von diesen Vorgaben bleiben. Überdies stelle sich stets die Frage, zu welchem Zweck die Auftraggeber eine Studie vergeben: »Wollen Sie etwas wissen oder wollen sie etwas legitimieren, was sie sowieso schon vorhaben? Das finde ich dumm, aber das gibt es natürlich auch.« Der Interviewpartner betonte, dass er bisher noch keine schlechten Erfahrungen mit Kooperationspartnern gemacht habe.

Ein Befragter aus der jüngsten Kohorte akzentuierte, dass Wissenschaft in ihrer »grundsätzlichen Wertorientierung« um Distanz bemüht sein müsse und nicht nach fremden Kriterien urteilen dürfe. Bei Einhaltung dieser Distanz laufe die Auftragsforschung im Idealfall auf eine Win-Win-Situation hinaus. Auch ein anderer Befragter (jüngste Kohorte) vertritt die Auffassung, dass man sich bei der Interpretation und bei der Aussprache von Handlungsempfehlungen zurückhalten solle: »Es gibt ja die Unterscheidung zwischen Entdeckungs-, Begründungs- und Verwertungszusammenhang. Natürlich kann man im Verwertungszusammenhang, wenn man Daten aus einer Studie hat, Schlussfolgerungen ableiten. Aber ich würde mich politisch nicht so weit vorwagen und parteipolitisch erst recht nicht.« Ein Professor (älteste Kohorte) nannte ein fiktives Beispiel für einen Auftrag, den er ablehnen würde: »Wenn ein Unternehmen mit dem Ziel zu uns käme, das Persuasive seines Kundenmagazins zu optimieren, um dadurch die Abverkaufszahlen der Produkte zu steigern, würde ich den Auftrag ablehnen.« Ein in der Schweiz tätiger Professor begreift die Wissenschaft als Instanz, die ab und zu mit der Faust auf den Tisch hauen müsse – nicht zuletzt deshalb dürfe die Nähe zur Politik nicht zu groß sein (»Denn wer überall seine Finger drin hat, kann nie mit der Faust auf den Tisch hauen.«). Es läge in der Natur der Sache, dass die Wissenschaft in einem kleinen Land nah an der Politik liege (»Parlamentarier im Nationalrat wissen durchaus, was gerade geforscht wird.«). Diesem Umstand sei es geschuldet, dass er sich genau überlege, was er in den Forschungsbericht schreibe. Er sei vorsichtig mit Belegen und spreche eher von Vermutungen. Es bestehe nämlich immer die Gefahr, dass man für verschiedene politische Ausrichtungen instrumentalisiert werde.

Es gibt auch – einige wenige – Professoren, die ein vom Auftraggeber vorgegebenes Erkenntnisziel mit ihrem Wissenschaftsverständnis vereinbaren können, die aus ihrer politischen Ausrichtung keinen Hehl machen und den Standpunkt vertreten, dass sich (Kommunikations-)Wissenschaftler in politische Belange einmischen sollten. So sagte ein Befragter aus der ältesten Kohorte: »Sie können sich dann fragen, ob Sie das Auftragsziel sinnvoll finden. Dann ist die Frage, ob ich einen Weg finde, um zu zeigen, dass das nicht sinnvoll ist. Kann man das irgendwie beweisen? So läuft nun mal das Spiel.« Der Zitierte hob zudem hervor:

> »Ich glaube, das Charakteristische für meine Forschungsperspektive war und ist eine Verbindung von Fragestellungen, die in irgendeiner Weise für irgendjemanden relevant sind. Kein *l'art pour l'art*. Zweitens: Ein theoretisches Problem oder ein politisches, praktisches Problem muss so umgesetzt werden, dass man es prüfen kann – man muss es also methodisch umsetzen. Drittens: Die Ergebnisse müssen so präsentiert werden, dass ihre soziale Relevanz sichtbar wird. Die Ergebnisse müssen zwar mit Zahlen gewonnen werden, aber man darf sie nicht hinter Zahlen verstecken. Mit dem, was man nachher herausfindet, muss man auch klar sagen, wie man die Dinge interpretiert. Nicht glattbügeln, sondern eher die Falten ein bisschen akzentuieren.«

Der Hinweis auf das ›klare Interpretieren‹ deutet an, dass sich der Zitierte nicht der Werturteilsfreiheit verschreibt. Weber (1988 [1919]: 600) hat postuliert, dass der Wissenschaftler »rein der Sache dienen« solle und dass die Politik vor die Türen des Hörsaals gehöre. Nach Weber soll die Wissenschaft den Modernisierungsprozess durch »Logik und Experimente vorantreib[en], aber keinerlei Antwort auf die Sinnfrage ›Was sollen wir tun?‹, ›Wie sollen wir leben?‹ geben« (ebd.: 609). Der Wissenschaftler hat nach Weber keine Werturteile, etwa in Form von politischen

Entscheidungen, zu fällen. Er soll lediglich die Mittel untersuchen und auf die möglichen Folgen verweisen, nicht aber Ratschläge an die Entscheider geben (ebd.: 591). Die Grenze zwischen Wissenschaft und Politik bzw. Wirtschaft zieht der oben zitierte Professor für Kommunikationswissenschaft an dem Punkt, an dem er das Ziel des Auftraggebers nicht teilt: »Wenn ich nicht der Meinung wäre, dass etwas sinnvoll ist, dann mache ich es nicht. Ich habe Gutachten, die zum Teil erhebliches Geld gebracht hätten, abgelehnt. Da ging es um einige Zehntausende Mark an eigenem Honorar. Es gibt Dinge, die man nicht machen kann.« Bei aller Nähe zu Politik und Wirtschaft dürfe man sich als Wissenschaftler nicht vereinnahmen lassen.

Ein Professor (habilitierter Politologe) hat im Interview herausgestrichen, dass er die *Politikberatung* für eine wichtige Aufgabe der Kommunikationswissenschaft hält. Die Politikberatung – im großen Stil – scheint allerdings in den letzten Jahrzehnten in den Hintergrund gerückt zu sein. Es ist hier nicht der Ort zu erörtern, weshalb die Politikberatung innerhalb der Kommunikationswissenschaft offenbar an Bedeutung verliert. Einige wenige Stichworte sollen genügen, um Erklärungen für dieses Phänomen zu liefern. Die Medienpolitik war vor allem in den 1960er-Jahren bis Anfang der 1980er-Jahre im Zuge des intermediären Wettbewerbs und der Pressekonzentration für die Kommunikationswissenschaft von großer Bedeutung. In den 1960er-Jahren bildete sich in der Medienpolitik ein Bedarf an wissenschaftlicher Erkenntnis heraus und es kam zu einer ›Verwissenschaftlichung der Politik‹ (vgl. HEIDENREICH 2003; RUDLOFF 2004). Otfried Jarren (1993: 122) zufolge ist die Medienpolitik in den 1970er-Jahren zu einem »relevanten politischen Thema« avanciert, es gab eine Reihe von großen Forschungs- und Beratungsinitiativen (vgl. hierzu JARREN 1991; LANGENBUCHER 2007; LÖBLICH 2009: 287-273; VOWE 2006b). Die Beschäftigung mit medienpolitischen Themen wurde in dieser Zeit (auch) zu einer Erfolgsstrategie für Kommunikationswissenschaftler (vgl. SCHULZ 2007: 239). Ferner ist zu berücksichtigen, dass politische Akteure oder Institutionen durch das Einholen von Expertenmeinungen (immer auch) ihre Ansichten legitimieren wollen. Diese Legitimation geschieht durch renommierte Wissenschaftler – also durch Akteure aus dem Machtfeld –, die sich durch Beratungsleistungen bereits einen Namen gemacht haben. Eine solche Kompetenz und folglich Reputation wurde im kommunikationswissenschaftlichen Feld lange Zeit Elisabeth Noelle-Neumann, Ulrich Saxer, Wolfgang R. Langenbucher und Hans Mathias Kepplinger zugeschrieben. Saxer und Langenbucher sind mittlerweile im Ruhestand, Kepplinger steht kurz vor der Emeritierung. Noelle-Neumann ist im Jahr 2010 verstorben. In den nächsten Jahren wird sich herausstellen, ob sich legitime Nachfolger für diese Wissenschaftlerpersönlichkeiten finden lassen und wie sich der Bereich der Politikberatung weiterentwickelt. Nicht zu vergessen ist auch, dass die Nachkriegsgeneration stark politisiert war und stets die Nähe zur Politik suchte (vgl. VON HODENBERG 2006: 66-86). In den späten 1950er- und 1960er-Jahren setzten sich Vertreter dieser Generation kritisch mit der Vergangenheit der Eltern und Großeltern auseinander, was zur Herausbildung eines politischen Bewusstseins beigetragen hat (vgl. hierzu die Beiträge in MEYEN/LÖBLICH 2007).

Während sich die vorliegenden Befunde zur Auftragsforschung und zur Beratungsleistung gegenüber Wirtschaft und Politik mit dem Ergebnis der DGPuK-Mitgliederbefragung decken, überraschte die Betonung der Fachaufgabe *Aufklärung der Öffentlichkeit*.[108] Ein Professor aus der ältesten Kohorte hob hervor, dass die Bevölkerung keinen Einblick in das Zustandekommen journalistischer Inhalte habe und dass es Aufgabe der Kommunikationswissenschaft sei, darüber aufzuklären:

> »Ich glaube, wir sollten transparent machen, was im Journalismus und in den Medien läuft. Dann gewinnen die Leser, Hörer, Seher und Surfer einen anderen Zugang zu den Medien und sie können die Medien dann hoffentlich ein bisschen kritischer beurteilen. Die Leute wissen dann vielleicht auch, welches Medium wem gehört. Ich glaube, dass man in die Gesellschaft hinein wirken sollte, um transparent zu machen, woraus die Medienwelt besteht und welchen Eigengesetzlichkeiten, Gesetzmäßigkeiten und möglichen Wirkungen sie scheinbar folgt.«

Hohlfeld (2006: 397) zufolge besteht das Problem der Kommunikationswissenschaft weder in der Qualität oder Quantität ihrer Forschungsleistungen, noch in der Relevanz der gestellten Fragen, sondern in der »verbesserungsfähige[n] Vermarktung ihrer zentralen Befunde«. Selbst Ingenieurwissenschaftler oder Informatiker erhielten eine bessere Berichterstattung in der Presse, und das nicht nur, weil ihre Scientific Community größer sei (vgl. ebd.: 392). Auch Hömberg (2002: 4) hat herausgestellt, dass in den Feuilletons zwar über Historiker- oder Soziolo-

108 Der DGPuK-Mitgliederbefragung ist zu entnehmen, dass 76,5 Prozent der Befragten in der »angewandten Forschung, Beratung« eine wichtige Perspektive für das Fach sehen (vgl. PEISER et al. 2003: 320).

gentagungen, nicht aber über die Aktivitäten der Kommunikationswissenschaft berichtet werde. Mit ironischem Unterton kommentierte er diesen Umstand: »Kommunikationswissenschaftler sind gut erzogen. Sie reden nur, wenn sie gefragt sind. Und das ist selten der Fall« (ebd.). Vor diesem Hintergrund ist es bemerkenswert, dass sich mehrere Interviewpartner darüber beklagt haben, dass Kommunikationswissenschaftler nicht hinreichend in der Öffentlichkeit wirken würden. Wenn eine Diskussion über Medien geführt wird, sei es eben nicht selbstverständlich, dass ein Kommunikationswissenschaftler eingeladen werde. Ein Professor aus der mittleren Kohorte wies darauf hin, dass durch Medienauftritte von Kommunikationswissenschaftlern das Fach in der Öffentlichkeit sichtbar werde: »Es ist wichtig, dass Kommunikationswissenschaftler in Nachrichten oder Magazinen zu sehen sind und um ihre Expertenmeinung gebeten werden. Ich ärgere mich jedes Mal, wenn irgendein Journalist einen Ich-weiß-nicht-was-Byzantinistiker herholt und dann die Bauchbinde ›Medienforscher‹ darunter schreibt.« Nach Auffassung eines Professors aus der ältesten Kohorte leide die Kommunikationswissenschaft darunter, dass sie sich öffentlich nicht dergestalt einbringe, wie sie das von ihrer gesellschaftlichen Relevanz her tun könnte (»Ich glaube, viele Kommunikationswissenschaftler sind so schrecklich detailverliebt, dass ein Transfer in die gesellschaftliche Realität fast nicht mehr möglich ist.«). Möglicherweise ist die Betonung des Transfers kommunikationswissenschaftlichen Wissens in die breite Öffentlichkeit, die sich aus den Interviews mit Professoren für Kommunikationswissenschaft herauslesen lässt, ja (auch) als *Reaktion* auf die Diskussion um die Sichtbarwerdung der Kommunikationswissenschaft zu verstehen.

6.1.2 *Ausbildungsleistung*

Meyen (2007b: 15) hat vermutet, dass das »Verhältnis zur journalistischen Praxis« ein »zentrales Element im Fachverständnis eines Kommunikationswissenschaftlers« darstellt. Diese Vermutung kann zwar bestätigt, muss aber zugleich modifiziert werden: Nicht (nur) das Verhältnis zur journalistischen Praxis ist als zentrales Element im Fachverständnis von Kommunikationswissenschaftlern zu betrachten, sondern das Verhältnis zur Medienpraxis im Allgemeinen. Um dieses Verhältnis analytisch greifen zu können, wird zunächst dargelegt, dass die Ausbildungsleistung für den Medienbereich von Fachvertretern als zentrale Aufgabe der Kommunikationswissenschaft verstanden wird. Anschließend wird dann auf das Fachimage in der Medienpraxis eingegangen.

Nach Ansicht eines befragten Professors kommt dem Medienbereich in der Informationsgesellschaft eine zentrale Bedeutung zu. Die Ausbildung für diesen Bereich müsse deshalb »in der Hand von qualifizierten Menschen liegen«, wofür Angehörige der Universität vorgesehen seien. Die Ausbildungsleistung sei eine »wichtige gesellschaftliche Funktion«, welche die Kommunikationswissenschaft zu erfüllen habe. Ähnlich hat sich ein anderer Interviewpartner (jüngste Kohorte) geäußert:

> »Die Gesellschaft braucht die Kommunikationswissenschaft in einem ersten und ganz profanen Sinn, um professionelle Kommunikatoren zu haben. Ich sage nicht, dass jeder Journalist Kommunikationswissenschaft studieren muss. Aber ich denke, dass Kommunikationsberufe immer noch eine gewisse Verantwortung haben und man muss Vertretern dieser Berufe die Breite und die Wirksamkeit ihres Handelns vor Augen führen. Zum einen muss man ihnen hierfür die Rahmenbedingungen und die Grundlagen des Marktes beschreiben. Zum anderen muss man die Rahmenbedingungen auch auf ihre Konsequenzen hin ausloten – das halte ich für ganz wichtig.«

Die Kommunikationswissenschaft bereitet auf Tätigkeiten in verschiedenen Berufsfeldern vor. In den Interviews wurden die Öffentlichkeitsarbeit/Public Relations, die Organisationskommunikation, die Markt- und Meinungsforschung, das Marketing und das Medienmanagement genannt.[109] Ein Interviewpartner aus der jüngsten Kohorte betonte, dass er zwar Journalisten ausbilde, allerdings »nicht im klassischen Sinne«. Kommunikationswissenschaftler sollten in der Lage sein, über das, was sie tun, kritisch zu reflektieren und nicht beim Schreiben eines Beitrags stehen bleiben. Sie sollten bereit sein, »Verantwortung für die Folgen ihres Artikels oder Beitrags im Fernsehen zu übernehmen.« An seinem Institut (großes Traditionsinstitut) gebe es keine Lehrredaktion, man würde nicht lernen, wie man einen Artikel schreibt oder wie man einen TV-Beitrag baut. Das müsse an anderer Stelle gelehrt und gelernt werden – in Form von Praktika oder Volontariaten. Ähnlich äußerte sich ein weiterer Befragter (älteste Kohorte). Seiner Ansicht nach könne man

109 Zur unterschiedlichen (Ausbildungs-)Leistung der universitären Kommunikationswissenschaft und der an Fachhochschulen angebotenen Kommunikationswissenschaft vgl. Ruhrmann et al. (2000: 301f.).

an einem kommunikationswissenschaftlichen Institut nur »in einem eher begrenzten Sinn« Journalisten ausbilden. Bei der kommunikationswissenschaftlichen Ausbildungsleistung ginge es vielmehr darum, »theoretische Reflexion« sowie wichtiges berufs- und medienkundliches Wissen zu liefern. Sein Kollege (gleiche Kohorte) wies darauf hin, dass er sich an der Journalistenausbildung beteiligen wolle. Genau genommen sei das Wort ›Ausbildung‹ allerdings verfehlt: »Wir sind kein Diplom-Studiengang. Wir schaffen die wissenschaftliche Qualifikation, auf der man sich ausbilden lassen kann, wobei das die meisten durch Praktika, Berufstätigkeit, Freiberuflichkeit etc. schon parallel machen.« Von diesen Befragten unterscheiden sich Journalistik-Professoren, die berufsbezogen für den Journalismus *ausbilden* (müssen). Ein Professor für Journalistik hat im Interview betont, dass er der Journalistik dezidiert die Aufgabe der Wertevermittlung zuschreibe. Nach seiner Auffassung können berufsbegleitende Fächer nicht werturteilsfrei sein, weil die Berufe, die sie begleiten, gesellschaftliche Aufgaben übernähmen.

Das Interviewmaterial lässt Rückschlüsse darauf zu, dass die Betonung der Ausbildungsleistung für die Medienpraxis (auch) als *Reaktion* der Fachvertreter auf die gesellschaftlichen Anforderungen an das Fach zu betrachten ist. Die Kommunikationswissenschaft wird aufgrund ihrer zugeschriebenen Ausbildungskompetenz für Medienberufe stark nachgefragt (vgl. hierzu Abschnitt 2.2.1), weshalb Professoren des Faches auch für die Medienpraxis ausbilden *müssen*. In einem Interview kam zur Sprache, dass man durch den Studierendenansturm einerseits eine Legitimationsgrundlage, andererseits aber auch eine besondere gesellschaftliche Verpflichtung habe. Dieser Professor wolle nicht in einem Fach unterrichten, in dem man die Studierenden »mit dem Lasso einfangen« müsse, weil er dadurch »permanente Legitimierungsprobleme« hätte und sich fortlaufend die Frage stellen würde: »Wie bitteschön ist es zu rechtfertigen, dass der Staat, der immer weniger Geld hat, mich für meine zwei, drei Studierenden finanziert?«

Die Reputation des Faches in der Medienpraxis

Die Mehrheit der Befragten schätzt das Fachimage in der Medienpraxis als gut bis sehr gut ein. Dieser Befund ist insofern von zentraler Bedeutung, als das Fach noch vor 30 Jahren mit einem Negativimage bei Medienpraktikern behaftet war (vgl. MEYEN 2007a). Ein Professor aus der ältesten Kohorte strich im Interview heraus, dass sich gerade in den letzten Jahrzehnten in dieser Hinsicht »viel getan« habe. Das verbesserte Fachimage führte dieser Befragte vor allem darauf zurück, dass heutzutage viele Funktionsträger in den Medien studierte Kommunikationswissenschaftler sind. Ähnlich äußerte sich ein Professor aus der mittleren Kohorte:

> »Überall, wo ich auftrete, gibt es genügend Leute, die eines der Fächer [Kommunikationswissenschaft oder Journalistik; N.H.] entweder selbst studiert haben oder die Leute kennen, die ein solches Fach studiert haben. Meines Erachtens hat weder die Journalistik noch die Kommunikationswissenschaft ein Imageproblem und ich finde es eine sehr schöne Entwicklung, dass sich das Fach nun endlich gegenüber seinen Skeptikern durchgesetzt und etabliert hat.«

Ein anderer Interviewpartner (jüngste Kohorte) wagte eine »vorsichtige Prognose« und wies darauf hin, dass ein »gewisser Wandel« des Fachimages in der Medienpraxis zu verzeichnen sei: In den 1980er-Jahren habe es noch »Sprüche« gegeben, dass man mit dem Berufsziel Journalist auf keinen Fall Kommunikationswissenschaft studieren solle. Dies sei heute nicht mehr der Fall (»Wir verderben die Leute zumindest nicht mehr; dieses Image ist weg.«). Ob das im Umkehrschluss allerdings hieße, dass das Fach für die journalistische Tätigkeit als besonders nützlich erachtet werde, könne er nicht beantworten. Er könne lediglich sagen, dass er gute Erfahrung mit Leuten aus der Medienpraxis mache (»Der Universität wird ein zunehmend größerer Respekt in puncto Ausbildungsleistung zugeschrieben.«). Ähnliches berichtete ein Vertreter aus der jüngsten Kohorte. Er wies darauf hin, dass Kommunikationswissenschaftler mittlerweile auch in Verlagen und in der Unternehmenskommunikation als »wertvoll« angesehen würden. Es sei doch eine »schöne Bestätigung für unser Fach«, so der Befragte weiter, wenn die Adressaten »darauf reagieren« und Absolventen der Kommunikationswissenschaft für so wertvoll hielten, »dass sie sie sogar beschäftigen.« Ein Professor für Journalistik sagte, dass ihm als Fachvertreter stets »Anerkennung und großer Respekt« gezollt werde. Er habe von Praktikerseite noch nie den Vorwurf gehört, dass das Fach eine »Elfenbeinturm-Wissenschaft« sei. Auf dem Umweg über Studierende bekomme er allerdings gelegentlich mit, dass in kleinen Lokalredaktionen nach wie vor die Meinung vorherrsche, man solle bloß nicht Journalistik studieren, wenn man in den Journalismus will. Dieser Befragte ist jedoch zuversichtlich, dass ein Studienabschluss in Kommunikationswissenschaft/Journalistik zunehmend Anerkennung finden werde (»Ich hoffe, dass ich in dieser Hinsicht nicht zu betriebsoptimistisch bin.«). Am deutlichsten negativ äußerte sich ein anderer Journalistik-Professor, nach dessen Einschätzung das Image sowohl der Kommunikationswissenschaft als auch der Journalistik noch stark verbesserungswürdig ist. Er sehe ein »gewisses Problem« darin, dass viele Kommunikationswissenschaftler in Deutschland den Journalistenberuf nicht sonderlich mögen würden. Eine solche Einstellung sei kontraproduktiv und darunter leide das Image dieser beiden Fächer in der Medienpraxis erheblich.

6.1.3 *Reflexion: Praxiswert durch Praxiserfahrung*

Professoren für Kommunikationswissenschaft, die über Praxiserfahrung[110] im Medienbereich verfügen, erachten diese als wichtige Voraussetzung für die Ausübung ihres Berufs. Professoren, die keine Praxiserfahrung erworben haben, messen dieser nur eine geringe Bedeutung bei. Nun mag man einwenden, dass dieser Befund durch interessengeleitete (Selbst-)Darstellung erklärt werden kann. Von besonderer Bedeutung wird im Folgenden deshalb sein, *welche* Akteure die erst- oder letztgenannte Auffassung über den Wert von Praxiserfahrung vertreten. Darüber hinaus wird auf Konsequenzen für die Kommunikationswissenschaft eingegangen, die sich aus der von den Fachvertretern zugeschriebenen Relevanz von Praxiserfahrung ergeben.

Die Streitfrage, ob journalistische Berufserfahrung eine notwendige Voraussetzung für eine Berufung in der Kommunikationswissenschaft ist, hat das Fach von Anfang an begleitet (vgl. MEYEN 2004: 195). Ein Professor für Journalistik hat hervorgehoben, dass man als Vertreter dieses Faches auf alle Fälle über praktische Berufserfahrung verfügen müsse. Diese Erfahrung brauche allerdings nicht so weit zu gehen, dass man über eine längere Zeit als Redakteur gearbeitet hat (was bei dem Befrag-

110 ›Praxiserfahrung‹ meint im Folgenden nicht (nur) die mehrjährige hauptberufliche Tätigkeit in der Medienpraxis. Hierunter fallen auch Einblicke in das medienpraktische Feld, die durch Praktika während des Studiums erworben wurden. Wie zu zeigen sein wird, verfügen nicht alle Befragten über eine solche Praxiserfahrung. An dieser Stelle sei in Erinnerung gerufen, dass das vorliegende Sample keine Professoren beinhaltet, die Kommunikationswissenschaft an einer Fachhochschule unterrichten.

ten der Fall gewesen ist). Allerdings müsse ein Journalistenausbilder den Journalistenberuf kennen und vor allem *mögen*:

> »Man kann nicht für einen Beruf ausbilden, den man nicht mag – kennen muss allerdings nicht unbedingt mögen heißen. Fatal wäre es, wenn ausgerechnet diejenigen, die den Beruf in der Praxis kennen und ihn nicht mögen, Journalismus-Wissenschaftler würden! Um die Aufgabe des Berufs zu begreifen, muss man ihn mögen, und man muss ihn mögen, um seine Aufgabe zu begreifen. Für die Journalistik sollte man deshalb eine Praxisphase hinter sich haben, wobei diese Praxisphase ganz unterschiedlich aussehen kann. Aber ein Professor für Medizin sollte schließlich auch mal operiert haben.«

Nach Ansicht des Zitierten ist praktische Berufserfahrung für Professoren der Journalistik notwendig, für Professoren der Kommunikationswissenschaft hingegen nicht zwingend erforderlich – journalistische Erfahrung sowieso nicht, weil die Kommunikationswissenschaft auch für die Öffentlichkeitsarbeit, für die Werbung und andere Berufsfelder ausbilde. Das Interviewmaterial legt allerdings nahe, dass Professoren für Kommunikationswissenschaft die Praxiserfahrung als hilfreich, teilweise sogar als unentbehrlich erachten. Ein Professor aus der mittleren Kohorte, der mehrere Jahre hauptberuflich als Redakteur gearbeitet hat, sieht seine journalistische Berufserfahrung als »enorme Bereicherung« an. Wenn er in Forschungsprojekten argumentiere oder Interviews mit Medienpraktikern führe, wisse er, worauf es aus Perspektive der Praktiker ankommt. Auch ein studierter Kommunikationswissenschaftler aus der jüngsten Kohorte hält die Praxiserfahrung für »wichtig« und »eigentlich auch notwendig«. Am besten sei es, wenn man diese Erfahrung selbst gesammelt habe, und am zweitbesten, wenn man im ständigen Kontakt mit Leuten stehe, die aus der Praxis kommen. Dadurch verliere man nicht den Anschluss an das, »was in der Realität passiert«. Letztlich seien Kommunikationswissenschaftler dazu da, die Realität zu erklären, und dabei helfe die Praxiserfahrung ungemein. Sicherlich könne man auch Kommunikationswissenschaft betreiben, ohne je eine Redaktion von innen gesehen oder in einer PR-Abteilung gearbeitet zu haben. Es sei dann aber schwieriger, bestimmte Sachverhalte nachzuvollziehen. Ein Befragter, der über Praxiserfahrung im Rundfunk verfügt, ist der Ansicht, dass man durch Einblicke in die Medienpraxis Dinge realistischer einschätzen könne: »Wenn man mal eine Zeit lang im Rundfunk gearbeitet hat und sieht, wie Redaktionskonferenzen ablaufen, nach welchen Kriterien Beiträge gemacht werden und wie die Verkaufsstrategie funktioniert, wie man das anbieten muss, dann ist man realistischer in der Einschätzung.« In einem anderen Interview kam zur Sprache, dass man durch Praxiserfahrung mit Fragen und Problemstellungen konfrontiert werde, auf die man als reiner Theoretiker nicht stoßen würde. Seine eigene Praxiserfahrung hält dieser Interviewpartner aus der jüngsten Kohorte, der bis zu seiner Promotion journalistisch tätig war, für »sehr, sehr wichtig«. Ein Professor, der hauptberuflich als Redakteur gearbeitet hat, betonte, dass es im kommunikationswissenschaftlichen Feld nicht nur um journalistische Erfahrungen gehe, denn darauf ziele die Forschung in diesem Feld nicht ausschließlich ab. Wenn ein Fachvertreter in der empirischen Kommunikations- und Medienforschung aktiv ist, sei es sehr hilfreich, wenn er eine Zeit lang in der Marktforschung gearbeitet habe. Ein Interviewpartner aus der mittleren Kohorte mit mehrjähriger Berufserfahrung in der Medienpraxis hat den Hinweis geliefert, dass die (professionalisierte) Kommunikationswissenschaft heute kaum noch einschlägige Praxiserfahrung zulasse:

> »Heute ist es für eine Universitätskarriere tödlich, wenn Sie die Universität verlassen und mal ein, zwei Jahre in die Praxis gehen. Sie sind dann weg vom Fenster und die Stelle bekommt dann jemand anderes. In der Vita heißt es dann: ›nicht zielstrebig akademisch orientiert gewesen‹. […] Ich halte Praxiserfahrung für ganz wichtig, aber das Wissenschaftssystem – die Hierarchien und die akademischen Laufbahnen – gibt einem dafür fast keine Chance mehr. Das finde ich ganz, ganz schlimm.«

Während Fachvertreter *mit* Praxiserfahrung diese als nützlich für die Professorentätigkeit erachten, halten Fachvertreter *ohne* einschlägige Praxiserfahrung diese für nicht zwingend notwendig für ihre Berufsausübung. Die letztgenannten haben allerdings betont, dass eine prinzipielle Offenheit gegenüber der Praxis vorhanden sein müsse. So sagte ein Professor aus der jüngsten Kohorte, der lediglich zu Studienbeginn ein Kurzpraktikum in einer Zeitungsredaktion absolviert hat:

> »Aus meiner Perspektive ist das schnuppe! Ich glaube, dass das eher eine Frage der Grundhaltung ist. Man darf keine Berührungsängste gegenüber der Praxis haben und man muss eine Offenheit gegenüber der Praxis an den Tag legen. Ob diese Offenheit nun daher rührt, dass man selbst mal ein paar Jahre als Redaktionsleiter oder ähnliches gearbeitet hat, ist egal. Die Kriterien für Wissenschaftlichkeit und Exzellenz im Wissenschaftsbereich sind zwar eigene Kriterien, die aber durchaus einen Bezug zur Praxis haben sollten.«

Ein anderer Professor (ebenfalls jüngste Kohorte) ist der Ansicht, dass man ein kommunikationswissenschaftliches Untersuchungsgebiet nicht selbst erfahren haben müsse – in anderen Fächern sei dies ja auch nicht der Fall. Die praktische Erfahrung mit dem Gegenstand könne zwar durchaus von Vorteil sein, sie könne aber auch den beobachtenden Blick trüben: »Ich denke, dass es sich hierbei um eine Professionalisierung der Wissenschaftsdisziplin handelt: Die Wissenschaft hat ihre eigenen Ausbildungspfade entwickelt und braucht nicht mehr nur Praktiker.«

In Bezug auf den zugeschriebenen Wert von Praxiserfahrung zeichnet sich folgendes Muster ab: Bei den Professoren, die *nicht* über Praxiserfahrung verfügen und die der Praxiserfahrung *keine Relevanz* beimessen, handelt es sich um Fachfremde. Bis auf eine Ausnahme verfügen alle befragten studierten Kommunikationswissenschaftler zumindest über Praktikumserfahrung in der Medienpraxis. Der einzige studierte Kommunikationswissenschaftler, der während seines Studiums *keine* Praxiserfahrung gesammelt hat, sieht diesen Umstand im Gegensatz zu seinen Kollegen, die *nicht* Kommunikationswissenschaft studiert haben, als Manko an: »Praxiserfahrung ist auf alle Fälle sinnvoll und hilfreich. Da habe ich ein absolutes Defizit, ich habe praktisch gar nichts gemacht.« Dieser Sonderfall lässt sich verstehen, wenn man um die Sozialisation des Befragten weiß: Nach dem Abitur hat er zunächst eine Ausbildung für einen Handwerksberuf absolviert. Durch seine Ausbildung hatte dieser Befragte bereits Berufserfahrung gesammelt, wodurch er sich möglicherweise während der ersten Studiensemester nicht dazu veranlasst sah, praktische Berufserfahrungen zu sammeln.

Wie in Abschnitt 2.2.2 diskutiert, besteht durch die zunehmende Professionalisierung der Kommunikationswissenschaft die Gefahr, dass sich das Fach von den Erwartungen der Studierenden entfernt und sich dadurch eine wesentliche Existenzgrundlage entzieht. Die Analyse des Interviewmaterials deutet darauf hin, dass diese Befürchtung durchaus gerechtfertigt ist. Die befragten Professoren für Kommunikationswissenschaft messen der Ausbildungsleistung zwar einen hohen Stellenwert bei, vor allem die jüngeren Fachvertreter können ihren Studierenden allerdings nur noch bedingt bei der praktischen (journalistischen) Berufsausbildung helfen. Solche Fachvertreter bilden vorzugsweise für die Medien*forschung* und nicht für die Medien*praxis* aus. Ein studierter Kommunikationswissenschaftler aus der jüngsten Kohorte hat hervorgehoben, dass er keine »praxisrelevanten Dinge« für angehende Journalisten vermitteln könne, er bilde »Kommunikations- und Medienforscher« aus. Dieser und weitere Professoren haben ein Praxisverständnis, das sich nur bedingt mit dem ihrer Studierenden decken dürfte. An dieser Stelle kann nun die Selektivität der Kommunikationswissenschaft und die typische soziale Laufbahn ihrer zentralen Akteure ins Spiel gebracht werden. Wenn das Studienfach Kommunikationswissenschaft für gewöhnlich gewählt wird, um in den Journalismus oder in die Medienpraxis zu gehen, und wenn während des Studiums dann entsprechende Praktika absolviert werden und die Praxiserfahrung als wichtig eingestuft wird, und wenn man zudem darum weiß, dass Professoren des Faches die gesellschaftlichen Anforderungen an die Kommunikationswissenschaft erfüllen wollen und es als Gefahr einschätzen, dass das Fach zu abstrakt wird, dann dürften die Gefahren, welche die Professionalisierung mit sich bringt, weniger dramatisch ausfallen als befürchtet. Diese Einschätzung lässt sich mit dem Habitus der zentralen Akteure im kommunikationswissenschaftlichen Feld begründen.

6.2 Positionen und Positionierungen

Das, was Professoren für Kommunikationswissenschaft sagen und tun, mag zwar im ersten Moment als subjektiv erscheinen. Nach der Logik sozialer Felder ist dieses Handeln jedoch nicht beliebig, sondern es erschließt sich durch die Strukturen des Feldes zu einem gegebenen Zeitpunkt. Im Folgenden wird dargelegt, was es aus Sicht der Fachvertreter heißt, sich im Zentrum oder am Rand des kommunikationswissenschaftlichen Feldes zu positionieren. Dann wird dargelegt, dass zwar alle befragten Professoren Spieler im kommunikationswissenschaftlichen Feld sind, aber nicht alle gleichermaßen an dieses (Spiel-)Feld glauben. Diese Darstellungen bereiten den Boden für die angewandten Strategien der Fachvertreter.

6.2.1 *Die Logik der (Selbst-)Positionierung*

Professoren für Kommunikationswissenschaft haben in den Interviews – explizit oder implizit – auf den empirisch-sozialwissenschaftlichen Mainstream Bezug genommen. Wer sich dem Mainstream zuordnet, positioniert sich im Zentrum des kommunikationswissenschaftlichen Feldes. Das Vorhandensein eines Mainstreams impliziert die Dominanz von

Akteuren, eine Definitionsmacht und damit letztlich eine symbolische Gewalt, die den Wert von wissenschaftlichen Perspektiven und Forschungsbereichen bestimmt. Vertreter des Mainstreams legen fest, bei welchen Forschungsthemen und Methoden es sich lohnt, Ressourcen zu investieren. Sie dominieren symbolisch diejenigen Fachvertreter, die sich mit geisteswissenschaftlichen Theorien und Methoden beschäftigen, die zur (medial vermittelten) interpersonalen Kommunikation forschen und die Cultural Studies, Gender Studies, Fachgeschichte oder Computerspiele zu ihren Forschungsbereichen zählen. Die Befragten, die zur indirekten, medial vermittelten Kommunikation und zu einem dominanten Forschungsbereich forschen, haben sich selbstbewusst zu ihren Forschungsbereichen geäußert. So sagte ein Befragter, der Medienwirkungsforschung betreibt und zur Politischen Kommunikation forscht, dass er sich über seine Position und über die Definition von Kommunikationswissenschaft keine Gedanken mache (»Das interessiert mich nicht.«). Ein Medienökonom (jüngste Kohorte) sprach die Befürchtung aus: »Wenn sich jeder mit Ökonomie beschäftigt, wird die Medienökonomie untergehen.« Weniger selbstbewusst äußerten sich Fachvertreter, die sich in einer Minderheitenposition befinden bzw. deren Forschungsbereich mit einem schlechtem Image versehen ist. Am Beispiel der Gender Studies, über deren Wert in den Interviews mit Professorinnen diskutiert wurde, soll dieser Befund veranschaulicht werden. Die Befragten waren sich einig, dass die Gender Studies ein schlechtes Image in der Scientific Community haben und dass man aufpassen müsse, sich durch die Beschäftigung mit geschlechtsspezifischen Fragen nicht an den Feld-Rand zu manövrieren. Man dürfe sich keinesfalls nur auf diesen Forschungsbereich konzentrieren, sondern müsse sich breiter ausrichten (»Wenn man dabei bleibt und keinen weiteren Forschungsbereich hat, kriegt man sicherlich keine Professur.«). Eine Befragte betonte, dass dieser Bereich auch unter weiblichen Kommunikationswissenschaftlern ein schlechtes Image habe (»Schublade auf und rein, Schublade zu«), eine andere sprach gar davon, dass die Gender Studies »in gewisser Weise stigmatisieren« würden. Eine Gender-Forscherin bekräftigte: »Man bleibt immer die Gender-Forscherin, egal, was man sonst noch alles forscht.« Durch die Erfahrungen der Interviewpartnerinnen mit den Gender Studies wird deutlich, dass die Anerkennung von Neuem in diesem Bereich von der Scientific Community nicht als Lösung »wirklich fundamentale[r] Probleme« im Sinne Mertons (1985: 164) verstanden wird.

In Abschnitt 3.3.2 wurde darauf hingewiesen, dass Professoren die Institution verkörpern, aus der sie kommen. Für das Fachverständnis von Professoren ist die Reputation eines kommunikationswissenschaftlichen Fachinstituts insofern bedeutsam, als diese in akteursspezifisches wissenschaftliches Kapital transformiert werden kann. Wissenschaftliches Kapital (Renommee/Reputation) verleiht Fachvertretern eine Sicherheit im Habitus, die sich auf das Agieren im kommunikationswissenschaftlichen Feld auswirkt.

Kulturelles Kapital aus anderen Feldern als unique selling proposition

Für den einzelnen Akteur spielt es eine Rolle, ob sein Habitus zu dem Feld passt, in dem er agiert. Die in einem Feld erworbenen Fähigkeiten sind zwar übertragbar, aber in anderen Feldern nicht zwingend genauso wertvoll und praktikabel. Bourdieu (1998a: 25) zufolge laufen diejenigen, die fernab des Feldes, dem sie angehören, ihre Einstellungen erworben haben, Gefahr, sich deplatziert und »unwohl in ihrer Haut« zu fühlen. Diese Annahme kann in Bezug auf das junge, interdisziplinär ausgerichtete kommunikationswissenschaftliche Feld modifiziert werden. Aus den Gesprächen mit Professoren für Kommunikationswissenschaft lässt sich herauslesen, dass Fachvertretern durchaus Vorteile erwachsen (können), wenn sie *nicht* in der Kommunikationswissenschaft sozialisiert wurden. Inkorporiertes kulturelles Kapital aus anderen Feldern kann sich gewissermaßen auszahlen.

Auch wenn die Fachfremden zum Teil das wissenschaftliche Feld, in dem sie sozialisiert wurden, »aus den Augen verloren haben«, wie es ein Befragter ausdrückte, so schlägt sich das studierte Hauptfach doch in ihrem Fachverständnis nieder. Ein habilitierter Soziologe konstatierte, dass er durch einen soziologischen Ansatz »geprägt« sei; ein anderer habilitierter Soziologe war der Meinung, dass Luhmann der Einzige sei, der Kommunikation »vernünftig« definiere. Ein weiterer Soziologe betonte, dass ihm soziologische Theorien mehr lägen als zum Beispiel die französischen Poststrukturalisten: »Wenn die in der Vorlesung dran sind, unterrichte ich die Studierenden dazu auch, aber ansonsten ist es schon so, dass ich denke: ›Was für krauses Zeug – da ist die Soziologie doch handfester.‹« Mehrere Fachfremde haben davon berichtet, dass sie durch ihre spezifischen Kompetenzen aus anderen Fächern ein Mehrwissen gegenüber studierten Kommunikationswissenschaftlern hätten. Ein promovierter

Psychologe und habilitierter Kommunikationswissenschaftler berichtete davon, dass ihm seine in der Psychologie erworbenen Methodenkenntnisse den Eintritt in das kommunikationswissenschaftliche Feld erleichtert hätten und dass er heute noch davon profitiere. An dem kommunikationswissenschaftlichen Institut, an dem er als promovierter Nachwuchswissenschaftler tätig war, hätte er eine »absolute Sonderstellung« gehabt, weil er »Dinge konnte, die alle anderen nicht konnten« (»Dafür konnten alle anderen Dinge, die ich nicht konnte.«). Er fungierte als Betreuer sämtlicher Magister- und Doktorarbeiten (»[...] weil ich immer das Methodische mitbringen konnte [...]«) und wertete zahlreiche Datensätze neu aus (»weil die überhaupt nicht wussten, wie man das richtig auswertet.«).

Das im kommunikationswissenschaftlichen Feld anerkannte und als nützlich erachtete Wissen kann Fachfremden eine Art »Leuchtturm-Funktion« (Fachfremder, jüngste Kohorte), ein Alleinstellungsmerkmal verleihen – man könnte es als deren *unique selling proposition* (USP) bezeichnen. Inkorporiertes kulturelles Kapital (Fähigkeiten und Kompetenzen), das in anderen wissenschaftlichen Feldern erworben wurde, kann sich im kommunikationswissenschaftlichen Feld also auszahlen; es kann in symbolisches Kapital transformiert werden und dadurch über die Position(ierung) im kommunikationswissenschaftlichen Feld entscheiden. Dieser Transformationsprozess scheint vor allem für Kompetenzen aus wissenschaftlichen Subfeldern zu gelten, die das kommunikationswissenschaftliche Feld symbolisch dominieren: das psychologische, politikwissenschaftliche, wirtschaftswissenschaftliche und – mit Einschränkungen – das soziologische Feld. In Anbetracht der ›Versozialwissenschaftlichung‹ (MEYEN 2004) der Kommunikationswissenschaft und der damit einhergehenden Dominanz der empirisch-sozialwissenschaftlichen Perspektive zahlt sich inkorporiertes kulturelles Kapital aus geisteswissenschaftlichen Disziplinen offenbar nur bedingt aus.

Auslösende Faktoren von Reflexivität

Die Objektivierung der Feldposition, das Hinterfragen der feldspezifischen Spielregeln und der Bruch mit den theoretischen (Vor-)Annahmen werden herausgefordert, wenn einem Akteur das Handeln nicht als selbstverständlich erscheint. Aus dem Interviewmaterial lassen sich mehrere Faktoren ableiten, die eine Reflexivität – im Sinne eines Selbst-*Verstehens* (vgl. hierzu Abb. 2) – auslösen oder zumindest begünstigen.

Der Sinn für die Platzierung im kommunikationswissenschaftlichen Feld ist offenbar in hohem Maße auf die *disziplinäre Herkunft* zurückzuführen. Professoren, die in einer anderen Disziplin sozialisiert wurden und erst zu einem relativ späten Zeitpunkt ihrer wissenschaftlichen Laufbahn das kommunikationswissenschaftliche Feld betreten haben, scheinen in erhöhtem Maße mit ihren eigenen Vorstellungen von (Kommunikations-)Wissenschaft zu brechen. In der Tendenz blicken sie mit einer gewissen Distanz auf das Geschehen in der Mitte des Spielfeldes, wo es um das geht, was den Sinn des Spiels Kommunikationswissenschaft ausmacht – allen voran gilt dies für Akteure, die sich *nicht* dem Mainstream zugehörig fühlen. Ein in den Geisteswissenschaften sozialisierter Professor sagte im Interview, dass er vor rund 50 Jahren aus der Mitte des Faches gekommen wäre. Heute sei er allerdings mit seiner Ausrichtung (geisteswissenschaftlich-historisch orientiert) nicht mehr im Zentrum des Feldes verortet: »Ich befinde mich vielleicht nicht in einer Außenseiter-, aber doch in einer Minderheitenposition.« Einige Fachfremde haben von der schwierigen Anfangsphase im kommunikationswissenschaftlichen Feld erzählt. Ein habilitierter Soziologe aus der ältesten Kohorte sagte, dass es zunächst zu großen Spannungen gekommen sei und dass ihn die Kommunikationswissenschaftler nicht an sich »heran ließen«. Für Kommunikationswissenschaftler sei er nur ein Soziologe gewesen, »der in ihrem Gegenstandsbereich räubert«. Ein in der Politikwissenschaft sozialisierter Professor aus der jüngsten Kohorte meinte, dass er selbst ein »Zeitgeistphänomen« sei, das aus einem Forschungsvakuum der Kommunikationswissenschaft resultiere. Ein anderer Vertreter aus der jüngsten Kohorte (ebenfalls fachfremd) sagte, dass er offenbar durch seine internationalen Kontakte und das Voranbringen eines Forschungsbereiches für die Kommunikationswissenschaft interessant geworden wäre (»Für die Leute war ich dann jemand Junges, der scheinbar Interesse für diesen Bereich hat.«).

Bourdieu (1999: 414) zufolge ist der Sinn für die Platzierung als Disposition zu verstehen, die mit der *sozialen und geografischen Herkunft* verbunden ist. Wie an anderer Stelle beschrieben, stammt das Gros der Befragten aus bildungsfernen Elternhäusern. Diese Befragten haben einen Akkulturationsprozess und eine klassische Aufsteigerbiografie durchlaufen. Die daraus resultierende relativ späte Aneignung eines akademischen Habitus sensibilisiert wiederum offenbar in besonderem Maße für feldimmanente Begebenheiten. Auch Auslandserfahrungen können den Blick auf das kommunikationswissenschaftliche Feld im deutschsprachigen Raum verändern und zu einer Neujustierung der Positionierung führen. Zwei deutsche Professoren, die in der Schweiz bzw. in Österreich tätig sind, waren sich einig, dass sich die Wahrnehmung des kommunikationswissenschaftlichen Feldes durch ihre (Fremdheits-)Erfahrung in der Schweiz oder in Österreich verändert habe. So berichtete ein Deutscher, der in der Schweiz tätig ist:

> »Die deutschen Kollegen und Kolleginnen haben eine Art an sich, über die Leistungen der Kollegen aus den kleinen Nachbarländern hinwegzusehen, die an Arroganz grenzt. Dabei fand die Schweiz allerdings schon immer mehr Beachtung als Österreich. Das liegt natürlich an Ulrich Saxer, der in der deutschen *community* ein anerkannter Wissenschaftler war.«

Ähnlich äußerte sich ein in Österreich lehrender Professor. Er bekräftigte, dass man das deutsche Modell nicht als das »Nonplusultra« ansehen dürfe und sich stärker international vergleichen müsse. Nur durch einen solchen Vergleich erschließe sich, »warum was wie pfadabhängig ist.« Andernfalls würde eine »kleine deutsche Community vor sich hinbrüten, während draußen in der Welt wirklich etwas passiert.« Mehrere Befragte berichteten von ihren prägenden Erfahrungen in den USA. Ein Professor, der an der Ostküste gelehrt hat, strich heraus: »Die Leute sind anders, der Campus ist anders, die Kollegen sind anders und ich habe dort sehr viel für den Unterricht hier gelernt.« Die Studierenden hätten pro Credit Point 1000 Dollar gezahlt, was den Anspruch an die Lehrtätigkeit steigern würde (»Die Studierenden erwarten, dass man keine Larifari-Vorlesung macht und dass man ihnen keine Overhead-Folien mit krakeliger Schrift vorlegt.«).

Das Infragestellen des scheinbar Selbstverständlichen kann auch aus der *Geschlechtszugehörigkeit* resultieren. Es gibt eine Reihe von wissenschaftssoziologischen Untersuchungen, in denen die Universität als männlicher Kulturraum, als homo-soziale Welt beschrieben wird (vgl. exemplarisch SCHULTZ 1991; KRAIS 2000; ENGLER 2001 BEAUFAŸS 2003). Die symbolisch männlich dominierte Universitätswelt bringe mit sich, so die Autorinnen, dass sich Professorinnen tendenziell am Rand des wissenschaftlichen Feldes positionierten und mit einer gewissen Distanz auf das Geschehen im Spielfeld blickten. Eine befragte Professorin für Kommunikationswissenschaft strich im Gespräch heraus, dass es durchaus eine »Sonderstellung« als Frau in der Wissenschaft gebe. Eine Kollegin meinte nüchtern, dass alles »wunderbar« klappe, solange die Hierarchien geregelt seien. Wenn Frauen allerdings den gleichen oder sogar einen höheren Status als Männer bekämen, fingen die Probleme an: »Das ist einfach so. Das ist schon seltsam.«[111] Eine andere Interviewpartnerin bekräftigte, dass sie im alltäglichen Umgang von Kollegen zwar akzeptiert werde (»[...] zumindest auf einer förmlichen Ebene [...]«). In dem Moment, wo es um Aufstieg, Ressourcen und Hierarchien gehe, spiele ihr Geschlecht aber »natürlich« eine Rolle. Die Sonderstellung von Professorinnen führt offenbar dazu, dass sie bisweilen (auch) aufgrund ihres Geschlechts für bestimmte Ämter vorgesehen werden bzw. sich *als Frau* selbst einbringen wollen. So erzählte eine Befragte, die für ein Amt im Vorstand der DGPuK vorgeschlagen wurde: »Da saß ich nun [auf der DGPuK-Mitgliederversammlung; N.H.] und es tickerte in meinem Kopf durch: ›Wenn ich jetzt Nein sage, stehe ich blöd da und den Frauen ist nichts Gutes getan.‹«

6.2.2 *Die* illusio *der Akteure*

Eine notwendige Voraussetzung für das Engagement innerhalb eines Feldes ist, dass sich Akteure für die dortigen Einsätze interessieren, dass sie eine affektive und motivationale Bindung an dieses Feld haben und dadurch einen Glauben an den Wert des dortigen Spiels entwickeln. Die *illusio* bestimmt, welche Akteure zu einem sozialen Feld gehören und welche nicht (»Feldeffekt«). Den Feldeffekt haben Bourdieu und Wacquant (1996: 130) anhand der Zugehörigkeit zur Soziologie veranschaulicht: »Wir tun das zum Beispiel, indem wir sagen, X oder Y ist kein Soziologe oder kein richtiger Soziologe, also keiner, der den Anforderungen entspricht, die im Grundgesetz des Feldes, wie wir es sehen, niedergelegt sind.« Dieser *illusio*-bedingte Feldeffekt ist für die Kommunikationswissenschaft von zentraler Bedeutung, mangelt es dem Fach doch an »eindeutigen Kriterien«, die regeln, »was jemand können und wissen muss, damit er oder sie sich als Kommunikations- und Medienwissenschaftler/in bezeichnen kann« (RUHRMANN et al. 2000: 299).

111 Diese ›seltsame‹ Gruppendynamik hat die US-amerikanische Soziologin Rosabeth Moss Kanter bereits Ende der 1970er-Jahre durch den ›Token-Ansatz‹ zu erklären versucht. Sie hat einen Beitrag zur Analyse der Widersprüche geliefert, mit denen Frauen in gegengeschlechtlichen Berufen und insbesondere in Führungspositionen konfrontiert sind. Die Bezeichnung ›Token‹ weist auf die Minderheitenposition von Frauen hin und streicht heraus, dass Führungsfrauen weniger als Individuen, sondern vielmehr als klischeehafte Vertreterinnen der Minderheitengruppe wahrgenommen werden. Frauen in Führungspositionen, ergo Professorinnen, sind in einer männlich dominierten Berufswelt extrem auffällig und werden permanent be(ob)achtet (vgl. KANTER 1977; vgl. hierzu auch MARSHALL 1984: 1995).

Die Analyse des Interviewmaterials deutet darauf hin, dass studierte Kommunikationswissenschaftler und Fachfremde, die sich in Kommunikationswissenschaft habilitiert haben, eine starke *illusio* an das kommunikationswissenschaftliche Feld haben. Bourdieu (1997a: 126) hat darauf hingewiesen, dass man in ein Feld nicht mit einem Habitus eintritt, der implizit oder explizit gefordert wird, sondern dass der Habitus praktisch kompatibel, in einen konformen Habitus konvertierbar sein müsse. Der Neuling sollte bei einem Feldeintritt einen Habitus mitbringen, der »kongruent und biegsam und somit einer möglichen Umformung zugänglich [ist]« (ebd.). Einen solch biegsamen und anschlussfähigen Habitus scheinen die Fachfremden, die sich in Kommunikationswissenschaft habilitiert haben, mitgebracht zu haben. Im Laufe mimetischer Prozesse sind sie zu einem Teil des kommunikationswissenschaftlichen Feldes geworden und verkörpern nun dessen *illusio;* dies gilt für Früh- und Spätberufene gleichermaßen. Professoren für Kommunikationswissenschaft, die vollständig in einer anderen Disziplin sozialisiert wurden, sind zwar Spieler im kommunikationswissenschaftlichen Feld, sie scheinen aber nur einen schwachen Glauben an dieses Spielfeld zu haben. Ihr Glaube ist zwar schwach, aber dennoch vorhanden – eine absolut interesselose Praxis gibt es nämlich nicht (vgl. SCHWINGEL 2003: 98). Solche Fachvertreter glauben primär an die Wissenschaft im Allgemeinen, weniger an die Kommunikationswissenschaft im Speziellen.[112] So erzählte ein habilitierter Soziologe, dass eine Professur für Soziologie für ihn auch denkbar gewesen wäre. Eine Sonderrolle scheinen in dieser Hinsicht Professoren für Journalistik einzunehmen, die neben der *illusio* an das (kommunikations-)wissenschaftliche Feld eine starke *illusio* an das journalistische Feld haben.

Wenn man unter der *illusio* zudem die Tatsache versteht, »dass man einem sozialen Spiel zugesteht, dass es wichtig ist« (BOURDIEU 1998b: 141), verwundert es wenig, dass sich diejenigen, die an das kommunikationswissenschaftliche Feld glauben, auch als Kommunikationswissenschaftler verstehen. Keiner der befragten fachfremden Professoren, die vollständig in einer anderen Disziplin sozialisiert wurden, hat sich im Interview (uneingeschränkt) als Kommunikationswissenschaftler

112 Mit der Einteilung, ob ein Professor an das kommunikationswissenschaftliche Feld glaubt oder nicht, soll keinerlei Wertung verbunden sein.

bezeichnet. Ein Fachfremder aus der jüngsten Kohorte soll hier exemplarisch zu Wort kommen:

> »Bei mir ist die fachliche Zuordnung sehr schwer. Mittlerweile fühle ich mich überwiegend als Sozialwissenschaftler. Ich bin sehr interdisziplinär orientiert und Mitglied in unterschiedlichen Fachverbänden. Ich kann mich nicht mit einem Fach im engeren Sinne identifizieren. Es kommt ja auch immer darauf an, in welchen Denkzusammenhängen man arbeitet. Wenn man all das, was man braucht, innerhalb eines Faches findet, ist das natürlich fein. Das ist bei mir aber nicht der Fall.«

Ein Professor aus der ältesten Kohorte sagte, dass er sich nur »zum Teil« als Kommunikationswissenschaftler verstehe; ein anderer Fachvertreter (ebenfalls aus der ältesten Kohorte) bezeichnete sich im Interview als Medienwissenschaftler (»Wenn Sie mit Kommunikationswissenschaft diesen Oberbegriff auf der Makroebene meinen, muss ich ganz klar sagen, dass ich das nicht ausfüllen kann – das wäre Etikettenschwindel.«). Anders sieht es bei den Fachfremden aus, die den letzten akademischen Sozialisationsschritt in der Kommunikationswissenschaft durchlaufen haben. Sie verstehen sich durchweg als Kommunikationswissenschaftler und fühlen sich der Kommunikationswissenschaft stark verbunden (»Ich hänge an diesem Fach.«). Ein Befragter berichtete davon, dass ihn ehemalige Fachkollegen aus der Psychologie gelegentlich als »Verräter« bezeichneten, weil er sich heute als Kommunikationswissenschaftler verstehe:

> »Mittlerweile sehe ich mich als waschechten Kommunikationswissenschaftler und dadurch habe ich eine Reihe von Konflikten mit anderen Leuten. Ich bin nicht der einzige, der aus der Psychologie kommt und in der Kommunikationswissenschaft gelandet ist. Es gibt auch ein ganzes Spektrum an Kollegen, die unglücklich sind, dass sie *nur* in der Kommunikationswissenschaft gelandet sind. Ich habe auch schon mal gehört, dass ich ein Verräter sei, weil ich mich jetzt als Kommunikationswissenschaftler bezeichne – aber das kann ich alles nicht nachvollziehen.«

Ein promovierter Soziologe und habilitierter Kommunikationswissenschaftler erzählte davon, dass er sich zunächst auf Professuren für Soziologie beworben habe. Als Rückmeldung bekam er von der Berufungskommission allerdings stets zu hören, dass er nach seiner kommunikationswissenschaftlichen Habilitation für die Soziologie nicht mehr infrage komme. Das Selbstverständnis als Kommunikationswissenschaftler ist also (immer auch) auf die Zuschreibung von außen – und damit auf das Fremdverständnis – zurückzuführen. Wer eine *venia legendi* für Kommunikationswissenschaft hat, der *muss* auch an das kommunikationswissenschaftliche Feld glauben – er hat keine (oder nur eine äußerst geringe) Chance, auf eine Professur in einem anderen wissenschaftlichen Feld berufen zu werden.

6.2.3 *Die Strategien der Akteure*

Da im kommunikationswissenschaftlichen Feld der Kampf um die legitime Herrschaft ausgefochten wird, ist das vom praktischen Sinn angeleitete Handeln immer auch strategisch zu verstehen. Alle Handlungen – auch die als interesselos und zweckfrei erscheinenden – sind darauf ausgerichtet, den in Aussicht gestellten materiellen oder symbolischen Gewinn zu maximieren (vgl. BOURDIEU 1976: 86). Im Folgenden wird aufgezeigt, welche Strategien im kommunikationswissenschaftlichen Feld angewandt werden.

Entsprechend der Feldlogik wollen die im Feld etablierten Akteure die Entwertung ihres professionellen Handelns durch Umschreiben der Spielregeln nicht zulassen, weshalb sie Erhaltungsstrategien anwenden. Erhaltungsstrategien sind im kommunikationswissenschaftlichen Feld als Exklusionsstrategien zu verstehen. Hinweise auf solche Strategien finden sich in zahlreichen Interviewpassagen; beispielsweise war von der »Entgrenzung«, von der »Ausuferung«, »Zerfaserung« oder vom »Profilverlust« der Kommunikationswissenschaft die Rede. Ein studierter Kommunikationswissenschaftler (jüngste Kohorte) erklärte, dass es ein »mittelfristiges Ziel« von ihm sei, die Kommunikationswissenschaft von benachbarten Fächern »abzugrenzen«. Ein anderer studierter Kommunikationswissenschaftler (mittlere Kohorte) verwies in diesem Zusammenhang auf die aktuellen Hochschulreformen. Gerade im Zuge der universitären Modernisierungsmaßnahmen, durch die einzelne akademische Disziplinen von Budget-Kürzungen und Legitimationsdiskussionen bedroht sind, sei der Profilverlust der Kommunikationswissenschaft riskant: »Das Fach hat sich wirklich unendlich ausdifferenziert [...], das sehe ich als große Gefahr an.« Da insbesondere geisteswissenschaftliche Disziplinen ihren Gegenstandsbereich um die Medien erweitern würden, um sich vor dem »Streichkonzert« zu retten, verliere die Kommunikationswissenschaft »ihre Ränder«, so der Befragte weiter. In einem anderen Gespräch wurde auf die zum Zeitpunkt der Interviewführung laufende Überarbeitung des DGPuK-Selbstverständnispapiers angespielt: »Es gibt im Moment Bestrebungen in der DGPuK, das Papier zu verändern. Ich bin absolut dagegen, dass man das anpasst nach dem Motto ›Alle, die das kritisieren, sollen ihre Sachen noch mit reinbringen‹. Dadurch verliert das Fach an Kontur.« Um den Status quo zu erhalten und die Feldgrenzen zu stärken, wollen die Etablierten wissenschaftliches Kapital akkumulieren. Sie engagieren sich in der Fachgesellschaft und sehen in diesem Engagement (auch) die Möglichkeit, an der Ausrichtung des Faches mitzuwirken.

Neben den Akteuren, die den Status quo erhalten wollen, gibt es solche, die *gegen* eine Eingrenzung der Kommunikationswissenschaft und *für* eine weite(re) Erkenntnisperspektive des Faches plädieren. Sie wenden Umwälzungsstrategien und damit Inklusionsstrategien an. Mehrere Befragte sind darum bemüht, die kulturwissenschaftliche Ausrichtung und den qualitativen Forschungszweig zu stärken. Andere wollen den Öffentlichkeits- bzw. den Kommunikationsbegriff zur Diskussion stellen (»Der Bereich der Kommunikation ist in den Sozialwissenschaften einfach unterbelichtet und daran ist auch die Kommunikationswissenschaft schuld.«). Nach Ansicht eines kulturwissenschaftlich ausgerichteten Befragten spielt die Kommunikationswissenschaft nicht genug »im Spiel um die großen Themen« mit. Das Fach agiere zu viel im Kleinen und sei zu selbstbezüglich – in größeren Forschungskontexten interessierten kommunikationswissenschaftliche Ergebnisse nicht. Ein studierter Soziologe betonte, dass das Fach eine sozial- und kulturwissenschaftliche Breite habe, die unbedingt aufrechterhalten werden müsse. Nach seiner Ansicht ist die Kommunikationswissenschaft die einzige Wissenschaft, die nicht das macht, was sie in ihrem Titel verspricht – nämlich Kommunikation zu untersuchen. Das Fach untersuche immer nur spezifische Formen der mediatisierten Kommunikation; er gebe sich aber Mühe, »das zu bekämpfen«, und versuche, sich »zu engagieren«. Dafür sei er bereit, »Arbeit in Kauf zu nehmen.« Diese Arbeit gilt es nun näher zu betrachten.

In Abschnitt 2.2.2 wurde darauf hingewiesen, dass die Fachgesellschaft DGPuK als fachpolitische Maßnahme zur Professionalisierung der Kommunikationswissenschaft sogenannte ›Selbstverständnispapiere‹ verfasst hat. Aus Akteursperspektive kann nun ergänzt werden, dass die Teilnahme von zahlreichen Fachvertretern am zweiten DGPuK-Selbstverständnisausschuss (immer auch) strategisch zu betrachten ist. Wenn man so will, versprach das Engagement für den Selbstverständnisausschuss Partizipation an der Definitionsmacht über die Ausrichtung der

Kommunikationswissenschaft. Auf freiwilliger Basis konnten an dem Selbstverständnisausschuss interessierte Professoren des Faches teilnehmen, wobei seitens des Vorsitzenden Gerhard Vowe auf eine heterogene Zusammensetzung des Ausschusses geachtet wurde. An der Erarbeitung des zweiten Selbstverständnispapiers waren schließlich 20 Professoren für Kommunikationswissenschaft beteiligt.[113] Die Ausschussmitglieder stehen für unterschiedliche Fachverständnisse und für unterschiedliche Zugänge zum Fach. So gibt es Vertreter, die 1) vollständig in der Kommunikationswissenschaft sozialisiert wurden (zum Beispiel Bernd Blöbaum, Jutta Röser oder Werner Wirth), die 2) zwar ein anderes Fach studiert haben, sich aber in Kommunikationswissenschaft habilitiert haben (etwa Andreas Hepp, Friedrich Krotz oder Gabriele Siegert) oder die 3) alle akademischen Sozialisationsschritte in einer anderen Disziplin durchlaufen haben (beispielsweise Uwe Hasebrink, Knut Hickethier oder Barbara Pfetsch). Vor dem Hintergrund der oben diskutierten Strategien von Kommunikationswissenschaftlern kann das überarbeitete DGPuK-Selbstverständnispapier aus dem Jahre 2008 als ›Erfolg‹ derjenigen Akteure betrachtet werden, die Umwälzungsstrategien anwenden: Der Fachgegenstand wurde um die medial vermittelte interpersonale Kommunikation erweitert und in dem Papier ist konsequent die Rede von der ›Kommunikations- und Medienwissenschaft‹ (vgl. DGPUK 2008).

Sowohl Akteure, die Erhaltungsstrategien anwenden, als auch Akteure, die Umwälzungsstrategien verfolgen, betreiben zur Diffusion ihres Selbstverständnisses gezielt Nachwuchsförderung. Reichertz (2003: 362) hat den Professorenberuf als »feudalistisch« charakterisiert, weil er in der Ausbildung durch »personale Verantwortung und Loyalität« gekennzeichnet sei, und es gebe »unausgesprochene Absprachen« zwischen Doktorvätern und ihren Schülern: Während die Doktorväter »freiwillig und nach Gutdünken« ihren Erfahrungsschatz und ihr Wissen an ihre Zöglinge weitergeben würden, dankten ihnen die Schüler durch Unterstützung und Nachfolge, was die erstgenannten dazu bewegt, die Karriere ihrer Schüler »wohlwollend« zu begleiten. Bourdieu (1992a: 165) hat herausgestellt, dass der Betreuer eher gewählt wird, als dass er wählt, und dass die intellek-

113 Namentlich sind hier folgende Fachvertreter zu nennen: Klaus Beck, Günter Bentele, Bernd Blöbaum, Beatrice Dernbach, Uwe Hasebrink, Andreas Hepp, Knut Hickethier, Otfried Jarren, Christoph Klimmt, Friedrich Krotz, Marion G. Müller, Ingrid Paus-Hasebrink, Barbara Pfetsch, Jo Reichertz, Jutta Röser, Gabriele Siegert, Barbara Thomaß, Gerhard Vowe, Werner Wirth und Oliver Zöllner.

tuelle Anerkennung seiner Schüler zu seinem eigenen Wert beiträgt wie er zu dem ihren. Die Nachwuchsförderung ist folglich als eine ›Win-Win-Situation‹ zu verstehen, für den Förderer und den Geförderten zahlt sie sich gleichermaßen aus. Professoren profitieren insofern von ihren (guten) Doktoranden und Habilitanden, als vonseiten der Zöglinge nicht Konkurrenz, sondern eine Steigerung der eigenen Reputation (und damit Akkumulation von wissenschaftlichem Kapital) zu erwarten ist. So berichtete ein Interviewpartner davon, dass zwei seiner ehemaligen Mitarbeiter mittlerweile auf Professuren berufen worden seien, zwei hätten sich habilitiert und andere Mitarbeiter seien auf attraktiven Mitarbeiterstellen untergekommen und auf »dem besten Weg« zur Professur: »Ich glaube, das ist eine Bilanz, die – ich will nicht sagen einzigartig – aber doch recht ungewöhnlich ist.«). Ein anderer Interviewpartner sprach davon, dass es ihn mit »Stolz« erfüllen würde, wenn alle seine Habilitanden berufen würden.

Als konkrete Fördermaßnahmen des wissenschaftlichen Nachwuchses nannten Professoren unter anderem die Zeit, die sie für die inhaltliche Betreuung von Dissertations- oder Habilitationsprojekten aufwenden, die Besetzung oder Aufrechterhaltung von Mitarbeiterstellen, die Unterstützung bei Stipendien-Anträgen, die Vergabe von Lehraufträgen, die Erstattung von Reisekosten für (internationale) Tagungen, die Unterstützung im Habilitationsverfahren, die »Rundum-Beratungen« (fachliche Beratung inklusive lebenspraktischer Tipps) sowie die zeitliche Flexibilität bei der Terminkoordination. Bei der inhaltlichen Betreuung geht es nach Ansicht eines Interviewpartners nicht zwingend darum, »einen Vorsprung gegenüber den jüngeren Kollegen zu haben«. Man solle sich an der Sache orientieren und es könne durchaus vorkommen, dass er selbst von seinem Mitarbeiter einen Rat einhole. In mehreren Interviews wurde ein Ausspruch von Heinz Maier-Leibnitz, dem zweiten Ehemann von Elisabeth Noelle-Neumann, zitiert: »Die jüngeren Mitarbeiter müssen mindestens in einem Gebiet besser sein als man selbst.« Ein Interviewpartner, der diesen Spruch anführte (»[...] das finde ich einen guten Satz [...]«), verglich das Mitarbeiter-Chef-Verhältnis mit einem Mittelstreckenlauf, bei dem man sich gegenseitig antreibt: »Derjenige, der älter ist, hat meistens einen besseren Überblick. In der Regel gibt es aber jüngere Mitarbeiter, die andere Dinge besser können als die älteren. Insofern ist das nicht so auf einer Augenhöhe, sondern das eine Mal rennt der eine, das andere Mal der andere.«

Nachwuchswissenschaftler werden nur dann umfassend gefördert, wenn sie die entsprechenden Voraussetzungen mitbringen. Ein

Interviewpartner sagte, dass er ein »sehr genaues Bild« von Leuten habe, die Professor werden könnten: Ohne selbstständiges Arbeiten funktioniere das nicht, und wenn sich jemand nach der Promotion nicht vernünftig organisieren könne, dann sei es »auch nicht der richtige«. Mit Zuckermann (1992) und Beaufaÿs (2003) kann angenommen werden, dass Professoren in erster Linie diejenigen Nachwuchswissenschaftler fördern, die ihnen ähnlich sind (zur sogenannten ›Kooptation‹ vgl. auch BOURDIEU 1992a: 357). Zuckermann (1992) hat in ihrer Untersuchung über die Werdegänge von Nobelpreisträgern festgestellt, dass die Übereinstimmung zwischen Mentor und Schüler sowohl durch die selektive Rekrutierung der Älteren als auch durch die Selbstrekrutierung der Jüngeren zustande kommt. Auch Beaufaÿs (2003) hat einen Zusammenhang zwischen dem Selbstverständnis von Professoren und ihren Schülern nachweisen können. Sie ist zu dem Schluss gekommen, dass sich das Selbstverständnis von Professoren auf deren wissenschaftlichen Nachwuchs vererbt. Nach den Beobachtungen Beaufaÿs suchen sich erfahrene Wissenschaftler Schüler aus, die den gleichen Habitus verkörpern und die passenden Dispositionen mitbringen. Im Prozess der gemeinsamen Zusammenarbeit geschehe dann eine »Hinorientierung« vonseiten des Schülers an den Mentor (BEAUFAŸS 2003: 230). Die (strategische) Nachwuchsförderung trägt folglich immer auch zur Diffusion des Fachverständnisses von Professoren bei.

6.3 Fachverständnis-Typologie

Aus den Befunden zum Aufgabenverständnis der Fachvertreter und zu den Positionierungen innerhalb des kommunikationswissenschaftlichen Felds lassen sich prägnante Unterschiede und Gemeinsamkeiten gleichermaßen herausstreichen. Eine Typologie hilft, diese zu bündeln und relevante Handlungsmuster zu identifizieren. Diese Handlungsorientierungen liefern die Erklärungsfolie für unterschiedliche Formen des Fachverständnisses, auf Grundlage derer dann die Einflussfaktoren herausgearbeitet werden. Die Fachverständnis-Typologie fungiert somit als Orientierungsrahmen, um Formen des Fachverständnisses erklären und verstehen zu können. Hierdurch können Voraussagen für bestimmte Handlungsmuster und damit Aussagen über die Zukunft der Kommunikationswissenschaft getätigt werden (Prognosefunktion). Dieser prognostische Gehalt erscheint gerade in Anbetracht des sich vollziehenden Generationenwechsels im Fach von hoher Relevanz.

Der Versuch einer Typenbildung verfolgt ein theoretisches Ziel und lässt sich gut mit dem Theoriegebäude Bourdieus in Einklang bringen. In den vorangegangenen Abschnitten wurde entlang der Untersuchungskategorien auf Faktoren eingegangen, die zur (Über-)Formung des Fachverständnisses führen. Die Einteilung der Befragten in Typen trägt zur Klärung der Frage bei, *welche Faktoren das Fachverständnis von Professoren für Kommunikationswissenschaft beeinflussen* – welche Rolle also zum Beispiel die soziale und disziplinäre Herkunft, das Alter oder das Geschlecht für die Genese und die Durchsetzung des Fachverständnisses spielen. Ein Typus steht für eine Gruppe von Menschen, die bestimmte Merkmale gemeinsam haben (vgl. MEYEN 2006: 161). Die Ordnung, die durch das Herausarbeiten von Typen entsteht, resultiert aus den Vorgaben des Forschers, weshalb Typologien immer als »Modellkonstruktionen und niemals [als] Abbild der Wirklichkeit« zu verstehen sind (ebd.: 162). Eine Typenbildung zwingt folglich immer auch zur Vereinfachung. Die Grenzen *zwischen* den einzelnen Typen sind fließend und Unschärfen werden in Kauf genommen – nicht zuletzt dadurch unterscheiden sich Typologien von Klassifikationen (vgl. KÜBLER 1994: 143).

Die Fachverständnis-Typen wurden aus dem empirischen Material heraus gebildet. Es wurde nach dem Typischen, nach transindividuellen Handlungsmustern und Sinnkomplexen gesucht, wobei die Ähnlichkeit in der Konsistenz zu finden war. Die Typenkonstruktion stützt sich auf ein Kriterium, um das sich die Handlungsorientierungen und Strategien von Professoren für Kommunikationswissenschaft bündeln. Auf Basis der vorliegenden Befunde zu den Positionen und Positionierungen im kommunikationswissenschaftlichen Feld hat es sich angeboten, die *Selbstverortung im Fach als Typologisierungskriterium* zu wählen. Es wurde aufgezeigt, dass sich Professoren im Feld selbst verorten, indem sie sich zum Mainstream in Beziehung setzen. Als Ausprägungen für dieses Kriterium fungieren deshalb 1) Zentrum, 2) Zentrums-Rand und 3) Feld-Rand. Entsprechend dieser Selbstverortung im Fach konnten drei Typen[114] gebildet werden: 1) der Orthodoxe, 2) der Häretiker sowie 3) der Grenzgänger. Die Benennung der Fachverständnis-Typen ist vielleicht erklärungsbedürftig.

114 Die Typenbenennung erfolgt im Singular in der männlichen Form, unabhängig von der Anzahl und dem Geschlecht der zugeordneten Vertreter.

An anderer Stelle wurde der Kampf zwischen den Orthodoxen und den Häretikern theoretisch beschrieben und vor dem Hintergrund der vorliegenden Fragestellung modelliert (vgl. Abschnitt 3.3.2).[115] Die Analyse des Interviewmaterials hat gezeigt, dass sich diese beiden ›Glaubensgruppierungen‹ auch unter Professoren für Kommunikationswissenschaft finden. Der Grenzgänger wiederum ist als Spezifikum des kommunikationswissenschaftlichen Feldes zu betrachten; er wäre in einem (idealen) autonomen Feld nicht denkbar, weil dort eine höhere Brechungsstärke gegenüber externen Einflüssen vorläge. Das Vorhandensein dieses Typus lässt sich auf die interdisziplinäre Ausrichtung des kommunikationswissenschaftlichen Feldes sowie auf das junge Alter des Faches zurückführen. Tabelle 7 liefert einen schematischen Überblick über die Merkmalsausprägung der Typen. Die Anzahl der entsprechenden Typenvertreter ist lediglich als Orientierungshilfe zu lesen. Da es sich hier nicht um eine repräsentative Studie handelt, ist die Verteilung der Interviewpartner natürlich nur bedingt aussagekräftig.

TABELLE 7

Fachverständnis-Typen von Professoren für Kommunikationswissenschaft

Typus	Selbstverortung im kommunikationswissenschaftlichen Feld	Anzahl
Orthodoxe	Zentrum	14
Häretiker	Zentrums-Rand	6
Grenzgänger	Feld-Rand	6

Die Vorstellung der einzelnen Fachverständnis-Typen erfolgt zunächst entlang des typenbildenden Faktors. Anschließend werden die Typen anhand ihrer spezifischen Handlungsmuster beschrieben und mithilfe von Ankerbeispielen illustriert. Von besonderem Interesse wird die Zuordnung von Akteuren zu den einzelnen Typen sein. Die Denkwerkzeuge Bourdieus erlauben es, Erklärungsansätze für die entsprechende Zuordnung zu liefern; diese Interpretationen finden sich schließlich in Abschnitt 6.4.

115 Durch die Übernahme der Bourdieu'schen Begrifflichkeiten sind unter ›Orthodoxen‹ Vertreter des Mainstreams zu fassen und nicht, wie es vielleicht dem Alltagsverständnis entsprechen mag, Vertreter einer radikalen Abspaltung.

6.3.1 *Der Orthodoxe*

Der Orthodoxe fühlt sich dem Mainstream zugehörig, er positioniert sich im Zentrum des kommunikationswissenschaftlichen Feldes und identifiziert sich in hohem Maße mit der Kommunikationswissenschaft. Im kommunikationswissenschaftlichen Feld bewegt er sich wie ›ein Fisch im Wasser‹, weshalb er den Status quo bewahren will und Erhaltungsstrategien anwendet. Unter dem Fachgegenstand versteht der Orthodoxe die medial vermittelte öffentliche Kommunikation und er beschäftigt sich mit dominanten, zumindest aber anerkannten Forschungsbereichen wie der Medienwirkungsforschung, der Mediennutzungsforschung, der Politischen Kommunikation, der Kommunikationspolitik oder der Medienökonomie. In der Regel ist er (quantitativ-)empirisch ausgerichtet. Vertreter dieses Typus finden sich in allen Geburtskohorten und über beide Geschlechter verteilt. Als Tendenz zeichnet sich ab, dass orthodoxe Fachvertreter Kommunikationswissenschaft studiert haben, über Praxiserfahrung verfügen und aus bildungsfernen Elternhäusern kommen. Mehrere Professoren haben im Interview einen Zusammenhang zwischen der Empirie und ihrem handwerklichen (Ursprungs-)Milieu hergestellt (»Ja, ich bin Empiriker und von daher habe ich das Handwerkliche mit in diese andere Welt genommen.«). Bei orthodoxen Vertretern, die in einer anderen akademischen Disziplin sozialisiert wurden, fällt auf, dass sie entweder a) zu einem frühen Zeitpunkt ihrer beruflichen Laufbahn in das kommunikationswissenschaftliche Feld eingetreten sind und einen dementsprechend formbaren Habitus hatten und/oder b) ein Fach studiert haben, das sich unmittelbar auszahlt (hier: Psychologie, Politikwissenschaft oder Wirtschaftswissenschaften).

Der Orthodoxe ist sich seiner dominanten Position im kommunikationswissenschaftlichen Feld bewusst, weshalb er die Feldgrenzen bewahren will. Auf die Frage, wie viel von ihm in der heutigen Kommunikationswissenschaft stecke, antwortete ein Interviewpartner: »Wenn man versucht, Indikatoren dafür zu finden – und das würde ich als quantitativer Sozialwissenschaftler machen –, dann würde man den Science Citation Index nehmen, und da steckt in der Tat viel von mir drin.« Der Orthodoxe kämpft um die Aufrechterhaltung seiner (Definitions-)Macht, weshalb er nach wissenschaftlichem Kapital strebt. Er will die Kommunikationswissenschaft gegenüber neuen Strömungen abschotten. Einige Befragte haben sich dezidiert von kulturwissenschaftlichen Ansätzen und den Medienwissenschaften abgegrenzt. Beispielsweise meinte ein Interviewpartner, dass »nicht jedes Rumgeschwafel über Medien« Kommunikationswissenschaft sei; ferner grenzte er sich vom »philosophischen Rumschwadronieren über die Auswirkung des Internets auf Gott und die Welt« ab. Dies sei nicht Wissenschaft: »Die Beschäftigung beispielsweise mit der Frage, welche Symbolik das Tragen von unterschiedlichen Schuhen in amerikanischen Spielfilmen hat, ist ja ganz nett, aber ob das ein sinnvoller Einsatz gesellschaftlicher Ressourcen ist, sei dahingestellt.«

Da das Traditionelle stets symbolisch dominant ist (BOURDIEU 1976: 335), bezieht sich der Orthodoxe in seinem strategischen Handeln (auch) auf die Fachtradition. Ein Befragter aus der ältesten Kohorte strich heraus:

> »Was mir am Herzen liegt: Ich glaube, dass das Fach entgrenzt und dass es für Außenstehende oftmals nicht mehr nachvollziehbar ist, was wir tun. Ich habe Bekannte, die gelegentlich auf die Websites der Institute schauen. Die Institutsbezeichnungen und die Lehrveranstaltungsangebote variieren zum Teil beträchtlich. Es kommt eine zunehmend kulturwissenschaftliche Orientierung in das Fach hinein, der ich persönlich etwas weniger abgewinne; ich folge eher dem publizistikwissenschaftlichen Mainstream, sofern es ihn noch gibt.«

Der Ausdruck »sofern es den publizistikwissenschaftlichen Mainstream noch gibt« liefert einen Hinweis darauf, dass sich die Kräfteverhältnisse *innerhalb* der Gruppierung von Orthodoxen verschieben können. Der unterschiedliche Besitz von wissenschaftlichem Kapital und das unterschiedliche Engagement im kommunikationswissenschaftlichen Feld von orthodoxen Akteuren führen zu einer Hierarchie innerhalb der Orthodoxie. Im kommunikationswissenschaftlichen Feld lässt sich also nicht nur eine horizontale Konzentration von Herrschenden und Beherrschten ausmachen, sondern auch eine vertikale. Es gibt folglich Fachvertreter, die sich im Zentrum des Feldes verorten und die über viel wissenschaftliches Kapital verfügen, welches sie gezielt zur Verteidigung des Status quo einsetzen. Daneben gibt es Fachvertreter, die sich zwar im Zentrum des kommunikationswissenschaftlichen Feldes positionieren, die aber nur über (relativ) wenig wissenschaftliches Kapital verfügen und ein dementsprechend geringe(re)s Gewicht im Feld haben. Mit Bourdieu könnte man sie als ›beherrschte Herrschende‹ bezeichnen. Dieser Umstand träfe zum Beispiel auf den Inhaber eines Traditionslehrstuhls zu, der sich durch seine eigene wissenschaftliche Leistung keinen Namen in der Scientific Community gemacht hat.

In vielen Gesprächen mit Professoren für Kommunikationswissenschaft wurde die starke Verbundenheit mit der Fachgesellschaft zum Ausdruck gebracht. Nach Ansicht eines Befragten aus der jüngsten Kohorte könne man über universitäre Ämter nur bedingt etwas für die Kommunikationswissenschaft erreichen. In einem anderen Interview wurde hervorgehoben, dass man über Ämter in der Fachgesellschaft Definitionsmacht über die Kommunikationswissenschaft habe: »Mich interessieren nur solche institutionellen Ziele, bei denen Definitionsmacht auch sichtbar und realisierbar wird und bei denen man sich nicht nur zum Sachverwalter von immer kleineren Budgets oder dusseligen Paragraphen macht. Dazu habe ich keine Lust.« Ein anderer Professor (mittlere Kohorte, in Kommunikationswissenschaft habilitiert) sprach davon, dass die Kommunikationswissenschaft immer noch »recht wenig« institutionalisiert sei und nur wenige Qualitätskriterien habe, wenn es darum gehe, Professoren zu rekrutieren. Gegen diesen Missstand wolle er ankämpfen.

Orthodoxe Fachvertreter haben im Interview davon gesprochen, dass sie bestimmte Aspekte ihres Fachverständnisses von ihren akademischen Lehrern übernommen haben. Reichertz (2003: 363) zufolge weisen akademische Lehrer ihre Novizen nicht nur in die Kunst des Forschens, Lehrens und Prüfens ein, sondern sie sind auch Vorbild dafür, mit welchen Verfahren bestimmte Themen am besten zu bearbeiten sind, welche Themen für Drittmittelförderung infrage kommen und welche Methoden »nicht ›wirklich wissenschaftlich‹« seien. Ein studierter Kommunikationswissenschaftler sagte, dass er von einem seiner akademischen Lehrer das »empirische Handwerkszeug« gelernt habe. Von einem anderen habe er mitbekommen, »immer alles noch einmal theoretisch durch[zu] kneten«, auch wenn ihm die Sache »eigentlich schon klar war«. Auch in weiteren Interviews kam zum Ausdruck, dass der akademische Lehrer das Fachverständnis maßgeblich beeinflusst habe. So erzählte ein Professor aus der mittleren Kohorte davon, dass er erst Gefallen an der Kommunikationswissenschaft gefunden habe, nachdem ihm sein Lehrer die empirische Kommunikationswissenschaft »schmackhaft« machte (»Ich habe eigentlich in den letzten beiden Jahren meines Studiums das Fach richtig studiert, die Zeit davor war so gut wie verloren.«). Ein anderer Orthodoxer sprach davon, dass er von seinen beiden akademischen Lehrern »strukturiertes, systematisches, theoriegeleitetes empirisches Denken« gelernt habe.

6.3.2 *Der Häretiker*

Bei den hier vorgestellten Häretikern handelt es sich um »arrivierte Häretiker«: Fachvertreter, die institutionell etabliert, aber inhaltlich anders ausgerichtet sind als der Mainstream (vgl. BOURDIEU 1992a: 180-190). Der Häretiker fühlt sich der Kommunikationswissenschaft zwar stark verbunden, allerdings ordnet er sich nicht dem Mainstream zu und er positioniert sich am Zentrums-Rand. Im kommunikationswissenschaftlichen Feld bewegt er sich (noch) nicht wie ›ein Fisch im Wasser‹, kämpft aber für einen solchen Zustand und wendet deshalb Umwälzungsstrategien an. Er versteht sich als Anwärter auf die legitime Herrschaft. Im Vergleich zum Orthodoxen widmet sich der Häretiker weniger dominanten Forschungsbereichen; er ist stärker theoretisch ausgerichtet, will kulturwissenschaftliche Ansätze integrieren und den qualitativen Forschungszweig stärken (»Ich würde nicht mein Leben mit Inhaltsanalysen oder Nutzungs- und Rezeptionsforschung verbringen wollen.«). Unter den Fachgegenstand fasst er sowohl die medial vermittelte öffentliche, als auch die medial vermittelte interpersonale Kommunikation. Bei den meisten Vertretern dieses Typus handelt es sich um Fachfremde, die sich in Kommunikationswissenschaft habilitiert haben. Sie können auf die »Weihen einer ›Mutterdisziplin‹« (MEYEN 2007b: 22) zurückgreifen und sind daran interessiert, ein disziplinäres Formalobjekt zu kreieren, das ihrer Erkenntnisperspektive entspricht. Im Vergleich zu den Vertretern mit dem gleichen Sozialisationsmuster, die den Orthodoxen zugeordnet wurden, fällt auf, dass Häretiker a) noch nicht lange im kommunikationswissenschaftlichen Feld agieren und/oder b) ein Fach studiert haben, das sich weniger auszahlt (hier vor allem: geisteswissenschaftliche Fächer, zum Teil auch Soziologie). Häretiker finden sich in allen Geburtskohorten, über beide Geschlechter verteilt und auch hinsichtlich der sozialen Herkunft zeichnet sich kein Muster ab. Vielleicht besteht das Muster ja gerade darin, dass sich Häretiker nicht eindeutig zuordnen lassen.

Der Häretiker kämpft gegen die, seiner Auffassung nach, zu enge Ausrichtung der Kommunikationswissenschaft. Ein promovierter Soziologe aus der mittleren Kohorte hat seinen diesbezüglichen Unmut in folgende Worte gefasst:

> »An dem alten DGPuK-Papier würde ich gerne möglichst viel ändern, das ist viel zu eng. Da wird Kommunikationswissenschaft als sozialwissenschaftliche und empirische Disziplin definiert, was ich völlig unhaltbar finde. Wir können doch

> nicht sagen, dass wir die öffentliche Kommunikation und die Massenmedien diskutieren, aber die neueren Ergebnisse der Linguistik und alles, was die Cultural Studies geleistet haben, ausschließen – also die Frage, wie Gesellschaft über Kultur konstituiert wird und so weiter. Das finde ich wahnsinnig.«

Wissenschaftliche Denkstile, theoretische Ansätze und Forschungsergebnisse setzen sich nicht von alleine durch, sondern nur insoweit, als sich die jeweiligen Akteure im Feld etablieren. Durch Gutachtertätigkeiten, Mitgliedschaften in Kommissionen und/oder das Engagement in Ämtern versucht der Häretiker, den eigenen wissenschaftlichen Zugang als Zentrum des kommunikationswissenschaftlichen Feldes zu definieren. Ein Interviewpartner aus der jüngsten Kohorte betonte, dass er durch seine Arbeit für den DGPuK-Selbstverständnisausschuss dazu beitragen wolle, das Fach nach außen als Einheit darzustellen (»Wir wollen den Deckel draufmachen und sagen können, dass wir eine gemeinsame Identität haben.«). Er sei dabei darum bemüht, seine eigene Perspektive zu stärken und die medial vermittelte interpersonale Kommunikation in das Fach zu integrieren: »Ein Kollege, der sich mit Telefonkommunikation befasst, sollte sich keine Gedanken mehr darüber machen müssen, ob er noch zum Fach gehört.« Wie die Orthodoxie ist dabei auch die Häresie hierarchisch zu denken. Das heißt: Akteure, die mit dem meisten wissenschaftlichen Kapital ausgestattet sind, stehen an der Spitze der Häresie und sie üben Definitionsmacht im kommunikationswissenschaftlichen Feld aus.

Wie die Orthodoxen sprachen auch die Häretiker davon, dass sie von ihren akademischen Lehrern Aspekte des Fachverständnisses übernommen hätten. So erzählte zum Beispiel ein promovierter Historiker, dass er von seinem Doktorvater maßgeblich den Umgang mit Quellen gelernt habe (»Man muss erstmal darüber nachdenken, ob das überhaupt Sinn macht, ob die Information von der Faktenseite stimmen kann, was damit bezweckt wird etc. – solche Dinge kann man von *** [Name des akademischen Lehrers; N.H.] unglaublich gut lernen.«).

Häretische Akteure verfolgen ihre Interessen, die mit dem Habitus erworben wurden. Sie erweisen den Einsätzen des kommunikationswissenschaftlichen Feldes ihre Anerkennung und sie werden von dem Glauben getragen, dass sich ihr Kampf in diesem Feld auszahlt; andernfalls würden sie nicht ihre (Arbeits-)Kraft in diesen Kampf investieren. Nicht zuletzt dadurch unterscheiden sich Häretiker von den Grenzgängern, auf die nun eingegangen wird.

6.3.3 *Der Grenzgänger*

Obwohl der Grenzgänger ein Spieler im kommunikationswissenschaftlichen Feld ist, hat er nur einen schwachen Glauben an dieses Feld und er positioniert sich am Feld-Rand. Beruflich ist der Grenzgänger auch in anderen Feldern aktiv; er kann und will sich nicht auf ein bestimmtes Fach festlegen und sieht in der Randständigkeit ein kreatives, innovatives Potenzial. Dieser Typus ist theoretisch ausgerichtet, er fühlt sich dem kommunikationswissenschaftlichen Mainstream *nicht* zugehörig und formuliert dies auch selbstbewusst (»Noch aus einem Grund gehöre ich nicht zum Mainstream [...]«). Im Unterschied zum Häretiker handelt er weniger strategisch, um seine Erkenntnisperspektive durchzusetzen. Vielmehr sucht er nach einer Nische, in der er ungestört forschen kann. Auffallend ist, dass sich bis auf eine Ausnahme ausschließlich Fachfremde diesem Typus zuordnen lassen, die vollständig in einer anderen Disziplin sozialisiert wurden. Vertreter dieses Typus finden sich vor allem in der ältesten Kohorte, drei der sechs Befragten stammen aus akademischen/künstlerischen Elternhäusern. Die Mehrheit der Interviewpartner mit dem frühen Berufswunsch Professor (drei von vier) und zwei der drei befragten Journalistik-Professoren wurden diesem Typus zugeordnet.

Die meisten Vertreter dieses Typus sind an Theoriearbeit interessiert und fühlen sich im kommunikationswissenschaftlichen Feld bisweilen »theoretisch unterversorgt«, wie es ein habilitierter Politologe ausdrückte. Nach Ansicht dieses Befragten liegt das »Problem« der Kommunikationswissenschaft nicht in der Durchführung und der empirischen Absicherung von Projekten, sondern in der theoretischen Fundierung von Forschungsproblemen. Grenzgänger engagieren sich in mehreren Fachverbänden, nehmen (auch) an wissenschaftlichen Tagungen von anderen Disziplinen teil und veröffentlichen (auch) in nicht kommunikationswissenschaftlichen Fachzeitschriften. Ein Interviewpartner aus der ältesten Kohorte meinte in diesem Zusammenhang:

> »Ich bin schon seit vielen Jahren – und zwar bewusst – auf keiner DGPuK-Tagung mehr gewesen, weil es nicht meinen Interessen und meinem Verständnis des Faches entspricht. Wenn ich heute dort hingehen würde, würden mich wahrscheinlich 60 Prozent der Teilnehmer gar nicht mehr kennen. [...] Ganz vorsichtig gesagt: Ich finde das nicht mehr so spannend, was da gemacht wird.«

Der Raum des Möglichen dieses Typus ist nicht auf das kommunikationswissenschaftliche Feld im deutschsprachigen Raum beschränkt.

Für ihre Forschungsarbeit finden Grenzgänger (auch) in anderen sozialen Feldern Anerkennung – sei es in einem anderen wissenschaftlichen Feld, im kommunikationswissenschaftlichen Feld im Ausland oder aber, was bei Professoren für Journalistik der Fall ist, im journalistischen Feld. Natürlich kann es auch äußeren Umständen geschuldet sein, dass sich ein Akteur nicht auf ein bestimmtes Feld festlegen will. So akzentuierte ein habilitierter Soziologe, der heute als Professor für Journalistik tätig ist: »Ich denke, dass die Soziologie nach meinen zehn Journalistenjahren nicht mehr so sehr infrage kam. Die Journalistik war das Fach, in dem ich am meisten von dem unterbringen konnte, was ich im Studium gelernt hatte.«

Das Nicht-angewiesen-Sein auf das deutschsprachige kommunikationswissenschaftliche Feld bringt offenbar mit sich, dass der Grenzgänger nur bedingt kampfbereit ist, seine Erkenntnisperspektive durchzusetzen – am kommunikationswissenschaftlichen Feld schätzte er vor allem die Offenheit und die Interdisziplinarität. Ein habilitierter Soziologe aus der ältesten Kohorte nannte die Kommunikationswissenschaft eine »innovative Wissenschaft«, *weil* sie keine klare Identität habe (»Sie ist wie ein beständig trockener Schwamm, der aus anderen Wissenschaften etwas aufsaugt.«). Ein Fachfremder aus der ältesten Kohorte strich heraus:

> »Ich bin kein Begriffsstratege, der unbedingt will, dass seine Perspektive zur dominierenden wird; es ist meine Perspektive. Ich würde nie sagen, dass andere diese Perspektive unbedingt teilen müssen. Ich verfolge sie, um zu konkreten Erkenntnissen zu kommen, und ich habe wenig Ehrgeiz, meine Perspektive durchzusetzen. [...] Allerdings würde ich defensiv sagen: Wenn mir jemand das Recht nehmen wollte, meine Perspektive zu verfolgen, dann würde ich mich dagegen wehren.«

Darüber hinaus meinte der Zitierte, dass er sowohl »theorien- als auch methodenoffen« sei. Er habe zwar eine gewisse Nähe zur empirischen Kommunikations- und Medienforschung, sei aber »kein Dogmatiker«. Die in der DGPuK ausgetragenen Selbstverständnisdebatten verfolgte er interessiert, wenngleich mit einer gewissen Distanz. Oder wie es ein anderer Befragter (ebenfalls älteste Kohorte) ausdrückte: »Ach, da ist ja auch viel Diskussion. Ich finde es schon ganz gut, dass die DGPuK die Öffnung in Richtung Medienwissenschaft vollzogen hat. Das ist okay, das ist fein – leben und leben lassen, sich gegenseitig befruchten.«

Die Analyse der beruflichen Laufbahn legt nahe, dass sich die Vertreter dieses Typus bereits während ihrer gesamten Qualifikationsphase nicht auf ein bestimmtes Fach festlegen wollten; ihre Promotions- und Habilitationsfächer unterscheiden sich voneinander. Die einzige Ausnahme – ein Interviewpartner, der seine Dissertations- und Habilitationsschrift im gleichen Fach angefertigt hat –, betonte, dass er lange überlegt habe, in welchem Fach er promovieren solle.

6.4 Einflussfaktoren auf das Fachverständnis

In diesem Abschnitt werden die Einflussfaktoren auf das Fachverständnis herausgearbeitet. Da die Typen Konstruktionen und die Grenzen zwischen ihnen fließend sind, können die hier präsentierten Zusammenhänge und die Gewichtung von Einflussfaktoren nur Tendenzen darstellen.

Die Analyse des Interviewmaterials legt nahe, dass das Fachverständnis vor allem von der disziplinären und sozialen Herkunft, von der Kohortenzugehörigkeit und vom Kapitalvolumen beeinflusst wird:

- *Disziplinäre Herkunft und akademische Sozialisation:* Wie an anderer Stelle beschrieben, hat Bourdieu sein Habitus-Konzept mit dem Konzept der generativen Grammatik Chomskys verglichen. Das Interviewmaterial deutet darauf hin, dass das studierte Hauptfach von Professoren für Kommunikationswissenschaft als ›Muttersprache‹ fungiert, die das Sprechen (hier: Fachverständnis) konstituiert. Damit kann die Annahme von Huber et al. (1983: 153) bestätigt werden, nach der jeder Sozialisand beim Erlernen einer akademischen Disziplin »eine generative psychische Regelstruktur« entwickelt, die als »›Grammatik‹ seiner Weltwahrnehmung« wirkt, die adäquates fachwissenschaftliches bzw. berufliches Handeln ermöglicht. Akteure mit ähnlichem akademischem Sozialisationsrahmen setzen sich mit ähnlichen wissenschaftlichen Themen auseinander, verfügen über ähnliche praktische Handlungsorientierungen bzw. einen ähnlichen Habitus. Bei einem Interviewpartner handelt es sich um einen Sonderfall: Obwohl er als ›Fachfremder‹ gelabelt wird, entspricht sein Fachverständnis dem von studierten orthodoxen Kommunikationswissenschaftlern. Dieser Fall erschließt sich, wenn man darum weiß, dass der Befragte zwar ein anderes Hauptfach studierte und in diesem auch promoviert wurde und sich habilitiert hat (»Das war eher Zufall.«). Allerdings ist sein Nebenfach Kommunikationswissenschaft sein »Fach des Herzens« gewesen. Huber et al. (1983: 156) haben herausgestellt, dass sich

bei Mehr-Fächer-Studien wie dem Lehramts- oder Magisterstudium ein Fach als »dominantes [...] herauskristallisiert«, das für die Habitusentwicklung prägend ist. Eben dieses habitusprägende Fach war bei dem Interviewpartner die Kommunikationswissenschaft. Neben dem studierten Hauptfach ist dem akademischen Lehrer eine große Bedeutung zuzuschreiben. Die theoretische Ausrichtung und/oder die methodischen Kompetenzen werden (immer auch) von einer bestimmten Person übernommen. Eng verknüpft mit der akademischen Sozialisation ist die Bezugsdisziplin. Aus den Interviews mit Fachvertretern lässt sich eine hierarchische Reihung, eine unterschiedliche Wertzuschreibung von akademischen Disziplinen innerhalb des kommunikationswissenschaftlichen Feldes ableiten. Inkorporiertes kulturelles Kapital, das die Fachfremden in anderen Disziplinen erworben haben, ist im interdisziplinären kommunikationswissenschaftlichen Feld unterschiedlich viel wert. Kompetenzen, die in einem härteren Fach, wie der Psychologie, erworben wurden, scheinen sich unmittelbar auszuzahlen. Das Gleiche gilt für die Wirtschaftswissenschaften und die Politologie sowie eingeschränkt – je nach Ausrichtung – für die Soziologie. Nur bedingt profitieren Fachvertreter offenbar von Fertigkeiten, die sie in der Geschichtswissenschaft oder in einer anderen geisteswissenschaftlichen Disziplin erworben haben. Die Aussagen der Interviewpartner legen nahe, dass es bei den Fachfremden, die sich in Kommunikationswissenschaft habilitiert haben, zu einer »doppelten Distinktion« (BOURDIEU 1997c: 215) kommt: zu einer Distinktion gegenüber der Herkunftsdisziplin und zu einer Distinktion gegenüber der Kommunikationswissenschaft.
- *Soziale Herkunft*: Zwei Befragte aus akademischen Elternhäusern verstehen sich dezidiert als Theoretiker, was unter Kommunikationswissenschaftlern keineswegs selbstverständlich ist. Als Muster zeichnet sich ab, dass Professoren aus akademischen Elternhäusern offenbar eher theoretisch orientiert sind, während Professoren aus bildungsfernen Elternhäusern eher empirisch ausgerichtet sind und das Handwerkliche ihrer Forschungstätigkeit betonen.
- *Kohortenzugehörigkeit*: Die Zuordnung von Professoren für Kommunikationswissenschaft zu den unterschiedlichen Fachverständnis-Typen hängt nur mittelbar mit dem biologischen Alter zusammen. Als Erklärungsfaktoren hinter der Kohortenzugehörigkeit fungieren das *Alter bei Eintritt in das kommunikationswissenschaftliche Feld* und die damit

zusammenhängende Flexibilität des Habitus. Je früher ein Akteur in das kommunikationswissenschaftliche Feld eintritt, desto weniger Konversionsarbeit muss der Habitus leisten. Ferner spielt die *Dauer des Aufenthalts im kommunikationswissenschaftlichen Feld* eine zentrale Rolle. Da die Häresie irgendwann in Orthodoxie umschlägt, können die strukturell jüngsten Akteure im Feld biologisch fast ebenso alt sein wie die strukturell ältesten, die sie zu überholen beanspruchen.

- *Kapitalvolumen*: Das Fachverständnis wird durch die eingenommene Position innerhalb des kommunikationswissenschaftlichen Feldes geprägt. Definitionsmacht haben Akteure, die mit dem meisten wissenschaftlichen Kapital ausgestattet sind. Die Orthodoxen und die Häretiker – die Strategen und Kämpfer im kommunikationswissenschaftlichen Feld – streben in erster Linie nach Akkumulation von wissenschaftlichem und sozialem Kapital *innerhalb* des kommunikationswissenschaftlichen Feldes. Grenzgänger akkumulieren wissenschaftliches und soziales Kapital (auch) *außerhalb* des kommunikationswissenschaftlichen Feldes. Vertreter dieses Typus agieren auch in anderen wissenschaftlichen Feldern, weshalb sie nur bedingt auf den Reputationserwerb im kommunikationswissenschaftlichen Feld angewiesen sind.

Erwähnenswert ist, dass das *Geschlecht* offenbar keinen (gravierenden) Einfluss auf das Fachverständnis ausübt. Dieser Befund deckt sich mit Ergebnissen von quantitativen Studien zum kommunikationswissenschaftlichen Nachwuchs (vgl. PROMMER et al. 2006; WIRTH et al. 2008). Prommer et al. konnten keine signifikanten geschlechtsbezogenen Differenzen in der Auswahl von Themen und Arbeitsgebieten bei nicht promovierten Nachwuchswissenschaftlern nachweisen. Einen ›graduellen Unterschied‹ gebe es nur insofern, als sich Frauen häufiger mit Methoden, mit der Nutzungsforschung, den Gender Studies und Fernsehen und Film beschäftigten. Männer widmen sich hingegen etwas häufiger dem Bereich Medien- und Kommunikationstechnik. Bei Post-Doktoranden der Kommunikationswissenschaft haben Wirth et al. (2008: 95) lediglich einen signifikanten Unterschied in den Themenbereichen Medienökonomie und Gender Studies ausgemacht. Männer beschäftigen sich tendenziell etwas häufiger mit der Medienökonomie, während Frauen öfter im Sinne der Gender Studies forschen.

Somit lässt sich festhalten: Das Fachverständnis eines Professors für Kommunikationswissenschaft ist nur vor dem Hintergrund seiner disziplinären und sozialen Herkunft sowie der hierarchischen Stellung von Disziplinen im sozialen Raum zu verstehen. Es hängt ab von der subjektiven Bewertung der objektiv eingenommen Feldposition, die durch das verhältnismäßige Gewicht an wissenschaftlichem Kapital erzeugt wird, und bringt Strategien hervor, die je nach Kapital unterschiedlichen Einfluss und persönlichen Ertrag haben und die als unterschiedlich legitim gelten.

7. DAS BERUFSVERSTÄNDNIS VON PROFESSOREN FÜR KOMMUNIKATIONSWISSENSCHAFT

Welchen Sinn schreiben Professoren für Kommunikationswissenschaft ihrem Beruf zu? Wie gewichten sie ihre beruflichen Tätigkeiten? Welche Ziele verfolgen sie mit ihrem beruflichen Handeln? Welchen Stellenwert nimmt der Beruf in ihrem Leben ein? Welche Arbeitsaspekte werden besonders geschätzt, welche weniger? Wie zufrieden sind Fachvertreter insgesamt mit ihrem Beruf? Die Abschnitte 1 und 2 in diesem Kapitel liefern Antworten auf diese Fragen, wodurch ein umfassender Einblick in das Berufsverständnis von Professoren für Kommunikationswissenschaft geliefert wird. In Abschnitt 3 werden dann mithilfe einer Berufsverständnis-Typologie Unterschiede und Gemeinsamkeiten zwischen den Professoren sowie Zusammenhänge zwischen dem Berufsverständnis und dem Kapitalienbesitz systematisch zusammengetragen. Die Typologie liefert die Grundlage für die Exploration von Einflussfaktoren auf das Berufsverständnis, die am Ende dieses Kapitels präsentiert werden.

7.1 Der Sinn der beruflichen Tätigkeiten

In diesem Abschnitt wird dargelegt, welchen Sinn Professoren für Kommunikationswissenschaft ihren beruflichen Tätigkeiten zuschreiben. Wenn man mit Bourdieu (1987a: 194) davon ausgeht, dass Akteure durch ihre vom Habitus angeleiteten Handlungen Praxis konstituieren, die Logik eines sozialen Feldes festlegen und dadurch entscheiden, was auf diesem Markt Wert hat, dann stellt sich die Frage nach dem zugeschriebenen Wert von Kapitalformen. Es wird gezeigt, dass der akteursspezifische Einsatz in Forschung, Lehre und Management immer auch als (unbewusstes) strategisches Kalkül zu verstehen ist. Darüber hinaus wird herausgearbeitet, dass sich die Sinnzuschreibung beruflicher Tätigkeiten im Stellenwert des Berufs im Leben von Professoren manifestiert.

7.1.1 *Bedeutung von Forschung, Lehre und Management*

Als zentraler Befund lässt sich festhalten, dass unter den Befragten kein Konsens über die Zuordnung von unterschiedlichen Tätigkeiten zu den Bereichen Forschung und Lehre besteht. So kann beispielsweise die Betreuung von Examensarbeiten für den einen Professor Bestandteil seiner Forschungstätigkeit sein (»Zur Forschung würde ich auch die sehr intensiven Studentenberatungen dazurechnen.«), für den anderen zählt diese Aufgabe hingegen zur Lehre (»[...] Lehre im Endstadium [...]«). Dieses unterschiedliche Verständnis von Betreuungsleistungen mag vielleicht im ersten Moment verwundern. Es erschließt sich aber aus dem Umstand, dass Qualifikationsarbeiten recht unterschiedliche Formate aufweisen können. Abschlussarbeiten können Teil eines größeren Forschungsprojektes sein oder den Schwerpunkt auf die Reproduktion wissenschaftlicher Erkenntnisse legen. Ferner wird das Abhalten von Sprechstunden von einigen Professoren zur Lehre gezählt, von anderen hingegen zur Forschung (aus den Gesprächen können sich neue Fragestellungen ergeben). Die unterschiedliche Zuordnung einzelner Tätigkeiten wird nachvollziehbar, wenn man einkalkuliert, dass nicht alle Akteure gleich wahrnehmen und sinnhaft handeln, sondern ihre Handlungen mit jeweils spezifischen Deutungsmustern versehen (vgl. RAABE 2005: 171). Im Folgenden wird die unterschiedliche Sinnzuschreibung von Forschung, Lehre und Management als Erklärungsfolie hinter den einzelnen Arbeitsaspekten aufgespannt.

Bedeutung der Forschung

Durch Forschungsaktivitäten, dahingehend waren sich die Interviewpartner einig, sollen *neue Erkenntnisse produziert und/oder (kommunikations-) wissenschaftliches Wissen systematisch aufbereitet werden*. Die Erkenntnisproduktion und die systematische Aufarbeitung von Wissen werden allerdings unterschiedlich gewichtet und die Forschungsergebnisse richten sich an unterschiedliche Zielpublika. Es kristallisieren sich Unterschiede heraus, für *wen* Professoren für Kommunikationswissenschaft vorzugsweise schreiben. Geschrieben wird 1) für sich selbst, 2) für die Scientific Community, 3) für die Medienpraktiker, 4) für die Studierenden sowie 5) für die breite Öffentlichkeit.

1) Mehrere Interviewpartner haben ihre Leidenschaft für das Schreiben hervorgehoben und betont, dass sie in erster Linie für sich selbst Texte verfassen. Zwei Befragte erzählten von dem »großen Spaß«, den sie am Schreiben von wissenschaftlichen Texten haben. Einer dieser Professoren (älteste Kohorte) berichtete, dass es ihm Spaß mache, komplizierte Sachen einfach darzustellen. Er verwerfe mindestens zwei Drittel dessen, was er schreibt (»Ich schreibe also viel mehr, als ich veröffentliche. Das ist einfach eine Leidenschaft.«). Er habe eine zweite Registratur von nicht veröffentlichten Texten, die größer als die der veröffentlichten Texte sei. Ein studierter Kommunikationswissenschaftler (jüngste Kohorte) erzählte davon, dass er schon immer gerne geschrieben habe (»Ich habe schon als Schüler halbfertige Romane geschrieben.«). Er sei darum bemüht, seine Texte »klingen« zu lassen, sodass er sie mit lauter Stimme lesen könne (»Das ist ideal.«). Das Geschriebene müsse einen Fluss ergeben und man dürfe nicht »hängen bleiben«. Die Zitate veranschaulichen die Leidenschaft für das Schreiben – eine Leidenschaft, die ursprünglich das Karriereziel Journalist angeleitet hat.

2) Nach Bourdieu (1992b: 224) ist ein guter Wissenschaftler stets »doppelgesichtig, doppelsinnig, interessengeleitet und interessenlos, beseelt von einer Art Eigennutz der Uneigennützigkeit.« In der Wissenschaft ist es nicht damit getan, Texte zu produzieren, sondern sie müssen auch veröffentlicht werden (›publish or perish‹). Einige Professoren haben im Interview die Scientific Community als ihr primäres Zielpublikum genannt. Ein Interviewpartner strich heraus, dass man natürlich von den Kollegen, die im gleichen Bereich forschen, »rezipiert und ernst genommen« werden wolle. Die an die Scientific Community gerichteten Forschungsaktivitäten sind als Investition zu betrachten, die sich auszahlt; durch solche Forschungsaktivitäten lässt sich die Stellung im wissenschaftlichen Feld maßgeblich verbessern (Akkumulation von wissenschaftlichem Kapital). Ein Interviewpartner aus der ältesten Kohorte hat die Universität als »unvollständigen Sozialverband« bezeichnet. Als Professor könne man in der Wissenschaft nicht weiter aufsteigen; die Position im wissenschaftlichen Feld könne man nur durch Reputations-

zuwachs verbessern, weshalb der Reputationswettstreit unter Professoren überdurchschnittlich hoch sei. Reputation erlange man in der Wissenschaft ausschließlich durch die Anerkennung von Peers.

3) Es gibt Professoren für Kommunikationswissenschaft, die auch – oder hauptsächlich – für Praktiker schreiben. Ein Befragter (mittlere Kohorte), der über mehrjährige Berufserfahrung in der Medienpraxis verfügt, begründete dies mit der »Verderblichkeit der Ware« Forschung: »Die Prozesse des Reviewings bei wissenschaftlichen Zeitschriften sind Ewigkeiten: Zwischen Einreichen eines Manuskripts und dem endgültigen Feedback geht ein Jahr ins Land. Bei sehr vielen anwendungsrelevanten Forschungsfragen sind das wirklich Ewigkeiten und die Praxis kann darauf nicht warten.« Bei dem Schreiben für diese Zielgruppe müsse man sich stets vor Augen halten, dass Praktiker für gewöhnlich nicht aus dem Fach kämen und dementsprechend nicht mit der Fachterminologie vertraut seien, so der Befragte. Es mache »natürlich Spaß«, wenn die eigene Forschung in der Medienpraxis wahrgenommen werde. Auch ein anderer Professor vertritt die Meinung, dass man nicht für den Bücherschrank fabrizieren dürfe, sondern dass kommunikationswissenschaftliche Erkenntnisse Interessierte aus der Medienpraxis erreichen sollten (»Damit die Bücher nicht nur da stehen und zustauben.«).

4) Manche Befragten schreiben in erster Linie für Studierende. Ihre Forschungsaktivität besteht in der Regel weniger in der Erkenntnisproduktion im Sinne der Innovation und Originalität als vielmehr in der systematischen, didaktischen Aufbereitung von kommunikationswissenschaftlichem Wissen. Ein Professor, der sich »auf der Lehrschiene« sieht, hat betont, dass für ihn auch das Schreiben von Lehrbüchern Forschung sei: Man ziehe viele Quellen heran, erforsche diese gründlich und systematisch. Außerdem müsse er seine Lehrbücher »permanent runderneuern«, was unglaublich viel Arbeit sei und mit Forschung zu tun habe.

5) Ein ähnliches Verständnis von Forschung ist gefordert, wenn es darum geht, kommunikationswissenschaftliches Wissen der breiten Öffentlichkeit zugänglich zu machen. In mehreren Interviews wurde hervorgehoben, dass man als Landesbeamter, der von Steuergeldern bezahlt wird, eine Bringschuld gegenüber der Öffentlichkeit habe und Fachwissen transferieren müsse. Ein Professor aus der jüngsten Kohorte meinte, dass Professoren lange als »Existenzen im Elfenbeinturm« kritisiert worden seien. Nun läge es an den Professoren, ihr Wissen in die »unterschiedlichen medialen Zustände« zu bringen. Wenn ein Akademiker öffentlicher

Ansprechpartner und Experte wird, dann schließt sich seiner Meinung nach »der Kreis in sinnvoller Weise«. Hier lässt sich die Brücke zum Konzept des ›spezifischen Intellektuellen‹ nach Michel Foucault (1978) schlagen. ›Spezifisch‹ deshalb, weil sich Foucault mit seinem Intellektuellen-Konzept gegen den ›freischwebenden‹ Intellektuellen im Sinne Mannheims gewandt hat. An die Stelle des Intellektuellen als einen Vertreter der Universalität hat Foucault den spezifischen Intellektuellen gesetzt, der universalistischen Ambitionen abgeschworen hat und seine Interventionen auf solche Problembereiche begrenzt, in denen er seine Kompetenz als Forscher einbringen kann. Zu diesen Intellektuellen rechnet Foucault zum Beispiel Psychiater, Ärzte, Physiker, aber auch Sozialwissenschaftler, die aus einem Verantwortungsgefühl heraus ihr spezifisches Wissen in den Dienst der Öffentlichkeit stellen. Nicht zuletzt richtet sich der spezifische Intellektuelle im Sinne eines öffentlichen Experten gegen das Humboldt'sche Postulat der ›Einsamkeit und Freiheit‹ von Professoren.

Bedeutung der Lehre

Die Tätigkeitsbereiche Forschung und Lehre sind eng miteinander verbunden und *kein* Fachvertreter hat im Interview gesagt, dass er der Lehre *keine* Bedeutung beimesse. Ein solches Urteil können sich Professoren auch kaum erlauben, denn die Lehre nimmt einen relativ großen zeitlichen Umfang in ihrem beruflichen Alltag ein. Aus diesem Grund wird die Art der Lehre fokussiert: Die Analyse der Interviews legt nahe, dass bei einigen Professoren für Kommunikationswissenschaft die *Lehre als Motor für die Forschung* fungiert; solche Professoren wollen ihre Lehraktivitäten in erster Linie für die Forschung nutzen. Andere Fachvertreter hingegen verstehen die *Lehre als Ausbildungsleistung und als Erziehungsauftrag gegenüber Studierenden*. Auf den nächsten Seiten wird auf diese unterschiedliche Bedeutungszuschreibung eingegangen.

Professoren, welche die Lehre als Motor für die Forschung verstehen, orientieren sich am Humboldt'schen Ideal der Einheit von Forschung und Lehre und betrachten ihre Studierenden als inhaltliche Sparringspartner. Sie wollen *von* der Lehre *für* die Forschung profitieren. Ein Professor aus der ältesten Kohorte berichtete, dass er Vorlesungen vor allem deshalb gerne halte, weil er dadurch viel lerne – da sei er »ganz egoistisch«. Ein Befragter, der an mehreren Universitäten im Ausland gelehrt hat, betonte, dass er sich an einer deutschen Universität »genau richtig aufgehoben« fühle. Sicherlich sei er nicht jemand, der »vollkommen in der Lehre aufgeht«; er wolle aber auch nicht nur forschend tätig sein. In einem weiteren Interview kam zur Sprache, dass man den Professorenberuf nicht auf eine »reine Lehrfunktion« reduzieren dürfe. Ein solches Verständnis von Lehre wäre diesem Professor (mittlere Kohorte) »zu wenig«. Wenn man allerdings nur forschen würde, »ohne Leute mitzunehmen, die dann weiterforschen können«, dann wäre das in seinen Augen auch defizitär. Dieser Interviewpartner vertritt die Meinung, dass ein Professor, der sich nur als Hochschullehrer sehe, kein Universitätsprofessor sei. Auf die Frage, wen er ausbilde, antwortete dieser Befragte: »Ich bilde Studierende aus, die auf der Grundlage von Forschungsergebnissen nachher in der Gesellschaft handeln wollen – entweder, indem sie selber Forscher werden, oder indem sie später in Positionen sitzen, wo sie zwangsläufig mit Forschung umgehen müssen.« Ein Befragter (jüngste Kohorte) hat als »Idealvorstellung« beschrieben, mehr Doktoranden auszubilden – dies sei die elaborierteste Form der Verquickung von Forschung und Lehre. Der Anspruch, Studierende und Nachwuchswissenschaftler für die Wissenschaft zu begeistern (»Ich will sie dabei unterstützen, ein Thema zu finden, das sie selbst fasziniert.«) ist wiederum eng mit der Nachwuchsförderung verknüpft (vgl. hierzu Abschnitt 6.2.3).

Neben Professoren, welche die Lehre (vorzugsweise) in ihre Forschungstätigkeit integrieren, gibt es solche, die das Pädagogische ihrer Lehrtätigkeit betonen und die einen Erziehungsauftrag gegenüber ihren Studierenden verfolgen. Nach Auffassung eines Befragten aus der ältesten Kohorte besteht die universitäre Lehre in erster Linie darin, Studierenden etwas beizubringen:

> »Lehre an einer Hochschule hat etwas mit Pädagogik zu tun. Das heißt, man muss voraussetzen, dass diejenigen, die man lehrt, ihre Fähigkeiten noch nicht voll entwickelt haben und gewissermaßen noch nicht ganz mündig sind. Sonst wäre die Aufgabe überflüssig, die man als Lehrer hat. Ich muss mir überlegen, was ich ihnen eigentlich beibringen will. Oder besser gesagt: Was sollen sie sich aneignen? Man darf ihnen natürlich nicht alles vorkauen.«

Der Zitierte hat von der großen Verantwortung gesprochen, der er sich als Gutachter ausgesetzt fühlt. An sich selbst stelle er den Anspruch, Arbeiten von Studierenden und Nachwuchswissenschaftlern gründlich zu begutachten, da er durch seine Noten Berufsverläufe steuere. Insgesamt lese er solche Arbeiten (»[...] von Hausarbeiten bis zu Habilschriften [...]«) gerne und er nutze sie immer auch zur Weiterqualifikation: »Wir haben ja nicht immer die Zeit, außer in den eigenen Forschungsgebieten, viel Originalliteratur zu lesen, und für mich ist das Gutachten insofern auch ein Stück Weiterbildung.« Ein anderer Befragter (ebenfalls aus der ältesten Kohorte) wies darauf hin, dass er es bis heute »nicht verstanden« habe, seine Lehraufgaben so einzurichten, dass man sie »zugleich mit Forschungsambitionen« verbinden könne (»[...] das können andere viel geschickter als ich [...]«).

Eine Professorin hat herausgestrichen, dass für sie die Lehre ein »stabiler Faktor« sei, man bekomme stets das zurück, was man »reinsteckt«; Studierende honorierten das Engagement. Die Befragte berichtete davon, dass sie einen Lehrpreis von ihrer Universität erhalten habe. Da sie sich immer viele Gedanken über die Lehre mache, sei es erfreulich, »dafür auch mal einen Preis zu bekommen«. Die Formulierung der Professorin weist darauf hin, dass die Honorierung des Engagements in der Lehre keineswegs selbstverständlich ist. Der geringe Wert des Lehrkapitals lässt sich auch aus anderen Interviews herauslesen. Nach Ansicht einer Interviewpartnerin (jüngste Kohorte) sollten sich Wissenschaftler davor hüten, zu viel Energie in »unsichtbare Arbeit« zu investieren. Auf die Frage, was unter unsichtbarer Arbeit zu verstehen sei, antwortete sie: »Viel Lehre, viele Prüfungen, viel Organisation und gucken, dass es allen gut geht. Aber das steht hinterher nirgends und das können Sie nicht schwarz auf weiß nach Hause tragen.« Auch der Umstand, dass (nach wie vor) kaum in die didaktische Ausbildung von Nachwuchswissenschaftlern investiert wird, impliziert, dass Lehrleistungen der Forschung untergeordnet sind. Nach wie vor fehlt es an einer pädagogischen Ausbildung im Rahmen der Qualifizierung zum Professor. Bei Bewerbungen auf eine Professur gilt als ›Beweis‹ für gute Lehre lediglich eine Liste mit Lehrveranstaltungen.

Bedeutung des Managements

Während sich das Engagement in Forschung und Lehre auf unterschiedliche Aspekte beziehen kann und die Akzente von einigen Professoren eher auf die Forschung, von anderen eher auf die Lehre gesetzt werden, zeichnet sich in Bezug auf das Management folgendes Muster ab: Für einige Fachvertreter sind *Managementtätigkeiten verzichtbar*, weil sie nur von der Forschung und Lehre abhalten. Für andere hingegen hat das *Management einen Wert an sich*: Es wird dazu genutzt, (fach)eigene Interessen zu vertreten, die Kommunikationswissenschaft zu legitimieren, institutionell auszubauen und dadurch das Fachimage zu verbessern.

In den Interviews war häufig die Rede davon, dass die Selbstverwaltung »nicht besonders viel Spaß« mache, dass sie einem »schrecklich auf die Nerven« gehe und dass man darauf eigentlich »keine Lust« habe. Viele Interviewpartner waren sich dahingehend einig, dass Verwaltungstätigkeiten verzichtbar seien, einer würde sie am liebsten »abschaffen«. So erzählte ein Professor aus der mittleren Kohorte:

> »Auf was ich sehr gut verzichten könnte, ist die Verwaltungs- und Gremienarbeit. Ich weiß nicht, warum sich heute immer noch 20 Leute in der Berufungskommission ein Jahr lang in Endlos-Sitzungen die Köpfe darüber zerbrechen müssen, ob nun der geniale Harvard-Absolvent oder der geniale Berkeley-Absolvent als Kollege eingestellt werden soll. Es ist unglaublich, was da für Kapazitäten und Zeit vergeudet werden. Das wäre ich sehr, sehr gerne los.«

Auffallend ist, dass die meisten Interviewpartner dem Amt des Institutsvorstands keinen Wert beimessen. Im Gegenteil: Bis auf wenige Ausnahmen stellt dieses Amt für die Befragten eine regelrechte Last dar. Ein Professor wies darauf hin, dass ihm diese Aufgabe wohl in absehbarer Zeit »nicht erspart« bliebe (»Das geht ja immer turnusmäßig rum.«), ein anderer sagte mit ironischem Unterton, dass er das »Glück« habe, demnächst Institutsvorstand zu werden. Einige Interviewpartner haben allerdings auch die Gestaltungsmöglichkeiten hervorgehoben, die der Institutsvorstand mit sich bringe. Ein Befragter aus der jüngsten Kohorte meinte: »Man hat natürlich Macht, aber auch sehr viel Arbeit – das ist ein zweischneidiges Schwert. Alles in allem mache ich das aber schon ganz gerne.« Im Besonderen betonten zwei in Österreich lehrende Professoren die Einflussmöglichkeiten, die der Institutsvorstand mit sich bring. Seit dem Jahr 2002 gibt es in Österreich ein neues Universitätsgesetz, wonach die Universitäten monokratisch organisiert sind. Der Institutsvorstand wird vom Rektor eingesetzt und wieder abberufen, wodurch er direkt gegenüber dem Rektor verantwortlich ist: »Der Institutsvorstand hat dadurch enorme Möglichkeiten, denn er entscheidet über alle Ressourcen, was natürlich eine gewisse Machtkomponente hat«, berichtete ein in Österreich tätiger Professor. Auch ein anderer Professor, der zum Zeitpunkt der Interviewführung an einem österreichischen Institut als Vorstand fungierte, kam auf dieses Universitätsgesetz zu sprechen und verwies auf die großen Gestaltungsmöglichkeiten als Institutsvorstand. Für ihn sei es »etwas absolut Positives, diesen Wandel mitgestalten zu können«. Zwar finde dieser Wandel nicht immer unter den gewünschten Rahmenbedingungen statt, aber man habe einen gewissen Gestaltungsspielraum und den könne und solle man ausnutzen. Aus diesem Grund sehe er den Institutsvorstand als »sehr wichtige Funktion« an und er stecke »viel Energie« in dieses Amt.

Wie in Abschnitt 5.1.1 dargelegt, werden Professoren für Kommunikationswissenschaft nach wie vor mit einem negativen Fachimage konfrontiert. In mehreren Interviews wurde darauf hingewiesen, dass universitäre Ämter und die Mitarbeit in Gremien (auch) dazu genutzt würden, um das Fachimage zu verbessern (»Dieses Image ist natürlich ein Problem.«) und das Fach nach außen zu stärken. Ferner kann die Übernahme von Ämtern in der DGPuK der Verbesserung des Fachimages dienlich sein. Ein studierter Kommunikationswissenschaftler hat einen Zusammenhang zwischen den Verwaltungsaufgaben und dem Engagement in der Fachgesellschaft hergestellt: »Meiner Meinung nach gehört zum Beispiel das Amt des Fachgruppensprechers zu den Aufgaben in der akademischen Verwaltung und zur Partizipation an der Kommunikationswissenschaft.«

Zusammenfassend lässt sich festhalten, dass im kommunikationswissenschaftlichen Feld der Reputationsmechanismus von Wissenschaft im Sinne der Bourdieu'schen Feldlogik vorzuherrschen scheint. Fachvertreter können ihre Feldposition in erster Linie durch die Anerkennung von Forschungsleistungen verbessern (bzw. aufrechterhalten); dem wissenschaftlichen Kapital wird der höchste Wert zugeschrieben. Mit reiner Ausbildungsleistung (Lehrkapital) und den Auftritten in der Öffentlichkeit (Kapital an intellektueller Prominenz) lässt sich offenbar nur bedingt Reputation unter den Peers erwerben. Das heißt allerdings nicht, dass die akteursspezifische Wertschätzung einer Kapitalform immer mit dem im Feld ausgehandelten Wert dieser Kapitalform übereinstimmen muss. Einem Professor, der in erster Linie nach Lehrkapital strebt, kann durchaus bewusst sein, dass dieser Kapitalform nur ein relativ geringer Wert beigemessen wird, dass sich sein Engagement in der Lehre folglich nicht auszahlt (also nicht zur Verbesserung seiner Feldposition beiträgt).

7.1.2 *Stellenwert des Berufs im Leben*

Obwohl *alle* Interviewpartner von einem durch viel Arbeit und wenig Freizeit geprägten Alltag berichtet haben, zeichnet sich folgendes Muster ab: Es gibt Professoren, die Wissenschaft als Lebensform gewählt haben, und solche, die um eine Work-Life-Balance bemüht sind.

Professoren für Kommunikationswissenschaft, die Wissenschaft als Lebensform gewählt haben, verkörpern das tradierte Bild von Wissenschaft als Beruf (vgl. hierzu Abschnitt 3.3.3). Solche Professoren arbeiten für gewöhnlich auch am Wochenende sowie im Urlaub und sie haben kein ausgeprägtes Rekreationsbedürfnis. Ein Befragter aus der ältesten Kohorte hat sich als »Workaholic« bezeichnet; in der Regel arbeite er unter der Woche bis 22 Uhr. Auf die Frage, wie sein Wochenende aussehe, antwortete er: »Da arbeite ich auch«, und auf die Frage wie er seine Urlaubszeit gestalte, erwiderte er: »Da arbeite ich auch.« Neben diesem Professor haben weitere Interviewpartner davon berichtet, dass sie nicht das Bedürfnis hätten, vom Alltag abzuschalten. Ein Professor aus der ältesten Kohorte erzählte, dass er »eigentlich nie« Urlaub mache (»Die Idee, 14 Tage Urlaub zu machen, ist mir ein Gräuel!«). Seine Familie habe deshalb ein Urlaubshaus gekauft, in dem er in einem kleinen Büro (»[...] mit allem, was man braucht [...]«) in Ruhe Artikel schreiben könne. Zwei weitere Professoren arbeiteten mit Vorliebe in den Ferien. Eine Interviewpartnerin wies darauf hin, dass sie sich mit »maßgeblichen Sachen, die kompliziert sind«, gerne im Urlaub beschäftige. Während des Interviews, das im Büro der Professorin geführt wurde, klopfte eine wissenschaftliche Hilfskraft an und brachte Kopien für den Urlaub vorbei (»Die habe ich als Urlaubslektüre angefordert.«). Ein anderer Interviewpartner sagte, dass er wissenschaftliche Bücher gerne am Strand lese. Das sei auch der Grund, sagte er augenzwinkernd, weshalb er der Digitalisierung von Büchern »mit einem lachenden und einem weinenden Auge« gegenüberstehe. Engler (2001: 406) hat herausgestellt, dass das Arbeiten rund um die Uhr in der Wissenschaft als Ethos gilt, das zur Folge hat, alles andere im Leben von Wissenschaftlern nachrangig zu betrachten. Bei Professoren für Kommunikationswissenschaft kommt die Besonderheit hinzu, dass auch die Mediennutzung als Arbeit betrachtet werden kann. So meinte der »Workaholic«, dass man ja als »KW-Fritze« täglich mehrere Zeitungen lesen müsse. Ein anderer sprach davon, dass Kino ein wichtiges Hobby sei, was sich »glücklicherweise geschickt mit dem Beruf verbinden« ließe. Wenn die wissenschaftliche Tätigkeit kein abgetrennter oder eigenständiger sozialer und kultureller Erfahrungsraum ist, dann impliziert dies, dass man im Berufs- und im Privatleben mit den gleichen Personen zu tun hat (vgl. DRESSEL/LANGREITER 2002a: 124). Der

»Workaholic« strich heraus, dass, wenn man so viel arbeiten würde wie er, Freundschaften zwangsläufig im »Arbeitsnetzwerk verankert« seien. Selbstkritisch fügte er hinzu, dass dies ein »problematisches Leben« sei, weil »Eruptionen voll durchschlagen« würden.

Nach Ansicht eines Professors aus der jüngsten Kohorte müsse man von Anfang an wissen, dass der Wissenschaftlerberuf ein Hochleistungsbereich ist. Nicht nur das »Talent« spiele eine Rolle, sondern auch die Bereitschaft, »sich wirklich darauf einzulassen« und die Fähigkeit, »sich zu isolieren und in solipsistischen Kapseln zu leben«. Ein anderer Interviewpartner (ebenfalls jüngste Kohorte) betonte, dass man als Wissenschaftler auf viele Dinge »verzichten« müsse. Wenn man Wissenschaft nicht mit »großer Leidenschaft« betreibe, dann sei man »wahrscheinlich nicht so kreativ«. Die Aussagen von »Verzicht« und »Leidenschaft« erinnern an die Charakterisierung von Wissenschaftlern nach Weber. In seinem Vortrag *Wissenschaft als Beruf* hat er proklamiert, dass »nichts für den Menschen als Menschen etwas wert [ist], was er nicht mit Leidenschaft tun kann«. Wem diese Leidenschaft fehlte, »der bleibe der Wissenschaft nur ja fern« (WEBER 1988 [1919]: 589).

Wissenschaft als Beruf(ung) inkludiert die weitgehende Inkompatibilität von Familie und Beruf; in der Wissenschaft herrscht der »Mythos der Unvereinbarkeit« vor (vgl. NOWOTNY 1986). Das tradierte Verständnis von Wissenschaft als Beruf sieht es nicht vor, dass die Familie an erster Stelle eines Wissenschaftlers steht – die Scientific Community fungiert als Ersatzfamilie. Der »Workaholic« bekannte, dass es für seine Partnerinnen immer »sehr schwierig« gewesen sei, ihn »auszuhalten«, und irgendwann sei immer die »Kinderfrage« gekommen. Die Kinderfrage ist nach Auffassung dieses (kinderlosen) Interviewpartners insofern zentral, als sie

> »eine fundamentale Alternative zu einem Leben der Arbeit innerhalb einer Forschungsgemeinschaft darstellt, denn eine Familie würde eine neue Gemeinschaft konstruieren. Lange Zeit war ich ökonomisch nicht in der Lage, eine Familie zu gründen – aber eigentlich wollte ich das auch gar nicht. Ich stand der bürgerlichen Intimsphäre immer skeptisch gegenüber. Aber heute, das ist vielleicht die mittelalterliche Gnade, finde ich das durchaus erstrebenwert. Nicht, dass ich etwas vermissen würde, und ich denke auch nicht, dass mein Leben bisher falsch verlaufen wäre. Aber ich habe meinen Frieden mit der Familie gefunden.«

Bemerkenswerterweise hat ein männlicher Professor das ›Konkurrenz-Verhältnis‹ von Familie und Scientific Community thematisiert. Im Vergleich zu ihren weiblichen Kollegen besteht für Professoren für gewöhnlich nämlich eine geringe(re) Abhängigkeit zwischen der eigenen Karriereplanung und der Familiengründung. Für Männer stellt die Familie eine »Voraussetzung bzw. Begleiterscheinung« der »weitgehend selbstverständlich erscheinenden beruflichen Laufbahn« dar (SCHULTZ 1991: 187). Während sich männliche Professoren tendenziell nicht dazu gezwungen sehen, kinderlos zu bleiben, um ihrer Karriere nachzugehen, sieht das bei weiblichen Professoren anders aus (vgl. ebd.: 202). Eine Professorin sagte im Interview, sie habe »in einer kurzen Phase überlegt«, eine Familie zu gründen. Doch weder sie noch ihr Ehemann konnten sich vorstellen, mit dem Arbeiten aufzuhören, und sie sei dann »egoistisch« gewesen (»Ich will nicht 24 Stunden keine Zeit mehr für mich haben.«).[116] Aus der aktuellen Studie zum kommunikationswissenschaftlichen Nachwuchs geht hervor, dass die Vereinbarkeit von Familie und Beruf von Frauen negativer bewertet wird als von Männern; sie schätzen die Universität als Arbeitgeber »familienfeindlicher« ein (vgl. PROMMER et al. 2006: 79, 83).

Professoren mit (angestrebter) Work-Life-Balance arbeiten nicht zwingend weniger als ihre Kollegen, die Kommunikationswissenschaft als Lebensform gewählt haben. Allerdings – und das ist der entscheidende Unterschied – würden sie ihr Arbeitspensum gerne reduzieren. In ihrem Lebensentwurf sind neben der Erwerbstätigkeit soziale und familiäre Bedürfnisse gleichberechtigt vorgesehen und sie ziehen ihre Zufriedenheit aus der Summe von Privat- und Berufsleben. Eine Professorin (mittlere Kohorte) sagte, dass sie ihren Beruf »sehr, sehr gerne« ausübe. Zugleich strich sie heraus, dass es für sie ein Leben außerhalb der Wissenschaft gebe: »Gelegentlich schreibe ich nebenher für mich, ich mache gerne Sport und meine Familie ist mir auch sehr wichtig. Für mich gibt es also viele Felder, die ich spannend finde.« Ähnlich äußerte sich ein Professor aus der gleichen Kohorte. Der Befragte bekräftigte, dass er seinen Beruf »sehr stark leben« würde und dass er »ein hohes Maß an Zufriedenheit« daraus ziehe. Der Beruf sei aber für ihn nicht alles im Leben: »Ich würde nicht sagen wollen, dass mir die private Seite weniger wich-

116 Es ist bekannt, dass sich die Familienverhältnisse weiblicher Führungskräfte von denen ihrer männlichen Kollegen unterscheiden: Frauen in Führungspositionen leben häufiger alleine, sie sind häufiger kinderlos, haben seltener zwei oder mehr Kinder und sind häufiger allein erziehend als Männer in der gleichen Position. Sie leben zum Großteil mit Partnern zusammen, die großes Gewicht auf ihre eigene Karriere legen. Die Partnerinnen von Männern in Führungspositionen sind hingegen meist teilzeitbeschäftigt oder gar nicht erwerbstätig (vgl. INSTITUT FÜR ARBEITSMARKT- UND BERUFSFORSCHUNG 2006).

tig ist – dieser Eindruck soll jetzt nicht entstehen.« Professoren, die nach einer Work-Life-Balance streben, bemühen sich um regelmäßige Arbeitszeiten und eine Trennung von Arbeit und Freizeit. Ein Interviewpartner aus der mittleren Kohorte sei hier exemplarisch zitiert:

> »Ich bin meistens zwischen 19 und 20 Uhr zu Hause und habe dann Feierabend. In der Regel arbeite ich nie am Wochenende – es sei denn, ich bin auf Tagungen. Ab Freitagabend habe ich normalerweise nichts mehr mit meiner Arbeit am Institut zu tun und dann widme ich mich der Familie. Was ich gerne tue und was sehr entspannend ist: Ich jogge drei bis vier Mal pro Woche. Ich gehe auch gerne ins Kino und ins Theater und ich bin gerne mit meiner Familie zusammen. Das entspannt mich am meisten.«

Wenn die Work-Life-Balance über einen längeren Zeitraum gestört wird, dann wirkt sich dies negativ auf die Berufszufriedenheit aus. Eine Professorin, die mittlerweile entgegen ihrer Prinzipien jeden Sonntag arbeitet finde das »ganz furchtbar« und würde daran gerne etwas ändern. Eine andere Befragte empfinde es als »Fluch des Jobs«, eigentlich nie fertig zu sein. Sie erachte es als wichtig, »sich von der Arbeit nicht auffressen zu lassen«. Nach Ansicht dieser Professorin dürfe es nicht so weit kommen, dass »die Arbeit einen bestimmt und dominiert«. Es sei wichtig, ein »privates Leben« zu haben. Dadurch merke man, »dass es einen Unterschied gibt zwischen dem, was draußen passiert, und dem, was man an der Uni macht.« Die Rede vom Sich-nicht-auffressen-Lassen erinnert an den US-amerikanischen Soziologen Lewis Coser (1974), der die Universität als ›greedy institution‹ (gefräßige Institution) bezeichnet hat. ›Gefräßig‹ deshalb, weil sich die wissenschaftliche Tätigkeit nur schwer auf einen bestimmen Zeitraum begrenzen lässt. In mehreren Interviews wurde zudem darauf hingewiesen, dass man die knappe Freizeit bewusst einplanen müsse. Ein Professor meinte, der größte Unterschied zu anderen Berufen bestehe wahrscheinlich darin, dass man Freizeittermine akribisch organisieren müsse: »Bei Leuten in anderen Berufen bleibt normalerweise Zeit übrig. Bei mir würde gar keine Zeit mehr übrig bleiben, wenn ich Freizeitaktivitäten nicht im Terminkalender eintragen würde.« In der quantitativen Untersuchung von Fröhlich und Holtz-Bacha (1993a: 40) zum Berufsverständnis von Kommunikationswissenschaftlern stufte es knapp ein Drittel der Befragten als Nachteil ein, dass die wissenschaftliche Arbeit eigentlich nie aufhöre.

Neben Feierabend und freien Wochenenden ist es den Professoren mit angestrebter Work-Life-Balance wichtig, Urlaub zu machen und dort nicht mit beruflichen Belangen in Berührung zu kommen. So sagte ein Befragter aus der jüngsten Kohorte: »Urlaub ist Urlaub! Urlaub muss die Möglichkeit bieten, abzuschalten – sonst macht das keinen Sinn.« Eine Interviewpartnerin betonte, dass Urlaub »etwas Wichtiges« für sie sei. Es gebe Kollegen, die sich nie offiziell Urlaub nähmen. Sie hingegen nehme sich mindestens einmal im Jahr Urlaub und sei dann drei Wochen am Stück weg. In einem anderen Interview (ebenfalls Professor aus der jüngsten Kohorte) kam zur Sprache, dass »dieses vollkommene Arbeiten« unter Umständen für »ein oder zwei Jahre« ginge, aber nicht ein Leben lang (»Da würde man leerlaufen.«). Eine Befragte erzählte davon, dass sie in den letzten Urlaub zum ersten Mal ihr Notebook mitgenommen habe; das sei allerdings auch das »erste und letzte Mal« gewesen. Sie habe sich fest vorgenommen, ihr »Leben diesbezüglich zu ändern«. Hier lässt sich an die Überlegungen Beaufaÿs' (2003: 159) anknüpfen. Die Soziologin hat in ihren Interviews mit Wissenschaftlern vergleichbare Aussagen gefunden und herausgestellt, dass in manchen Darstellungen die Arbeit zu einem »Suchtmittel« stilisiert würde, das die Akteure »in Besitz zu nehmen droht«. Beaufaÿs hat das an Aussagen erinnert wie »Ich versuche, nicht zu viel zu rauchen oder zu trinken.«

Die Analyse der Interviews deutet darauf hin, dass sich der Stellenwert des Berufs im Leben verändern kann. Mehrere Interviewpartner haben darauf hingewiesen, dass ihnen das Einhalten von Rekreationsphasen während der Qualifikationsphase erheblich schwerer gefallen sei; die Unsicherheit und die Existenzängste ließen keinen Raum für längere Pausen (»Früher war der Druck einfach ein anderer.«). Wenn man den Weg zur Professur als »Ochsentour« (BOURDIEU 1989a: 51) begreift, dann verwundert es wenig, dass es sich bei solchen Interviewpartnern um Professoren handelt, die erst seit wenigen Jahren im Amt sind. Seit ihrer Verbeamtung »gönnen« sich diese Befragten nun ein wenig Urlaub. Selbstverständlich sei es nicht so, »dass man nach der Berufung dem Ruhestand entgegendämmert«, betonte ein Professor aus der jüngsten Kohorte. Man könne jetzt allerdings längerfristiger planen und auch mal ein Wochenende frei machen, bekräftigte ein anderer Professor. Ein Interviewpartner aus der jüngsten Kohorte hat sein Arbeitspensum während der Qualifikationsphase als »harte Nummer« bezeichnet. Als Mentor gebe er heute Nachwuchswissenschaftlern mit auf den Weg, frühzeitig das Gefühl für eine »ganzheitliche Lebensführung« zu entwickeln. Rückblickend würde er einiges anders machen: mehr Sport treiben und mehr Ausgleich suchen. Nicht nur der Ruf auf eine Professur, auch neue Lebensabschnitte im privaten Bereich wie Heirat oder Familiengründung können den Stellenwert des Berufs im Leben verändern. Ein Befragter aus der mittleren Kohorte meinte: »Seit ich verheiratet bin, möchte ich einfach viel Zeit mit meiner Frau verbringen.« Ein anderer Professor (jüngste Kohorte) sprach davon, dass er früher »schon mal den Samstag und Sonntag durchgearbeitet« habe. Seit er einen Sohn habe, gehöre das Wochenende aber der Familie (»Die Zeit mit einem Kind bekommt man einfach nicht wieder.«).

Aus den vorangegangenen Überlegungen geht hervor, dass die Professorentätigkeit als Berufung und als Beruf verstanden werden kann. Wird die traditionelle Dimension von Wissenschaft als Berufung nicht verinnerlicht, schimmert auch bei Wissenschaft als Beruf das »moderne Job-Denken« (KOHLI 1981: 444) durch. Wenn man um die Sinnzuschreibung der beruflichen Tätigkeit und den Stellenwert des Berufs im Leben von Professoren für Kommunikationswissenschaft weiß, dann stellt sich nun die Frage nach deren Berufs- und Arbeitszufriedenheit.

7.2 Berufs- und Arbeitszufriedenheit

Während die Berufszufriedenheit die Zufriedenheit mit der Berufswahl ermittelt, nimmt die Arbeitszufriedenheit die Zufriedenheit mit der Arbeitssituation in den Blick (vgl. SCHAEPER 1994: 4). Insgesamt herrscht eine hohe Berufszufriedenheit unter Professoren für Kommunikationswissenschaft vor. Im Gegensatz dazu ist die Arbeitszufriedenheit von Professoren für Kommunikationswissenschaft geringer, was in erster Linie auf die Auswirkungen der aktuellen Hochschulschulreform zurückzuführen ist.[117] Es zeichnet sich folgende Tendenz ab: Je mehr ein Professor die aktuellen Hochschulreformen als Chance zur Verbesserung seiner Feldposition betrachtet, desto weniger wird seine Arbeitszufriedenheit durch die Modernisierungsmaßnahmen beeinträchtigt.

Bis auf wenige Ausnahmen haben die Befragten von der Freude an ihrem Beruf berichtet; mehrere haben sogar von ihrem »Traumjob« gesprochen. Einer der jüngsten Interviewpartner erwähnte, er liebe seinen Beruf so sehr,

117 Ein Auseinanderdriften der Berufs- und Arbeitszufriedenheit scheint charakteristisch für Vertreter von Professionen, allen voran für Ärzte, zu sein. Eine Synopse von Studien zur Arbeits- und Berufszufriedenheit von Ärzten und deren Selbstverständnis liefern Gothe et al. (2007).

»dass sich schon annähernd ein Berufungsgefühl einstellt.« Ein Kollege (ebenfalls aus der jüngsten Kohorte) meinte, dass er sich »hochgradig« mit dem, was er tue, identifiziere (»Wenn dem nicht so wäre, würde ich das alles nicht machen.«). Ein anderer sprach davon, dass der Professorenberuf ein »sehr schöner Beruf« sei. Der Beruf sei mit dem Privileg ausgestattet, dass man sich in den Ergebnissen dessen, was man tut, wiedererkennen könne (»Also relativ wenig entfremdete Arbeit.«). Ein Professor aus der ältesten Kohorte drückte seine Berufszufriedenheit folgendermaßen aus:

> »Ich komme gerne in die Universität, ich bin gerne hier. Ich fühle mich in der Universität und darüber hinaus anerkannt. Ich wüsste nicht, welcher Beruf mir so viele Privilegien lässt und welcher Beruf mir so viel Spaß machen würde. Ich glaube, es gibt in Deutschland keinen autonomeren Beruf als den des Professors. Das weiß ich zu schätzen.«

Im Besonderen haben die befragten Professoren die Dispositionsfreiheit und die »Zeit zum Nachdenken« gewürdigt – Freiheiten, die in anderen Berufen keineswegs selbstverständlich seien. Neben der Dispositionsfreiheit trägt die ökonomische Sicherheit maßgeblich zur Berufszufriedenheit von Professoren für Kommunikationswissenschaft bei. In einem Interview wurde darauf hingewiesen, dass es ein »wahnsinniges Privileg« sei, in der heutigen Zeit eine »sichere, nicht schlecht bezahlte Position« innezuhaben. Als Professor beziehe man zwar »kein Spitzengehalt«, aber durch den Beamtenstatus habe man eine »sehr große Sicherheit«, bekräftigte ein Interviewpartner aus der jüngsten Kohorte. Diese Sicherheit könne einen dazu ermutigen, inhaltlich viel zu riskieren: »Man weiß ja, dass man ein Netz unter sich hat. Man hat die Vorzüge der Selbstständigkeit und die Sicherheit und das macht den großen Reiz dieses Berufs aus.« Ein anderer Interviewpartner aus der jüngsten Kohorte wies darauf hin, dass Professoren durch den Beamtenstatus einerseits eine »Grundabsicherung« und »Systemloyalität« demonstrierten. Andererseits seien sie im »Schnittfeld von Freiberuflern und Künstlern« anzusiedeln. Diese »Mischung« müsse man den Leuten erst einmal nahe bringen: »Einerseits hat man die Sicherheit in großen institutionellen Zusammenhängen und andererseits führt man ein fast künstlerisches Leben mit hohem Kreativitätspotenzial.« Bemerkenswerterweise sprach sich ein Professor dezidiert *gegen* die Verbeamtung aus. Er würde es begrüßen, wenn Professoren für fünf Jahre an der Universität arbeiteten, dann für ein paar Jahre in die Praxis gingen und schließlich wieder zurück in die Universität kämen: »Dann hätte man immer die schönsten

Seiten und man hätte die Spannung des ständigen Wechsels. Das wäre auch für die Studenten gut.«

In den Gesprächen war immer wieder die Rede von den vielfältigen Tätigkeiten, die der Professorenberuf mit sich bringe. Darüber hinaus wurde die flexible Zeiteinteilung gewürdigt. Die Befragten waren sich zwar dahingehend einig, dass man als Professor überdurchschnittlich lange Arbeitszeiten habe. Sie verwiesen aber auf das hohe Maß an zeitlicher Flexibilität, die der Professorenberuf mit sich bringe – es kontrolliere zum Beispiel keiner, *wann* und *wie* man arbeite. Deshalb könne man sich »mal nachmittags zwei bis drei Stunden für die Familie Zeit nehmen« oder nach einer Tagung an einem Montag zu Hause bleiben, um sich der Familie zu widmen, betonte ein Interviewpartner (jüngste Kohorte). Die von den Interviewpartnern geschätzte Autonomie des beruflichen Handelns ist genau genommen weniger ein Spezifikum des Professorenberufs, als vielmehr ein allgemeines Charakteristikum von Professionen (vgl. hierzu PFADENHAUER 2005: 10).

Berufliche Zufriedenheit ziehen einige Professoren für Kommunikationswissenschaft (auch) aus dem Umgang mit Studierenden. Ein Befragter aus der ältesten Kohorte hält es für »etwas völlig Einmaliges«, als Hochschullehrer jedes Jahr junge Menschen kennen lernen zu dürfen (»Mich hat immer befremdet, wenn einen 40-Jährige gefragt haben: ›Wie sind eigentlich die jungen Leute?‹«). Ein anderer Professor sagte, dass er gerne mit Studierenden umgehe, Vorlesungen halte und dass er sich freue, mit »jungen, intelligenten Menschen« zusammen zu arbeiten. Er sprach von »wunderbaren Studenten« und der »crème de la crème: interessiert, klug, engagiert – also Spitzenstudenten«. Ferner lobte er die Zielstrebigkeit und das Engagement seiner Studenten, auch im außeruniversitären Bereich: »Was die alles nebenbei auf die Reihe bringen! Die geben nebenbei noch eine Zeitung oder eine Website heraus, arbeiten als DJ und führen einen ganzen Club. Das erfährt man dann so nebenbei. Unwahrscheinlich stark und produktiv sind die. Sehr beeindruckend, diese Studenten.« Ein anderer Befragter lobte die »tolle Stimmung« am Institut und sein »tolles Team«. Als Muster lässt sich erkennen, dass vor allem diejenigen Professoren ein positives Studierendenbild haben, an deren Institut die Kommunikationswissenschaft stark zulassungsbeschränkt ist.

Schließlich bleibt zu erwähnen, dass auch das hohe Sozialprestige von Professoren und die damit verbundenen Privilegien zur Zufriedenheit mit dem Beruf beitragen können. Ein Interviewpartner aus der ältesten Kohorte stellte heraus, dass der Professorentitel »sicherlich kein Nachteil« sei und in manchen Situationen tatsächlich helfe. Das sei legitim, denn schließlich habe man dafür »hart gearbeitet« und nun dürfe man »Privilegien in Anspruch nehmen«. Ein Professor aus der jüngsten Kohorte erzählte davon, dass er den Titel einmal beim Finanzamt und einmal bei einer anderen Behörde verwendet habe (»[...] als die mir dumm kamen [...]«). Ob der Professorentitel strategisch eingesetzt wird, hängt immer auch vom zugeschriebenen Wert und vom dadurch verbundenen Handlungsspielraum ab. In mehreren Interviews kamen regionale Unterschiede zur Sprache. Nach Einschätzung eines Professors ist der Professorentitel im Allgemeinen nicht mehr besonders viel wert, in Süddeutschland und in Österreich mache er sich aber durchaus noch bemerkbar. Ein in Österreich lehrender Professor hat davon berichtet, dass in diesem Land akademische Titel »wahnsinnig viel« zählten und dass er den Titel bei Bankgeschäften und bei der Beschaffung von Arztterminen einsetze.

Wie in Abschnitt 3.3.1 beschrieben, wird die Hochschullandschaft seit einigen Jahren grundlegend reformiert. Die aktuellen hochschulpolitischen Entwicklungen wirken als externe Einflüsse auf das kommunikationswissenschaftliche Feld ein und beeinflussen die feldspezifische Funktionslogik. Der Bologna-Prozess verlangt eine effiziente, rechtssichere, international vergleichbare Ausrichtung der Studiengänge und im Vergleich zum Magisterstudiengang ist der Durchsatz von Studierenden innerhalb der Regelstudienzeit wichtiger geworden. Das Interviewmaterial lässt Rückschlüsse darauf zu, dass Professoren für Kommunikationswissenschaft den aktuellen Hochschulreformen kritisch gegenüberstehen. Als Ausnahme kann ein Interviewpartner aus der jüngsten Kohorte betrachtet werden, der sich »hochgradig« mit dem modernisierten Studiensystem »identifiziert«. Bei den kritisch Eingestellten kristallisieren sich Unterschiede im Umgang mit dem universitären Modernisierungsprozess heraus: Während es Professoren gibt, die der ›guten alten Zeit‹ nachtrauern und die steigenden Managementaufgaben durchweg als negativ bewerten, gibt es solche, die ihre Mitwirkung an den aktuellen universitären Umstrukturierungsmaßnahmen (auch) als Chance zum persönlichen Aufstieg nutzen.

Der Arbeitsalltag von Professoren hat sich durch die universitären Umstrukturierungsmaßnahmen zum Teil erheblich verändert. In vielen Interviews kam zur Sprache, dass aufgrund der zunehmenden Verwaltungsaufgaben immer weniger Zeit für die Forschung bliebe. Ein Professor für Kommunikationswissenschaft drückte seinen Unmut folgendermaßen aus:

> »Der Tag hat 24 Stunden – wir würden aber auch 48 Stunden voll kriegen, da habe ich gar keine Bedenken. Ich muss meine Aufgaben irgendwie in diese Zeit reinquetschen. Vor allem der Bereich der Verwaltung hat exorbitant zugenommen, obwohl immer alle genau das Gegenteil behaupten. Nach dem Motto: ›Wir machen das alles schlanker und es werden immer mehr Hierarchien abgebaut.‹ Und wo kann man am Einfachsten abschneiden? Bei der Lehre und bei der Forschung. Deshalb kommen die Lehre und die Betreuung der Studierenden viel zu kurz.«

Ein Befragter aus der ältesten Kohorte vertritt die Auffassung, dass die Verwaltungsaufgaben »allmählich Überhand nehmen«. Aufgrund der Finanzknappheit müssten Hochschulen Stellen abbauen, und noch nie hätte die Hochschule so viel Autonomie gehabt wie in dieser Angelegenheit. Die Universitäten müssten nun selbst entscheiden, »welche Glieder sie sich amputieren wollen«. Das führe zu einem »Kannibalismus« zwischen Lehrstühlen, Fächern und Fakultäten. Dieser Professor erzählte davon, dass das Rektorat seiner Universität nach einem zweijährigen kontroversen Diskussionsprozess beschlossen habe, das Fach Geschichte abzuschaffen. Nun »leidet« er darunter, Vertreter einer Hochschule zu sein, die »bei vollem Bewusstsein« das Fach Geschichte abwickelt (»Das Wort Universität mag man gar nicht mehr in den Mund nehmen.«). Ein Professor aus der mittleren Kohorte meinte, dass er »vielleicht zu alt« sei und den »guten alten Zeiten« hinterher trauere – aber seiner Meinung nach werde die Ökonomisierung der Hochschulen »unerträglich«. Er erzählte davon, dass er jahrelang an Anträgen für ein Sonderforschungsprojekt mitgearbeitet habe. Letztlich sei das Antragschreiben aber die »reinste Fehlinvestition« gewesen, die letzten Jahre seien in dieser Hinsicht »unglücklich gelaufen« (»[...] eine Aneinanderreihung von Baustellen [...]«).

Das Betrauern der ›guten alten Zeit‹ scheint weniger vom biologischen Alter als vielmehr von den im Habitus verankerten Wahrnehmungs- und Bewertungsschemata abzuhängen. Ein Befragter aus der jüngsten Kohorte strich heraus, dass er zwar jung und liberal, sein Berufsverständnis aber »eher konservativ« ausgerichtet sei (»Ich bin auch Mitglied im Deutschen Hochschulverband.«). Er versuche, den »Forscher und Intellektuellen« in sich wach zu halten, und wolle sich von der aktuellen Hochschulsituation nicht »auffressen« lassen. Außerdem wolle er nicht zum »Schiller'schen Brotgelehrten mutieren«; ein »kreatives Künstlertum und der intuitive Zugang zu Themen« spielten seiner Ansicht nach bei der Tätigkeit von Wissenschaftlern eine große Rolle. Man solle nicht den Eindruck haben, für einen »Bürokraten und besseren Lehrer« gehalten und so bezahlt zu werden.

Neben den steigenden Verwaltungstätigkeiten steht das Gros der befragten Fachvertreter dem Bachelor-Studiengang skeptisch gegenüber. Im Besonderen wurde die Verschulung des Studiums kritisiert, wodurch Professoren die Einheit von Forschung und Lehre bedroht sehen. Das Bachelor-Studium begünstige weniger gute Studenten; die wirklich begabten Studenten seien dadurch im Nachteil, weil sie nicht in gebührendem Maße gefördert würden. Ein Interviewpartner (mittlere Kohorte) meinte, dass der Bachelor für Leute »inhaltlich in Ordnung« sei, die nach sechs Semestern »in eine PR-Klitsche gehen oder Journalist beim *Straubinger Tagblatt* werden wollen«. Wenn man allerdings einen höheren Anspruch habe und in die Management-Ebene strebe (»[...] wo man etwas mehr Reflexionswissen braucht [...]«), reiche der Bachelor-Abschluss sicherlich nicht aus. In erster Linie »stört« diesen Befragten an den neuen Studiengängen, dass die wissenschaftliche Freiheit verloren gehe. Die »Durchstrukturierung von Lehrangeboten« führe zu einem »sehr wenig nachdenkenden Studenten«. Ein Interviewpartner aus der jüngsten Kohorte drückte seine Skepsis gegenüber den neuen Studiengängen folgendermaßen aus:

> »Diese ganze Reform-Euphorie, die im Moment über uns hereinbricht, sehe ich in vielen Bereichen sehr kritisch. Beispielsweise hat die Einführung von Bachelor- und Masterstudiengängen eine Hektik in den Lehrbetrieb gebracht, die sich selbst an einer kleinen Universität bemerkbar macht: Die Anzahl der Seminare hat sich verdoppelt und dadurch geraten wir in eine Form von Häppchen-Hochschul-Didaktik, die ich nicht positiv finde. Den Studenten fehlt dadurch häufig die Vertiefung, die es in den klassischen Diplom- und Magisterstudiengängen gab. Die Grundtendenz, die Universität immer stärker verschulen zu wollen, jetzt kommt ja noch die Strukturierung von Promotionsstudiengängen hinzu, halte ich für völlig falsch. Das möchte ich dreimal unterstreichen. Ich glaube einfach nicht, dass am Ende ein qualifizierteres Studium herauskommt.«

Durch die Verschulung des Studiums, so ein Interviewpartner aus der ältesten Kohorte, sinke zudem die Chance, sich als Professor selbst zu verwirklichen. Dadurch verliere der Professorenberuf enorm an Attraktivität. Als Reaktion auf diese Entwicklung werde er in Zukunft nun immer die gleichen Vorlesungen halten; ein solches Vorgehen habe er bisher in seiner 25-jährigen Tätigkeit als Professor kategorisch abgelehnt:

> »Es ist jetzt völlig sinnlos, die Vorlesungen noch groß zu ändern. Es wird alles standardisiert und immer wiederholt werden. Das halte ich für einen Fehlweg. Das Resultat wird sein, dass es in absehbarer Zeit – wie in Amerika – zwei Klassen von Professoren geben wird: zum einen Professoren, die in der Lehre verschlissen werden, und zum anderen Professoren, die sich freikaufen und keine Lehre mehr im Undergraduate-Studium machen müssen. Solche Professoren machen dann nur noch selektiv Lehre für Doktoranden. Meines Erachtens ist das nicht sinnvoll.«

Der Zitierte hat während seines Studiums Vorlesungen und Seminare aus unterschiedlichen Fächern besucht und er empfindet es als Einschränkung, dass die heutigen Studierenden für gewöhnlich nur noch das Fach wahrnähmen, für das sie eingeschrieben seien: »Die Kunst besteht doch darin, in dem, was angeboten wird, etwas zu finden, was einen fasziniert. Deshalb sollte man in andere Fächer reinschauen. Einfach mal gucken, was da läuft.« Neben reichlich Kritik an den neuen Studiengängen erachteten es einige Professoren allerdings als durchaus sinnvoll, dass Leistungen des gesamten Studienverlaufs nun in die Abschlussnote einfließen.

Einzelne Fächer an der Universität werden inzwischen nach der Höhe ihrer eingeworbenen Drittmittel evaluiert – sowohl für die Grundlagenforschung als auch für die angewandte Forschung. Ein Professor äußerte im Interview seinen Unmut über Professorenkollegen aus der Sportwissenschaft, die für das Einwerben von Forschungsgeldern für angewandte Forschung eine zusätzliche Leistungsprämie erhalten haben (»Da geht es um Fragen, was für spezifische Kleidung Frauen beim Langlaufen brauchen und ob man spezifische Ski für Frauen entwickeln soll.«). Solche Begebenheiten der aktuellen Hochschulentwicklung »ärgern« diesen Befragten »wahnsinnig«. Auch ein Professor aus der jüngsten Kohorte steht der zunehmenden Bedeutung von Drittmitteln im Reputationsmechanismus von Wissenschaft skeptisch gegenüber:

> »So nach dem Motto: Zwei Kollegen treffen sich, der eine sagt: ›Ich habe 500.000 Euro eingeworben‹, woraufhin der andere antwortet, dass er 650.000 Euro eingeworben hat. Dieses Phänomen ist natürlich zum Teil den Finanzproblemen der Universitäten geschuldet. Für mich ist die spannende und wichtige Frage, welche Forschungsaktivitäten die Drittmittelprojekte ermöglicht haben. Leider kenne ich etliche Projekte, in die einige Hunderttausend Euro reingeflossen sind und bei denen am Ende nichts heraus gekommen ist – da hat niemand promoviert, geschweige denn habilitiert und das Ganze hat ein oder zwei Artikelchen abgeworfen. Das bringt es dann einfach nicht.«

Ein Interviewpartner aus der ältesten Kohorte hat das Akquirieren von Drittmitteln als »echtes Dilemma« bezeichnet: Wenn man als Professor »etwas Elegantes auf die Beine stellen« wolle, müsse man bei »fortschreitenden Kürzung der Betriebsmittel zunehmend Gelder von außen einwerben«. Für eine Universität, die vom Staat betrieben wird, sei das »von Übel«. Wenn er Leute für Lehraufträge gewinnen möchte, müsse er mit Medienunternehmen über das Sponsoring von Lehraufträgen verhandeln (»Das ist die Realität.«). Ein anderer Befragter (jüngste Kohorte) hält den Trend, dass etablierte Forscher ständig Drittmittelprojekte akquirieren sollen, für »völlig paradox und überhaupt nicht nachvollziehbar«. Darüber hinaus erachte er die Konzentration von Professoren auf Großprojekte nicht als sinnvoll. Eine gute Doktorarbeit von einer »intelligenten und nachhaltig geförderten Nachwuchskraft« könne ebenso viel Fortschritt erzeugen wie ein Sonderforschungsprogramm der DFG. Stellenabbau an den Lehrstühlen zu betreiben, halte er deshalb für »ganz falsch«. In einem anderen Interview wurde der Aufwand betont, den das Einwerben von Drittmitteln mit sich bringe. Das Antragsschreiben geschehe »nachts, wenn alle schlafen«, im Urlaub oder am Wochenende.

Einige Befragte haben sich für die Einführung einer professionellen Verwaltungsebene ausgesprochen. Sie sind der Ansicht, dass Dekane nicht länger aus der Professorenschaft rekrutiert werden sollten, sondern dass ausgewiesene Bildungsmanager für dieses Amt prädestiniert seien. Durch ein solches Vorgehen könne man »diese unglückliche Fusion von Aufgaben« aufheben, meinte ein Gesprächspartner aus der jüngsten Kohorte. Einigkeit herrschte bei den Professoren darüber, niemals Rektor (»[...] oder etwas Vergleichbares [...]«) einer Universität werden zu wollen. Mehrere Befragte führten als Grund die aktuellen Hochschulreformen an (»In those times – niemals!«). Heutzutage gehe es doch nur noch um »Mangelverwaltung«, betonte ein Befragter. Ein Professor, der zum Interviewzeitpunkt Prodekan war, übe das Amt »an sich auch nicht ungern« aus. Vor dem Hintergrund der Umstrukturierungsmaßnahmen habe dieses Amt aber eine »Eigendynamik« bekommen, die »entschieden kontraproduktiv« sei (»[...] Budgetprobleme, Umstellung auf den Globalhaushalt und auf die neuen Studiengängen mit ihrem potenzierten Verwaltungsaufwand [...]«).

Mehrere Interviewpartner haben ihren Unmut über die Professorenbesoldung kundgetan. Sowohl C4-/C3-Professoren als auch W3-/W2-Professoren (»W steht nun mal für weniger und nicht für Wissenschaft.«)

haben die Verdienstmöglichkeiten von Professoren – insbesondere im Vergleich zu anderen Berufsgruppen – kritisiert. Nach Ansicht eines Professors aus der jüngsten Kohorte habe man als Professor »finanziell nicht besonders viele Vorteile«. Er verwies auf Verwandte, die als Handwerker ihren Meister gemacht hätten und nun mehr als ein Professor verdienten. Ein Befragter aus der ältesten Kohorte ist der Ansicht, dass er mit demselben Aufwand, den er seit über 30 Jahren an der Universität betreibe, in der freien Wirtschaft wahrscheinlich einen Sitz im Vorstand hätte. Seiner Meinung nach ist die finanzielle Entlohnung von Professoren »nicht angemessen, auch was die Verantwortung anbetrifft«. Immerhin hätten Professoren aber die Möglichkeit, die normalen Dienstbezüge durch Tätigkeiten außerhalb der Universität aufzubessern.

Der Professorenberuf ist für viele Interviewpartner zwar nach wie vor ein »Traumberuf«, allerdings verliere er durch die aktuellen Hochschulreformen zunehmend an Attraktivität. Ein Befragter aus der mittleren Kohorte fasste die Diskrepanz zwischen Berufs- und Arbeitszufriedenheit in folgende Worte:

> »Ich bin mir mittlerweile nicht mehr so sicher, ob der Professorenberuf wirklich noch ein Traumjob ist. In den letzten Jahren hatten wir eine Reihe von hochschulpolitischen Entscheidungen in diesem Land, die das Papier nicht wert sind, auf dem sie geschrieben sind, und die nur einen einzigen Grund haben: Haushalts- und Budgeteinsparungen. Einsparungen werden natürlich nicht als solche verkauft, sondern als Modernisierungs- und Reformmaßnahmen. Diejenigen, die hier an der Front arbeiten und durchschauen, wie auch die Medien bei diesem Thema völlig versagen, weil sie nur noch PR-Meldungen aus Ministerien abschreiben, frusten sich zunehmend. Deshalb bin ich mir nicht mehr so sicher, ob ich noch den schönsten Beruf der Welt habe.«

Ähnlich argumentierte ein Professor aus der jüngsten Kohorte. Er wolle sich zwar »nicht beklagen«, aber das deutsche Wissenschaftssystem sei an vielen Stellen »ziemlich marode« – aus heutiger Perspektive würde er eventuell ein anderes Studienfach wählen und dann möglicherweise in die Wirtschaft gehen. Am negativsten äußerte sich ein Interviewpartner, der mit über 50 Jahren Professor wurde. Für diesen Befragten stehe es »auf der Kippe«, ob er zufrieden sei oder nicht. Sein »Job« sei zum Teil »ausgesprochen unbefriedigend«.

Die Befunde der vorliegenden Studie decken sich mit Ergebnissen aus quantitativen Untersuchungen zur Berufs- und Arbeitszufriedenheit von Professoren für Kommunikationswissenschaft im Speziellen und von

Professoren im Allgemeinen. Aus der Studie von Fröhlich und Holtz-Bacha geht hervor, dass sich lediglich sieben Prozent für einen anderen Beruf entscheiden würden.[118] Die hohe Berufszufriedenheit speist sich aus der freien Themenwahl, der freien Zeiteinteilung und dem Umgang mit Studierenden. Darüber hinaus wird die Möglichkeit zur Forschung geschätzt und für jeden zweiten ist die berufliche Autonomie wichtig. Als Nachteile des Berufs wurden die knappen Stellenpläne, der steigende Verwaltungsaufwand, die hohen Studierendenzahlen und die knappe Zeit für die Forschung erachtet (vgl. FRÖHLICH/HOLTZ-BACHA 1993a: 38ff.). Die Befunde zur Arbeitszufriedenheit von Professoren für Kommunikationswissenschaft decken sich mit der Einschätzung von Professoren aus anderen Fächern. Einer aktuellen Umfrage des DHV (2008) ist zu entnehmen, dass Professoren mit der zunehmenden zeitlichen Inanspruchnahme durch das Einwerben von Drittmitteln und dem Verfassen von Anträgen und Begutachtungen unzufrieden sind. Ferner wurde von den befragten Professoren der hohe Prüfungsaufwand beanstandet, der sich durch die Einführung der Bachelor-Studiengänge noch weiter erhöht habe. Vor allem aber wünschen sich Professoren weniger Zeitaufwand für Gremienarbeit und dadurch mehr Zeit für die Forschung (vgl. HARTMER 2008: 93). In Bezug auf das Selbstverständnis bedeutet dies: Professoren wissen um ihre beruflichen Privilegien, sie können selbstbewusst Forderungen stellen und Strategien zur Umsetzung dieser Forderungen entwickeln. Dadurch unterscheiden sie sich von Vertretern anderer Berufsgruppen, die sich zwar im kollektiven Kampf organisieren und für ihre Rechte eintreten, dabei aber eher eine Bittstellerposition einnehmen. Im Allgemeinen ist die Kampfbereitschaft von Professoren in Deutschland allerdings relativ gering. Ein Professorenstreik, wie er im Februar 2009 in Frankreich aufgrund eines neuen Universitätsgesetzes durchgeführt wurde, ist in Deutschland nicht ohne Weiteres vorstellbar.

7.3 Berufsverständnis-Typologie

Analog zu dem vorangegangenen Kapitel werden mithilfe einer Typologie Unterschiede und Gemeinsamkeiten von Professoren für Kom-

118 Es sei in Erinnerung gerufen, dass das Sample dieser Studie Kommunikationswissenschaftler von der Hilfskraft bis zum Professor umfasst.

munikationswissenschaft herausgearbeitet – diesmal in Bezug auf das Berufsverständnis. Die Typologie wird zur Klärung der Frage beitragen, welche Faktoren das Berufsverständnis beeinflussen. Die Befunde zum Sinn der beruflichen Tätigkeit haben nahegelegt, als Typologisierungskriterien 1) die *Gewichtung von Forschung und Lehre* und 2) die *Bedeutung des Managements* zu wählen.

- *Gewichtung von Forschung und Lehre*: Wie in Abschnitt 7.1.1 herausgearbeitet, sind die Bedeutungszuschreibungen von Forschung und Lehre eng miteinander verknüpft. Es gibt Professoren, bei denen die Lehre als Motor für die Forschung fungiert, die also *von* der Lehre *für* die Forschung profitieren wollen. Für solche Professoren hat die Forschung oberste Priorität. Sie versuchen, ihre Lehrveranstaltungen in größere Forschungskontexte einzubinden und verstehen ihre Studierenden als inhaltliche Sparringspartner. Daneben gibt es Professoren, die den großen Stellenwert der Lehre im Tätigkeitsmix herausgestrichen haben. Ihre Forschungsaktivitäten bestehen überwiegend in der systematischen Aufarbeitung des Forschungsstandes und beim Schreiben haben sie ihre Studierenden vor Augen. Diese Professoren heben den pädagogischen Aspekt der Lehre hervor und verfolgen mit ihrer Lehrtätigkeit (immer auch) einen Erziehungsauftrag. Das unterschiedliche Verständnis von Forschung und Lehre führt zu einer – impliziten oder expliziten – Gewichtung der beiden Tätigkeitsbereiche. Als Ausprägungen des Typologisierungsmerkmals ergibt sich somit die stärkere Gewichtung von 1) Forschung oder 2) Lehre.
- *Bedeutung des Managements*: Während für einige Professoren Managementaufgaben verzichtbare Tätigkeiten sind (da sie nur von Forschung und Lehre abhalten), nutzen andere sie, um ihre (fach)eigenen Interessen zu stärken, die Kommunikationswissenschaft institutionell auszubauen und/oder das Fachimage zu verbessern. Als Ausprägung dieses Typologisierungskriteriums fungieren somit 1) verzichtbar und 2) Anwaltschaft für die Kommunikationswissenschaft.

Natürlich hat es sich nicht einfach gestaltet, Akteure zu Typen zusammenzufassen – im »wirklichen Leben« gibt es nun einmal »kein Raster« (MEYEN 2006: 163). Mit dem Wissen darum, dass die Typenbildung als Konstruktion zu betrachten ist und zwangsläufig zur Komplexitätsreduktion führt, wurden durch Kombination der Merkmalsdimensionen vier Berufsverständnis-Typen gebildet: 1) der Forscher, 2) der Lehrer, 3) der Manager sowie 4) der Forschungs-Manager. Die Einteilung der

Befragten in diese vier Typen bedeutet *nicht*, dass ein Professor ausschließlich Forscher, Lehrer oder Manager ist. Eine solche Einteilung wäre nicht sinnvoll, denn im Verlauf eines Arbeitstages ist jeder Professor abwechselnd Forscher, Lehrer und Manager. Vielmehr geht es um die unterschiedliche Prioritätensetzung, um die Sinnzuschreibung einzelner Tätigkeitsbereiche und die daraus resultierenden selbst definierten beruflichen Hauptaufgaben. Ferner können *innerhalb* eines bestimmten Typus die Merkmale unterschiedlich stark ausgeprägt sein. So gibt es Typen-Vertreter, die einen Typus im Extrem verkörpern, und solche, die nah an den Merkmalen eines anderen Typus sind.

Man mag einwenden, dass die vier explorierten Berufsverständnis-Typen und deren Benennung wenig innovativ und kreativ sind. Sie entsprechen der intuitiven Typenbildung von Professoren und sie finden sich auch (possenhaft) in Filmen oder Campusromanen wieder (vgl. beispielsweise SCHWANITZ 1996; VOSS 2001). Diese meist überzeichneten Typenbeschreibungen bleiben allerdings oberflächlich. Im Folgenden wird es nicht darum gehen, Professoren als »engagierten Lehrer«, »weltfremden Forscher«, »kühle Karrieristin«, »hehren Idealisten« etc. einzuteilen. Bourdieu (1992a: 47) hat hinsichtlich solcher Typen von »Schmäh-Begriffe[n] und halbwissenschaftliche[n] Stereotypien« gesprochen. In dieser Arbeit werden der Forscher, der Lehrer, der Manager und der Forschungs-Manager gerade *nicht* entlang der gängigen Klischees, sondern *theoretisch fundiert* und *empirisch untermauert* beschrieben. Tabelle 8 listet die Merkmalsausprägung der vier Typen schematisch auf:

TABELLE 8

Berufsverständnis-Typen von Professoren für Kommunikationswissenschaft

Typus	Gewichtung von Forschung und Lehre	Bedeutung des Managements	Anzahl
Der Forscher	Forschung	verzichtbar	7
Der Lehrer	Lehre	verzichtbar	6
Der Manager	Lehre	Anwaltschaft für die KW	1
Der Forschungs-Manager	Forschung	Anwaltschaft für die KW	12

Analog zu Tabelle 7 ist die Anzahl von Vertretern der einzelnen Typen lediglich als Orientierungshilfe zu lesen. Aufschlussreich ist jedoch, dass lediglich einer der 26 Interviewpartner als Manager typologisiert wurde. Es stellt sich die Frage, ob es überhaupt angemessen ist, von einem Typus zu sprechen. Da der Manager empirisch konsistent ist und überdies typische Handlungsmuster produziert, erscheint es durchaus als gerechtfertigt, ihn als eigenen Typus zu bezeichnen. Dieser Typus stellt keine Ausnahme und auch kein Zufallsprodukt dar, sondern inkorporiert objektiv mögliche Sinneinheiten und ist somit ein soziales Phänomen.

Idealtypisch denkbar wäre der Typus, der weder der Forschung, noch der Lehre, noch dem Management eine Bedeutung zuschreibt. Dieser Typus entspräche dem Professoren-Klischee des ›faulen Professors‹. Dass sich ein Vertreter dieses Typus in der vorliegenden Untersuchung nicht finden lässt, kann mehrere Gründe haben. Zunächst einmal liegt es nahe, dass sich ein solcher Professor im Interview nicht dazu bekennen würde. Zudem drängt sich der Verdacht auf, dass es sich bei dem ›faulen Professor‹ um ein ideologisches Konstrukt handelt, das in den Medien zirkuliert und über das am Stammtisch diskutiert wird. Die Omnipräsenz dieses Klischees spiegelt sich in den Interviews mit Professoren für Kommunikationswissenschaft wider: Viele Interviewpartner haben auf den ›faulen Professor‹ Bezug genommen und sich von ihm abgegrenzt. So meinte ein Befragter (älteste Kohorte): »Es gibt auch das Image des faulen Professors, aber ich glaube, dass das auf 99 Prozent der Kollegen nicht zutrifft.« In der Regel hätten Professoren »exorbitante Arbeitszeiten« und keiner würde »um 16 Uhr den Griffel aus der Hand legen«. Ein anderer sprach davon, dass Wissenschaft immer »harte Arbeit« bleibe: »Das Ganze ist nicht der *Club Med*, wo man von morgens bis abends nur Spaß hat.«

Analog zu den Fachverständnistypen erfolgt die Vorstellung der einzelnen Berufsverständnistypen in einem ersten Schritt entlang der typenbildenden Faktoren. In einem zweiten Schritt werden die Typen anhand ihrer spezifischen Handlungsmuster beschrieben und mithilfe von Ankerbeispielen illustriert. Von besonderem Interesse wird die Zuordnung kommunikationswissenschaftlicher Akteure zu den einzelnen Typen sein. Die Denkwerkzeuge Bourdieus erlauben es, Erklärungsansätze für die entsprechende Zuordnung zu liefern; diese Interpretationen finden sich schließlich in Abschnitt 7.4.

7.3.1 *Der Forscher*

Der Forscher will durch seine berufliche Tätigkeit vor allem neue Erkenntnisse produzieren, innovative Forschungsbeiträge für die Scientific Community schaffen und sich selbst verwirklichen. Er orientiert sich am Humboldt'schen Ideal der Einheit von Forschung und Lehre, will durch die Lehrtätigkeit für seine Forschungsarbeit profitieren und bildet vorzugsweise für die Wissenschaft bzw. für die Medienforschung aus. Managementaufgaben hält er für verzichtbar und mit den aktuellen Hochschulreformen ist er äußerst unzufrieden. Im Vergleich zu den anderen Berufsverständnis-Typen ist die Diskrepanz zwischen der Berufs- und Arbeitszufriedenheit beim Forscher am größten. Der Forscher identifiziert sich über seinen Beruf, er hat Wissenschaft als Lebensform gewählt und seine Freizeit ist durch die Logiken der Wissenschaftskultur strukturiert. Nach der Emeritierung/Pensionierung will er weiterhin wissenschaftlich tätig sein. Als Tendenz zeichnet sich ab, dass Vertreter dieses Typus *nicht* Kommunikationswissenschaft studiert haben und nur bedingt über Praxiserfahrung verfügen. Darüber hinaus fällt auf, dass viele Befragte aus akademischen oder bildungsfreundlichen Elternhäusern kommen und schon früh den Berufswunsch Professor hegten. Die einzige befragte Professorin, die als Forscherin typologisiert wurde, hat keine Kinder.

Der Forscher strebt in erster Linie nach wissenschaftlichem Kapital; treibende Kraft seiner beruflichen Tätigkeit ist die Anerkennung von Forschungsleistungen durch die Peers. Er erachtet es als erfolgsversprechend, an einem großen, forschungsstarken Institut tätig zu sein, denn Konkurrenz betrachtet er als Triebkraft wissenschaftlicher Tätigkeit. Kontakte zu anderen Forschern aus dem In- und Ausland haben für den Forscher einen hohen Wert (soziales Kapital), wobei er vor allem Kooperationen mit Forschern aus den USA, aber auch aus Großbritannien als wichtig erachtet – was zählt, ist die Reputation von Wissenschaftlern und/oder von Fachinstituten. Da die Ausstattung der Professuren in der Regel nur bedingt aufwendige Forschungsaktivitäten erlaubt, ist der Forscher stets um die Akquise von Drittmitteln bemüht. Wenn man um die Arbeitsbedingungen von Professoren für Kommunikationswissenschaft weiß, verwundert es wenig, dass die Forscher von dem permanenten Kampf berichtet haben, während des Semesters Zeit für die Forschung zu finden. Ein Professor aus der jüngsten Kohorte schätzte, dass die Lehre und die »Bürokratie« während des Semesters bis zu 80 Prozent seiner Tätigkeiten einnähmen. In den Semesterferien versuche er aber, dieses Verhältnis umzugewichten und der Forschung bis zu 80 Prozent seiner Arbeitszeit zu widmen. Über die »Grundsituation« wolle er sich »nicht beklagen«, denn schließlich habe er ja Semesterferien: »Ohne die Semesterferien gäbe es den Forschungstod. Dann wären wir hier eine Fachhochschule und das würde ich nicht wollen.« In einem anderen Gespräch wies ein Professor (ebenfalls jüngste Kohorte) darauf hin, dass ein konstanter Forschungsanteil von 80 bis 90 Prozent im deutschen Universitätssystem leider nicht möglich sei. Um einen solch hohen Forschungsanteil zu erreichen, müsse man Professor an einer Universität im Ausland werden.

Das Forscher-Selbstverständnis kann durch externe Faktoren beschnitten werden. Hierzu zählen zum Beispiel die alleinige Fachvertretung an einem Standort, das hohe Studierendenaufkommen, oder aber die ›Open-Door-Policy‹ eines Instituts. Auffallend ist, dass vier von sieben Befragten, die dem Forscher-Typus zugeordnet wurden, *nicht* am Standort des Fachinstituts wohnen und ihre Anwesenheit im Institut bewusst auf zwei bis drei Tage pro Woche beschränken. Das seien dann zwar »sehr intensive« Arbeitstage, durch eine solche Einteilung schaffe man sich aber »intellektuelle Freiräume«, strich ein Befragter aus der jüngsten Kohorte heraus. Durch eine räumliche Trennung fällt es diesem Professor während des Semesters leichter, Zeit für die Forschung zu finden. Er habe sich bewusst dazu entschieden, »diese Sphären zu trennen«. An den »Institutstagen« widme er sich dem Management und der Lehre, zu Hause den Forschungsaktivitäten. Durch eine solche Trennung sei es ihm möglich, während des Semesters »kleinere Bereiche« seiner Forschungstätigkeit abzudecken (»[...] das übliche Aufsatzgeschäft [...]«). Heute könne er nachvollziehen, was er früher an seinen Professoren beklagt habe: »Dass sie sich dünn machen, sich systematisch für nicht anwesend erklären und sich die Freiheit zu einem Zigeunerdasein rausnehmen.« Nach Ansicht des Befragten könne man »intellektuell in diesem System nicht anders überleben«.

Professoren, die am Institutsstandort wohnen, wollen durch die Arbeit am heimischen Schreibtisch sicherstellen, dass die Forschung nicht »im Geschäftsbetrieb untergeht«, wie es ein Befragter ausdrückte. Um vormittags zu Hause am Schreibtisch arbeiten zu können, legt er Lehrveranstaltungen und Termine auf die Zeit nach zwölf Uhr. Ein Interviewpartner erzählte davon, dass der Dienstag bei ihm »Tag des Managements« sei, mittwochvormittags habe er Sitzungen und nachmittags Zeit für »nicht kalkulierbare Sachen«, der Donnerstag sei »Tag der Lehre«. Den Montag und Freitag halte er sich von Terminen frei, um zu Hause an Publikationen zu arbeiten. Von einer ähnlichen Alltagsorganisation haben weitere Professoren berichtet. So halte sich auch ein anderer Interviewpartner den Montag als »Publikationstag« frei, was allerdings nicht immer durchzuhalten sei. Der Freiraum für die Forschung, die den Duktus des Schöpferischen hat, kann also durch die strategische Nutzung von unterschiedlichen Arbeitsorten und -plätzen erzielt werden.

Interessanterweise lässt sich einer der drei befragten Journalistik-Professoren dem Forscher-Typus zuordnen. Während zwei Befragte an einem reinen Journalistik-Institut lehren und das Pädagogische ihrer beruflichen Tätigkeit hervorgehoben haben, versucht der dritte »eisern«, seinen Forschungsanteil bei 50 Prozent zu halten. Dieser Journalistik-Professor ist an einem großen Fachinstitut tätig, in dem die Journalistik eine von mehreren Säulen bildet. Dieser Befund könnte ein Hinweis darauf sein, dass das Berufsverständnis (auch) von der Ausrichtung des Instituts und der Stellung eines Akteurs innerhalb des Instituts abhängt.

7.3.2 *Der Lehrer*

Der Lehrer will in erster Linie die Erwartungen der Studierenden und der Medienpraxis erfüllen. Er verbindet mit seiner Lehrtätigkeit einen Erziehungsauftrag und bildet vorzugsweise für die Medienpraxis aus. Durch seine Forschungsaktivitäten bereitet der Lehrer in erster Linie den Forschungsstand auf; er schreibt (auch) Lehrbücher und veröffentlicht (auch) in Praktikerzeitschriften. Die Forschungsaktivitäten der Lehrer können unterschiedlich stark ausgeprägt sein: Während für die einen die Forschung eine große Bedeutung hat (»Ich würde nie beides aufgeben wollen, das gehört mit zu meinem Traumjob.«), messen ihr andere Professoren einen relativ geringen Stellenwert bei (»Ich weiß nicht, ob ich forschungsmäßig der große leidenschaftliche Wissenschaftler bin.«). Managementaufgaben hält dieser Typus für verzichtbar. Im Vergleich zum Forscher ist der Lehrer um eine Work-Life-Balance bemüht und er versucht, in den heimischen vier Wänden das Berufliche auszuklammern. Nach seiner Emeritierung/Pensionierung will er nicht unbedingt weiter Wissenschaft betreiben. Die meisten Befragten, die als Lehrer typisiert wurden, haben Kommunikationswissenschaft studiert und sich erst zu einem relativ späten Zeitpunkt für den Professorenberuf entschieden. Darüber hinaus fällt auf, dass die Interviewpartner überwiegend aus der mittleren und ältesten Kohorte kommen und dass sich drei der sechs weiblichen Professoren als Lehrerin verstehen.

Der Lehrer will Lehrkapital akkumulieren und verfügt über relativ wenig wissenschaftliches Kapital. Eine Befragte berichtete davon, dass die Lehre für sie »sehr inspirierend« sei und dass sie auf »sehr, sehr gute und alternative Lehrkonzepte« zurückgreifen könne. Den »Sprung« auf acht Semesterwochenstunden durch die Übernahme einer Professur habe sie als »gar nicht so schlimm« empfunden, weil sie schon immer »wahnsinnig viel Aufwand« für die Lehre betrieben habe. Nach ihrem ersten Forschungsfreisemester habe sie es als Bereicherung empfunden, wieder lehren zu dürfen: »Von der Befriedigung ist die Lehre ein sehr wichtiger Bereich für mich, denn das, was ich in die Uni-Institution stecke, kommt vielleicht positiv zurück, vielleicht aber auch nicht – die Wahrscheinlichkeit ist groß, dass es einfach verpufft.« Während sich das soziale Kapital des Forschers vor allem aus Kontakten zu anderen Wissenschaftlern zusammensetzt, speist es sich beim Lehrer (auch) aus Kontakten zu Akteuren aus anderen sozialen Feldern. Außerdem werden Kontakte ins Ausland nicht nur vom Renommee einzelner Wissenschaftler oder Forschungsinstitute geleitet, sondern auch vom persönlichen Geschmack. Eine Professorin erzählte, dass sie lange darüber nachgedacht habe, in welchem Land sie ihr Forschungsfreisemester am liebsten verbrächte. Sie wolle in ein Land, in dem englischsprachige Wissenschaft betrieben werde, wo es »schön warm« sei, was sie »politisch interessant« finde und wo sie »die Menschen mag«.

Im Gegensatz zum Forscher handelt der Lehrer weniger strategisch, um sich Freiräume für seine Forschungsaktivitäten zu schaffen. Eine Interviewpartnerin gab zu Bedenken, dass es auch an ihr läge, nur wenig Zeit für die Forschung zu finden. An einem Kollegen könne sie beobachten, wie dieser »knallhart Sachen wegdelegiert« und dadurch Zeit zum Forschen habe. Einer solchen Vorgehensweise sei sie allerdings ambivalent gegenüber eingestellt. Einerseits finde sie ein solches Vorgehen »zu extrem«, andererseits würde ihr Kollege sicherlich das »einzig Richtige und Notwendige« machen. Sie selbst sei in dieser Hinsicht wohl »zu weich und zu teamorientiert« und denke zu sehr an ihre Mitarbeiter. Wenn man um die geschlechtsspezifische Attribuierung von Charaktereigenschaften und deren Auswirkungen auf das Arbeitsverhalten weiß (vgl. exemplarisch BISCHOF-KÖHLER 2006: 273), ist es vielleicht kein Zufall, dass sich eine Professorin als »weich« und »teamorientiert« beschrieben hat. Aus Berufsfeldstudien ist bekannt, dass sich Frauen in Führungspositionen tendenziell häufiger als ihre männlichen Kollegen mit Aufgaben beschäftigen, die nicht in ihren Aufgabenbereich fallen und die sie an ihre Mitarbeiter delegieren könnten (vgl. zum Beispiel BISCHOFF 2005; für den Bereich Public Relations vgl. FRÖHLICH et al. 2005: 116). Der relativ hohe Stellenwert der Lehre im Tätigkeitsmix von Professorinnen deckt sich mit Befunden aus Untersuchungen über die Aufgabenverteilung von Professorinnen und Professoren (vgl. exemplarisch SCHULTZ 1991: 263; SCHAEPER 1997: 79). Auch aus der Studie zu Dozenten der Kommunikationswissenschaft ist bekannt, dass Frauen mehr Zeit in die Lehre investieren als ihre männlichen Kollegen (FRÖHLICH/HOLTZ-BACHA 1993b: 533; vgl. ähnlich PROMMER et al. 2006: 77). Aus wissenschaftssoziologischen Untersuchungen geht ferner hervor, dass Frauen vor allem Freude an der Lehrtätigkeit haben (vgl. exemplarisch WETTERER 1985). Auch Fröhlich und Holtz-Bacha (1993b: 534) haben vermutet, dass Frauen nicht zuletzt deshalb mehr Zeit in die Lehre investieren, weil sie ihnen Spaß macht.

Bisweilen führen Lehrer die geringe Zeit für die Forschung auf die hohen Studierendenzahlen zurück. So sagte ein Professor aus der ältesten Kohorte: »Ich glaube, die Professoren hatten früher mehr Zeit für Forschung, weil es nicht so viele Studenten gab. Mit der generellen Öffnung der Universitäten ist sehr viel Lehr- und Prüfungslast angefallen und das schlägt sich negativ auf die Forschungsaufgaben nieder.« Diese Vermutung kann zumindest teilweise relativiert werden. Aus Untersuchungen zum Professorenberuf ist bekannt, dass eine höhere Belastung durch steigende Studierendenzahlen nicht zwingend eine zeitliche Vernachlässigung der Forschung nach sich ziehen muss (vgl. exemplarisch ENDERS/TEICHLER 1995a). Vielmehr kann das Gegenteil eintreten. Enders und Schimank (2001: 165) haben herausgestellt: »Je ungünstiger die Studenten-Lehrenden-Relationen geworden sind, desto mehr Zeit haben die Professoren mit Forschung verbracht.« Diese These von Enders und Schimank ist allerdings mit Vorsicht zu betrachten, da in der Regel ein kleiner Teil unter den Professoren überdurchschnittlich produktiv publiziert, während sich rund ein Drittel überhaupt nicht an der Kommunikation im Fach beteiligt (vgl. ENDERS/TEICHLER 1995b: 142). Wissenschaftssoziologisch lässt sich dieses Phänomen unter ›Lotkas Law‹ fassen, das auch für die Kommunikationswissenschaft nachgewiesen werden konnte (vgl. DONSBACH ET AL. 2005: 67; BROSIUS/HAAS 2009: 183ff.).[119]

Das Interviewmaterial und die Analyse der Veröffentlichungslisten der befragten Professoren lassen Rückschlüsse darauf zu, dass sich das Lehrer-Verständnis im Zeitverlauf einstellen kann: Manche Vertreter des Lehrer-Typus waren zu einem früheren Zeitpunkt ihrer Karriere Forscher. Beispielsweise sagte ein Interviewpartner aus der ältesten Kohorte, dass seine Mitarbeiter die vergleichsweise größeren Forscher seien und dass er »diese Phase« früher auch einmal gehabt habe. Im Unterschied zum Forscher scheint der Lehrer nicht (mehr) die gesamte Energie darauf zu setzen, seine Position im kommunikationswissenschaftlichen Feld verbessern zu wollen. Er hat sich – zu unterschiedlich großen Anteilen – aus dem Kampffeld Kommunikationswissenschaft zurückgezogen und findet nun auch in anderen sozialen Feldern Anerkennung. Mit Bourdieu ist das Berufsverständnis auch als Vermittlungsinstanz von Selektionsprozessen zu verstehen. Somit stellt sich die Frage, ob die Lehrer durch ›Platzanweisen‹ aus dem Kampffeld gedrängt wurden (soziale Selektion) oder aus freier Entscheidung den Rückzug angetreten haben (Selbstselektion). Nach der Feldlogik im Sinne Bourdieus kann davon ausgegangen werden, dass sich ein Rückzug aus dem kommunikationswissenschaftlichen Kampffeld immer dann einstellt, wenn der gewünschte Erfolg in diesem Feld ausgeblieben ist. Bei der sozialen Selektion wäre die Konzentration auf die Lehre als (habitusfundierte) *Reaktion* auf die eigene Feldposition zu betrachten. Im Falle einer Selbstselektion sind Lehrer nicht zwangsläufig unzufrieden mit ihrer Feldposition. Freilich kann es sich bei diesem Phänomen auch um eine interessengeleitete Selbstdarstellung der Befragten und/oder um methodische Verzerrungseffekte handeln.

Drei Vertreter des Lehrer-Typus haben davon berichtet, dass sich ihre akademischen Lehrer/Mentoren eher als Lehrer verstanden und dass sie von ihnen eine Reihe von Eigenschaften übernommen hätten. So sprach ein Interviewpartner (älteste Kohorte) davon, dass seine Mentoren

119 Das nach Alfred Lotka (1880-1949) benannte Gesetz bildet die Struktur einer Scientific Community anhand des Indikators Produktivität ab. Lotka hat herausgefunden, dass es in jeder Fachgemeinschaft ein starkes Ungleichgewicht der Publikationstätigkeit unter Wissenschaftlern gibt. Wenn man davon ausgeht, dass die »publikationsfreudigsten, produktivsten Wissenschaftler« die meiste Reputation durch die Peers erhalten, dann entspricht die Sozialstruktur der Wissenschaft weitgehend ihren Belohnungsmechanismen (vgl. WEINGART 2003: 26).

»exzellente Lehrer« gewesen seien und er zählte eine Mixtur von Eigenschaften seiner akademischen Lehrer auf: Ein Lehrer habe Sachverhalte »sehr schön vermitteln und darstellen« können, ein anderer »komplexe Dinge gut über die Rampe zu bringen« vermocht, ein dritter hätte »wunderbare« pädagogische Fähigkeiten gehabt. Von einem vierten habe sich der Befragte Liberalismus und Offenheit abgeschaut. Ein Interviewpartner aus der ältesten Kohorte hob die »großzügige Grundhaltung« seines akademischen Lehrers gegenüber Studierenden hervor – eine Haltung, von der er sehr profitiert habe (»Ich selbst kann am besten alles, wenn man nicht drückt und zwängt – deshalb habe ich so von ihm profitiert.«) und die er nun gegenüber seinen eigenen Studierenden einnehme. Eine Professorin hat ihren akademischen Lehrer als »begnadeten Lehrer« beschrieben – sie kenne kaum jemanden, der ihm das Wasser reichen könne (»[...] ich schon gar nicht [...]«).

7.3.3 *Der Manager*

Der Manager will in erster Linie die Erwartungen der Hochschulpolitik und der Medienpraxis erfüllen. Mit universitären Umstrukturierungsmaßnahmen arrangiert sich dieser Typus gut, da sie ihm die Vorlage für seine favorisierten Management-Tätigkeiten liefern. Ämtern (innerhalb und außerhalb der Universität) und der Auftragsforschung misst der Manager eine große Bedeutung bei. Wie der Lehrer verfolgt der Manager durch seine Lehrtätigkeit einen Erziehungsauftrag und er bildet für die Medienpraxis aus. Der Manager lebt nicht für die Wissenschaft, sondern strebt eine Work-Life-Balance an und nach der Emeritierung/Pensionierung will er sich aus der Wissenschaft zurückziehen. Durch seine beruflichen Tätigkeiten will dieser Typus hauptsächlich soziales Kapital und Kapital an intellektueller Prominenz akkumulieren. Wie Tabelle 8 zu entnehmen ist, wurde lediglich ein Professor für Kommunikationswissenschaft als Manager typologisiert. Dieser Befragte hat Kommunikationswissenschaft studiert, er wurde vor 1940 geboren und ist mittlerweile emeritiert. Er ist somit jener Professorengeneration zuzuordnen, die Meyen und Löblich (2007) als ›Jungtürken‹ bezeichnen. Die Typenbeschreibung bleibt (zwangsläufig) nah an den individuellen Handlungsmustern dieses Professors, sodass eine vollständige Anonymisierung hier weder möglich noch sinnvoll ist. Da Auszüge aus dem Interview bereits veröffentlicht wurden (vgl. MEYEN/LÖBLICH 2007), erscheint es als gerechtfertigt, hier den Namen Wolfgang R. Langenbucher ins Spiel zu bringen.[120]

Langenbucher wollte sich »eigentlich immer von der Uni abnabeln« und führte hochschulpolitische Entwicklungen an, die ihn nach Studienabschluss in Kommunikationswissenschaft (Direktpromotion) an der Universität haben bleiben lassen. Er strich heraus, dass man in den 1970er- und 1980er-Jahren im Fach »ungeheuer viel« bewirken konnte. Durch die Einführung des Journalistik-Studiengangs in München[121] und durch seine vielfältigen Aktivitäten in der Politikberatung hat Langenbucher »herumgemanagt« und »Probleme bewältigt«. Gemeinsam mit Peter Glotz war Langenbucher Gründungsmitglied der Arbeitsgemeinschaft für Kommunikationsforschung e.V. (AfK). Überdies war er Mitglied der Kommission für den Ausbau des technischen Kommunikationssystems (KtK) und durch das Begleitforschungsprogramm zu den Kabelpilotprojekten standen ihm Drittmittel in Millionenhöhe zur Verfügung. Aus seiner parteipolitischen Ausrichtung macht Langenbucher keinen Hehl (»Ich war rechtzeitig in die Sozialdemokratie eingetreten, weil ich nicht in diese Ecke der Politökonomie und des Marxismus kommen wollte.«). Er hatte gute Verbindungen zur SPD-Spitze, war Berater von Bundeskanzler Helmut Schmidt und in öffentlichen Auftritten an dessen Seite zu sehen (»Es gab eine Phase, wo man von mir nur noch als dem Jet-Professor gesprochen hat.«). Wenn man um die soziale Herkunft Langenbuchers weiß (sein Vater war Programmchef einer großen Buchgemeinschaft), lässt sich nachvollziehen, dass er sich aufgrund seines elitären/akademischen Habitus in den oberen gesellschaftlichen Kreisen selbstbewusst und wie selbstverständlich bewegt(e).

Im Interview attestierte sich Langenbucher ein »Manager-Selbstverständnis«. Zugleich betonte er, dass er »kein falsches Bild« von sich erzeugen wolle, denn er habe sich immer sehr für die Lehre engagiert: »Ich bin ein fleißiger Vorlesender und ich lasse nie eine Vorlesung ausfallen.« Der Interviewpartner war jeden Tag von morgens 9 Uhr bis abends 21 Uhr im Institut anzutreffen; er benötigte das Institut, um wirken zu können. Dem Wiener Institut für Publizistik- und Kommunikationswis-

120 In den letzten Jahren wurde im Rahmen der Aufarbeitung der Geschichte des Münchener Fachinstituts und der Arbeitsgemeinschaft für Kommunikationswissenschaft e.V. (AfK) eine ganze Reihe von Interviews mit Wolfgang R. Langenbucher geführt. Vgl. hierzu Langenbucher (2004); Allwang (2008); Meyen/Höfler (2008) sowie Wendelin (2008).

121 Zum sogenannten ›Münchener Modell‹ der Journalistik vgl. Meyen/Höfler (2008).

senschaft stand Langenbucher 22 Jahre lang vor und er hat auf die Gestaltungsmöglichkeiten verwiesen, die dieses Amt mit sich bringe. Langenbucher habe auch keine Probleme mit dem starken Studierendenandrang am Wiener Institut gehabt. Für jemanden, dessen »Herz im Sinne Max Webers für die Forschung schlägt«, wäre der dortige Zustand einer gewesen, »der einen in die Psychiatrie« brächte. Er hingegen habe die Studierendenmasse gerne koordiniert und konnte dadurch als Manager »so richtig in die Vollen gehen«. Seine favorisierten Tätigkeiten bestanden darin, Vorlesungen zu halten, Gutachten zu schreiben und Bewerbungsverfahren zu organisieren.

Der Großteil von Langenbuchers Veröffentlichungen ging aus Vorträgen hervor. Die Vorträge wiederum sind aus Anfragen entstanden, die aus unterschiedlichen sozialen Feldern an ihn herangetragen wurden. Der Befragte habe es als eine Selbstverständlichkeit angesehen, auf Anfragen aus der Wirtschaft, Politik und dem Journalismus positiv zu reagieren: »Es gab offensichtlich eine Umwelt, die ich mehr bedient habe als viele meiner Kollegen. Das war die Umwelt der Medien, von Betrieben, von Politik usw., wo ich eingeladen wurde.« Die Auftritte in den Medien und die Ausrichtung seiner Veröffentlichungen an ein nicht wissenschaftliches Publikum brachten ihm Kapital an intellektueller Prominenz ein. Im Interview hat Langenbucher herausgestrichen, dass er »nie der große Forscher« gewesen sei und dass seine Habilitationsschrift »noch nicht einmal« für ein Buch gereicht habe. Sie sei nur »eingedünnt« in Aufsatzform erschienen (vgl. LANGENBUCHER 1974/75). Der geringe Stellenwert von Forschungsaktivitäten im beruflichen Alltag könnte folgendermaßen gedeutet werden: Mit nicht einmal 35 Jahren stand Langenbucher fast allein am Machtpol des kommunikationswissenschaftlichen Feldes. Als Herausgeber der *Publizistik* hatte er eine Gatekeeper-Funktion inne; er konnte Manuskripte zur Publikation auswählen und dadurch über Karrieren in der Kommunikationswissenschaft entscheiden. Seine Mitherausgeber waren politisch belastet und schon deshalb zurückhaltend(er). Durch seine vielfältigen Beratungstätigkeiten und seinen Bekanntheitsgrad in der Öffentlichkeit konnte Langenbucher eine Position im sozialen Raum einnehmen, die vor ihm und nach ihm – vielleicht mit Ausnahme von Elisabeth Noelle-Neumann – keinem anderen Fachvertreter vergönnt war. Wozu also sollte Langenbucher datenanalytische Verfahren erlernen, in die sich seine Generationskollegen schon deshalb (wenigstens teilweise) einarbeiten mussten, weil sie sonst nach der empirisch-sozialwissenschaftlichen Wende des Fachs an wissenschaftlichem Kapital verloren hätten?

Als ›Jungtürke‹ hat Langenbucher die empirisch-sozialwissenschaftliche Wende der Kommunikationswissenschaft zwar wesentlich mit vorangetrieben und Spielregeln im kommunikationswissenschaftlichen Feld gesetzt; seine eigene wissenschaftliche Ausrichtung wendete sich jedoch nur bedingt. Heute entspräche sein Fachverständnis nicht dem empirisch-sozialwissenschaftlichen Mainstream und er müsse zur Kenntnis nehmen, dass man seine Veröffentlichungen in einschlägigen Werken »kaum noch findet«. Metaphorisch könnte man dieses Phänomen folgendermaßen umschreiben: Langenbucher hat zwar das ›Unternehmen‹ Kommunikationswissenschaft mit aufgebaut, identifiziert sich aber heute offenbar mehr mit dem Unternehmen als mit dem ›Produkt‹, für das dieses Unternehmen steht.

Über die Gründe, warum sich nur *ein* Befragter dem Manager-Typus zuordnen lässt, kann an dieser Stelle nur spekuliert werden. In der sich verwissenschaftlichenden Kommunikationswissenschaft erfolgt der Reputationserwerb verstärkt durch genuin wissenschaftliche Leistungen – gerade jüngere Professoren, die sich im Feld positionieren müssen, streben nach Anerkennung ihrer Forschungsleistungen. Darüber hinaus finden sich im Zuge der ›Versozialwissenschaftlichung‹ (MEYEN 2004) der Kommunikationswissenschaft immer weniger Professoren im Fach, die geisteswissenschaftlich ausgerichtet sind. Es dürfte also immer seltener vorkommen, dass sich ein kommunikationswissenschaftlicher Akteur wenig (oder gar nicht) mit dem empirisch-sozialwissenschaftlichen Forschungs-Output der Kommunikationswissenschaft identifiziert, sich deshalb aus der Forschung und dem Kampf um wissenschaftliches Kapital zurückzieht und in erster Linie Kapital an intellektueller Prominenz akkumuliert.

7.3.4 *Der Forschungs-Manager*

Der Forschungs-Manager ist der klassische Forschertypus im modernen Gewand, dessen Habitus sich (strategisch) den strukturellen Gegebenheiten der reformierten Universität anpasst. Die Diskrepanz zwischen Ist- und Soll-Verteilung von beruflichen Aufgaben ist bei diesem Typus am größten. Obwohl der Forschungs-Manager Forschungsaktivitäten den höchsten Stellenwert im beruflichen Tätigkeitsmix zuschreibt, verwendet er einen erheblichen Teil seiner Arbeitszeit für Managementaufgaben. Im Unterschied zum Forscher wird seine Arbeitszufriedenheit nicht so stark durch die steigenden Managementaufgaben und die universitären Umstrukturierungsmaßnahmen beeinträchtigt; den aktuellen Hochschulreformen kann er auch Positives abgewinnen. Managementaufgaben, insbesondere die Übernahme von universitären Ämtern, nutzt der Forschungs-Manager immer auch (fach)strategisch, da er in der Mitgestaltung des Modernisierungsprozesses eine Aufstiegschance sieht. Dieser Typus fühlt sich der Kommunikationswissenschaft stark verbunden und im Zuge der aktuellen Hochschulreformen empfindet er es als seine Verpflichtung, sich für das Fach zu engagieren. Lehrtätigkeiten setzt er als Motor für die Forschung ein und er bildet vorzugsweise für die (Medien-)Forschung aus. Unter den Forschungs-Managern gibt es vereinzelt Professoren, die Wissenschaft als Lebensform gewählt haben und die sich insofern nicht vom Forscher-Typus unterscheiden. Bei den meisten hat sich allerdings der Stellenwert des Berufs im Leben – wenngleich nur leicht – zugunsten des Privaten verschoben. Bei Vertretern dieses Typus handelt es sich um studierte Kommunikationswissenschaftler oder Fachfremde, die sich in Kommunikationswissenschaft habilitiert haben. Bis auf einen Befragten stammen die Forschungs-Manager aus der mittleren und jüngsten Kohorte und sie haben sich während oder nach ihrer Promotionszeit für die Wissenschaft entschieden.

Wie der Forscher strebt der Forschungs-Manager in erster Linie nach wissenschaftlichem Kapital und nach Kontakten zu anderen Forschern aus dem In- und Ausland (soziales Kapital), wobei vor allem Verbindungen in die USA für ihn einen hohen Wert besitzen. Um unter günstigen Bedingungen forschen zu können, investiert der Forschungs-Manager viel Zeit in das Schreiben von Drittmittelanträgen und das Management von Drittmitteln. Der Wert von Managementtätigkeiten ermisst sich bei diesem Typus aus der (eigenen) Interessensvertretung und/oder daraus, die Kommunikationswissenschaft nach außen zu stärken bzw. zu legitimieren. Ein studierter Kommunikationswissenschaftler (jüngste Kohorte, in Österreich tätig) ist der Ansicht, dass sich das Fachimage am besten »vor Ort« im Austausch mit Kollegen verbessern lasse. Wenn man im lokalen Kontext zeige, dass gesellschaftlich relevante Forschung stattfinde, die durch Drittmittel anerkannt werde, könne man einiges zur Imageverbesserung des Faches beitragen, so der Befragte. Ein anderer studierter Kommunikationswissenschaftler (ebenfalls jüngste

Kohorte) berichtete von seiner Erfahrung mit Professorenkollegen vor Ort: »Wenn ich mit Leuten diskutiere, sagen die: ›Eigentlich sind Sie für einen Kommunikationswissenschaftler gar nicht so schlecht! Es ist ja gar nicht blöd, was ihr da tut.‹ Aber davon muss man sie erst im persönlichen Kontakt überzeugen.« Nach Ansicht dieses Zitierten sind die Forschungsergebnisse der Kommunikationswissenschaft nicht schlecht, allerdings brauche das Fach ein besseres Marketing. Professoren des Faches hätten es versäumt, in wichtigen Gremien zu sitzen und sich dadurch in beratenden und politischen Funktionen zur Verfügung zu stellen: »Die Disziplin, an der ich mich immer am liebsten reibe, ist die Betriebswirtschaftslehre. Die BWL macht einfach besseres Marketing, was gesellschaftliche Nützlichkeitsvermutungen und Ressourcenzuweisungen anbelangt.« Aus der Imagearbeit für das Fach und dem Anspruch, die eigene Forschung voranzutreiben, ergibt sich ein Spannungsfeld, das dieser Befragte folgendermaßen beschrieben hat:

> »Ich sitze in sehr vielen universitären und außeruniversitären Gremien und diese Sitzungen sind absolute Zeitfresser. Auf der anderen Seite ist die Mitgliedschaft in solchen Gremien eine Möglichkeit, Forschungsgelder zu akquirieren, Projekte zu lancieren und etwas für das Image des Faches zu tun. Natürlich könnte man sagen: Wenn ich in weniger Gremien sitzen würde, hätte ich mehr Zeit zum Schreiben, aber dann könnte ich nicht mehr so viel mitbestimmen, wohin die Universität steuert – und das wäre schade.«

Bei Professoren, die das Fach alleine an einem Standort vertreten, wird es geradezu herausgefordert, dass sie sich als Anwälte der Kommunikationswissenschaft verstehen. Außerdem erscheint es solchen Professoren kaum möglich, sich auf einen der drei Tätigkeitsbereiche Forschung, Lehre oder Management zu fokussieren – an Ein-Mann-Instituten sind Universalisten, keine inhaltlichen Spezialisten gefragt.

Vertreter dieses Typus sind stark serviceorientiert ausgerichtet. Ein Forschungs-Manager aus der ältesten Kohorte hat von der »Dienstleistung« gegenüber seinen Studierenden gesprochen. Er strich heraus, 25 Prozent seiner Arbeitszeit für Consulting-Tätigkeiten zu verwenden und seine Studierenden wie »Kunden« zu behandeln (»Das können Sie gerne nachfragen.«). Die Studierenden bekämen eine Vorlesung, die »informativ, kompetent, kommunikabel und bisweilen auch unterhaltsam« sei. Mit der Zeit bekomme man »ein Gespür« dafür, wie man sein Publikum bei »Stimmung, Aufmerksamkeit und Laune« halte. Dieser Professor lese nicht vom Blatt ab, ist »bereit zu extemporieren«, nehme

Fragen der Studierenden entgegen und sei um einen hohen Aktualitätsbezug in den Veranstaltungen bemüht. Ferner lege dieser Interviewpartner Wert darauf, dass er und seine Mitarbeiter Präsenz am Institut zeigen:

> »Wir sind an jedem Tag in der Woche am Institut anwesend. Unsere Kernzeiten sind zwischen 9 und 17 Uhr, wodurch wir auf Anfragen von außen sofort reagieren können. Sie hören hier nicht, dass ich nicht da bin und erst nächste Woche Dienstag wieder im Büro auftauche. Sie erleben auch nicht, dass unser Sekretariat nicht besetzt ist. Wir sind auch eine Art Service-Agentur für Journalisten, die Anfragen stellen, und für Studierende, die Probleme haben. Ich bin üblicherweise um halb neun im Institut und gehe je nach Arbeitsanfall zwischen 18 und 20 Uhr nach Hause.«

Ein Interviewpartner aus der jüngsten Kohorte sagte, dass er zwar an nur drei Tagen in der Woche am Institut sei (er pendelt zwischen Wohn- und Arbeitsort), dass aber seine E-Mail-Sprechstunden teilweise bis um 2 Uhr nachts gingen (»[...] je nachdem, wie ich drauf bin [...]«).

7.4 Einflussfaktoren auf das Berufsverständnis

Analog zu Abschnitt 6.4 wird auf den nächsten Seiten dargelegt, wie sich Unterschiede zwischen den einzelnen Berufsverständnis-Typen erklären und verstehen lassen. Die Typologie legt nahe, dass das Berufsverständnis von Professoren für Kommunikationswissenschaft vor allem von der wahrgenommenen Feldposition, von der Lebensphase, von der sozialen und disziplinären Herkunft, vom Geschlecht sowie von den Modalitäten des Fachinstituts geprägt wird:

- *Bewertung der eigenen Position*: Bourdieu (1983: 186) hat darauf hingewiesen, dass die Aufrechterhaltung bzw. Verbesserung der objektiv eingenommenen Position im sozialen Raum »nur um den Preis von Arbeit, Anstrengung und vor allem Zeit zu haben sind.« Ob diese Anstrengungen und Zeitaufwendungen in Kauf genommen werden, wird zu einer strategischen Entscheidung der Akteure und hängt von den wahrgenommenen Erfolgsaussichten in der Kommunikationswissenschaft ab. Die Gespräche mit den Fachvertretern lassen Rückschlüsse darauf zu, dass aus der Wahrnehmung der Erfolgsaussichten die Motivation für das Engagement im kommunikationswissenschaftlichen Feld erwächst. Dem Reputationsmechanismus von (Kommunikations-)Wissenschaft können sich vor allem diejenigen Professoren nicht entziehen, die ihre Position im Feld verbessern, zumindest aber aufrechterhalten wollen. Jene Fachvertreter wollen in erster Linie ihre Forschungsaktivitäten vorantreiben und dadurch wissenschaftliches Kapital akkumulieren. Je mehr die erreichte Position der angestrebten Position entspricht, desto eher entziehen sich Professoren offenbar (partiell) dem Reputationsmechanismus.

- *Lebensphase, Karriereorientierung*: Bei der Zuordnung der Befragten zu den einzelnen Typen lassen sich Muster hinsichtlich der Kohortenzugehörigkeit erkennen. Lediglich der älteste Interviewpartner konnte dem Manager-Typus zugeordnet werden und die meisten Vertreter des Lehrer-Typus sind aus der mittleren und ältesten Kohorte. Der Forscher-Typus ist in allen Kohorten anzutreffen, Forschungs-Manager hingegen sind stark in der jüngsten und mittleren Kohorte vertreten. Es wäre allerdings ein Trugschluss, von der Geburtskohorte direkt auf das Berufsverständnis zu schließen. Einflussreich scheint vielmehr die Lebensphase (und die damit verbundene Karriereorientierung) zu sein. Das Berufsverständnis kann sich im Laufe der Karriere verändern und charakteristisch für eine bestimmte Lebensphase sein. So kann beispielsweise aus einem Forscher ein Lehrer werden. Das Interviewmaterial legt nahe, dass sich einige Lehrer im Laufe ihrer Karriere (partiell) aus dem Reputationsmechanismus ausgeklinkt und das kommunikationswissenschaftliche Kampffeld zu mehr oder weniger großen Anteilen verlassen haben. Für diesen Rückzug gibt es unterschiedliche Motive: Zum einen kann er Resultat einer Prioritätenverschiebung zugunsten des Engagements in anderen sozialen Feldern und/oder des Privaten sein. Zum anderen kann sich ein solcher Rückzug einstellen, wenn der gewünschte Erfolg im kommunikationswissenschaftlichen Feld ausgeblieben ist. Die Karriereorientierung schlägt sich auch im Umgang mit den universitären Umstrukturierungsmaßnahmen nieder. Allen voran nutzen Forschungs-Manager die aktuellen Umstrukturierungsmaßnahmen (immer auch) als Chance zum Aufstieg. Die Habitūs dieser – meist jungen – Akteure scheinen sich strategisch an die reformierten Feldstrukturen anzupassen. Der Forschungs-Manager ist folglich nicht als eine beliebige Hybridform des Berufsverständnisses von Professoren zu betrachten, sondern dieser Typus erwächst aus dem Umstand, dass im Zeitalter des New Public Management für universitäre Ämter herausragende Forschungsleistungen erforderlich sind.

- *Soziale und disziplinäre Herkunft*: Es kristallisiert sich heraus, dass Vertreter des Forscher-Typus aus akademischen, bildungsfreundlichen und künstlerischen Elternhäusern kommen (was unter Professoren für Kommunikationswissenschaft eher eine Ausnahme darstellt). Die meisten Forscher hegten bereits früh den Berufswunsch Professor, sie haben *nicht* Kommunikationswissenschaft studiert und weisen einen rein akademischen Werdegang auf. Solche Professoren wurden in forschungsstärkeren Fächern ohne berufspraktische Perspektive sozialisiert. Im Vergleich zu studierten Kommunikationswissenschaftlern scheinen sie sich dem Fach weniger stark verbunden zu fühlen und sie investieren tendenziell weniger Energie in die Imageverbesserung des Faches (und damit in Managementaufgaben). Nicht zuletzt deshalb bleibt ihnen so vielleicht mehr Zeit für die Forschung als den Forschungs-Managern. Bei der akademischen Sozialisation ist ferner dem akademischen Lehrer eine große Bedeutung zuzuschreiben. Auffallend ist, dass sich vor allem das Lehrer-Verständnis zu vererben scheint. Drei Lehrer haben davon berichtet, dass sie stark von ihren akademischen Lehrern geprägt worden seien. Wenn man darum weiß, dass Vertreter des Lehrer-Typus vor allem in den älteren Kohorten vorkommen, dann erscheint dieser Befund gerade im Hinblick auf den Generationenwechsel von zentraler Bedeutung.
- *Geschlecht, Lebensweise*: Drei von sechs Professorinnen konnten dem Lehrer-Typus zugeordnet werden. Wenn man das Geschlecht nicht nur biologisch, sondern als das vom Habitus angeleitete Handeln im Sinne eines ›doing gender‹ versteht, dann lohnt es sich, den Zusammenhang zwischen Geschlecht und Lebensweise näher zu betrachten. Für männliche Professoren besteht klassischerweise keine Abhängigkeit zwischen ihrer Karriereplanung und der Familiengründung. Professorinnen hingegen sehen sich in jedem Fall damit konfrontiert, die Familiengründung in ihre berufliche Laufbahn einzuplanen. Zwar haben auch männliche Interviewpartner davon berichtet, dass sich der Stellenwert des Berufs im Leben durch die Familiengründung verändert habe und dass sie nun mehr Zeit mit der Familie verbringen wollten. Auffallend ist jedoch, dass die beiden Professorinnen, die Wissenschaft als Lebensform gewählt haben (Forscher- bzw. Forschungs-Manager-Typus), keine Kinder haben. Ferner lässt sich als Tendenz erkennen, dass es bei Männern im Gegensatz zu

Frauen bei einer Vernachlässigung der Forschungsaktivitäten nicht zu einer Stärkung von Lehr-, sondern von Managementaufgaben kommt. Über mögliche Gründe für dieses Phänomen kann hier nur spekuliert werden. Vermutlich handelt es sich bei dem Sachverhalt, dass weibliche Professoren im Vergleich zu ihren männlichen Kollegen der Lehre tendenziell eine höhere Bedeutung zuschreiben, um ein Zusammenspiel aus manifester oder latenter Zurückweisung aus dem Reputationsmechanismus und deren manifester oder latenter Neigung zum Pädagogischen aufgrund spezifischer Kompetenzen (kulturelles Kapital). Außerdem trauen sich Frauen offenbar weniger zu; bisweilen fehlt es ihnen an Selbstbewusstsein, ihre Forschungsleistungen selbstbewusst zu vermarkten (vgl. LIND 2004). Versteht man den Habitus als Produkt und Produzent von Praxis, so könnte es sich bei der Betonung des ›Spaß-Aspektes‹ um ein Produkt der geschlechtsspezifischen Sozialisation und der erwarteten Gratifikation von Frauen handeln. Zudem lässt sich vermuten, dass ein wenig *amor fati* im Spiel ist (vgl. BOURDIEU 1987a: 286): Man mag, was man hat bzw. was einem qua Geschlechtszugehörigkeit zugeschrieben wird.

- *Größe, Ausrichtung und Ausstattung des Instituts*: Von Professoren, die das Fach alleine an einem Standort oder an einem kleinen Institut vertreten, wird es als große Herausforderung angesehen, Zeit für die Forschung zu finden. Hier sind in besonders hohem Maße persönliche Strategien gefordert, die Freiräume für Forschungsaktivitäten verschaffen. Darüber hinaus spielt es eine Rolle, ob ein Professor an einem Journalistik-Institut oder an einem Institut für Kommunikationswissenschaft tätig ist. Von Journalistik-Professoren wird dezidiert eine Ausbildungsleistung für den Journalismus bzw. für die Medienpraxis gefordert, was mit dem Berufsverständnis des Lehrers einherzugehen scheint. Eng verknüpft mit der Größe und der Ausrichtung des Instituts ist die Ausstattung der Professur: Je mehr ökonomisches Kapital einem Professor zur Verfügung steht, desto mehr Handlungsoptionen hat er. Zwar verhilft der Besitz von ökonomischem Kapital noch nicht zu Reputation, doch hat die prinzipielle Möglichkeit der Transformation von ökonomischem Kapital in wissenschaftliches Kapital (und vice versa) Einfluss auf die wissenschaftliche (Re-)Produktion und damit auf den Reputationserwerb (Akkumulation von wissenschaftlichem Kapital).

Es lässt sich somit festhalten: Das Engagement von Professoren für Kommunikationswissenschaft in Forschung, Lehre und Management entscheidet über deren Positionen im kommunikationswissenschaftlichen Feld, weshalb die Investition von Arbeitskraft in die drei Tätigkeitsbereiche (immer auch) als strategischer Einsatz zu verstehen ist. Das Berufsverständnis ist folglich nur vor dem Hintergrund der wahrgenommenen Position im Feld und damit letztlich von der Sicht auf das Feld, die ein Professor von einem bestimmten Standpunkt im Feld aus hat, zu verstehen. Es wird beeinflusst von der Lebensphase und der damit verbundenen Karriereorientierung, von dem Geschlecht und der Lebensweise sowie dem Fachinstitut, an dem ein Professor tätig ist.

8. FAZIT UND AUSBLICK

Ziel dieser Studie ist es, im Rahmen einer qualitativen Untersuchung das Selbstverständnis von Professoren für Kommunikationswissenschaft zu analysieren und dadurch die Interdependenz von wissenschaftlicher Sozialisation und Produktion der Akteure und dem Selbstverständnis des Faches auszuleuchten. In der Einleitung wurde gefragt, welche unterschiedlichen Formen des Selbstverständnisses unter Fachvertretern vorherrschen und durch welche Faktoren das Selbstverständnis beeinflusst wird. Auf Grundlage einer Dokumentenanalyse und 26 Leitfadeninterviews mit Professoren für Kommunikationswissenschaft können nun Antworten auf diese Fragen geliefert werden. Dafür werden zunächst die Befunde zum Fach- und Berufsverständnis rekapituliert und die Zusammenhänge zwischen dem Fach- und dem Berufsverständnis aufgezeigt. Die Zusammenführung der beiden Selbstverständnisformen erlaubt es, Prognosen für die Fachentwicklung aufzustellen. Anregungen für zukünftige Forschungsarbeiten und für die kommunikationswissenschaftliche Praxis beschließen diese Arbeit.

Bourdieus Denkwerkzeuge haben sich als sehr nützlich für die Untersuchung des Selbstverständnisses von Fachvertretern erwiesen. Das Selbstverständnis wurde im Habitus verankert, als Erzeugungsprinzip wissenschaftlicher Praxis verstanden und zu analytischen Zwecken in das Fach- und Berufsverständnis unterteilt. Mithilfe von je einer Typologie konnten das Fach- und Berufsverständnis analytisch ausgeleuchtet und die Einflussfaktoren ermittelt werden. Es sei wiederholt, dass es sich bei Typen um komplexitätsreduzierende Konstruktionen handelt. Sie stellen aber eine wertvolle Heuristik und ein nutzbringendes Instrument dar, um das Selbstverständnis von Professoren für Kommunikationswissenschaft tatsächlich erklären und verstehen zu können.

Mithilfe des Typologisierungskriteriums Selbstverortung im kommunikationswissenschaftlichen Feld konnten drei Typen konstruiert werden:

- *Der Orthodoxe*: Der Orthodoxe positioniert sich im Zentrum des kommunikationswissenschaftlichen Feldes, er fühlt sich dem Mainstream zugehörig und identifiziert sich stark mit der Kommunikationswissenschaft. Dieser Typus will den Status quo bewahren, kämpft um die Aufrechterhaltung seiner (Definitions-)Macht und wendet Erhaltungsstrategien an. Unter den Fachgegenstand fasst er die medial vermittelte öffentliche Kommunikation; in der Regel ist er (quantitativ-)empirisch ausgerichtet. Es fällt auf, dass Vertreter dieses Typus überwiegend Kommunikationswissenschaft studiert haben, über Praxiserfahrung verfügen und aus bildungsfernen Elternhäusern stammen. Die Professoren, die in einer anderen akademischen Disziplinen sozialisiert wurden, haben das kommunikationswissenschaftliche Feld zu einem frühen Zeitpunkt ihrer beruflichen Laufbahn betreten und/oder ein Fach studiert, das sich unmittelbar auszahlt (hier: Psychologie, Politikwissenschaft und Wirtschaftswissenschaften). Orthodoxe Fachvertreter finden sich in allen Geburtskohorten.
- *Der Häretiker*: Der Häretiker versteht sich als Anwärter auf die Machtpositionen. Er fühlt sich der Kommunikationswissenschaft stark verbunden, positioniert sich am Zentrums-Rand des kommunikationswissenschaftlichen Feldes und ordnet sich *nicht* dem Mainstream zu. Er wendet Umwälzungsstrategien an, kämpft für die Integration kulturwissenschaftlicher Ansätze und will den qualitativen Forschungszweig stärken. Unter den Fachgegenstand fasst er sowohl die medial vermittelte öffentliche, als auch die medial vermittelte interpersonale Kommunikation. Die meisten Vertreter wurden in einer anderen Disziplin sozialisiert, haben sich aber in Kommunikationswissenschaft habilitiert. Sie sind bestrebt, ein Formalobjekt zu kreieren, das ihrer Erkenntnisperspektive entspricht. Diese Akteure agieren noch nicht lange im kommunikationswissenschaftlichen Feld und/oder haben ein Fach studiert, das sich offenbar nur bedingt auszahlt (geisteswissenschaftliche Fächer, teilweise auch Soziologie). Hinsichtlich der Verteilung nach Geburtskohorten, Geschlecht und sozialer Herkunft lassen sich keine Muster erkennen.

- *Der Grenzgänger*: Der Grenzgänger positioniert sich am Rand des kommunikationswissenschaftlichen Feldes und begreift die Randständigkeit (auch) als kreatives Potenzial. Im Unterschied zum Häretiker handelt dieser Typus weniger strategisch, um seine Erkenntnisperspektive durchzusetzen. Vielmehr sucht er nach einer Nische, die ihm Freiräume für seine Forschungsaktivitäten erlaubt. Der Grenzgänger findet Anerkennung für seine berufliche Leistung auch in anderen sozialen Feldern – hierbei kann es sich um ein anderes wissenschaftliches Subfeld, um das kommunikationswissenschaftliche Feld im Ausland oder aber um das journalistische Feld handeln. Vertreter dieses Typus finden sich zumeist in der ältesten Kohorte und bis auf eine Ausnahme lassen sich ausschließlich Fachfremde, die alle akademischen Sozialisationsschritte in einem anderen Fach durchlaufen haben, dem Grenzgänger zuordnen. Drei der vier Befragten mit dem frühen Berufswunsch Professor und zwei der drei befragten Journalistik-Professoren weisen ein Grenzgänger-Fachverständnis auf.

Nach den Fachverständnis-Typen werden nun die Berufsverständnis-Typen in Erinnerung gerufen. Durch die Kombination der Typologisierungskriterien *Gewichtung von Forschung und Lehre* und *Bedeutung des Managements* konnten vier Berufsverständnis-Typen gebildet werden, die sich folgendermaßen charakterisieren lassen:

- *Der Forscher*: Der Forscher will grundlegende wissenschaftliche Beiträge für die Scientific Community leisten und sich durch die Forschung selbst verwirklichen. Die Lehre betrachtet er als Motor für die Forschung und er bildet vorzugsweise für die Wissenschaft bzw. für die Medienforschung aus. Managementaufgaben hält dieser Typus für verzichtbar, weil sie wertvolle Zeit beanspruchen, die er in Forschungsaktivitäten investieren möchte. Da der Forscher mit den aktuellen Hochschulreformen äußerst unzufrieden ist, ist die Diskrepanz zwischen der Berufs- und Arbeitszufriedenheit bei diesem Typus am größten. Der Forscher will in erster Linie wissenschaftliches Kapital akkumulieren und erachtet Auslandskontakte, vor allem in die USA, als sehr wichtig (soziales Kapital). Die meisten Vertreter dieses Typus haben *nicht* Kommunikationswissenschaft studiert und verfügen (infolgedessen) nur bedingt über Praxiserfahrung. Auffallend ist zudem, dass das Gros der Befragten aus akademischen bzw. bildungsfreundlichen Elternhäusern kommt und schon früh den Berufswunsch Professor hatte.

- *Der Lehrer*: Der Lehrer betont das Pädagogische der Lehrtätigkeit, er bildet für die Medienpraxis aus und ist darum bemüht, die Erwartungen der Studierenden und der Medienpraxis zu erfüllen. Forschung bedeutet für ihn in erster Linie die systematische Aufarbeitung wissenschaftlichen Wissens; er schreibt Lehrbücher und veröffentlicht (auch) in Praktikerzeitschriften. Wie der Forscher hält auch der Lehrer Managementaufgaben für verzichtbar. Der Lehrer strebt nach Lehrkapital und verfügt über relativ wenig wissenschaftliches Kapital. Vertreter dieses Typus haben Kommunikationswissenschaft studiert und sich erst zu einem relativ späten Zeitpunkt (nach der Promotion) für das Karriereziel Professur entschieden. Sie kommen in der Regel aus der mittleren und ältesten Kohorte; drei der sechs weiblichen Professoren verstehen sich als Lehrerinnen.
- *Der Manager*: Der Manager legt ein starkes Gewicht auf Managementtätigkeiten, durch die er (auch) die Interessen der Kommunikationswissenschaft verfolgt. Der Auftragsforschung sowie universitären und außeruniversitären Ämtern misst dieser Typus eine große Bedeutung bei. Durch seine beruflichen Tätigkeiten will er wissenschaftliches und soziales Kapital sowie Kapital an intellektueller Prominenz akkumulieren. Die Lehrtätigkeit verbindet der Manager mit einem Erziehungsauftrag und er bildet für die Medienpraxis aus. Unter die Forschung fällt für ihn die Aufbereitung von wissenschaftlichem Wissen. Mit universitären Umstrukturierungsmaßnahmen arrangiert sich dieser Typus gut – sie liefern ihm die Vorlage für seine favorisierten Management-Tätigkeiten. Lediglich ein Befragter konnte als Manager typologisiert werden. Bei diesem Befragten handelt es sich um einen studierten Kommunikationswissenschaftler aus der ältesten Kohorte.
- *Der Forschungs-Manager*: Beim Forschungs-Manager hat zwar die Forschung den höchsten Stellenwert, aber es herrscht eine hohe Diskrepanz zwischen Ist- und Soll-Verteilung der beruflichen Aufgaben vor. Dieser Typus verwendet einen erheblichen Teil seiner Arbeitszeit für Managementaufgaben und sein Habitus passt sich strategisch den Strukturen der reformierten Universität an. Im Gegensatz zum Forscher fühlt sich der Forschungs-Manager der Kommunikationswissenschaft stark verbunden und er erachtet es – gerade im Zuge der Hochschulreformen – als notwendig, das Fach nach außen zu stärken. Der Forschungs-Manager versteht die Lehre als Motor für die Forschung und er will in erster Linie Medienforscher ausbilden. Vertreter

dieses Typus haben Kommunikationswissenschaft studiert oder sich in Kommunikationswissenschaft habilitiert. Auffallend häufig kommen sie aus der mittleren und jüngsten Kohorte und sie haben sich während oder nach ihrer Promotionszeit für die wissenschaftliche Laufbahn entschieden.

Welche Unterschiede und Gemeinsamkeiten gibt es nun zwischen dem Fach- und dem Berufsverständnis von Professoren für Kommunikationswissenschaft? Welche Akteure lassen sich den unterschiedlichen Selbstverständnis-Formen zuordnen? Auf den nächsten Seiten werden die Fach- und die Berufsverständnis-Typologie zusammengeführt und (Sinn-)Zusammenhänge präsentiert.

Zusammenführung der beiden Typologien

Das Habitus-Konzept liefert nicht nur einen Ansatz für Handlungserklärungen, sondern es fragt auch nach der Einheit der grundlegenden Orientierungen und damit nach den Bedeutungsschemata hinter den einzelnen Handlungen. Durch diese Hintergründigkeit eignet es sich besonders für die tiefere Analyse des zweidimensionierten Selbstverständnis-Konstruktes. Im Gegensatz zur rollentheoretischen Annahme, dass ein Akteur als Träger mehrerer Rollen fungiert, hat ein Akteur nur *einen* Habitus. Das heißt freilich nicht, dass sich das Fach- und Berufsverständnis immer 1:1 zuordnen lassen – getreu dem Motto: Alle Forscher sind Grenzgänger oder alle Lehrer sind Orthodoxe. Wie stabil der Habitus ist, wie konsistent das Handeln eines Akteurs sein kann, hängt immer auch von den sozialen Bedingungen ab (vgl. KRAIS/GEBAUER 2002: 71). Bei der Zusammenführung der Fach- und Berufsverständnis-Typen lassen sich aber durchaus Konsistenzen des Selbstverständnisses erkennen. Es kristallisieren sich strukturelle Auffälligkeiten, vor allem hinsichtlich der akademischen Sozialisation und der Verteilung nach Kohorten, heraus. Tabelle 9 liefert einen schematischen Überblick über die Kombination der Fach- und Berufsverständnis-Typen.

Gewiss: Die Verteilung der Befragten ist bei einer qualitativen Studie kaum aussagekräftig. Da aber das Verfahren der theoretischen Sättigung angewandt wurde, lassen sich durchaus (grobe) Tendenzen aufzeigen. Im Folgenden werden nicht alle Typen-Kombinationen präsentiert, sondern lediglich die markantesten.

TABELLE 9

Kombination der Berufs- und Fachverständnis-Typen

FV \ BV	Forscher	Lehrer	Manager	Forschungs-Manager
Orthodoxer	1	3	1	9
Häretiker	2	2	-	2
Grenzgänger	4	1	-	1

FV = Fachverständnis; BV = Berufsverständnis

Die Analyse des Interviewmaterials deutet darauf hin, dass es eine Konsistenz zwischen dem Forscher und dem Grenzgänger gibt. Die meisten Vertreter dieses Selbstverständnisses stammen aus der ältesten Kohorte, sie wollten bereits zu einem frühen Zeitpunkt (Studienbeginn oder früher) Professor werden und sie wurden vollständig in einer anderen akademischen Disziplin sozialisiert. Sie kommen aus forschungsstarken Fächern ohne berufspraktische Perspektive, können (bzw. wollen) sich nicht mit einem bestimmten wissenschaftlichen Subfeld identifizieren und haben nur einen schwachen Glauben an das kommunikationswissenschaftliche Feld. Ihr Handeln ist in hohem Maße (selbst)reflexiv; man könnte sie als ›freischwebende Intellektuelle‹ bezeichnen (Mannheim meinte dies natürlich anders; vgl. MANNHEIM 1931). Der einzige Fachfremde, der als Grenzgänger ein Lehrer-Berufsverständnis aufweist, ist Professor an einem Journalistik-Institut. Ferner scheint die Kombination aus Lehrer/Orthodoxer konsistent zu sein. Drei studierte Kommunikationswissenschaftler aus der mittleren bzw. ältesten Kohorte haben ein solches Selbstverständnis. Wenn man so will, stellen sie die ›Kanoniker‹ der Kommunikationswissenschaft dar. Sie verfügen über praktische Berufserfahrung, bilden vorzugsweise Medienpraktiker aus und haben einen starken Glauben an das kommunikationswissenschaftliche Feld. Den orthodoxen Forscher, der sich in Kommunikationswissenschaft habilitiert hat, könnte man als ›Traditionshüter‹ betrachten. Der orthodoxe Manager, der maßgeblich am Aufbau des Faches beteiligt war, ließe sich als ›erster Traditionalist‹ bezeichnen.

Am aufschlussreichsten ist wohl der Befund, dass das Berufsverständnis als Forschungs-Manager häufig mit einem orthodoxen Fachverständnis einhergeht. Professoren mit einem solchen Selbstverständnis stammen aus der jüngsten und mittleren Kohorte, sie haben Kommunikationswissenschaft studiert oder sich als Fachfremde in Kommunikationswissenschaft habilitiert. Im Vergleich zu den meist theoretisch ausgerichteten Forschern sind die orthodoxen Forschungs-Manager empirisch orientiert. Man könnte sie als ›Handwerker‹ des Faches bezeichnen, die ihren Besitz verteidigen. Sowohl die orthodoxen als auch die häretischen Forschungs-Manager haben durch ihre Sozialisation in der Kommunikationswissenschaft einen starken Glauben an dieses Fach und sie wollen wissenschaftliches Kapital *innerhalb* des kommunikationswissenschaftlichen Feldes akkumulieren. Der Glaube an die Kommunikationswissenschaft lässt sie als Anwälte für das Fach auftreten und sie nutzen Managementaufgaben (auch) strategisch für die Verbesserung des Fachimages. Dadurch unterscheiden sie sich vom Forschungs-Manager mit einem Grenzgänger-Fachverständnis; dieser Fachvertreter strebt nach wissenschaftlichem Kapital (auch) *außerhalb* des kommunikationswissenschaftlichen Feldes. Die skizzierten Konsistenzen erschließen sich durch die soziale Laufbahn und die daraus resultierenden Möglichkeiten des Habitus.

Die familiären Handlungsressourcen sind als Fundament der Selbstselektion und der sozialen Selektion im Rekrutierungsprozess für die höhere berufliche Laufbahn zu betrachten. Einige wenige Interviewpartner hatten bereits zu Studienbeginn den Berufswunsch Professor, sie haben *nicht* Kommunikationswissenschaft studiert, sondern wurden in forschungsstarken Fächern sozialisiert. Heute verstehen sie sich als Forscher und suchen die Nähe zu anderen wissenschaftlichen Subfeldern, weshalb sie als Grenzgänger typologisiert wurden. Mit der Praxisorientierung der Kommunikationswissenschaft können sie eher wenig anfangen. Die meisten befragten Professoren für Kommunikationswissenschaft stammen aus kleinbürgerlichen, bildungsfernen Elternhäusern. Sie weisen eine klassische Aufsteigerbiografie auf, haben einen Akkulturationsprozess durchlaufen und ihre Habitūs wurden durch die soziale Laufbahn überformt. Für die Studienfachwahl sprach die berufspraktische Perspektive, die klassischen, theoretisch(er)en Studienfächern wie der Germanistik oder der Politikwissenschaft abgesprochen wurde. Der Kommunikationswissenschaft wurde hingegen eine gesellschaftliche Relevanz, etwas Nützliches zugeschrieben. Es erscheint als konsistent, dass in der Kommunikationswissenschaft sozialisierte Professoren als orthodoxe Forschungs-Manager und nicht als orthodoxe Forscher typologisiert wurden. Das Streben nach dem Nützlichen und das ›Anpacken-Wollen‹ manifestieren sich heute möglicherweise darin, dass sie kein *l'art pour l'art* betreiben wollen, dass sie in der Regel (quantitativ-)empirisch ausgerichtet sind und Managementaufgaben als nicht verzichtbar erachten. Ein orthodoxer Forscher-Manager aus der jüngsten Kohorte fasste dies in folgende Worte:

> »Ich bin fundamental davon überzeugt, dass jeder in der Gesellschaft seinen Beitrag leisten muss. Ich habe großen Respekt vor meinem Vater gehabt, der 40 Jahre in einer Fabrik gearbeitet hat. Er hat etwas hergestellt und später haben das andere Leute gekauft, weil sie es brauchen konnten. Er hat seine Sache erfüllt. Und ich habe schon das Ziel, meine Zeit, die ich hier habe, möglichst effektiv zu nutzen.«

Dieser Anspruch, etwas herzustellen, was andere brauchen können, und seine »Sache zu erfüllen«, scheint mit sich zu bringen, dass die orthodoxen Forscher-Manager Theorien an das Greifbare rückkoppeln wollen und sich an Fakten orientieren. Dies strahlt auf das kommunikationswissenschaftliche Feld aus: Die Kommunikationswissenschaft ist ein elaboriertes Mittel zur Reflexion der Praxis geworden, aber (nach wie vor) weniger zur Reflexion der Theorie. Im Vergleich zu anderen Fächern ist die Kommunikationswissenschaft weniger autonom, die Theorieentwicklung wird stark von externen Faktoren beeinflusst. Nun wirken diese Faktoren nicht einfach auf das kommunikationswissenschaftliche Feld ein; dies wäre ein funktionalistischer Fehlschluss. Vielmehr gehen die kommunikationswissenschaftlichen Akteure mit diesen Einflüssen – etwa der Medienentwicklung, der Problemlösungskompetenz für die Medienpraxis und der zugeschriebenen Ausbildungsleistung – jeweils strategisch um. Hier lässt sich eine Brücke zu dem Professionalisierungsdilemma der Kommunikationswissenschaft schlagen. Es wurde herausgearbeitet, dass Professoren des Faches der Forschungsleistung und der Beratungsleistung gegenüber Politik, Wirtschaft und der breiten Öffentlichkeit eine große Bedeutung zuschreiben. Darüber hinaus betrachten sie die Ausbildungsleistung als eine zentrale Aufgabe des Faches. Die Befürchtung von Meyen (2004: 200), dass sich die Kommunikationswissenschaft im Zuge der Professionalisierung von den Ansprüchen der Studierenden sowie der Auftraggeber aus Politik und (Medien-)Wirtschaft entfernt und sich dadurch eine wesentliche Existenzgrundlage entzieht, kann durch die vorliegenden Befunde zumindest teilweise entkräftet werden.

Die Zusammenführung der beiden Selbstverständnisformen lässt auf das Primat der (akademischen) Sozialisation schließen. Doch was bedeutet dieser Befund für die Zukunft der Kommunikationswissenschaft?

Schlussfolgerungen

Auf den nächsten Seiten werden erste Antworten auf die in der Einleitung formulierte Frage geliefert, ob sich aus den Mustern des Berufszugangs eine Tendenz in Richtung einheitlicher, systematischer Ausbildung erkennen lässt, von der auf eine gemeinsame berufliche Identität, gemeinsame Wertvorstellungen und ein gemeinsames Fachverständnis geschlossen werden kann. Um diese Frage profund beantworten zu können, erscheint eine Einordnung der Ergebnisse in den fachgeschichtlichen Kontext als sinnvoll.

Aufgrund ihres offenen Gegenstandes wird die Kommunikationswissenschaft bis zu einem gewissen Grad sicherlich immer ein Integrationsfach bleiben, auch wenn sie sich disziplinär und institutionell stärker formiert (vgl. DONSBACH et al. 2005: 48). Ferner muss der Weg vom Integrations- zum Einheitsfach und das Ringen um das Selbstverständnis der Kommunikationswissenschaft stets vor dem Hintergrund der für Sozialwissenschaften typischen Vielfalt von Wissenschaftskulturen betrachtet werden. Die vorliegenden Befunde deuten aber darauf hin, dass sich die Kommunikationswissenschaft bei der Bildung ihres Selbstverständnisses vor allem deshalb so schwer tut, weil Fachvorstellungen von akademisch unterschiedlich sozialisierten Professoren aufeinander treffen. Meyen (2007b: 22) hat für die Professoren-Generationen der Kommunikationswissenschaft herausgearbeitet, dass die »Ahnen« und die »Gründerväter« in einer anderen Disziplin sozialisiert worden sind, die »Erstgeborenen« und die »Jungtürken« hingegen in der Kommunikationswissenschaft. Vertreter der beiden letztgenannten Generationen waren daran interessiert, die Reputation der Kommunikationswissenschaft zu verbessern, ein disziplinäres Formalobjekt zu entwickeln und die Grenzen des Faches abzustecken. Die offenkundigen Parallelen zwischen Vertretern dieser beiden Generationen hat Meyen (ebd.: 28) auf die »Ausbildung im Fach selbst« zurückgeführt. Die Ergebnisse der vorliegenden Studie können diese Annahme untermauern. Die Befunde deuten auf Gemeinsamkeiten zwischen Professoren hin, die eine Ausbildung in der Kommunikationswissenschaft durchlaufen haben. Allerdings ist das aktuelle kommunikationswissenschaftliche Feld weiter und heterogener als das in den späten 1920er- und frühen 1970er-Jahren, weshalb eine Analyse zwangsläufig differenzierter ausfallen muss. Heutzutage gibt es ein *Nebeneinander* von studierten Kommunikationswissenschaftlern und akademisch anders sozialisierten Professoren. Die fachfremden Professoren für Kommunikationswissenschaft können auf die Erkenntnisperspektive einer Mutterdisziplin zurückgreifen, was ihr Verständnis von Kommunikationswissenschaft maßgeblich prägt. So hat ein studierter Ökonom eine andere Vorstellung vom Fach als ein Historiker oder ein Soziologe. Fachfremde Kommunikationswissenschaftler lassen sich wiederum danach unterscheiden, ob sie vollständig in einer anderen akademischen Disziplin sozialisiert worden sind oder ob sie sich in Kommunikationswissenschaft habilitiert haben. Diese Unterscheidung ist insofern von zentraler Bedeutung, als sich Gemeinsamkeiten zwischen den letztgenannten Fachvertretern und studierten Kommunikationswissenschaftlern abzeichnen. Für die amtierenden Professoren muss die Annahme Meyens also folgendermaßen modifiziert werden: Nicht die Ausbildung in der Kommunikationswissenschaft, sondern ein Ausbildungs*schritt* im Fach lässt auf Ähnlichkeiten zwischen den Fachvertretern schließen.

Vollständig und partiell in der Kommunikationswissenschaft sozialisierte Fachvertreter haben zwar nicht unbedingt die gleichen Vorstellungen von der Ausrichtung der Kommunikationswissenschaft und sie handeln mitunter auch unterschiedlich strategisch (Erhaltungs- versus Umwälzungsstrategien). Sie weisen aber eine wichtige Gemeinsamkeit auf: Sie haben eine *illusio* an das kommunikationswissenschaftliche Feld, sie engagieren sich für die Belange des Faches und treten für die Verbesserung des Fachimages ein. Kurzum: Als Orthodoxe und Häretiker kämpfen sie im kommunikationswissenschaftlichen Feld. Mit Bourdieu (1997a: 129) lässt sich anführen, dass beiden Gruppierungen die »stillschweigende Zustimmung« zu derselben *doxa* gemeinsam ist, die Konkurrenz ermöglicht und deren Grenzen festlegt. Bereits die Begriffe ›Ortho*doxie*‹ und ›Hetero*doxie*‹ weisen darauf hin, dass es den Herausgeforderten und den Herausforderern um die gleiche *doxa* geht. Sie treten selbstbewusst als Kommunikationswissenschaftler in anderen sozialen Feldern auf und machen das Fach dadurch über seine (wie auch immer definierten) Fachgrenzen hinaus sichtbar. Darüber hinaus beteiligen sie sich an den Selbstverständnisdebatten, was ihnen gerade vor dem Hintergrund der laufenden universitären Modernisierungsmaßnahmen als wichtig erscheint. Wenn es stimmt, dass in der Kommunikationswissenschaft sozialisierte Fachvertreter (komplettes Studium oder kommunikationswissenschaftliche Habilitation) a) einen Glauben an die Kommunikationswissenschaft haben, b) sich als Kommunikationswissenschaftler verstehen, c) sich für die Belange des Faches engagieren und d) Managementaufgaben (auch) strategisch zur Verbesserung des Fachimages einsetzen, dann ließe sich daraus ein sehr bedeutsamer Schluss ziehen: Solche Fachvertreter haben nicht nur eine (Ver-)Bindung zum Fach, sie sind auch durch ihr *Auftreten als Kommunikationswissenschaftler* nach außen als Fachvertreter erkennbar. Bei Fachfremden, die sich als Grenzgänger verstehen, dürfte eine solch disziplinäre Zuordnung tendenziell schwerer fallen. Wenn man ferner darum weiß, dass sich das Fach zunehmend selbst rekrutiert, dann dürfte das selbstbewusste Auftreten von in der Kommunikationswissenschaft sozialisierten Fachvertretern zu einer *verstärkten Wahrnehmung des Faches führen*.

Das Wissen um die im habituellen Selbstverständnis begründete Kampfbereitschaft von Professoren für Kommunikationswissenschaft und deren Streben nach spezifischen Kapitalformen erscheint gerade vor dem Hintergrund des sich vollziehenden Generationenwechsels im Fach als bedeutsam. Der Umstand, dass es sich bei den Professoren aus der jüngsten Kohorte (1961 oder später geboren) bis auf wenige Ausnahmen um Orthodoxe und Häretiker im kommunikationswissenschaftlichen Feld handelt, dürfte nicht unwesentlich für diese disziplinäre Herausforderung sein. Die befragten Kommunikationswissenschaftler scheinen sich des Generationenwechsels im Sinne einer ›Krisensituation‹ bewusst zu sein, denn an die Stelle von unbewussten Strategien tritt bei ihnen das »bewusste, rationale Kalkül« (BOURDIEU 1989b: 397). Ein studierter Kommunikationswissenschaftler aus der jüngsten Kohorte thematisierte im Interview den Generationenwechsel und ging auf die Chancen und Risiken ein: »Dieser Generationenumbruch ist kein einfaches Unterfangen, wir sollten ihn aber möglichst respektabel und reibungsfrei hinkriegen. Wenn meine Generation die Hochschule verlässt, sollte man sagen können, dass wir den Generationenwechsel sauber gelöst haben, ohne die Fachgrenzen zu stark zu verwischen.«

Hinsichtlich des Generationenwechsels ist überdies von Bedeutung, dass im kommunikationswissenschaftlichen Feld offenbar kein simples Generationengefüge mehr vorherrscht. Bei Generationskonflikten stehen sich folglich keineswegs nur Altersklassen gegenüber, die durch natürliche Eigenschaften voneinander getrennt sind, sondern Habitusformen, die verschieden entstanden sind, d.h. unter Existenzbedingungen, welche aufgrund verschiedener Definitionen des Unmöglichen, des Möglichen und des Wahrscheinlichen dafür sorgen, dass manche Fachvertreter Praktiken oder Bestrebungen als selbstverständlich oder sinnvoll erleben, die andere als undenkbar oder skandalös verübeln und umgekehrt (vgl. BOURDIEU 1987b: 116f., Anm. 2). Folgt man diesen Annahmen, dann impliziert das: Nicht (nur) jüngere Wissenschaftler unterliegen dem »Generations-Zwang«, sich »mit alternativen Programmen gegenüber älteren, etablierten Wissenschaftlern zu profilieren« (MAYER 1992: 14), sondern häretische Akteure aus *allen* Kohorten gleichermaßen. Der Raum des Möglichen erschließt sich bei Professoren für Kommunikationswissenschaft offenbar in erheblichem Maße durch die disziplinäre Herkunft. So weist ein Häretiker aus der jüngsten Kohorte unter Umständen mit einem Häretiker aus der ältesten Kohorte mehr Gemeinsamkeiten auf als mit einem Orthodoxen aus der jüngsten Kohorte. Für diese These spricht auch der Befund der DGPuK-Mitgliederbefragung. Peiser et al. (2003: 332) haben herausgestrichen, dass die Unterschiede zwischen den älteren und jüngeren Mitgliedern alles in allem eher gering ausfallen (»[...] insbesondere verglichen mit anderen Klüften innerhalb der Fachgesellschaft [...]«). Ob der Generationenwechsel einen inhaltlichen Richtungswechsel der Kommunikationswissenschaft nach sich zieht, dürfte (immer auch) vom Kampfeinsatz der Orthodoxen und der Häretiker abhängen. Die Ausrichtung der Kommunikationswissenschaft wird im sozialen Gefüge des kommunikationswissenschaftlichen Feldes ausgetragen. Die vorliegenden Befunde legen nahe, dass die Arbeit am Selbstverständnis der Kommunikationswissenschaft als Investition zu betrachten ist, die sich auszahlt – als Gewinn winkt die Legitimität des Faches und die Partizipation an der Definitionsmacht im kommunikationswissenschaftlichen Feld.

Forschungsdesiderate

Die 26 Interviews mit Professoren des Faches bieten ergiebiges Datenmaterial, um einen Beitrag zur Standortbestimmung der Kommunikationswissenschaft zu leisten. Die Stärke der vorliegenden Untersuchung liegt im Aufzeigen von Tendenzen, typischen Handlungsmustern und Sinn-Zusammenhängen. Die Befunde stehen dabei unter dem besonderen Vorzeichen des Bourdieu'schen Theoriegebäudes. Bei Bourdieu geht es immer um Machtkämpfe, Positionen und Ressourcen und mancher Leser mag sich von der agonalen Sichtweise und dem ökonomisch geprägten Vokabular gestört fühlen. Das Vokabular ist jedoch das eines zweckhaften Theoriegebäudes und die vorliegende Studie soll nicht als hermetische Bourdieu-Studie, sondern als Ausgangspunkt für weitere Studien betrachtet werden.

Die qualitative Untersuchung hat ein Schlaglicht auf das Selbstverständnis von Professoren für Kommunikationswissenschaft geworfen, um das aktuell vorherrschende Selbstverständnis des Faches besser verstehen zu können. Anzuregen ist eine Studie zur Entwicklung des Selbstverständnisses im Zeitverlauf. Durch mehrmalige – qualitative oder quantitative – Befragungen könnten Faktoren exploriert werden, die zu einer Veränderung des Selbstverständnisses im Laufe der Professorenlaufbahn führen. Natürlich widerstrebt es der qualitativen Sozialforschung, lediglich »Handlangerdienste« (LAMNEK 2005: 91) für größer angelegte quantifizierende Studien zu erbringen. Wünschenswert wäre aber (trotzdem) eine quantitative Studie zum Selbstverständnis von Professoren für Kommunikationswissenschaft, die mithilfe einer Korrespondenzanalyse die Strukturen des kommunikationswissenschaftlichen Feldes aufspannt. Eine solche Untersuchung sollte das Selbstverständnis als zweidimensionales Konstrukt behandeln und nicht nur – wie das in Vorläuferstudien der Fall ist – entweder das Berufs- oder das Fachverständnis fokussieren.

Wie in der Einleitung konstatiert, zeichnen sich die Professionalisierungstendenzen der Kommunikationswissenschaft nicht nur im deutschsprachigen Raum ab. Interessant wären deshalb Vergleichsstudien zum Fachverständnis von Kommunikationswissenschaftlern in anderen europäischen Ländern und in den USA. Mithilfe solcher Studien könnten Parallelen und Unterschiede im Selbstverständnis von Kommunikationswissenschaftlern auf internationaler Ebene exploriert und die Auswirkungen einer zunehmenden Selbstrekrutierung des Faches validiert werden. Durch einen solchen Vergleich ließe sich auch der Einfluss von unterschiedlichen Governance-Typen und spezifischen Fachtraditionen auf das Selbstverständnis herausarbeiten. Doch nicht nur für genuin kommunikationswissenschaftlichen Fragestellungen bietet die vorliegende Studie einen Ausgangspunkt. Anzuregen sind auch Vergleichsstudien mit anderen kleinen, jungen, interdisziplinären Fächern – allen voran mit solchen, die eher am heteronomen Pol des wissenschaftlichen Feldes angesiedelt sind. Welche Unterschiede und Parallelelen gibt es im Selbstverständnis von Professoren, die in solchen wissenschaftlichen Subfeldern agieren? Gibt es auch in anderen wissenschaftlichen Feldern Grenzgänger, die sich nicht auf eine spezifische akademische Disziplin festlegen (wollen) und die das Agieren am Feld-Rand als kreatives Potenzial begreifen?

Selbstreflexion als kommunikationswissenschaftliche Praxis

Die Studie begann mit dem Hinweis darauf, dass das disziplinäre Selbstverständnis als diskursiver Aushandlungsprozess zu verstehen sei. Das Selbstverständnis der Kommunikationswissenschaft kann folglich nicht vom Schreibtisch des Wissenschaftlers aus gestiftet werden, weshalb Handlungsempfehlungen für die kommunikationswissenschaftliche Praxis nur bedingt als sinnvoll erscheinen. Es sei an dieser Stelle aber auf Karmasin (2008) verwiesen, der eine ›Kommunikationskommunikationswissenschaft‹ fordert. Nach Karmasin (2008: 240) soll eine solche Meta-Kommunikationswissenschaft eine systematische Selbstreflexion der Disziplin erlauben und einen »feste[n] Diskursort«, eine »institutionalisierte reflexive Theoriediskussion« oder »vielleicht sogar ein[en] zukünftige[n] Bestandteil des Faches selbst« darstellen. Karmasin hält es allerdings für verfrüht, an die Gründung einer eigenen Fachgruppe in der DGPuK zu denken (vgl. ebd.). Möglicherweise ist die Institutionalisierung einer Fachgruppe tatsächlich (noch) nicht erforderlich. Als sinnvoll erscheint es jedoch, der Diskussion über das Selbstverständnis des Faches einen festen Platz in der Fachgesellschaft DGPuK einzuräumen. Dadurch könnten aktuelle Herausforderungen für die Kommunikationswissenschaft, disziplinäre Unsicherheiten, Trends etc. aufgegriffen und ein Selbstverständigungsprozess eingeleitet bzw. aufrechterhalten werden. Oder wie Gerhard Vowe als Vorsitzender des Selbstverständnisausschusses auf der DGPuK-Jahrestagung 2008 in Lugano herausstrich: »Man muss immer wieder prüfen, was das Fach im Innersten zusammenhält.« Eine solche Prüfung erscheint gerade im Zuge der aktuellen Hochschulreformen und der daraus resultierenden starken Konkurrenz einzelner akademischer Disziplinen um Studierende, Ressourcen und öffentliche Aufmerksamkeit als unabdingbar. Die Kommunikationswissenschaft dürfte als Kooperationspartner im universitären und außeruniversitären

Kontext vor allem dann attraktiv sein, wenn *selbstverständlich* ist, für was das Fach steht. Die geforderte Interdisziplinarität von akademischen Disziplinen kann nur dann sinnvoll erfüllt werden, wenn eine Disziplin von *innen heraus* gestärkt ist.

Mit Ruhrmann et al. (2000: 284f.) gesprochen hat die Kommunikationswissenschaft, wenn sie sich reflexiv ihrer selbst vergewissert, allen Grund, »optimistisch in die Zukunft zu schauen«. Diese Selbstreflexion ist als kommunikationswissenschaftliche Praxis zu begreifen, denn sie geschieht durch die Akteure. Auch wenn die DGPuK durch Selbstverständnispapiere versucht, für Klarheit im Selbstfindungsprozess der Kommunikationswissenschaft zu sorgen (vgl. DGPUK 2001; 2008), entbindet dies den einzelnen Fachvertreter nicht von der Reflexion über sein eigenes Selbstverständnis und das Selbstverständnis seines Faches. Folgerichtig rückt Karmasin (2008: 241) in seiner Kommunikationskommunikationswissenschaft den einzelnen Kommunikationswissenschaftler ins Zentrum der Selbstreflexion: »Eine Theoriediskussion redlich zu führen, heißt auch, bei sich selbst anzufangen. Aber dort freilich nicht aufzuhören und auch die Kontexte der Forschung und Lehre zum Thema zu machen.« Wenn die vorliegende Studie zu einer solchen Selbstreflexion und zu einem Verständigungsprozess kommunikationswissenschaftlicher Akteure auf einer reflexiven Ebene anregen würde, hätte sie ihr vornehmstes Ziel erreicht.

LITERATUR

ALEMANN, ULRICH VON; ULRICH FORNDRAN: *Methodik der Politikwissenschaft. Eine Einführung in Arbeitstechnik und Forschungspraxis.* Stuttgart/Berlin/ Köln [Kohlhammer] 1990

ALLWANG, DIANA: Die Arbeitsgemeinschaft für Kommunikationsforschung. Drittmittelanträge aus Politik und Medienwirtschaft. In: MEYEN, MICHAEL; MANUEL WENDELIN: *Journalistenausbildung, Empirie und Auftragsforschung. Neue Bausteine des Münchener Instituts für Kommunikationswissenschaft.* Köln [Herbert von Halem] 2008, S. 85-115

ARENDES, CORD; HUBERTUS BUCHSTEIN: Politikwissenschaft als Universitätslaufbahn: Eine Kollektivbiographie politikwissenschaftlicher Hochschullehrer/-innen in Deutschland 1949-1999. In: *Politische Vierteljahresschrift* 45. Jg., H. 1, 2004, S. 9-31

ARNDT, MARLIES; MAGDALENE DETERS; GABRIELE HART; GABRIELE JÄHNERT; JOHANNA KOOTZ; BIRGIT RIEGRAF; MANUELA ROSSBACH; KARIN ZIMMERMANN (Hrsg.): *Ausgegrenzt und mittendrin – Frauen in der Wissenschaft.* Berlin [Edition Sigma] 1993

ASH, MITCHELL G.: *Wissenschaft, Politik und Öffentlichkeit. Von der Wiener Moderne bis zur Gegenwart.* Wien [WUV] 2002

AVERBECK, STEFANIE: *Kommunikation als Prozess. Soziologische Perspektiven in der Zeitungswissenschaft 1927-1934.* Münster/Hamburg/London [Lit] 1999

AVERBECK, STEFANIE: Zur Methodologie fach- und theorienhistorischer Forschung. Tryadischer Epistemologiebegriff. In: ARNOLD, KLAUS; MARKUS BEHMER; BERND SEMRAD (Hrsg.): *Kommunikationsgeschichte. Positionen und Werkzeuge. Ein diskursives Handbuch.* Münster [Lit] 2008, S. 253-280

AVERBECK, STEFANIE; ARNULF KUTSCH: Thesen zur Geschichte der Zeitungs- und Publizistikwissenschaft 1900-1960. In: *Medien & Zeit* 17. Jg., H. 2/3, 2002, S. 57-66

AVERBECK, STEFANIE; ARNULF KUTSCH: Vorwort. In: AVERBECK, STEFANIE; ARNULF KUTSCH (Hrsg.): *Zeitung, Werbung, Öffentlichkeit. Biographisch-systematische Studien zur Frühgeschichte der Kommunikationsforschung*. Köln [Herbert von Halem] 2005, S. 7-22

BAMMÉ, ARNO: *Science Wars. Von der akademischen zur postakademischen Wissenschaft*. Frankfurt/M./New York [Campus] 2004

BÄR, S. (Pseudonym): *Forschen auf Deutsch. Der Machiavelli für Forscher – und solche, die es noch werden wollen*. Frankfurt/M. [Harri Deutsch] 2005

BARGEL, TINO; GERHILD FRAMHEIN; HANSGERT PEISERT; JOHANN-ULRICH SANDBERGER: Zur Sozialisation von Akademikern. Zwischenergebnisse einer international-vergleichenden Untersuchung zum Ausbildungseffekt der Hochschule. In: *Konstanzer Blätter für Hochschulfragen* 14. Jg., H. 4, 1977, S. 5-24

BARGEL, TINO; NORBERT HÖPFINGER: Schwierigkeiten und Belastungen von Studierenden aus Arbeiterfamilien. In: FUNKE, AXEL (Hrsg.): *Hochschulzugang und Probleme beim Studium von Arbeiterkindern*. Düsseldorf [Hans-Böckler-Stiftung] 1986, S. 136-172

BARLÖSIUS, EVA: Weitgehend ungeplant und doch erwünscht: Figuration und Habitus. Über den Stellenwert von nicht-intendiertem Handeln bei Norbert Elias und Pierre Bourdieu. In: GRESHOFF, RAINER; GEORG KNEER; UWE SCHIMANK (Hrsg.): *Die Transintentionalität des Sozialen. Eine vergleichende Betrachtung klassischer und moderner Sozialtheorien*. Wiesbaden [Westdeutscher Verlag] 2003, S. 138-157

BASTIN, GILLES: Ein Objekt, das sich verweigert: Der Journalismus in der Soziologie Pierre Bourdieus. Einige Bemerkungen über das »journalistische Feld«. In: *Publizistik* 48. Jg., H. 3, 2003, S. 258-273

BAUER, ANNEMARIE; KATHARINA GRÖNING; SYBILLE HARTMANN; GABRIELE HAUSEN: *Die Regel der Ausnahme: Hochschulfrauen. Eine empirische Untersuchung über Lebensumstände von Wissenschaftlerinnen an den Universitäten des Landes Baden-Württemberg*. Frankfurt/M. [Peter Lang] 1993

BAUS, MAGDALENA: *Professorinnen an deutschen Universitäten. Analyse des Berufserfolgs*. Heidelberg [Asanger] 1994

BEAUFAŸS, SANDRA: *Wie werden Wissenschaftler gemacht? Beobachtungen zur wechselseitigen Konstitution von Geschlecht und Wissenschaft*. Bielefeld [Transkript] 2003

BECHER, TONY: The disciplinary shaping of the profession. In: CLARK, BURTON R. (Hrsg.): *The academic profession*. Berkeley [University of California Press] 1987, S. 271-303

BECK, ULRICH; MICHAEL BRATER; HANSJÜRGEN DAHEIM: *Soziologie der Arbeit und der Berufe*. Reinbek b. Hamburg [Rowohlt] 1980

BENEDIKT, KLAUS-ULRICH: *Emil Dovifat. Ein katholischer Hochschullehrer und Publizist*. Mainz [Grünewald] 1986

BENIGER, JAMES R.: Communication – Embrace the Subject, not the Field. In: *Journal of Communication* Vol. 43, Nr. 3, 1993, S. 18-25

BENTELE, GÜNTER: Die Debatte um die Kommunikationswissenschaft: Das Fach ist höchst attraktiv. Die Absolventen haben große Berufschancen. In: *Die Zeit* Nr. 06/1997. Verfügbar unter: http://www.zeit.de/1997/06/bentele.txt.19970131.xml [online eingesehen am 15.3.2008]

BERGMANN, JÖRG R.: Qualitative Methoden der Medienforschung. Einleitung und Rahmung. In: AYASS, RUTH; JÖRG R. BERGMANN (Hrsg.): *Qualitative Methoden der Medienforschung*. Reinbek b. Hamburg [Rowohlt] 2006, S. 13-41

BIMMER, BRIGITTE: *Das Selbstverständnis der Akademikerin in Beruf und Familie. Eine empirische Untersuchung an hessischen Hochschulen*. Dissertation. Justus-Liebig-Universität Gießen 1973

BISCHOF-KÖHLER, DORIS: *Von Natur aus anders. Die Psychologie der Geschlechtsunterschiede*. Stuttgart [Kohlhammer] [3]2006

BITTLINGMAYER, UWE H.; ROLF EICKELPASCH; JENS KASTNER; CLAUDIA RADEMACHER (Hrsg.): Theorie als Kampf? *Zur politischen Soziologie Pierre Bourdieus*. Opladen [Leske+Budrich] 2002

BLÖBAUM, BERND: *Zwischen Redaktion und Reflexion. Die Integration von Theorie und Praxis in der Journalistenausbildung*. Münster [Lit] 2000

BLUCK, SUSAN; TILMAN HABERMAS: The Life Schema. In: *Motivation and Emotion* Vol. 24, Nr. 2, 2000, S. 121-147

BOHN, CORNELIA; ALOIS HAHN: Pierre Bourdieu. In: KAESLER, DIRK (Hrsg.): *Klassiker der Soziologie. Band II. Von Talcott Parsons bis Pierre Bourdieu*. München [C.H. Beck] 2000, S. 252-271

BOHRMANN, HANS: Grenzüberschreitung? Zur Beziehung von Soziologie und Zeitungswissenschaft 1900-1960. In: PAPCKE, SVEN (Hrsg.): *Ordnung und Theorie*. Darmstadt [Wissenschaftliche Buchgesellschaft] 1986, S. 93-112

BOHRMANN, HANS: Zur Geschichte des Faches Kommunikationswissenschaft. In: FÜNFGELD, HERMANN; CLAUDIA MAST (Hrsg.): *Massenkommu-*

nikation. Ergebnisse und Perspektiven. Gerhard Maletzke zum 75. Geburtstag. Opladen [Westdeutscher Verlag] 1997, S. 51-67

BOHRMANN, HANS: Als der Krieg zu Ende war. Von der Zeitungswissenschaft zur Publizistik. In: *Medien & Zeit* 17. Jg., H. 2/3, 2002a, S. 12-33

BOHRMANN, HANS: Otto Groth: Geschichte der deutschen Zeitungswissenschaft. In: HOLTZ-BACHA, CHRISTINA; ARNULF KUTSCH (Hrsg.): *Schlüsselwerke für die Kommunikationswissenschaft.* Wiesbaden [Westdeutscher Verlag] 2002b, S. 170-172

BOHRMANN, HANS; ARNULF KUTSCH: Karl d'Ester (1881-1960): Anmerkungen aus Anlaß seines 100. Geburtstages. In: *Publizistik* 26. Jg., H. 4, 1975, S. 575-603

BOLTE, KARL MARTIN; FRIEDHELM NEIDHARDT (Hrsg.): *Soziologie als Beruf. Erinnerungen westdeutscher Hochschulprofessoren der Nachkriegsgeneration.* Baden-Baden [Nomos] 1998

BORGOWSKY, BRIGITTE: »Madame Butterfly, Nonne oder Feministin...«. »Klasse«, »Geschlecht« und Sozialaufbruch durch Bildung. In: SCHLÜTER, ANNE (Hrsg.): *Bildungsmobilität: Studien zur Individualisierung von Arbeitertöchtern in der Moderne.* Weinheim [Deutscher Studien Verlag] 1993, S. 65-104

BOURDIEU, PIERRE: *Entwurf einer Theorie der Praxis.* Frankfurt/M. [Suhrkamp] 1976

BOURDIEU, PIERRE: Klassenschicksal, individuelles Handeln und das Gesetz der Wahrscheinlichkeit. In: BOURDIEU, PIERRE; LUC BOLTANSKI; MONIQUE DE SAINT MARTIN; PASCALE MALDIDIER: *Titel und Stellen. Über die Reproduktion sozialer Macht.* Frankfurt/M. [Europäische Verlagsanstalt] 1981, S. 169-226

BOURDIEU, PIERRE: *Leçon sur la leçon.* Paris [Les Éditions de Minuit] 1982

BOURDIEU, PIERRE: Ökonomisches Kapital, kulturelles Kapital, soziales Kapital. In: KRECKEL, REINHARD (Hrsg.): *Zur Theorie sozialer Ungleichheiten.* Göttingen [Schwartz] 1983, S. 183-198

BOURDIEU, PIERRE: *Die feinen Unterschiede. Kritik der gesellschaftlichen Urteilskraft.* Frankfurt/M. [Suhrkamp] 1987a

BOURDIEU, PIERRE: *Sozialer Sinn. Kritik der theoretischen Vernunft.* Frankfurt/M. [Suhrkamp] 1987b

BOURDIEU, PIERRE: *Satz und Gegensatz. Über die Verantwortung des Intellektuellen.* Berlin [Wagenbach] 1989a

BOURDIEU, PIERRE: Antworten auf einige Einwände. In: EDER, KLAUS (Hrsg.): *Klassenlage, Lebensstil und kulturelle Praxis. Theoretische und empi-*

rische Beiträge zur Auseinandersetzung mit Pierre Bourdieus Klassentheorie. Frankfurt/M. [Suhrkamp] 1989b, S. 395-410

BOURDIEU, PIERRE: Inzwischen kenne ich alle Krankheiten der der soziologischen Vernunft. Pierre Bourdieu im Gespräch mit Beate Krais. In: BOURDIEU, PIERRE; JEAN-CLAUDE CHAMBOREDON; JEAN-CLAUDE PASSERON: *Soziologie als Beruf. Wissenschaftstheoretische Voraussetzungen soziologischer Erkenntnis.* Berlin/New York [de Gruyter] 1991, S. 269-283

BOURDIEU, PIERRE: *Homo academicus.* Frankfurt/M. [Suhrkamp] 1992a

BOURDIEU, PIERRE: *Rede und Antwort.* Frankfurt/M. [Suhrkamp] 1992b

BOURDIEU, PIERRE: Ökonomisches Kapital – Kulturelles Kapital – Soziales Kapital. In: STEINRÜCKE, MARGARETA (Hrsg.): *Die verborgenen Mechanismen der Macht. Schriften zu Politik & Kultur 1.* Hamburg [VSA-Verlag] 1992c, S. 49-80

BOURDIEU, PIERRE: *Soziologische Fragen.* Frankfurt/M. [Suhrkamp] 1993a

BOURDIEU, PIERRE: Narzißtische Reflexivität und wissenschaftliche Reflexivität. In: BERG, EBERHARD; MARTIN FUCHS (Hrsg.): *Kultur, soziale Praxis, Text. Die Krise der ethnographischen Repräsentation.* Frankfurt/M. [Suhrkamp] 1993b, S. 365-374

BOURDIEU, PIERRE: Sur les rapports entre la sociologie et l'histoire en Allemagne et en France. In: *Actes de la recherche en sciences sociales.* Vol. 106, Nr. 1, 1995, S. 108-122

BOURDIEU, PIERRE: Vorwort. In: BOURDIEU, PIERRE; LOÏC WACQUANT: *Reflexive Anthropologie.* Frankfurt/M. [Suhrkamp] 1996a, S. 7-9

BOURDIEU, PIERRE: Die Praxis der reflexiven Anthropologie. In: BOURDIEU, PIERRE; LOÏC WACQUANT: *Reflexive Anthropologie.* Frankfurt/M. [Suhrkamp] 1996b, S. 251-294

BOURDIEU, PIERRE: Ein Interview mit Isabelle Graw. Verfügbar unter: http://www.sopos.net/stories/20020127-003.php3 [online eingesehen am 17.1.2006]

BOURDIEU, PIERRE: *Meditationen. Zur Kritik der scholastischen Vernunft.* Frankfurt/M. [Suhrkamp] 1997a

BOURDIEU, PIERRE: Eine sanfte Gewalt. Pierre Bourdieu im Gespräch mit Irene Dölling und Margareta Steinrücke. In: DÖLLING, IRENE; BEATE KRAIS: *Ein alltägliches Spiel. Geschlechterkonstruktion in der sozialen Praxis.* Frankfurt/M. [Suhrkamp] 1997b, S. 218-230

BOURDIEU, PIERRE: Die männliche Herrschaft. Pierre Bourdieu im Gespräch mit Irene Dölling und Margareta Steinrücke. In: DÖLLING, IRENE; BEATE KRAIS: *Ein alltägliches Spiel. Geschlechterkonstruktion in der sozialen Praxis.* Frankfurt/M. [Suhrkamp] 1997c, S. 153-217

BOURDIEU, PIERRE: *Vom Gebrauch der Wissenschaft. Für eine klinische Soziologie des wissenschaftlichen Feldes*. Konstanz [UVK] 1998a

BOURDIEU, PIERRE: Die biographische Illusion. In: BOURDIEU, PIERRE: *Praktische Vernunft. Zur Theorie des Handelns*. Frankfurt/M. [Suhrkamp] 1998b, S. 75-83

BOURDIEU, PIERRE: *Über das Fernsehen*. Frankfurt/M. [Suhrkamp] 1998c

BOURDIEU, PIERRE: *Die Regeln der Kunst. Genese und Struktur des literarischen Feldes*. Frankfurt/M. [Suhrkamp] 1999

BOURDIEU, PIERRE: *Ein soziologischer Selbstversuch*. Frankfurt/M. [Suhrkamp] 2002

BOURDIEU, PIERRE; JEAN-CLAUDE CHAMBOREDON; JEAN-CLAUDE PASSERON: *Soziologie als Beruf. Wissenschaftstheoretische Voraussetzungen soziologischer Erkenntnis*. Berlin/New York [de Gruyter] 1991

BOURDIEU, PIERRE; JEAN-CLAUDE PASSERON: *Die Illusion der Chancengleichheit. Untersuchungen zur Soziologie des Bildungswesens am Beispiel Frankreich*. Stuttgart [Klett] 1971

BOURDIEU, PIERRE; JEAN-CLAUDE PASSERON: *Grundlagen einer Theorie der symbolischen Gewalt*. Frankfurt/M. [Suhrkamp] 1973

BOURDIEU, PIERRE; LOÏC WACQUANT: Die Ziele der reflexiven Soziologie. In: BOURDIEU, PIERRE; LOÏC WACQUANT: *Reflexive Anthropologie*. Frankfurt/M. [Suhrkamp] 1996, S. 95-249

BRAUN, DIETMAR: Regulierungsmodelle und Machtstrukturen an Universitäten. In: STÖLTING, ERHARD; UWE SCHIMANK (Hrsg.): *Die Krise der Universitäten*. Wiesbaden [Westdeutscher Verlag] 2001, S. 243-262

BREUER, FRANZ; JO REICHERTZ; WOLFF-MICHAEL ROTH: Thematisierungstabus und Einlasskontrolle im sozialwissenschaftlichen Milieu. Eine Moderation. In: *Forum Qualitative Sozialforschung* 4. Jg., H. 2, 2003. Verfügbar unter: http://www.qualitative-research.net/ fqs-texte/2-03/2-03breueretal-d.htm [online eingesehen am 14.02.2005]

BROSIUS, HANS-BERND: Integrations- oder Einheitsfach? Die Publikationsaktivitäten von Autoren der Zeitschriften »Publizistik« und »Rundfunk und Fernsehen« 1983-1992. In: *Publizistik* 39. Jg., H. 1, 1994, S. 73-90

BROSIUS, HANS-BERND: Publizistik- und Kommunikationswissenschaft im Profil. Wer publiziert in »Publizistik« und »Rundfunk und Fernsehen«? In: *Rundfunk und Fernsehen* 46. Jg., H. 2/3, 1998, S. 333-347

BROSIUS, HANS-BERND: Kommunikationswissenschaft als empirisch-normative Sozialwissenschaft. In: RICHTER, HELMUT; WALTER H. SCHMITZ

(Hrsg.): *Kommunikation – ein Schlüsselbegriff der Humanwissenschaften?* Münster [Nodus] 2003a, S. 401-415

BROSIUS, HANS-BERND: Aufgeregtheiten durch Technikfaszination. Trotzdem und gerade deshalb: Die neue ist die alte Kommunikationswissenschaft. In: LÖFFELHOLZ, MARTIN; THORSTEN QUANDT: *Die neue Kommunikationswissenschaft. Theorien, Themen und Berufsfelder im Internet-Zeitalter. Eine Einführung*. Wiesbaden [Westdeutscher Verlag] 2003b, S. 43-48

BROSIUS, HANS-BERND: Publiziert soviel ihr könnt!? Vom »Impact Factor« als Kerngröße für wissenschaftliche Qualität. In: *Aviso* Nr. 47, 2008, S. 14-15

BROSIUS, HANS-BERND; ALEXANDER HAAS: Auf dem Weg zur Normalwissenschaft. Themen und Herkunft der Beiträge in Publizistik und Medien & Kommunikationswissenschaft. In: *Publizistik* 54. Jg., H. 2, 2009, S. 168-190

BROSIUS, HANS-BERND; FRIEDERIKE KOSCHEL; ALEXANDER HAAS: *Methoden der empirischen Kommunikationsforschung. Eine Einführung*. Wiesbaden [VS Verlag] 52009

BROTHUN, MECHTHILD: Ursachen der Unterrepräsentanz von Frauen in universitären Spitzenpositionen. In: *Kölner Zeitschrift für Soziologie und Sozialpsychologie* 40. Jg., H. 2, 1988, S. 316-336

BRUCH, RÜDIGER VOM: Zeitungswissenschaft zwischen Historie und Nationalökonomie. Ein Beitrag zur Vorgeschichte der Publizistik als Wissenschaft im späten deutschen Kaiserreich. In: *Publizistik* 25. Jg., H. 4, 1980, S. 579-605

BRUCH, RÜDIGER VOM: Vom Bildungsgelehrten zum wissenschaftlichen Fachmenschentum. Zum Selbstverständnis deutscher Hochschullehrer im 19. und 20. Jahrhundert. In: KOCKA, JÜRGEN; HANS-JÜRGEN PUHLE; KLAUS TENFELDE (Hrsg.): *Von der Arbeiterbewegung zum modernen Sozialstaat. Festschrift für Gerhard A. Ritter zum 65. Geburtstag*. München/New Providence/London/Paris [de Gruyter] 1994, S. 582-600

BRUCH, RÜDIGER VOM: Campus und Universität. Beziehungsgeschichten vom Mittelalter bis zur Gegenwart. In: *Forschung & Lehre* 14. Jg., H. 10, 2007, S. 586-589

BÜCHER, KARL: *Lebenserinnerungen. Band 1. 1847-1890*. Tübingen [H. Laupp'sche Buchhandlung] 1919

BUNDESMINISTERIUM FÜR BILDUNG UND FORSCHUNG: *Exzellenzinitiative.* Verfügbar unter: http://www.bmbf.de/de/1321.php [online eingesehen am 15.3.2009]

BURKART, GÜNTER: Über die Unmöglichkeit einer Soziologie der Soziologie oder De nobis ipsis non silemus? In: BURKART, GÜNTER; JÜRGEN WOLF (Hrsg.): *Lebenszeiten. Erkundungen zur Soziologie der Generationen.* Opladen [Leske+Budrich] 2002, S. 457-478

BURKART, GÜNTER; JÜRGEN WOLF: Sozialgeschichte der Soziologie als Generationengeschichte. Einige Anmerkungen zur Generationsdynamik in der neueren deutschen Soziologie. In: BURKART, GÜNTER; JÜRGEN WOLF (Hrsg.): *Lebenszeiten. Erkundungen zur Soziologie der Generationen.* Opladen [Leske+Budrich] 2002, S. 421-435

CHE *Hochschulranking 2008/2009. Medien-/Kommunikationswissenschaft, Journalistik.* Verfügbar unter: http://ranking.zeit.de/che10/CHE?module=Hitliste&do=show_l1&esb=41&hstyp=1 [online eingesehen am 11.08.2008]

COSER, LEWIS: *Greedy Institutions.* New York [Free Press] 1974

CURRUCA, SYLVIA: *Als Frau im Bauch der Wissenschaft. Was an deutschen Universitäten gespielt wird.* Freiburg/Basel/Wien [Herder] 1993

DAHRENDORF, RALF: *Gesellschaft und Freiheit. Zur soziologischen Analyse der Gegenwart.* München [Piper] 1961

DAHRENDORF, RALF: *Bildung ist Bürgerrecht. Plädoyer für eine Bildungspolitik.* Hamburg [Nannen] 1968

DEBLER, WOLFGANG F.: *Attributionsforschung. Kritik und kognitiv-funktionale Reformulierung.* Salzburg [AVM-Verlag] 1984

DERRIDA, JACQUES: *Die unbedingte Universität.* Frankfurt/M. [Suhrkamp] 2001

D'ESTER, KARL: *Schwarz auf weiß. Ein Leben für die Jugend, die Wissenschaft und die Presse.* München [Pohl & Co] 1951

D'ESTER, KARL: *Der Traum eines Lebens. Ein deutsches Institut für internationale Presseforschung und ein Weltpressemuseum. Ein Beitrag zur Geschichte der internationalen Zeitungswissenschaft.* Ingolstadt [Donau Kurier] 1957

DGPUK: *Selbstverständnis. Die Mediengesellschaft und ihre Wissenschaft. Herausforderungen für die Kommunikations- und Medienwissenschaft als akademische Disziplin.* München [Deutsche Gesellschaft für Publizistik und Kommunikationswissenschaft] 2001

DGPUK: *Empirische Methodenlehre in der Kommunikationswissenschaft. Anforderungen der DGPuK an die empirische Methodenlehre in kommunikationswissenschaftlichen Studiengängen.* München [Deutsche Gesellschaft für Publizistik- und Kommunikationswissenschaft] 2004

DGPUK: *der Selbstverständnisausschuss der DGPuK. Zwischenbericht zum Stand der Arbeit auf der DGPuK-Jahrestagung am 17. Mai 2007.* Verfügbar unter:

http://www.phil-fak.uni-duesseldorf.de/fileadmin/Redaktion/Institute/Sozialwissen schaften/Kommunikationsund_Medienwissenschaft/Vowe/sv_Ausschuss/sv-Ausschuss_Pr_sentation_Bamberg.pdf [online eingesehen am 11.08.2008]

DGPUK: *Kommunikation und Medien in der Gesellschaft: Leistungen und Perspektiven der Kommunikations- und Medienwissenschaft. Eckpunkte für das Selbstverständnis der Kommunikations- und Medienwissenschaft. Selbstverständnispapier der Deutschen Gesellschaft für Publizistik- und Kommunikationswissenschaft (DGPuK) verabschiedet auf der Mitgliederversammlung am 1. Mai in Lugano.* Verfügbar unter: http://www.dgpuk.de/intern/selbstverstaendnis/DGPuK_Selbstverstaendnispapier-1.pdf [online eingesehen am 11.08.2008]

DIEKMANN, ANDREAS: *Empirische Sozialforschung. Grundlagen, Methoden, Anwendungen.* Reinbek b. Hamburg [Rowohlt] 72001

DONGES, PATRICK: Medialisierung der Politik – Vorschlag einer Differenzierung. In: RÖSSLER, RÖSSLER; FRIEDRICH KROTZ (Hrsg.): *Mythen der Mediengesellschaft – The Media Society and its Myths.* Konstanz [UVK] 2005, S. 321-339

DONSBACH, WOLFGANG: The Identity of Communication Research. In: *Journal of Communication* Vol. 56, Nr. 3, 2006, S. 437-448

DONSBACH, WOLFGANG; TORSTEN LAUB; ALEXANDER HAAS; HANS-BERND BROSIUS: Anpassungsprozesse in der Kommunikationswissenschaft. Themen und Herkunft der Forschung in den Fachzeitschriften »Publizistik« und »Medien & Kommunikationswissenschaft«: In: *Medien & Kommunikationswissenschaft* 53. Jg., H. 1, 2005, S. 46-72

DRESSEL, GERT; NIKOLA LANGREITER: Nie Zeit, nie frei – Arbeit und Freizeit von WissenschaftlerInnen. In: GRUBER, SABINE; KLARA LÖFFLER; KLAUS THIEN (Hrsg.): *Bewegte Zeiten. Arbeit und Freizeit nach der Moderne.* München/Wien [Profil] 2002a, 119-136

DRESSEL, GERT; NIKOLA LANGREITER: Ist der Rand das Zentrum? »Kulturwissenschaftler/Innen« positionieren sich. In: *Historische Anthropologie* 10. Jg., H. 1, 2002b, S. 154-164

DRESSEL, GERT; NIKOLA LANGREITER: Wenn »wir selbst« zu unserem Forschungsfeld werden. In: *Forum Qualitative Sozialforschung* 4. Jg., H. 2, 2003. Verfügbar unter: http://www.qualitative-research.net/fqs-texte/2-03/2-03dressellangreiter-d.htm [online eingesehen am 26.02.2008]

DRESSEL, GERT; NIKOLA LANGREITER: Wissenschaftlich Arbeiten – schneller, höher, weiter? Zum (Un-)Verhältnis von Arbeit und Freizeit in den (Kultur-)Wissenschaften. In: *Forum Qualitative Sozialforschung* 9. Jg.,

H. 1, 2008. Verfügbar unter: http://www.qualitative-research.net/fqs-texte/2-04/2-04reichertz-d.htm [online eingesehen am 14.04.2008]

DUCHKOWITSCH, WOLFGANG; FRITZ HAUSJELL: 1942-1992: Ein halbes Jahrhundert Institut für Publizistik- und Kommunikationswissenschaft an der Universität Wien. In: *Publizistik* 37. Jg., H. 2, 1993, S. 228-230

EDER, KLAUS (Hrsg.): *Klassenlage, Lebensstil und kulturelle Praxis. Theoretische und empirische Beiträge zur Auseinandersetzung mit Pierre Bourdieus Klassentheorie.* Frankfurt/M. [Suhrkamp] 1989

ELIAS, NORBERT: Zur Grundlegung einer Theorie sozialer Prozesse. In: *Zeitschrift für Soziologie* 6. Jg., H. 2, 1977, S. 127-149

ELLWEIN, THOMAS: *Die deutsche Universität. Vom Mittelalter bis zur Gegenwart.* Frankfurt/M. [Hain] 1992

ENDERS, JÜRGEN; MARC KAULISCH: Vom Homo Academicus zum Homo Oeconomicus? Die doppelte Kontextualisierung der Forschung und ihre (möglichen) Folgen für die Wissenschaft als Beruf. In: PFADENHAUER, MICHAELA (Hrsg.): *Professionelles Handeln.* Wiesbaden [VS Verlag] 2005, S. 207-220

ENDERS, JÜRGEN; UWE SCHIMANK: Faule Professoren und vergreiste Nachwuchswissenschaftler? Einschätzung und Wirklichkeit. In: STÖLTING, ERHARD; UWE SCHIMANK (Hrsg.): *Die Krise der Universitäten.* Wiesbaden [Westdeutscher Verlag] 2001, S. 159-178

ENDERS, JÜRGEN; ULRICH TEICHLER: Das überraschende Selbstbild des Hochschullehrerberufs. In: ENDERS, JÜRGEN; ULRICH TEICHLER (Hrsg.): *Der Hochschullehrerberuf. Aktuelle Studien und ihre hochschulpolitische Diskussion.* Neuwied/Kriftel/Berlin [Luchterhand] 1995a, S. 13-32

ENDERS, JÜRGEN; ULRICH TEICHLER: Der Hochschullehrerberuf in der Diskussion. In: ENDERS, JÜRGEN; ULRICH TEICHLER (Hrsg.): *Der Hochschullehrerberuf. Aktuelle Studien und ihre hochschulpolitische Diskussion.* Neuwied/Kriftel/Berlin [Luchterhand] 1995b, S. 171-206

ENGELHARDT, WERNER H.; JOSEF KÖNIG; THOMAS NIETIEDT (Hrsg.): *Wissenschaftsmarketing. Hochschule und Region im Umbruch.* Bochum [N. Brockmeyer] 1993

ENGLER, STEFFANI: *Fachkultur, Geschlecht und soziale Reproduktion. Eine Untersuchung über Studentinnen und Studenten der Erziehungswissenschaft, Rechtswissenschaft, Elektrotechnik und des Maschinenbaus.* Weinheim [Deutscher Studien Verlag] 1993

ENGLER, STEFFANI: Zum Selbstverständnis von Professoren und der illusio des wissenschaftlichen Feldes. In: KRAIS, BEATE (Hrsg.): *Wissen-*

schaftskultur und Geschlechterordnung. Über die verborgenen Mechanismen männlicher Dominanz in der akademischen Welt. Frankfurt/M./New York [Campus] 2000, S. 121-151

ENGLER, STEFFANI: »In Einsamkeit und Freiheit?«. *Zur Konstruktion der wissenschaftlichen Persönlichkeit auf dem Weg zur Professur.* Konstanz [UVK] 2001

ERIKSON, ERIK H.: *Identität und Lebenszyklus. Drei Aufsätze.* Frankfurt/M [Suhrkamp] 1966

ESSER, HARTMUT: Können Befragte lügen? Zum Konzept des »wahren Wertes« im Rahmen der handlungstheoretischen Erklärung von Situationseinflüssen bei der Befragung. In: *Kölner Zeitschrift für Soziologie und Sozialpsychologie* 38. Jg., H. 2, 1986, S. 314-336

FABRIS, HANS-HEINZ: Österreichs Beitrag zur Kommunikationswissenschaft und Forschung. Zwischen Aufbruch und Verhinderung. In: *Publizistik* 27. Jg., H. 2, 1983, S. 204-218

FALTER, JÜRGEN W.: Die Politikwissenschaft in Deutschland zu Beginn des 21. Jahrhunderts. In: FALTER, JÜRGEN; FELIX W. WURM (Hrsg.): *Politikwissenschaft in der Bundesrepublik Deutschland. 50 Jahre DVPW.* Wiesbaden [Westdeutscher Verlag] 2003, S. 223-238

FELT, ULRIKE: Die Furche: Ambivalente Wissenschaftler. Die neue Unübersichtlichkeit an den Unis manifestiert sich in komplexeren Wissenschafter-Figuren. Über zwiespältige Anforderungen an den (Natur-) Wissenschafter. Pressemitteilung der Genomforschung in Österreich vom 24.01.2007. Verfügbar unter: http://www.gen-au.at/artikel.jsp?id=581&type=news&lang=de [online eingesehen am 26.06.2008]

FELT, ULRIKE; HELGA NOWOTNY; KLAUS TASCHWER: *Wissenschaftsforschung. Eine Einführung.* Frankfurt/M./New York [Campus] 1995

FESTINGER, LEON: A Theory of Social Comparison Processes. In: *Human Relations* Vol. 7, Nr. 2, 1954, S. 117-140

FLECK, CHRISTIAN: *Wege zur Soziologie nach 1945. Autobiographische Notizen.* Opladen [Leske+Budrich] 1996

FLICK, UWE: *Qualitative Sozialforschung. Eine Einführung.* Reinbek b. Hamburg [Rowohlt] [6]2002

FORNECK, HERMANN; DANIEL WRANA: Professionelles Handeln und die Autonomie des Feldes der Weiterbildung. In: FRIEBERTSHÄUSER, BARBARA; MARKUS RIEGER-LADICH; LOTHAR WIGGER (Hrsg.): *Reflexive Erziehungswissenschaft. Forschungsperspektiven im Anschluss an Pierre Bourdieu.* Wiesbaden [VS Verlag] 2006, S. 177-191

FOUCAULT, MICHEL: Wahrheit und Macht. Interview mit Allesandro Fontana und Pasquale Pasquino. In: FOUCAULT, MICHEL: *Dispositive der Macht*. Berlin [Merve] 1978, S. 43-54

FRANCK, GEORG: *Mentaler Kapitalismus. Eine politische Ökonomie des Geistes*. München/Wien [Hanser] 2005

FRANK, ANDREA: *Hochschulsozialisation und akademischer Habitus: eine Untersuchung am Beispiel der Disziplinen Biologie und Psychologie*. Weinheim [Deutscher Studien Verlag] 1990

FRIESE, HEIDRUN; PETER WAGNER: *Der Raum der Gelehrten. Eine Topographie akademischer Praxis*. Berlin [Edition Sigma] 1993

FRÖHLICH, GERHARD: Das »wissenschaftliche Feld« bei Pierre Bourdieu. In: REHBEIN, BOIKE; GERNOT SAALMANN; HERMANN SCHWENGEL (Hrsg.): *Pierre Bourdieus Theorie des Sozialen*. Konstanz [UVK] 2003, S. 117-129

FRÖHLICH, ROMY; CHRISTINA HOLTZ-BACHA: Dozentinnen und Dozenten in der Kommunikationswissenschaft, Publizistik, Journalistik. Ergebnisse einer Befragung in der Bundesrepublik Deutschland. In: *Publizistik* 38. Jg., H. 1, 1993a, S. 31-45

FRÖHLICH, ROMY; CHRISTINA HOLTZ-BACHA: Frauen in der Kommunikationswissenschaft: unterrepräsentiert – aber auf dem Vormarsch. In: *Publizistik* 38. Jg., H. 4, 1993b, S. 527-541

FRÖHLICH, ROMY; SONJA PETERS; EVA MARIA SIMMELBAUER: *Public Relations. Daten und Fakten der geschlechtsspezifischen Berufsfeldforschung*. München/Wien [Oldenbourg] 2005

FUCHS-HEINRITZ, WERNER: *Biographische Forschung. Eine Einführung in Praxis und Methoden*. Opladen [Westdeutscher Verlag] [6]2002

FUCHS-HEINRITZ, WERNER; ALEXANDRA KÖNIG: *Pierre Bourdieu*. Konstanz [UVK] 2005

GASS, THOMAS; GERHARD MEISTER: *Soziale Herkunft, Fachhabitus und Berufsantizipation: Zur Soziologie der Fächer* BWL *und Germanistik*. Bern [Schriftenreihe des Instituts für Soziologie] 1996

GESELLSCHAFT FÜR MEDIENWISSENSCHAFT: *Medienwissenschaft – Selbstverständnis, Forschungsfragen, Wissenschaftspolitik*. Verfügbar unter: http://www.gfmedienwissenschaft.de/gfm/selbstverstaendnis/medienwissenschaft__selbstverstaendnis_forschungsfragen_wissenschaftspolitik.html [online eingesehen am 01.04.2009]

GIROUX, HENRI: Power and Resistance in the New Sociology of Education. Beyond Theories of Social and Cultural Reproduction. In: *Curriculum Perspectives* Vol. 2, Nr. 3, 1982, S. 1-13

GLASER, BARNEY G.; ANSELM L. STRAUSS: *The discovery of grounded theory: Strategies for qualitative research*. Chicago [Aldine] 1967

GLÄSER, JOCHEN; GRIT LAUDEL: *Experteninterviews und qualitative Inhaltsanalyse als Instrumente rekonstruierender Untersuchungen*. Wiesbaden [vs Verlag] 2004

GLOTZ, PETER: *Von Heimat zu Heimat. Erinnerungen eines Grenzgängers*. München [Econ] 2005

GOTHE, HOLGER; ANN-DOROTHEE KÖSTER; PHILIPP STORZ; HANS-DIETER NOLTING; BERTRAM HÄUSSLER: Arbeits- und Berufszufriedenheit von Ärzten. Eine Übersicht der internationalen Literatur. In: *Deutsches Ärzteblatt* 104. Jg., H. 20, 2007, S. 1394-1399

GRAALMANN, DIRK: Steinbrecher bald Professor? Wie geschaffen. In: *Süddeutsche Zeitung* vom 24.07.2008. Verfügbar unter: http://www.sueddeutsche.de/kultur/337/303332/text/ [online eingesehen am 11.12.2008]

GRANDI, ROBERTO: The Limitations of the Sociological Approach: Alternatives from Italian Communication Research. In: *Journal of Communication* Vol. 33, Nr. 3, 1983, S. 53-58

HAAS, ERIKA: *Arbeiter- und Akademikerkinder an der Universität. Eine geschlechts- und schichtspezifische Analyse*. Frankfurt/M./New York [Campus] 1999

HACKFORTH, JOSEF; ARNULF KUTSCH: *Kommunikationswissenschaft in Münster 1919-1982. Unter Mitarbeit von Marianne Ravenstein*. Münster [Fahle] 1982

HANITZSCH, THOMAS: Die Struktur des journalistischen Feldes. In: ALTMEPPEN, KLAUS-DIETER; THOMAS HANITZSCH; CARSTEN SCHLÜTER (Hrsg.): *Journalismustheorie: Next generation. Soziologische Grundlegung und theoretische Innovation*. Wiesbaden [vs Verlag] 2007, S. 239-260

HARGENS, LOWELL L.; WARREN O. HAGSTROM: Scientific Consensus and Academic Status Attainment Patterns. *Sociology of Education* Vol. 55, Nr. 4, 1982, S. 183-196

HARNISCHMACHER, MICHAEL: Essay: Bentele/Brosius/Jarren (2003); Burkart (2002); Kunczik/Zipfel (2001); Pürer (2003). In: *Publizistik* 49. Jg., H. 1, 2004, S. 91-95

HARTARD, CHRISTIAN: *Kunstautonomien. Ästhetik der Theorie und Theorie der Ästhetik bei Luhmann und Bourdieu*. Dissertation. Ludwig-Maximilians-Universität München [Institut für Kunstwissenschaften] 2008

HARTMANN, HEINZ: Arbeit, Beruf, Profession. In: LUCKMANN, THOMAS; WALTER MICHAEL SPRONDEL (Hrsg.): *Berufssoziologie*. Köln [Kiepenheuer & Witsch] 1972, S. 36-52

HARTMANN, MICHAEL: *Topmanager. Die Rekrutierung einer Elite.* Frankfurt/M./New York [Campus] 1996

HARTMANN, MICHAEL: *Der Mythos von den Leistungseliten. Spitzenkarrieren und soziale Herkunft in Wirtschaft, Politik, Justiz und Wissenschaft.* Frankfurt/M./New York [Campus] 2002

HARTMER, MICHAEL: Hochschullehrer wollen forschen und lehren, nicht verwalten. Ergebnisse einer Umfrage zur Arbeitszeit. In: *Forschung & Lehre* 15. Jg., H. 2, 2008, S. 92-93

HASENJÜRGEN, BRIGITTE: *Soziale Macht im Wissenschaftsspiel. SozialwissenschaftlerInnen und Frauenforscherinnen an der Hochschule.* Münster [Westfälisches Dampfboot] 1996

HAUSE, KARIN: Warum Männer Frauen zur Wissenschaft nicht zulassen wollten. In: HASE, KARIN; HELGA NOWOTNY (Hrsg.): *Wie männlich ist die Wissenschaft?* Frankfurt/M. [Suhrkamp] 1986, S. 31-40

HEIDENREICH, MARTIN: Die Debatte um die Wissensgesellschaft. In: BÖSCHEN, STEFAN; INGO SCHULZ-SCHAEFFER (Hrsg.): *Wissenschaft in der Wissensgesellschaft.* Wiesbaden [Westdeutscher Verlag] 2003, S. 25-51

HEINTZ, BETTINA: Wissenschaft im Kontext. Neuere Entwicklungstendenzen der Wissenschaftssoziologie. In: *Kölner Zeitschrift für Soziologie und Sozialpsychologie* 45. Jg., H. 3, 1993, S. 528-552

HELFFERICH, CORNELIA: *Die Qualität qualitativer Daten. Manual für die Durchführung qualitativer Interviews.* Wiesbaden [VS Verlag] ²2005

HENGARTNER, THOMAS: »Kulturwissenschaftler sind wir alle.« Selbstbehauptung und Selbstverständnis eines (kleinen) Faches in einer leistungs- und marktorientierten Hochschullandschaft. In: KÖNIG, GUDRUN M.; GOTTFRIED KORFF (Hrsg.): *Volkskunde 00. Hochschulreform und Fachidentität.* Tübingen [Tübinger Vereinigung für Volkskunde] 2001, S. 39-50

HESSE, HANS ALBRECHT: *Berufe im Wandel. Ein Beitrag zum Problem der Professionalisierung.* Stuttgart [Enke] 1968

HILLMERT, STEFFEN: Altersstruktur und Karrierewege der Professorinnen und Professoren in der deutschen Soziologie. In: *Kölner Zeitschrift für Soziologie und Sozialpsychologie* 55. Jg., H. 1, 2003, S. 116-135

HIRZINGER, MARIA: *Biographische Medienforschung.* Wien [Böhlau] 1991

HIRSCH HADORN, GERTRUDE: Vom Nutzen und Nachteil transdisziplinärer Grenzüberschreitungen. In: LIEBIG, BRIGITTE; MONIQUE DUPUIS; IRENE KRIESI; MARTINA PEITZ (Hrsg.): *Mikrokosmos Wissenschaft. Transformationen und Perspektiven.* Zürich [VDF] 2005, S. 117-134

HOCHSCHULRAHMENGESETZ: Fassung der Bekanntmachung vom 19. Januar 1999, zuletzt geändert durch Artikel 1 des Gesetzes vom 8. August 2002. Verfügbar unter: http://www.bundesrecht.juris.de/hrg/BJNR001850976.html [online eingesehen am 19.01.2008]

HODENBERG, CHRISTINE VON: *Konsens und Krise. Eine Geschichte der westdeutschen Medienöffentlichkeit 1945-1973*. Göttingen [Wallstein] 2006

HOHLFELD, RALF: Öffentlichkeitsarbeit als Bedrohung? Zum Verhältnis von Kommunikationswissenschaft und Öffentlichkeit. In: HOLTZ-BACHA, CHRISTINA; ARNULF KUTSCH; WOLFGANG R. LANGENBUCHER; KLAUS SCHÖNBACH (Hrsg.): *Fünfzig Jahre Publizistik*. Wiesbaden [VS Verlag] 2006, S. 391-410

HOHLFELD, RALF; CHRISTOPH NEUBERGER: Profil, Grenzen und Standards der Kommunikationswissenschaft. Eine Inhaltsanalyse wissenschaftlicher Fachzeitschriften. In: *Rundfunk und Fernsehen* 46. Jg., H. 2/3, 1998, S. 313-332

HÖMBERG, WALTER: Qualität kommt von Qual. Evaluationen sind aufwändig, aber sinnvoll. In: *Aviso* Nr. 29, 2002, S. 4-5

HOPF, CHRISTEL: Hypothesenprüfung und qualitative Sozialforschung. In: STROBL, RAINER; ANDREAS BÖTTGER (Hrsg.): *Wahre Geschichten? Zu Theorie und Praxis qualitativer Interviews*. Baden-Baden [Nomos] 1996, S. 11-21

HORNKE, LUTZ F.: Personalprofil Professor. In: HOEBINK, HEIN (Hrsg.): *Perspektiven für die Universität 2000*. Neuwied/Kriftel/Berlin [Luchterhand] 1997, S. 111-123

HOYNINGEN-HUENE, PAUL: Zu Emergenz, Mikro- und Makrodetermination. In: LÜBBE, WEYMA (Hrsg.): *Kausalität und Zurechnung. Über Verantwortung in komplexen kulturellen Prozessen*. Berlin/New York [de Gruyter] 1994, S. 165-195

HRADIL, STEFAN: System und Akteur. Eine empirische Kritik der soziologischen Kulturtheorie Pierre Bourdieus. In: EDER, KLAUS (Hrsg.): *Klassenlage, Lebensstil und kulturelle Praxis. Theoretische und empirische Beiträge zur Auseinandersetzung Pierre Bourdieus Klassentheorie*. Frankfurt/M. [Suhrkamp] 1989, S. 111-141

HUBER, LUDWIG; ECKART LIEBAU: Die Kulturen der Fächer. In: *Neue Sammlung* 3. Jg., H. 3, 1985, S. 314-339

HUBER, LUDWIG; ECKART LIEBAU; GERHARD PORTELE; WOLFGANG SCHÜTTE: Fachcode und studentische Kultur. Zur Erforschung der Habitusausbildung in der Hochschule. In: BECKER, EGON (Hrsg.): *Reflexi-*

onsprobleme der Hochschulforschung. Beiträge zur Theorie- und Methodendiskussion. Weinheim/Basel [Beltz] 1983, S. 144-170

HUBER, NATHALIE: Den Motiven auf der Spur. Chancen und Grenzen von qualitativen Studien zur Mediennutzung. Eine Einführung. In: HUBER, NATHALIE; MICHAEL MEYEN (Hrsg.): *Medien im Alltag. Qualitative Studien zu Nutzungsmotiven und zur Bedeutung von Medienangeboten.* Münster [Lit] 2006, S. 13-42

HUMBOLDT, WILHELM VON: Schriften zur Politik und zum Bildungswesen. In: HUMBOLDT, WILHELM VON: *Werke. Band 4.* Hrsg. von FLITNER, ANDREAS; KLAUS GIEL. Darmstadt [Wissenschaftliche Buchgesellschaft] 1969 [1919]

INSTITUT FÜR ARBEITSMARKT- UND BERUFSFORSCHUNG: Auszug aus dem IAB-Kurzbericht Nr. 9/2006. Verfügbar unter: http://doku.iab.de/kurzgraf/ 2006/kbfolien0906.pdf [online eingesehen am 19.01.2008]

INSTITUT FÜR DEMOSKOPIE ALLENSBACH: *Allensbacher Berufsprestige-Skala 2008. IfD-Umfrage 10015.* Verfügbar unter: http://www.ifd-allensbach.de/ news/prd_0802.html [online eingesehen am 14.04.2008]

JARREN, OTFRIED: Kommunikationswissenschaftliche Politikberatung. In: ROSS, DIETER; JÜRGEN WILKE (Hrsg.): *Umbruch in der Medienlandschaft. Beziehungen zwischen Wissenschaft, Politik und Praxis.* München [Ölschläger] 1991, S. 101-109

JARREN, OTFRIED: Medien- und Kommunikationspolitik in Deutschland. Eine Einführung anhand ausgewählter Problembereiche. In: JARREN, OTFRIED: *Fernstudieneinheit Medien und Journalismus. Fachwissen für Journalisten Band 1.* Berlin [FU Berlin, Studiengang Journalisten-Weiterbildung] 1993, S. 99-135

JARREN, OTFRIED: Aufbruch und Umbruch. Situationen und Perspektiven der Publizistik- und Kommunikationswissenschaft in der Schweiz. In: *Medien Journal* 24. Jg., H. 2, 2000, S. 10-18

JARREN, OTFRIED: Massenmedien als Intermediäre. Zur anhaltenden Relevanz der Massenmedien für die öffentliche Kommunikation. In: *Medien & Zeit* 56. Jg., H. 3/4, 2008, S. 329-346

JENKINS, RICHARD: Language, Symbolic Power and Communication. Bourdieus ›Homo Academicus‹. In: *Sociology* Vol. 23, Nr. 4, 1989, S. 639-645

JONES, DANIEL E.: Medien- und Kommunikationswissenschaft in Spanien – ein Überblick. In: *Medien & Kommunikationswissenschaft* 49. Jg., H. 4, 2001, S. 528-545

KAESLER, DIRK: *Die frühe deutsche Soziologie und ihre Entstehungsmilieus. Eine wissenschaftssoziologische Untersuchung*. Opladen [Westdeutscher Verlag] 1984

KAMENZ, UWE; MARTIN WEHRLE: *Professor Untat. Was faul ist hinter den Hochschulkulissen*. Berlin [Econ] 2007

KANT, IMMANUEL: *Der Streit der Fakultäten*. Hamburg [Meiner] 2005 [1789]

KANTER, ROSABETH MOSS: *Men and Women of the Corporation*. New York [Basic Books] 1977

KARMASIN, MATTHIAS: Was ist neu an der neuen Kommunikationswissenschaft? In: LÖFFELHOLZ, MARTIN; THORSTEN QUANDT: *Die neue Kommunikationswissenschaft. Theorien, Themen und Berufsfelder im Internet-Zeitalter. Eine Einführung*. Wiesbaden [Westdeutscher Verlag] 2003, S. 49-57

KARMASIN, MATTHIAS: Man kennt sich. Auch Gegenpäpste sind Päpste – wir brauchen Reformation. In: *Aviso* Nr. 39, 2005, S. 8

KARMASIN, MATTHIAS: Kommunikations-Kommunikationswissenschaft: Wissenschaftstheoretische Anmerkungen zur Theoriediskussion in den Kommunikationswissenschaften. In: WINTER, CARSTEN; ANDREAS HEPP; FRIEDRICH KROTZ (Hrsg.): *Theorien der Kommunikations- und Medienwissenschaft. Grundlegende Diskussionen, Forschungsfelder und Theorieentwicklungen*. Wiesbaden [VS Verlag] 2008, S. 229-247

KARMASIN, MATTHIAS; CARSTEN WINTER: Kommunikationswissenschaft im Kontext von Cultural Turns in den Sozial- und Geisteswissenschaften. Probleme, Projekte und neue Möglichkeiten. In: KARMASIN, MATTHIAS; CARSTEN WINTER (Hrsg.): *Kulturwissenschaft als Kommunikationswissenschaft. Projekte, Probleme und Perspektiven*. Wiesbaden [Westdeutscher Verlag] 2003, S. 9-20

KAZEMZADEH, FOAD; KARL-HEINZ MINKS: *Attraktivität des Ingenieursstudiums. Ergebnisse einer empirischen Untersuchung*. Hannover [HIS] 1983

KEHM, BARBARA M.: Universitätskrisen im Spiegel von Hochschulromanen. In: STÖLTING, ERHARD; UWE SCHIMANK (Hrsg.): *Die Krise der Universitäten*. Wiesbaden [Westdeutscher Verlag] 2001, S. 44-63

KELLE, UDO; SUSANN KLUGE: *Vom Einzelfall zum Typus. Fallvergleich und Fallkontrastierung in der qualitativen Sozialforschung*. Opladen [Leske+Budrich] 1999

KEMPEN, BERNHARD: *Strukturierung und Organisation der Lehre*. Verfügbar unter: http://www.google.de/#hl=de&source=hp&q=kempen+betreuungsrelation&btnG=Google-Suche&meta=&aq=f&oq=kempen+betreuungsrelation&fp=58f63fc8fdffec64 [online eingesehen am 29.3.2009]

KLEIN, PETRA: *Henk Prakke und die funktionale Publizistik*. Münster [Lit] 2006

KOENEN, ERIK: Ein »einsamer« Wissenschaftler? Erich Everth und das Leipziger Institut für Zeitungskunde zwischen 1926 und 1933. Ein Beitrag zur Bedeutung des Biographischen für die Geschichte der Zeitungswissenschaft. In: *Medien & Zeit* 20. Jg., H. 1, 2005, S. 38-50

KÖHLER, HELMUT: *Der relative Schul- und Hochschulbesuch in der Bundesrepublik Deutschland 1952-1975*. Berlin [Max-Planck-Institut für Bildungsforschung] 1978

KOHLI, MARTIN: Erwartungen an eine Soziologie des Lebenslaufs. In: KOHLI, MARTIN (Hrsg.): *Soziologie des Lebenslaufs*. Darmstadt/Neuwied [Luchterhand] 1980, S. 9-31

KOHLI, MARTIN: »Von uns selber schweigen wir.« Wissenschaftsgeschichte aus Lebensgeschichten. In: LEPENIES, WOLF (Hrsg.): *Geschichte der Soziologie. Band 1*. Frankfurt/M. [Suhrkamp] 1981, S. 428-460

KOLB, KARIN: *Traditionslinien der Essener Kommunikationswissenschaft. Eine wissenschafts-historische Rekonstruktion*. Münster [Nodus] 2007

KRAIS, BEATE: Bildung als Kapital: Neue Perspektiven für die Analyse der Sozialstruktur? In: KRECKEL, REINHARD (Hrsg.): *Zur Theorie sozialer Ungleichheiten*. Göttingen [Schwartz] 1983, S. 199-220

KRAIS, BEATE: Soziales Feld, Macht und kulturelle Praxis. Die Untersuchungen Bourdieus über die verschiedenen Fraktionen der »herrschenden Klasse« in Frankreich. In: EDER, KLAUS (Hrsg.): *Klassenlage, Lebensstil und kulturelle Praxis. Theoretische und empirische Beiträge zur Auseinandersetzung mit Pierre Bourdieus Klassentheorie*. Frankfurt/M. [Suhrkamp] 1989, S. 47-70

KRAIS, BEATE: Das soziale Feld Wissenschaft und die Geschlechterverhältnisse. Theoretische Sondierungen. In: KRAIS, BEATE (Hrsg.): *Wissenschaftskultur und Geschlechterordnung. Über die verborgenen Mechanismen männlicher Dominanz in der akademischen Welt*. Frankfurt/M./New York [Campus] 2000, S. 31-54

KRAIS, BEATE: Habitus und soziale Praxis. In: STEINRÜCKE, MARGARETA (Hrsg.): *Pierre Bourdieu. Politisches Forschen, Denken und Eingreifen*. Hamburg [VSA-Verlag] 2004, S. 91-196

KRAIS, BEATE; GUNTER GEBAUER: *Habitus*. Bielefeld [Transcript] 2002

KRIMMER, HOLGER; FREIA STALLMANN; MARKUS BEHR; ANNETTE ZIMMER: *Karrierewege von ProfessorInnen an Hochschulen in Deutschland*. Münster [Westfälische Wilhelms Universität] 2003

KRÖLL, FRIEDHELM: Kommunikationswissenschaft. Auswertung einer Umfrage zur Entwicklung und Situation des Fachs im deutschsprachigen Raum. In: *Publizistik* 25. Jg., H. 4, 1980, S. 492-514

KROTZ, FRIEDRICH: *Neue Theorien entwickeln. Eine Einführung in die Grounded Theory, die Heuristische Sozialforschung und die Ethnographie anhand der Kommunikationswissenschaft.* Köln [Herbert von Halem] 2005

KROTZ, FRIEDRICH: *Mediatisierung: Fallstudien zum Wandel von Kommunikation.* Wiesbaden [vs Verlag] 2007

KÜBLER, HANS-DIETER: Medienforschung zwischen Stagnation und Innovation. Eine Skizze des Diskussionsstandes aus der Sicht qualitativer Forschung. In: BAACKE, DIETER; DIETER KÜBLER (Hrsg.): *Qualitative Medienforschung. Konzepte und Erprobungen.* Tübingen [Niemeyer] 1989, S. 7-71

KÜBLER, HANS-DIETER: *Kommunikation und Massenkommunikation: Ein Studienbuch.* Münster/Hamburg [Lit] 1994

KÜHNE, STEFAN: Das soziale Rekrutierungsfeld der Lehrer. Empirische Befunde zur schichtspezifischen Selektivität in akademischen Berufspositionen. In: *Zeitschrift für Erziehungswissenschaft* 9. Jg., H. 4, 2006, S. 617-631

KUHN, THOMAS S.: *The Structure of Scientific Revolutions.* Chicago [University of Chicago Press] 1962

KUHN, THOMAS S.: *Die Struktur wissenschaftlicher Revolutionen.* Frankfurt/M. [Suhrkamp] 1976

KUTSCH, ARNULF (Hrsg.): *Zeitungswissenschaft im Dritten Reich. 7 biographische Studien.* Köln [Hayit] 1984

KUTSCH, ARNULF; HORST PÖTTKER: Kommunikationswissenschaft – autobiographisch. Einleitung. In: KUTSCH, ARNULF; HORST PÖTTKER: *Kommunikationswissenschaft – autobiographisch. Zur Entwicklung einer Wissenschaft in Deutschland.* Opladen [Westdeutscher Verlag] 1997, S. 7-20

LACASA, IVAN: *Entre cienca y praxis: la Zeitungswissenschaft alemana en la República de Weimar. Los conceptos öffentliche Meinung y Öffentlichkeit.* Dissertation [Universitat Autònoma de Barcelona] 2007

LACASA, IVAN: Zeitungswissenschaft als publizistische Aktion. Karl d'Ester, Emil Dovifat, Erich Everth. In: *Medien & Zeit* 23. Jg., H. 1, 2009, S. 4-8

LAITKO, HUBERT: Disziplingeschichte und Disziplinverständnis. In: PECKHAUS, VOLKER; CHRISTIAN THIEL (Hrsg.): *Disziplinen im Kontext. Perspektiven der Disziplingeschichtsschreibung.* München [Fink] 1999, S. 21-60

LAMNEK, SIEGFRIED: *Qualitative Sozialforschung. Lehrbuch.* Weinheim/Basel [Beltz] 42005

LAMONT, MICHÈLE; ANNETTE P. LAREAU: Cultural Capital: Allusions, Gaps, and Glissundos in Recent Theoretical Developments. In: *Sociological Theory* Vol. 6, Nr. 2, 1988, S. 153-168

LANDMEIER, REINHARD: Die unbekannte Fachgemeinschaft. Material zur Sozialstruktur der Soziologen der Bundesrepublik Deutschland. In: *Soziale Welt* 38. Jg., H. 3, 1987, S. 379-407

LANG, KURT; GLADYS ENGEL LANG: Perspectives on Communication. In: *Journal of Communication* Vol. 43, Nr. 3, 1993, S. 92-99

LANGENBUCHER, WOLFGANG R.: Kommunikation als Beruf. Ansätze und Konsequenzen kommunikationswissenschaftlicher Berufsforschung. In: *Publizistik* 19./20. Jg., 1974/75, S. 256-277

LANGENBUCHER, WOLFGANG R.: Journalistenhasser, Brigitte Monhaupt und die Münchener Schule. In: MEYEN, MICHAEL; MARIA LÖBLICH (Hrsg.): *80 Jahre Zeitungs- und Kommunikationswissenschaft in München. Bausteine einer Institutsgeschichte*. Köln [Herbert von Halem] 2004, S. 198-213

LANGENBUCHER, WOLFGANG R.: Ich sehe mich als Institutionenbauer. In: MEYEN, MICHAEL; MARIA LÖBLICH (Hrsg.): *»Ich habe dieses Fach erfunden«. Wie die Kommunikationswissenschaft an die deutschsprachigen Universitäten kam. 19 biografische Interviews*. Köln [Herbert von Halem] 2007, S. 201-226

LATOUR, BRUNO; STEVEN WOOLGAR: *Laboratory Life. The Social Construction of Scientific Facts*. Beverly Hills [Sage] 1979

LEEMANN, REGULA JULIA: *Chancenungleichheiten im Bildungssystem. Wie Geschlecht und soziale Herkunft Karrieren beeinflussen*. Chur/Zürich [Rüegger] 2002

LEFEBVRE, HENRI: *Kritik des Alltagslebens*. Kronberg [Athenäum] 1977

LEGEWIE, HEINER: Globalauswertung von Dokumenten. In: BOEHM, ANDREAS; ANDREAS MENGEL; THOMAS MUHR (Hrsg.): *Texte verstehen. Konzepte, Methoden, Werkzeuge*. Konstanz [UVK] 1994, S. 177-182

LENGER, ALEXANDER: *Die Promotion. Ein Reproduktionsmechanismus sozialer Ungleichheit*. Konstanz [UVK] 2008

LEPENIES, WOLF: Einleitung. Studien zur kognitiven, sozialen und historischen Identität der Soziologie. In: LEPENIES, WOLF (Hrsg.): *Geschichte der Soziologie. Band 1*. Frankfurt/M. [Suhrkamp] 1981, S. I-XXXV

LIEBAU, ECKART: *Gesellschaftliches Subjekt und Erziehung. Zur pädagogischen Bedeutung der Sozialisationstheorien von Pierre Bourdieu und Ulrich Oevermann*. Weinheim/München [Juventa] 1987

LINCKE, HANS-JOACHIM; SYLVIA PALETSCHEK: *Situation des wissenschaftlichen Nachwuchses im Fach Geschichte: Berufungsaussichten und Karrierestadien von*

Historikern und Historikerinnen an deutschen Universitäten. Ergebnisse einer Erhebung im Jahr 2002. Verfügbar unter: http://hsozkult.geschichte.hu-berlin.de/daten/2002/lincke_ paletschek_2002.pdf [online eingesehen am 31.11.2008]

LIND, INKEN: *Aufstieg oder Ausstieg? Karrierewege von Wissenschaftlerinnen. Ein Forschungsüberblick.* Bielefeld [Kleine Verlag] 2004

LISCHKA, JOHANNA: *Reisejournalisten – Akteure im Spannungsfeld. Eine kommunikationswissenschaftliche Studie zu Selbstverständnis und Arbeitsbedingungen anhand von qualitativen Leitfadeninterviews.* Magisterarbeit. Ludwig-Maximilians-Universität [Institut für Kommunikationswissenschaft und Medienforschung] 2006

LIST, ELISABETH: Der asketische Eros. Genese und Struktur des wissenschaftlichen Habitus. In: ANDREAS-GRIESEBACH, MANON; BRIGITTE WEISSHAUPT (Hrsg.): *Was Philosophinnen denken. Band II.* Zürich [Ammann] 1999, S. 23-48

LITTLEJOHN, STEPHEN W.: An overview of contributions to human communication theory from other disciplines. In: DANCE, FRANK E. (Hrsg.): *Human communication theory: Comparative essays.* New York [Harper & Row] 1982, S. 243-285

LÖBLICH, MARIA: *Das Menschenbild in der Kommunikationswissenschaft.* Münster [Lit] 2004

LÖBLICH, MARIA: German Publizistikwissenschaft and its Shift from a Humanistic to a Empirical Social Scientific Discipline. In: *European Journal of Communication* Vol. 22, Nr. 1, 2007, S. 69-88

LÖBLICH, MARIA: Ein Weg zur Kommunikationsgeschichte. Kategoriengeleitetes Vorgehen am Beispiel Fachgeschichte. In: ARNOLD, KLAUS; MARKUS BEHMER; BERND SEMRAD (Hrsg.): *Kommunikationsgeschichte. Positionen und Werkzeuge. Ein diskursives Handbuch.* Münster [Lit] 2008, S. 429-450

LÖBLICH, MARIA: *Die empirisch-sozialwissenschaftliche Wende in der Publizistik- und Zeitungswissenschaft.* Dissertation. Ludwig-Maximilians-Universität [Institut für Kommunikationswissenschaft und Medienforschung] 2009

LÖBLICH, MARIA; SENTA PFAFF-RÜDIGER: Die empirisch-sozialwissenschaftliche Wende und die Veränderung der Forschungspraxis in der Zeitungs- und Publizistikwissenschaft. In: SCHULZ, PETER J.; SIMONE KELLER; UWE HARTUNG: *Identität und Vielfalt der Kommunikationswissen-*

schaften. Tagungsband der DGPuK-Jahrestagung 2008 in Lugano. Konstanz [UVK] 2009, S. 51-63

LUHMANN, NIKLAS: Die Selbststeuerung der Wissenschaft. In: LUHMANN, NIKLAS: *Soziologische Aufklärung. Aufsätze zur Theorie sozialer Systeme.* Köln/Opladen [Westdeutscher Verlag] 1970, S. 232-252

LUHMANN, NIKLAS: *Die Wissenschaft der Gesellschaft.* Frankfurt/M. [Suhrkamp] 1990

MAIER-RABLER, URSULA: Die ÖGK. Kommunikationswissenschaftliche Forschung in Österreich. In: *Medien Journal* 24. Jg., H. 2, 2002, S. 4-7

MANG, MICHAEL: *Das Fachverständnis von Peter Glotz. Ein Grenzgänger zwischen den Feldern Politik und Wissenschaft.* Magisterarbeit. Ludwig-Maximilians-Universität [Institut für Kommunikationswissenschaft und Medienforschung] 2007

MANNHEIM, KARL: *Ideologie und Utopie.* Frankfurt/M. [Schulte-Bulmke] 1929

MANNHEIM, KARL: Wissenssoziologie. In: MANNHEIM, KARL: *Ideologie und Utopie.* Frankfurt/M. [Klostermann] 1931, S. 227-267

MARQUART, UWE: Zur Lage der Soziologie. Überlegungen zu den Auswirkungen der aktuellen Hochschulpolitik. In: *Sozialwissenschaften und Berufspraxis* 28. Jg., H. 2, 2005, S. 234-249

MARSHALL, JUDI: *Women Managers: Travellers in a Male World.* Chichester [John Wiley and Sons] 1984

MATERMANN, MARGARET: The nature of a paradigm: In: LAKATOS, IMRE; ALAN MUSGRAVE (Hrsg.): *Criticism and the growth of knowledge.* Cambridge [University Press] 1965, S. 59-91

MATTELART, ARMAND: Technology, Culture, and Communication: Research and Policy Priorities in France. In: *Journal of Communication* Vol. 33, Nr. 3, 1983, S. 59-73

MATTHES, JÖRG; WERNER WIRTH; URSINA MÖGERLE: Learning by Doing? Eine empirische Studie zum Status quo und den Konsequenzen der Nachwuchsbetreuung in der Kommunikations- und Medienwissenschaft. In: *Beiträge zur Hochschulforschung* 28. Jg., H. 4, 2006, S. 82-100

MATTHIES, HILDEGARD; ELLEN KUHLMANN; MARIA OPPEN; DAGMAR SIMON: *Karrieren und Barrieren in der Wissenschaft. Geschlechterdifferente Teilhabechancen an außeruniversitären Forschungseinrichtungen.* Berlin [Edition Sigma] 2001

MAYER, KARL URICH: Lebensverläufe und sozialer Wandel. Anmerkungen zu einem Forschungsprogramm. In: FRIEDRICHS, JÜRGEN; KARL

ULRICH MAYER; RAINER, M. LEPSIUS (Hrsg.): *Die Diagnosefähigkeit der Soziologie*. Opladen [Westdeutscher Verlag] 1990, S. 7-21

MAYER, KARL ULRICH: Generationsdynamik in der wissenschaftlichen Forschung: Personen, Organisationen und Programme. In: MAYER, KARL ULRICH: *Generationsdynamik in der Forschung*. Frankfurt/M./New York [Campus] 1992, S. 9-31

MAYER, KARL ULRICH: Wissenschaft als Beruf oder Karriere? In: GLATZER, WOLFGANG; ROLAND HABICH; KARL ULRICH MAYER (Hrsg.): *Sozialer Wandel und gesellschaftliche Dauerbeobachtung*. Opladen [Leske+Budrich] 2002, S. 421-438

MAYNTZ, RENATE; KURT HOLM; PETER HÜBNER: *Einführung in die Methoden der empirischen Soziologie*. Opladen [Westdeutscher Verlag] 51978

MAYRING, PHILIPP: *Einführung in die qualitative Sozialforschung. Eine Anleitung zu qualitativem Denken*. Weinheim/Basel [Beltz] 52002

MAYRING, PHILIPP: *Qualitative Inhaltsanalyse. Grundlagen und Techniken*. Weinheim/Basel [Beltz] 82003

MAYRING, PHILIPP: Neuere Entwicklungen in der qualitativen Forschung und der Qualitativen Inhaltsanalyse. In: MAYRING, PHILIPP; MICHAELA GLÄSER-ZIKUDA (Hrsg.): *Die Praxis der Qualitativen Inhaltsanalyse*. Weinheim/Basel [Beltz] 2005, S. 7-19

MCQUAIL, DENIS: Making progress in a trackless, weightless and intangible space: A response to Keith Roe. In: *Communications* Vol. 28, Nr. 3, 2003, S. 275-284

MEINEFELD, WERNER: Hypothesen und Vorwissen in der qualitativen Sozialforschung. In: FLICK, UWE; ERNST VON KARDORFF; INES STEINKE (Hrsg.): *Qualitative Forschung. Ein Handbuch*. Reinbek b. Hamburg [Rowohlt] 62008, S. 265-275

MERTON, ROBERT K.: Science and the Social Order. In: *Philosophy of Science* Vol. 5, Nr. 3, 1938, S. 321-337

MERTON, ROBERT K.: *Entwicklung und Wandel von Forschungsinteressen*. Frankfurt/M. [Suhrkamp] 1985

MEUSER, MICHAEL; ULRIKE NAGEL: ExpertInneninterviews – vielfach erprobt, wenig bedacht. Ein Beitrag zur qualitativen Methodendiskussion. In: BOGNER, ALEXANDER; BEATE LITTIG; WOLFGANG MENZ (Hrsg.): *Das Experteninterview-Theorie, Methode, Anwendung*. Wiesbaden [VS Verlag] 22005, S. 71-93

MEYEN, MICHAEL: Wer wird Professor für Kommunikationswissenschaft? Ein Beitrag zur Entwicklung einer Wissenschaftsdisziplin in Deutschland. In: *Publizistik* 49. Jg., H. 2, 2004, S. 194-206

MEYEN, MICHAEL: *Wir Mediensklaven. Warum die Deutschen ihre halbes Leben auf Empfang sind.* Hamburg [Merus] 2006

MEYEN, MICHAEL: Die »Jungtürken« und die Kommunikationswissenschaft. Eine Kollektivbiographie. In: *Publizistik* 52. Jg., H. 3, 2007a, S. 308-328

MEYEN, MICHAEL: Geschichte der Kommunikationswissenschaft als Generationsgeschichte. Über den Einfluss prägender Lebenserfahrung der zentralen Akteure auf die Entwicklung einer akademischen Disziplin im deutschsprachigen Raum. In: *Studies in Communication Science* 7. Jg., H. 1, 2007b, S. 9-36

MEYEN, MICHAEL: Medienwissen und Medienmenüs als kulturelles Kapital und Distinktionsmerkmale. Eine Typologie der Mediennutzer in Deutschland. In: *Medien & Kommunikationswissenschaft* 55. Jg., H. 3, 2007c, S. 333-354

MEYEN, MICHAEL: Medialisierung. In: *Medien & Kommunikationswissenschaft* 57. Jg., H. 1, 2009, S. 23-38

MEYEN, MICHAEL; BARBARA HÖFLER: Ende des Studiengangs, Ende der Debatte? Das »Münchener Modell« zur Ausbildung von Diplomjournalisten. In: MEYEN, MICHAEL; MANUEL WENDELIN: *Journalistenausbildung, Empirie und Auftragsforschung. Neue Bausteine des Münchener Instituts für Kommunikationswissenschaft.* Köln [Herbert von Halem] 2008, S. 28-84

MEYEN, MICHAEL; MARIA LÖBLICH (Hrsg.): *80 Jahre Zeitungs- und Kommunikationswissenschaft in München. Bausteine einer Institutsgeschichte.* Köln [Herbert von Halem] 2004

MEYEN, MICHAEL; MARIA LÖBLICH: *Klassiker der Kommunikationswissenschaft. Fach- und Theoriegeschichte in Deutschland.* Konstanz [UVK] 2006

MEYEN, MICHAEL; MARIA LÖBLICH: Die »Jungtürken« in der Kommunikationswissenschaft. Ein biographischer Zugang zur Geschichte und zur Identität des Fachs. In: MEYEN, MICHAEL; MARIA LÖBLICH: *»Ich habe dieses Fach erfunden«. Wie die Kommunikationswissenschaft an die deutschsprachigen Universitäten kam. 19 biografische Interviews.* Köln [Herbert von Halem] 2007, S. 7-32

MEYEN, MICHAEL; CLAUDIA RIESMEYER: *Diktatur des Publikums. Arbeitsbedingungen und Selbstverständnis von Journalisten in Deutschland.* Konstanz [UVK] 2009

MEYEN, MICHAEL; MANUEL WENDELIN: *Journalistenausbildung, Empirie und Auftragsforschung. Neue Bausteine des Münchener Instituts für Kommunikationswissenschaft*. Köln [Herbert von Halem] 2008

MEYER, WULF-UWE: *Leistungsmotiv und Ursachenerklärung von Erfolg und Misserfolg*. Stuttgart [Klett] 1973

MIKOS, LOTHAR: Fernsehen im Kontext von Alltag. Lebenswelt und Kultur. Versuch zur Klärung von Begriffen zum Zwecke der theoretischen Annäherung. In: *Rundfunk & Fernsehen* 40. Jg., H. 4, 1992, S. 528-543

MILLER, MAX: Systematisch verzerrter Legitimationsdiskurse. Einige kritische Überlegungen zu Bourdieus Habitustheorie. In: EDER, KLAUS (Hrsg.): *Klassenlage, Lebensstil und kulturelle Praxis. Theoretische und empirische Beiträge zur Auseinandersetzung Pierre Bourdieus Klassentheorie*. Frankfurt/M. [Suhrkamp] 1989, S. 191-219

MITTELSTRASS, JÜRGEN: Wissenschaft als Lebensform – eine Erinnerung und eine Einleitung. In: LIEBIG, BRIGITTE; MONIQUE DUPUIS; IRENE KRIESI; MARTINA PEITZ (Hrsg.): *Mikrokosmos Wissenschaft. Transformationen und Perspektiven*. Zürich [VDF] 2005, S. 17-35

MÖGERLE, URSINA; JÖRG MATTHES; WERNER WIRTH: Zur Situation des wissenschaftlichen Nachwuchses in der Schweiz. Ergebnisse einer Befragung von Nachwuchswissenschaftlerinnen und Nachwuchswissenschaftlern bis zur Promotion. In: *Medienwissenschaft Schweiz* 14. Jg., H. 2, 2005, S. 86-97

MÖHRING, WIEBKE; DANIELA SCHLÜTZ: *Die Befragung in der Medien- und Kommunikationswissenschaft*. Wiesbaden [Westdeutscher Verlag] 2003

MONSCHEIN, WOLFGANG; FRITZ RANDL: 50 Jahre Kommunikationswissenschaft an der Universität Wien (1942-1992). Teil 1 und 2. In: *Medien & Zeit* 11. Jg., H. 1/2, 1996, S. 14-40

MORANDI, PIETRO: Vom Tempel zur Fabrik: Universität und Wissenschaft im Umbruch: In: LIEBIG, BRIGITTE; MONIQUE DUPUIS; IRENE KRIESI; MARTINA PEITZ (Hrsg.): *Mikrokosmos Wissenschaft. Transformationen und Perspektiven*. Zürich [VDF] 2005, S. 37-56

MÜLLER, HANS-PETER: Kultur, Geschmack und Distinktion. Grundzüge der Kultursoziologie Pierre Bourdieus. In: NEIDHARDT, FRIEDHELM; RAINER M. LEPSIUS; JOHANNES WEISS (Hrsg.): *Kultur und Gesellschaft*. Opladen [Westdeutscher Verlag] 1986, S. 162-190

MÜLLER, HANS-PETER: Die Einbettung des Handelns. Pierre Bourdieus Praxeologie. In: GABRIEL, MANFRED (Hrsg.): *Paradigmen der akteurszentrierten Soziologie*. Wiesbaden [VS Verlag] 2004, S. 170-186

MULKAY, MICHAEL: *The social process of innovation. A Study in the sociology of science*. London [Macmillan Press] 1972

NASH, ROY: Bourdieu on education and social and cultural reproduction. In: *British Journal of Sociology of Education* Vol. 11, Nr. 4, 1990, S. 431-447

NASSEHI, ARMIN; GERD NOLLMANN (Hrsg.): *Bourdieu und Luhmann. Ein Theorievergleich*. Frankfurt/M. [Suhrkamp] 2004

NEIDHARDT, FRIEDHELM: *Wissenschaft als öffentliche Angelegenheit. Vorlesung am Wissenschaftszentrum Berlin vom 26. November 2002*. Verfügbar unter: http://www.wzb.eu/publikation/pdf/pdfs%20vorlesungen/les3_neidhardt.pdf [online eingesehen am 31.11.2008]

NEUBERGER, CHRISTOPH: Die Absolventenbefragung als Methode der Lehrevaluation in der Kommunikationswissenschaft. Eine Synopse von Studien aus den Jahren 1995 bis 2004. In: *Publizistik* 50. Jg., H. 1, 2005, S. 74-103

NEUSEL, AYLÂ; ULRICH TEICHLER: *Hochschulentwicklung seit den sechziger Jahren*. Weinheim/Basel [Beltz] 1986

NEVERLA, IRENE: Warum die deutsche Kommunikationswissenschaft durchaus Zukunft hat – eine Replik auf Alphons Silbermann. In: *Die Zeit* Nr. 6/1997. Verfügbar unter: http://www.zeit.de/1997/05/neverla.txt.19970124.xml [online eingesehen am 15.3.2008]

NEVERLA, IRENE: Kommunikationswissenschaft zwischen Komplexität und Kanonisierung. Überlegungen zu Bedingungsfaktoren und Aufgaben kommunikationswissenschaftlicher Selbstreflexion. In: LÖFFELHOLZ, MARTIN; THORSTEN QUANDT: *Die neue Kommunikationswissenschaft. Theorien, Themen und Berufsfelder im Internet-Zeitalter. Eine Einführung*. Wiesbaden [Westdeutscher Verlag] 2003, S. 59-68

NIETHAMMER, LUTZ: Kommentar zu Pierre Bourdieu: Die biographische Illusion. In: *BIOS – Zeitschrift für Biographieforschung und Oral History* 3. Jg., H. 1, 1990, S. 91-93

NOELLE-NEUMANN, ELISABETH: Publizistik- und Kommunikationswissenschaft: ein Wissenschaftsbereich oder ein Themenkatalog? In: *Publizistik* 20. Jg., H. 3, 1975, S. 743-748

NOELLE-NEUMANN, ELISABETH: *Die Erinnerungen*. München [Herbig] 2006

NOWOTNY, HELGA: Über die Schwierigkeit des Umgangs von Frauen mit der Institution Wissenschaft. In: HAUSEN, KARIN; HELGA NOWOTNY (Hrsg.): *Wie männlich ist die Wissenschaft?* Frankfurt/M. [Suhrkamp] 1986, S. 17-30

NOWOTNY, HELGA: *Es ist so. Es könnte auch anders sein. Über das veränderte Verhältnis von Wissenschaft und Gesellschaft*. Frankfurt/M. [Suhrkamp] 1999

OEHLER, CHRISTOPH: Zum Rollenwandel de Hochschullehrer. In: NEUSEL, AYLÂ; ULRICH TEICHLER: *Hochschulentwicklung seit den sechziger Jahren.* Weinheim/Basel [Beltz] 1986, S. 257-308

OSTERLOH, JÜRGEN: *Identität der Erziehungswissenschaft und pädagogische Verantwortung. Ein Beitrag zur Strukturdiskussion gegenwärtiger Erziehungswissenschaft in Auseinandersetzung mit Wilhelm Flitner.* Bad Heilbrunn [Klinkhard] 2002

PALETSCHEK, SYLVIA: Die Erfindung der Humboldtschen Universität. Die Konstruktion der deutschen Universitätsidee in der ersten Hälfte des 20. Jahrhunderts. In: *Historische Anthropologie* 10. Jg., H. 2, 2002, S. 183-205

PARSONS, TALCOTT: *The Social System.* Glencoe [The Free Press] 1951

PASQUAY, ANJA: Zwischen Tradition und Neubeginn. Walter Hagemann in Münster 1946-1959. In: BRUCH, RÜDIGER VOM; OTTO B. ROEGELE (Hrsg.): *Von der Zeitungskunde zur Publizistik. Biographisch-institutionelle Stationen der deutschen Zeitungswissenschaft in der ersten Hälfte des 20. Jahrhunderts.* Frankfurt/M. [Haag & Herchen] 1986, S. 249-273

PEISER, WOLFRAM; MATTHIAS HASTALL; WOLFGANG DONSBACH: Zur Lage der Kommunikationswissenschaft und ihrer Fachgesellschaft. Ergebnisse der DGPuK-Mitgliederbefragung 2003. In: *Publizistik* 48. Jg., H. 3, 2003, S. 310-339

PETER, LOTHAR: Pierre Bourdieu – weder »totaler« noch »spezifischer« Intellektueller. In: BEILECKE, FRANÇOIS; KATJA MARMETSCHKE (Hrsg.): *Der Intellektuelle und der Mandarin. Für Hans Manfred Bock.* Kassel [University Press] 2005, S. 67-88

PFADENHAUER, MICHAELA: Die Definition des Problems aus der Verwaltung der Lösung. Professionelles Handeln revisited. In: PFADENHAUER, MICHAELA (Hrsg.): *Professionelles Handeln.* Wiesbaden [VS Verlag] 2005, S. 9-22

PFAFF-RÜDIGER, SENTA: Medien im Alltag. Methodenprobleme qualitativer Nutzungsforschung. In: PFAFF-RÜDIGER, SENTA; MICHAEL MEYEN: *Alltag, Lebenswelt und Medien. Qualitative Studien zum subjektiven Sinn von Medienangeboten.* Münster [Lit] 2007, S. 9-45

PLÜMPER, THOMAS; FRANK SCHIMMELFENNIG: Wer wird Prof – und wann? Berufungsdeterminanten in der deutschen Politikwissenschaft. In: *Politische Vierteljahreszeitschrift* 48. Jg., H. 1, 2007, S. 97-117

POLANYI, MICHAEL: *Implizites Wissen.* Frankfurt/M. [Suhrkamp] 1985

POPPENHUSEN, MARGOT: »Eine geplante Karriere war das nicht«. Wie Wissenschaftlerinnen ihren Berufsweg darstellen. In: CLEMENS,

BÄRBEL; SIGRID METZ-GÖCKEL; AYLÂ NEUSEL; BARBARA PORT (Hrsg.): *Töchter der Alma Mater. Frauen in der Berufs- und Hochschulforschung.* Frankfurt/M./New York [Campus] 1986, S. 287-298

POPPER, KARL R.: *Der Zauber Platons. Die offene Gesellschaft und ihre Feinde.* München [Francke] 41975

PORTELE, GERHARD: Habitus und Lernen. In: *Neue Sammlung* 25. Jg., H. 3, 1985, S. 298-313

POSER, HANS: *Wissenschaftstheorie. Eine philosophische Einführung.* Stuttgart [Reclam] 2001

PROMMER, ELIZABETH; MARGRETH LÜNENBORG; JÖRG MATTHES; URSINA MÖGERLE; WERNER WIRTH: Die Kommunikationswissenschaft als »gendered organization«. Geschlechtsspezifische Befunde zur Situation des wissenschaftlichen Nachwuchses. In: *Publizistik* 51. Jg., H. 1, 2006, S. 67-91

PROSS, HARRY: *Memoiren eines Inländers 1923-1993.* München/Zürich [Artemis & Winkler] 1993

PÜRER, HEINZ: Zur Fachgeschichte der Publizistikwissenschaft. In: *Medien & Zeit* 17. Jg., H. 2/3, 2002, S. 122-139

RAABE, JOHANNES: *Die Beobachtung journalistischer Akteure. Optionen einer empirisch-kritischen Journalismusforschung.* Wiesbaden [VS Verlag] 2005

RAABE, JOHANNES: Kommunikation und soziale Praxis. Chancen einer praxistheoretischen Perspektive für Kommunikationstheorie und -forschung. In: WINTER, CARSTEN; ANDREAS HEPP; FRIEDRICH KROTZ (Hrsg.): *Theorien der Kommunikations- und Medienwissenschaft. Grundlegende Diskussionen, Forschungsfelder und Theorieentwicklungen.* Wiesbaden [VS] 2008, S. 363-381

RADEMACHER-BENSING, BETTINA: *Wissenschaftlerbilder. Promovenden und die Konstruktion des Wissenschaftlers zwischen Fachsozialisation und Entwicklungsaufgabe.* Oberhausen [Athena] 2004

REHBEIN, BOIKE: *Die Soziologe Pierre Bourdieus.* Konstanz [UVK] 2006.

REICHERTZ, JO: Erfolgreich Sozialwissenschaften betreiben. Überlegungen zur Karrierepolitik einer kritischen Berufsgruppe. In: HITZLER, RONALD; MICHAELA PFADENHAUER (Hrsg.): *Karrierepolitiken.* Opladen [Leske+Budrich] 2003, S. 355-370

RESCH, LIESELOTTE; LADISLAUS BUZAS: Vorwort. In: RESCH, LIESELOTTE; LADISLAUS BUZAS (Hrsg.): *Verzeichnis der Doktoren und Dissertationen der Universität Ingolstadt-Landshut-München 1472-1970. Band 1.* München [Universitätsbibliothek] 1975, S. 5-7

RIFFE, DANIEL; ALAN FREITAG: A Content Analysis of Content Analysis: Twenty-Five Years of Journalism Quarterly. In: *Journalism and Mass Communication Quarterly* Vol. 74., Nr. 3, 1997, S. 515-542

RINGSGWANDL, MAXIMILIAN: *Von Aufsehern, Ratgebern und anderen Journalisten. Eine qualitative Studie zum Selbstverständnis von Politikjournalisten – USA und Deutschland im Vergleich*. Magisterarbeit. Ludwig-Maximilians-Universität [Institut für Kommunikationswissenschaft und Medienforschung] 2007

ROE, KEITH: Communication science: Where have we been? Where are we now? Where are we going? Or: Media versus Communication research? In: *Communications* Vol. 28, Nr. 1, 2003, S. 53-59

ROGERS, EVERETT M.; STEVEN H. CHAFFEE: Communication as Academic Discipline: A Dialogue. In: *Journal of Communication* Vol. 33, Nr. 3, 1983, S. 18-30

RÖHRICH, HROSWITHA; GABRIELE SANDFUCHS; EVA VON WILLMANN: *Professorinnen in der Minderheit*. München [Bayerisches Staatsinstitut für Hochschulforschung und Hochschulplanung] 1989

ROHLEDER, CHRISTIANE: Aus den Sperrsitzen in die höheren Ränge der Gesellschaft? Zum Prozess der Studienfachwahl von Medizinerinnen aus Arbeiterfamilien und Momenten ihrer aktuellen beruflichen Verortung. In: SCHLÜTER, ANNE (Hrsg.): *Arbeitertöchter und ihr sozialer Aufstieg. Zum Verhältnis von Klasse, Geschlecht und sozialer Mobilität*. Weinheim [Deutscher Studien Verlag] 1992, S. 124-143

RONNEBERGER, FRANZ: Zur Lage der Publizistikwissenschaft. Ein Essay. In: STEINDL, GERTRAUDE (Hrsg.): *Publizistik aus Profession. Festschrift für Johannes Binkowski aus Anlaß der Vollendung seines 70. Lebensjahres*. Düsseldorf [Droste] 1978, S. 11-19

RONNEBERGER, FRANZ: Zur Lage der Publizistikwissenschaft. Ein Essay. In: LANGENBUCHER, WOLFGANG R. (Hrsg.): *Publizistik- und Kommunikationswissenschaft. Ein Textbuch zur Einführung in ihre Teildisziplinen*. Wien [Braumüller] 1988, S. 82-89

ROSEN, BJÖRN: *Das Selbstverständnis deutscher China-Korrespondenten*. Diplomarbeit. Ludwig-Maximilians-Universität [Institut für Kommunikationswissenschaft und Medienforschung] 2008

ROSENGREN, KARL ERIK: From Field to Frog Ponds. In: *Journal of Communication* Vol. 43, Nr. 3, 1993, S. 6-17

ROSENGREN, KARL ERIK: Substantive Theories and Formal Models – Bourdieu Confronted. In: *European Journal of Communication* Vol. 10, Nr. 1, 1995, S. 7-39

ROSENKRANZ, BORIS: Ballkunde – Gut. Sportstudio-Moderator will Prof werden. In: *taz* vom 22.05.2008. Verfügbar unter: http://www.taz.de/1/leben/medien/artikel/1/ballkunde-gut [online eingesehen am 14.12.2008]

RÖSSLER, PATRICK: Publish... or perish... or? Moratorium für einen geringeren Publikationsoutput. In: *Aviso* Nr. 46. 2008a, S. 3-4

RÖSSLER, PATRICK: Otto NormalKWler unterliegt Restriktionen – eine Replik. In: *Aviso* Nr. 47, 2008b, S. 15

ROTHBÖCK, SANDRA; STEFAN SACCHI; MARLIS BUCHMANN: Die Rekrutierung der politischen, wirtschaftlichen und wissenschaftlichen Eliten in der Schweiz. Eine explorative Studie. In: *Schweizerische Zeitschrift für Soziologie* 25. Jg., H. 3, 1999, S. 325-341

RUDLOFF, WILFRIED: Verwissenschaftlichung der Politik? Wissenschaftliche Politikberatung in den sechziger Jahren. In: COLLIN, PETER; THOMAS HORSTMANN (Hrsg.): *Das Wissen des Staates. Geschichte, Theorie und Praxis*. Baden-Baden [Nomos] 2004, S. 216-257

RUHRMANN, GEORG; MATTHIAS KOHRING; ALEXANDER GÖRKE; MICHAELA MAIER; JENS WOELKE: Im Osten was Neues? Ein Beitrag zur Standortbestimmung der Kommunikations- und Medienwissenschaft. In: *Publizistik* 45. Jg., H. 3, 2000, S. 283-309

RUNIA, PETER: Soziales Kapital als Ressource der Karrierepolitik. In: HITZLER, RONALD; MICHAELA PFADENHAUER (Hrsg.): *Karrierepolitiken*. Opladen [Leske+Budrich] 2003, S. 149-158

SAUSSURE, FERDINAND DE: *Cours de linguistique générale*. Paris [Payot] 1968 [1916]

SAXER, ULRICH: Grenzen der Publizistikwissenschaft. Wissenschaftswissenschaftliche Reflexionen zur Zeitungs-/Publizistik-/Kommunikationswissenschaft seit 1945. In: *Publizistik* 25. Jg., H. 4, 1980, S. 525-544

SAXER, ULRICH: Von wissenschaftlichen Gegenständen und Disziplinen und den Kardinalsünden der Zeitungs-, Publizistik- und Kommunikationswissenschaft. In: SCHNEIDER, BEATE; KURT REUMANN; PETER SCHIWY (Hrsg.): *Publizistik. Beiträge zur Medienentwicklung. Festschrift für Walter J. Schütz*. Konstanz [UVK] 1995, S. 39-55

SCHADE, EDZARD (Hrsg.): *Publizistikwissenschaft und öffentliche Kommunikation. Beiträge zur Reflexion der Fachgeschichte*. Konstanz [UVK] 2005

SCHAEPER, HILDEGARD: *Zur Arbeitssituation von Lehrenden an westdeutschen Universitäten. Ergebnisse einer empirischen Untersuchung in fünf ausgewählten Disziplinen*. Hannover [HIS] 1995

SCHAEPER, HILDEGARD: *Lehrkulturen, Lehrhabitus und die Struktur der Universität. Eine empirische Untersuchung fach- und geschlechtsspezifischer Lehrkulturen*. Weinheim [Deutscher Studien Verlag] 1997

SCHÄFER, SABINE: Journalismus als soziales Feld. Das relationale Denken Pierre Bourdieus als Grundlage für eine Journalismustheorie. In: LÖFFELHOLZ, MARTIN (Hrsg.): *Theorien des Journalismus. Ein diskursives Handbuch*. Wiesbaden [VS Verlag] ²2004, S. 321-334

SCHÄFER, SABINE: *Die Welt in 15 Minuten. Zum journalistischen Herstellungsprozess der Tagesschau*. Konstanz [UVK] 2007

SCHEU, ANDREAS: Manfred Rühl – ein Pionier der deutschen Kommunikationswissenschaft. In: *Münchener Beiträge zur Kommunikationswissenschaft* Nr. 2. Verfügbar unter: http://epub.ub.uni-muenchen.de/733/ [online eingesehen am 14.02.2010]

SCHEU, ANDREAS; THOMAS WIEDEMANN: Kommunikationswissenschaft als Gesellschaftskritik. Die Ablehnung linker Theorien in der deutschen Kommunikationswissenschaft am Beispiel Horst Holzer. In: *Medien & Zeit* 23. Jg., H. 1, 2009, S. 9-17

SCHLÜTER, ANNE: Arbeitertöchter des Ruhrgebiets im Studium. Naturwissenschafts- und Technikkompetenzen und sozialer Aufstieg. Oder. »Obwohl Papa Schlosser war, haben wir Kinder studiert!«. Eine Exploration. In: SCHLÜTER, ANNE (Hrsg.): *Arbeitertöchter und ihr sozialer Aufstieg. Zum Verhältnis von Klasse, Geschlecht und sozialer Mobilität*. Weinheim [Deutscher Studien Verlag] 1992, S. 124-143

SCHMEISER, MARTIN: *Akademischer Hasard. Das Berufsschicksal des Professors und das Schicksal der deutschen Universität 1870-1920. Eine verstehende soziologische Untersuchung*. Stuttgart [Klett-Cotta] 1994

SCHRAMM, WILBUR: The Unique Perspective of Communication: A Retrospective Review. In: *Journal of Communication* Vol. 33, Nr. 3, 1983, S. 6-17

SCHULTZ, DAGMAR: *»Das Geschlecht läuft immer mit«: Die Arbeitswelt der Professorinnen und Professoren*. Pfaffenweiler [Centaurus] 1991

SCHULZ, WINFRIED: Man spekuliert nicht, sondern orientiert sich an Fakten. In: MEYEN, MICHAEL; MARIA LÖBLICH (Hrsg.): *»Ich habe dieses Fach erfunden«. Wie die Kommunikationswissenschaft an die deutschsprachigen Universitäten kam. 19 biografische Interviews*. Köln [Herbert von Halem] 2007, S. 227-245

SCHÜTTE, WOLFGANG: *Die Einübung des juristischen Denkens. Juristenausbildung als Sozialisationsprozess.* Frankfurt/M./New York [Campus] 1982

SCHÜTZ, ALFRED: Wissenschaftliche Interpretation und Alltagsverständnis menschlichen Handelns. In: SCHÜTZ, ALFRED: *Gesammelte Aufsätze. Band 1: Das Problem der sozialen Wirklichkeit.* Den Haag [Nijhoff] 1971, S. 1-54

SCHÜTZE, YVONNE; BETTINA HOLLSTEIN: »Für C« – Widmungen in der Soziologie. In: BURKART, GÜNTER; JÜRGEN WOLF (Hrsg.): *Lebenszeiten. Erkundungen zur Soziologie der Generationen.* Opladen [Leske+Budrich] 2002, S. 437-455

SCHWANITZ, DIETRICH: *Der Campus.* München [Goldmann] 1996

SCHWINGEL, MARKUS: *Pierre Bourdieu. Zur Einführung.* Hamburg [Junius] ^{4}2003

SEMRAD, BERND: Rezension zu: MEYEN, MICHAEL; MARIA LÖBLICH (Hrsg.): 80 Jahre Zeitungs- und Kommunikationswissenschaft in München. Bausteine einer Institutsgeschichte. Köln [Herbert von Halem] 2004. In: *Medien & Zeit* 19. Jg., H. 3, 2004, S. 79-81

SILBERMANN, ALPHONS: *Verwandlungen.* Bergisch Gladbach [Bastei Lübbe] 1989

SILBERMANN, ALPHONS: Abgesang auf die deutsche Medien- und Kommunikationswissenschaft. Marottenhafte Wichtigtuerei. In: *Die Zeit* Nr. 51/1996. Verfügbar unter: http://www.zeit.de/1996/51/komm.txt.19961213.xml [online eingesehen am 15.3.2008]

SIX, BERND: Attribution. In: FREY, DIETER; SIEGFRIED GREIF: *Sozialpsychologie.* München/Wien/Baltimore [Urban & Schwarzenberg] 1983, S. 122-130

SÖSEMANN, BERND (Hrsg.): *Emil Dovifat. Studien und Dokumente zu Leben und Werk.* Berlin [der Gruyter] 1998

SÖSEMANN, BERND (Hrsg.): *Fritz Eberhardt. Rückblicke auf Biographie und Werk.* Stuttgart [Steiner] 2001

SPIESS HULDI, CLAUDIA: *Erfolg im Beruf. Zum Einfluss von Persönlichkeit und psychosozialem Umfeld auf die berufliche Entwicklung Jugendlicher.* Zürich [Rüegger] 2009

SPINNER, HELMUT F.: *Das wissenschaftliche Ethos als Sonderethik des Wissens. Über das Zusammenwirken von Wissenschaft und Journalismus im gesellschaftlichen Problemlösungsprozess.* Tübingen [Mohr] 1985

STATISTISCHES BUNDESAMT: *Bildung und Kultur. Personal an Hochschulen.* Wiesbaden [Fachserie 11/4.4] 2005

STATISTISCHES BUNDESAMT: *2005 über 165 000 Euro an Drittmitteln je Universitätsprofessor*. Pressemitteilung Nr. 344 vom 30.08.2007. Verfügbar unter: http://www.destatis.de/jetspeed/portal/_ns:YWl3bXMtY29udGVudDo6Q29udGVudFBvcnRsZXQ6OjF8ZDF8ZWNoYW5nZVdpbmRvd1NoYXRlPTE9dHJ1ZQ__/cms/Sites/destatis/Internet/DE/Presse/pm/2007/08/PD07__344__213,templateId=renderPrint.psml [online abgerufen am 23.2.2008]

STICHWEH, RUDOLF: Professionen in einer funktional differenzierten Gesellschaft. In: COMBE, ARNO; WERNER HELSPER (Hrsg.): *Pädagogische Professionalität. Untersuchungen zum Typus pädagogischen Handelns*. Frankfurt/M. [Suhrkamp] 1996, S. 49-69

STICHWEH, RUDOLF: Zur Soziologie wissenschaftlicher Schulen. In: BLEEK, WILHELM; HANS J. LIETZMANN (Hrsg.): *Schulen in der deutschen Politikwissenschaft*. Opladen [Leske+Budrich] 1999

STÖBER, RUDOLF: Emil Dovifat, Karl d'Ester und Walter Hagemann. Die Wiederbegründung der Publizistik nach 1945. In: *Medien & Zeit* 17. Jg., H. 2/3, 2002, S. 67-84

STÖLTING, ERHARD; UWE SCHIMANK (Hrsg.): *Die Krise der Universitäten*. Wiesbaden [Westdeutscher Verlag] 2001

STOMMEL, DOROTHEE: *Gerhard Maletzke. Eine Wissenschaftlerbiographie*. Magisterarbeit. Ludwig-Maximilians-Universität [Institut für Kommunikationswissenschaft und Medienforschung] 2006

STREULI, ELISA: *Mit Biss und Bravour. Lebenswege von Topmanagerinnen*. Zürich [Orell Füssli] 2007

STUKE, FRANZ R.: Kommunikation ist der Kick der Gesellschaft. In: MEYEN, MICHAEL; MARIA LÖBLICH (Hrsg.): *»Ich habe dieses Fach erfunden«. Wie die Kommunikationswissenschaft an die deutschsprachigen Universitäten kam. 19 biografische Interviews*. Köln [Herbert von Halem] 2007, S. 375-390

SÜSS, DANIEL: Institutionelle Strukturen und Ausbildungssituation. Kommunikations- und Medienwissenschaft in der Schweiz. In: *Medien Journal* 24. Jg., H. 2, 2000, S. 19-27

TIMMER, GREGOR: Professionalisierung durch Wissenschaft(ler)?. Merkmale und Einstellungen von Journalistik-Dozenten. In: WEISCHENBERG, SIEGFRIED (Hrsg.): *Journalismus & Kompetenz. Qualifizierung und Rekrutierung für Medienberufe*. Opladen [Westdeutscher Verlag] 1990, S. 195-211

URBAN, DAVID: *Medien- und Kommunikationswissenschaften. Gegenstände und Ansätze. Szientometrische Analyse der Berichterstattung über wissenschaftliche*

Arbeit zu technisch vermittelter Kommunikation. Rodenberg [Klausur-Verlag] 2003

VOSS, CARL-W.: *Der Karpfenteich*. Norderstedt [Books on Demand] 2001

VOWE, GERHARD: Mediatisierung der Politik? Ein theoretischer Ansatz auf dem Prüfstand. In: *Publizistik* 51. Jg., H. 4, 2006a, S. 437-455

VOWE, GERHARD: Ordnung durch Medienpolitik und der Beitrag von Wissenschaft – das Beispiel Deutschland. In: JARREN, OTFRIED; PATRICK DONGES (Hrsg.): *Ordnung durch Medienpolitik?* Konstanz [UVK] 2006b, S. 71-81

VROONS, ERIK: Communication Studies in Europe. A Sketch of the Situation around 1955. In: *Gazette* Vol. 67, Nr. 6, 2005, S. 495-522

WAQUANT, LOÏC: Vorwort. In: BOURDIEU, PIERRE; LOÏC WACQUANT: *Reflexive Anthropologie*. Frankfurt/M. [Suhrkamp] 1996a, S. 10-15

WAQUANT, LOÏC: Auf dem Weg zu einer Sozialpraxeologie. Struktur und Logik der Soziologie Pierre Bourdieus. In: BOURDIEU, PIERRE; LOÏC WACQUANT: *Reflexive Anthropologie*. Frankfurt/M. [Suhrkamp] 1996b, S. 17-92

WAGNER, HANS: *Kommunikationswissenschaft (Zeitungswissenschaft). Das Fach, das Studium, die Methoden*. München/Mühlheim [Publicom] ²1989

WAGNER, HANS: Hermeneutik: Von den Regeln des Verstehens. In: WAGNER, HANS: *Verstehende Methoden in der Kommunikationswissenschaft*. München [R. Fischer] 1999, S. 183-212

WAGNER, HANS-JOSEF: Kultur – Sozialität – Subjektivität. Konstitutionstheoretische Defizite im Werk Pierre Bourdieus. In: REHBEIN, BOIKE; GERNOT SAALMANN; HERMANN SCHWENGEL (Hrsg.): *Pierre Bourdieus Theorie des Sozialen*. Konstanz [UVK] 2003, S. 203-230

WEBER, MAX: Wissenschaft als Beruf. In: WEBER, MAX: *Gesammelte Aufsätze zur Wissenschaftslehre. Herausgegeben von Johannes Winckelmann*. Tübingen [Mohr] ⁷1988 [1919], S. 582-613

WEBLER, WOLFF-DIETRICH: Professionalität an Hochschulen. Zur Qualifizierung des wissenschaftlichen Nachwuchses für seine zukünftigen Aufgaben in Lehre, Prüfung, Forschungsmanagement und Selbstverwaltung. In: *Das Hochschulwesen* 40. Jg., H. 3, 1993, S. 119-126

WEHLER, HANS-ULRICH: *Deutsche Gesellschaftsgeschichte. Dritter Band: Von der »Deutschen Doppelrevolution« bis zum Beginn des ersten Weltkrieges*. München [C. H. Beck] 1995

WEINGART, PETER: Paradigmastruktur und wissenschaftliche Gemeinschaft – das Problem wissenschaftlicher Entwicklung. In: WEINGART, PETER: *Wissensproduktion und soziale Struktur*. Frankfurt/M. [Suhrkamp] 1976

WEINGART, PETER: *Die Stunde der Wahrheit? Zum Verhältnis der Wissenschaft zu Politik, Wirtschaft und Medien in der Wissensgesellschaft.* Weilerswist [Velbrück] 2001

WEINGART, PETER: *Wissenschaftssoziologie.* Bielefeld [Transkript] 2003

WEINGART, PETER; PETRA PANSEGRAU: Reputation in der Wissenschaft und Prominenz in den Medien – die Goldhagen-Debatte. In: *Rundfunk & Fernsehen* 46. Jg., H. 2/3, 1998, S. 193-208

WEISCHENBERG, SIEGFRIED; SUSANNE VON BASSEWITZ; ARMIN SCHOLL: Konstellationen der Aussagenentstehung. Zur Handlungs- und Wirkungsrelevanz journalistischer Kommunikationsabsichten. In: KAASE, MAX; WINFRIED SCHULZ: *Massenkommunikation. Theorie, Methode, Befunde.* Opladen [Westdeutscher Verlag] 1989, S. 280-300

WEISCHENBERG, SIEGFRIED; MAJA MALIK; ARMIN SCHOLL: *Die Souffleure der Mediengesellschaft. Report über die Journalisten in Deutschland.* Konstanz [UVK] 2006

WEISS, RALPH: *Fern-Sehen im Alltag. Zur Sozialpsychologie der Medienrezeption.* Opladen/Wiesbaden [Westdeutscher Verlag] 2001

WENDELIN, MANUEL: Erhard Schreiber (1935 bis 1993): Ein Fremder am Münchener Institut? Theoretische Kritik aus dem kommunikationswissenschaftlichen Mittelbau. In: MEYEN, MICHAEL; MANUEL WENDELIN (Hrsg.): *Journalistenausbildung, Empirie und Auftragsforschung. Neue Bausteine des Münchener Instituts für Kommunikationswissenschaft.* Köln [Herbert von Halem] 2008, S. 150-188

WENDELIN, MANUEL: Kanonisierung in der Kommunikationswissenschaft. Lehrbuchentwicklung als Indikator einer »kognitiven Identität«. In: *Medien & Zeit* 23. Jg., H. 1, 2009, S. 28-36

WENDELIN, MANUEL; MICHAEL MEYEN: Habermas vs. Noelle-Neumann. The Impact of Habitus on theoretical construction of the Public Sphere. In: *Javnost – the Public* Vol. 16, Nr. 2, 2009, S. 25-40

WESSLER, HARTMUT: Entgrenzung und Eigensinn. Über die kulturellen Funktionen öffentlicher Wissenschaftskommunikation. In: SAXER, ULRICH (Hrsg.): *Medien-Kulturkommunikation.* Opladen [Westdeutscher Verlag] 1998, S. 215-227

WESTERBARKEY, JOACHIM: Daten zur Lage des Faches: eine bestürzende Bilanz. In: *Publizistik* 25. Jg., H. 4, 1980, S. 484-491

WETTERER, ANGELIKA: »Nein, selbst beworben hätte ich mich nie«. Zum Selbstverständnis von Wissenschaftlerinnen. In: SEKTION FRAUENFORSCHUNG IN DEN SOZIALWISSENSCHAFTEN DER DEUTSCHE GESELLSCHAFT

FÜR SOZIOLOGIE (Hrsg.): *Beiträge zum 22. Soziologentag in Dortmund 1984*. Frankfurt/M./New York [Campus] 1985, S. 116-126

WETTERER, ANGELIKA (Hrsg.): *Profession und Geschlecht. Über die Marginalität von Frauen in hoch qualifizierten Berufen*. Frankfurt/M./New York [Campus] 1992

WETZEL, CLAUDIA: *Soft Skills und Erfolg in Studium und Beruf. Eine vergleichende Studie von hochbegabten Studenten und Unternehmensberatern*. Münster/New York/München/Berlin [Waxmann] 2007

WHITLEY, RICHARD: The Establishment and Structure of the Sciences as Reputational Organizations. In: ELIAS, NORBERT; HERMINIO MARTINS; RICHARD WHITLEY (Hrsg.): *Scientific Establishments and Hierarchies*. Dordrecht [Reidel] 1982, S. 313-357

WHITLEY, RICHARD: *The Intellectual and Social Organization of the Science*. Oxford [Clarendon Press] 1984

WIEDEMANN, THOMAS: *Kein Platz für linke Theorien? Gründe für die Nichtrezeption Horst Holzers in der Kommunikationswissenschaft. Eine wissenschaftssoziologische Untersuchung*. Magisterarbeit. Ludwig-Maximilians-Universität [Institut für Kommunikationswissenschaft und Medienforschung] 2007

WILKE, JÜRGEN: Gründung und Entwicklung des Instituts für Publizistik. In: WILKE, JÜRGEN (Hrsg.): *Die Aktualität der Anfänge. 40 Jahre Publizistikwissenschaft an der Johannes Gutenberg-Universität Mainz*. Köln [Herbert von Halem] 2005, S. 13-40

WILKE, JÜRGEN: Von der »entstehenden« zur »etablierten« Wissenschaft. Die institutionelle Entwicklung der Kommunikationswissenschaft als universitäre Disziplin. In: HOLTZ-BACHA, CHRISTINA; ARNULF KUTSCH; WOLFGANG R. LANGENBUCHER; KLAUS SCHÖNBACH (Hrsg.): *Fünfzig Jahre Publizistik*. Wiesbaden [VS Verlag] 2006, S. 317-338

WILKE, JÜRGEN: Mediatisierung im Wissenschaftssystem? Beobachtungen aus dem Innenleben einer Universität. In: MÖHRING, WIEBKE; WALTER J. SCHÜTZ; DIETER STÜRZEBECHER (Hrsg.): *Journalistik und Kommunikationsforschung*. Berlin [Vistas] 2007, S. 13-22

WIRTH, WERNER: Wachstum bei zunehmender Unübersichtlichkeit. Institutionelle Strukturen und Ausbildungssituation in der Kommunikations- und Medienwissenschaft in Deutschland. In: *Medien Journal* 24. Jg., H. 2, 2000, S. 36-46

WIRTH, WERNER; JÖRG MATTHES; URSINA MÖGERLE; ELISABETH PROMMER: Traumberuf oder Verlegenheitslösung? Einstiegsmotivation und

Arbeitssituation des wissenschaftlichen Nachwuchses in Kommunikationswissenschaft und Medienwissenschaft. In: *Publizistik* 50. Jg., H. 4, 2005, S. 320-340

WIRTH, WERNER; ILONA STÄMPFLI; SASKIA BÖCKING; JÖRG MATTHES: Berufssituation und Karrierestrategien des promovierten wissenschaftlichen Nachwuchses in der Kommunikations- und Medienwissenschaft. In: *Publizistik* 53. Jg., H. 1, 2008, S. 85-113

WISSENSCHAFTSRAT: *Empfehlungen zur Weiterentwicklung der Kommunikations- und Medienwissenschaften in Deutschland.* Oldenburg 2007. Verfügbar unter: www.wissenschaftsrat.de/texte/7901-07.pdf [online eingesehen am 15.5.2008]

WISSENSCHAFTSRAT: *Empfehlungen zur Qualitätsverbesserung von Lehre und Studium.* Berlin 2008. Verfügbar unter: http://www.wissenschaftsrat.de/texte/8639-08.pdf [online eingesehen am 31.10.2008]

WOBBE, THERESA: Wahlverwandtschaften. *Die Soziologie und die Frauen auf dem Weg zur Wissenschaft.* Frankfurt/M./New York [Campus] 1997

ZIMMER, ANNETTE; HOLGER KRIMMER; FREIA STALLMANN: *Frauen an Hochschulen: Winners among Losers. Zur Feminisierung der deutschen Universität.* Opladen/Farmington Hills [Barbara Budrich] 2007

ZUCKERMANN, HARRIET: Interviewing an Ultra-Elite. In: *Public Opinion Quarterly* Vol. 36, Nr. 2, 1972, S. 159-175